Total *iBT* TOEFL

Speaking

2006. 09. 5 / 1판 1쇄 인쇄
2006. 09. 11 / 1판 1쇄 발행

지은이_ 이을기 · 채미영
발행인_ 김용성

발행처_ **LNBpress**
등 록_ 2005년 12월09일 | 제6-772호

주 소_ 130-831 서울시 동대문구 이문2동 346-41호 영일B/D 202호
전 화_ 962-9154

정가_23,000원 ISBN 89-91999-03-4 13740

Total *iBT* TOEFL

Speaking

이을기 · 채미영 박사
공저

LNBPRESS

Congratulation Message

Congratulation
Message

This book skillfully combines both the author' s theoretical knowledge of English as a Foreign Language Education and practical expertise of an experienced EFL teacher. The systematic approach to test preparation found in this book should be extremely helpful to EFL learners preparing to take the new generation of iBT TOEFL test.

Maria Estela Brisk Ph.D Professor

Lynch School of Education Boston College

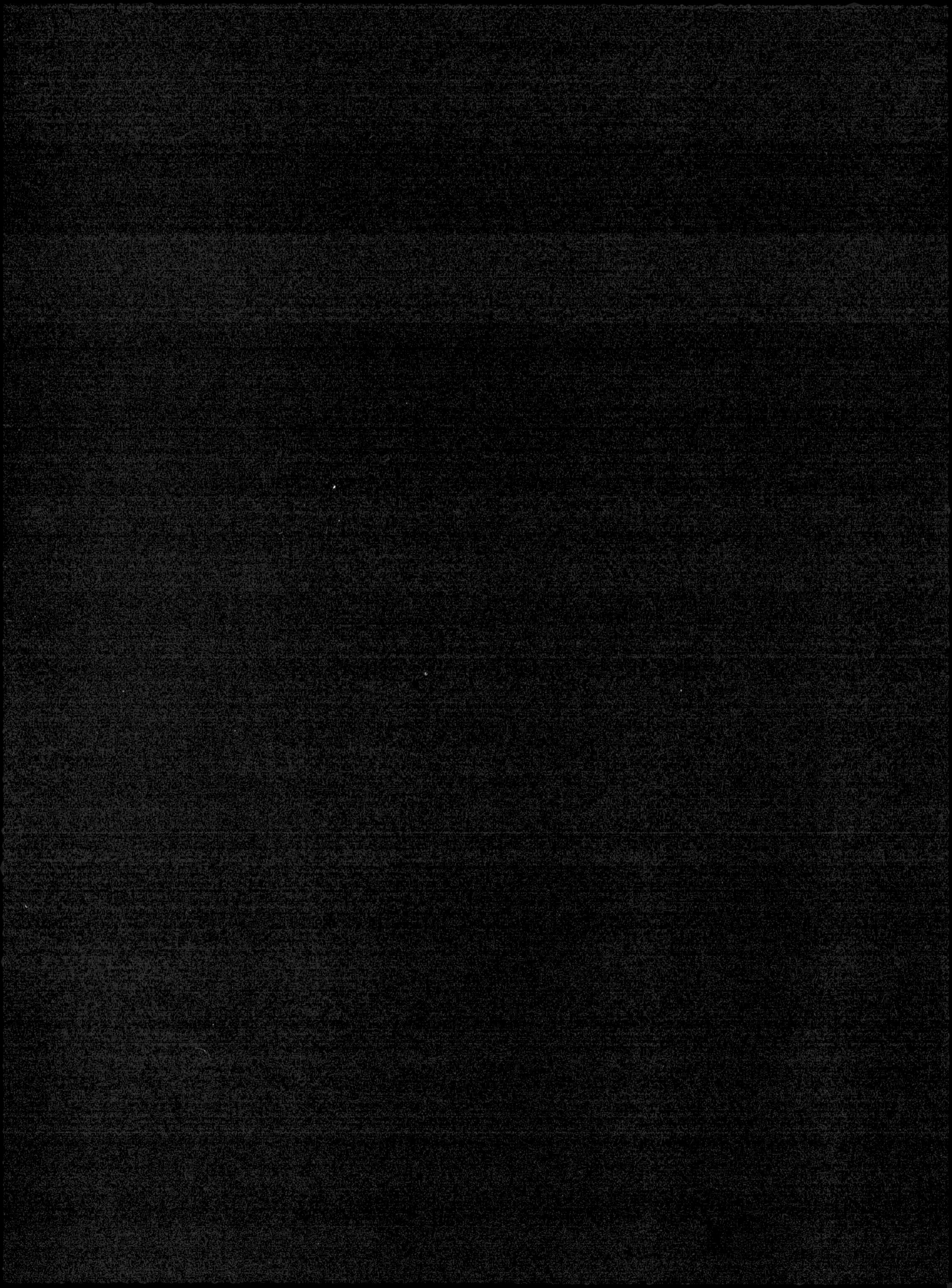

Congratulation Message

추천의 말

토탈 iBT TOEFL은 저자가 지닌 EFL 영어 교육에 대한 이론적 지식과 EFL 영어 교사로서 현장에서 얻은 전문성을 잘 연계해 만든 책이다. 이 책은 시험 준비에 대한 체계적인 접근을 통해 차세대 iBT TOEFL을 준비하는 EFL 영어 학습자들에게 커다란 도움을 줄 것이다.

보스턴 칼리지 린치 교육대학원
마리아 브리스크 박사

이중언어교육(Bilingual Education)이론의 세계적인 권위자인 마리아 브리스크 교수는 이 책의 저자인 채미영 박사가 보스턴 대학 박사 과정에 재학할 당시 지도교수였고, 현재는 보스턴 칼리지 린치 교육대학원 교수로 재직중이다.

Preface

머리말

대부분의 한국 학생들은 iBT 토플을 두려운 마음으로 맞이하고 있다. 말하기와 쓰기를 못하면 좋은 점수를 받을 수 없게 되었으니 학생들의 걱정도 이해가 된다. 하지만 조금 더 생각해 보면 iBT 토플은 영어 공부에 있어서 더할 나위 없는 축복이란 것을 알 수 있다. iBT 토플은 점수와 영어 실력이 함께 가는 정말 시험다운 시험이기 때문이다.

지금까지는 시험 공부와 영어 실력 키우기가 따로 놀았고, 시험 점수와 영어 실력이 따로 놀았다. 열심히 준비해서 토익 고득점을 받아도 영어로 이메일 한 통 못 쓰고, 죽어라 공부해서 토플 고득점을 받은 유학생이 수업을 못 따라가는 게 현실이었다. 그러나 영어의 4대 영역 전부를 통합적으로 평가하는 iBT 토플은 다르다. iBT 토플에서는 시험 준비 자체가 영어 실력을 높여 주는 의미 있는 과정이고, 시험 점수가 영어 실력을 말해주는 의미 있는 결과인 것이다.

제작상의 어려움 때문에 실전 수준의 iBT 토플 교재를 구하기가 어려운 현실 속에 실전 수준의 문제로 구성된 Total iBT TOEFL 5종 시리즈가 실제 시험 대비에 큰 도움을 줄 것으로 기대한다. 또한 부록으로 제공되는 Total Note-taking System은 iBT 토플을 여는 열쇠 역할을 할 것이라 믿는다. Total iBT TOEFL 5종 시리즈를 장대 삼아 iBT 100점을 뛰어넘는 학생들이 많이 나오기를 바란다.

Total iBT TOEFL 5종 시리즈를 만들기 시작한 지 벌써 삼 년 가까운 시간이 지났다. 그동안 여러모로 도움을 주신 LNBPRESS의 김용성 사장님, 복잡한 교재 5권을 멋진 책으로 꾸며주신 한석희 실장님과 편집부 안은영 씨, 그리고 교재 5권 전체에 걸쳐 꼼꼼한 도움을 주면서도 통역대학원 수석을 놓치지 않은 이정은 선생님께 고마움을 전한다. 마지막으로 엄마 아빠가 토플 교재로 씨름하는 동안에도 맑고 밝게 자라 준 딸 지형에게 고마운 마음을 전한다.

2006년 8월
이을기/채미영

Total Note-taking System

Total iBT TOEFL *Speaking*

Note-taking	Listening Script
	Listening Script Narrator Now listen to two students as they discuss the announcement.
M: ✕ ! car → ĉ already $⁺	Man That's outrageous! I have to drive a car to commute to campus, and I'm already paying way too much to park there.
W: Oᵁ ↑$ b (₹ s° (✓ car x bus	Woman Well ¡ƒI can understand why they had to raise the fee. It seems pretty reasonable to me, actually, because there are too many students who drive cars rather than using the shuttle bus.
M: ✓ b	Man Okay, that's true. I see a lot more cars on campus than before, but ¡ƒ
W: ĉ/= p.lot. h✓ ↓ car ↓ + easy get @	Woman You see, the campus is so packed with cars that it looks more like a parking lot than a campus. I'm hoping the new fee will reduce the number of cars on campus so it will be easier for all of us to get around.
M: b /Bio maj / N → ĉ eve / ⊃ Ω experim /O sh-exempt + s° w/xA~	Man But I'm a biology major. I need to drive my car to school late in the evening sometimes to check the progress of experiments I'm running at the university lab. I think they should exempt biology majors from the fee along with students with disabilities.
W: ✓ b h✓ + s°/U pub t ↓ ✓ air/sch atm ✓ save $	Woman I can see your point there. Yet, I'm just hoping that the new measure will encourage students to use more public transportation to commute to school. Not only will that protect the clean air and scholastic atmosphere of the university, but it will save them money too.

6 Total iBT TOEFL

Total Note-taking의 장점

1. 청취력을 높여준다.
2. 들으면서 집중력을 유지하는 데 큰 도움이 된다.
3. 들은 내용을 체계적이고 논리적으로 복기할 수 있도록 해준다.
4. 영어 어순에 따라 정리되는 장점이 있어서 영어로 말하거나 쓰기를 할 때 유용하다.

Note-taking	Listening
	Narrator Now listen t
M: ✕ ! car → ĉ already $⁺	Man That's outra I'm already
W: Oᵁ ↑$ b (₹ s° (✓ car x bus	Woman Well ¡ƒI ca pretty reaso students wh
M:	Man

왜 Total Note-taking인가?

iBT TOEFL의 시대가 도래하면서 새롭게 등장한 용어가 바로 Note-taking이다.

한국외대 동시통역대학원의 비밀병기 Note-taking의 혁신적 진화

통역사들이 익힌 Note-taking 기법을 iBT TOEFL에 적용하려면 다소의 개편이 필요하다. 영어에서 한국어로 혹은 한국어에서 영어로 나가는 통역과 달리, iBT TOEFL에서는 영어로 듣고 바로 영어로 말을 하고 글을 써야 하기 때문이다.

Total Note-taking System은 이러한 차이를 염두에 두고 통역 사용 Note-taking을 개편하여 개발된 최초의 iBT TOEFL 전용 Note-taking 훈련법인 것이다.

Book Preview

■ 6가지 Type의 Listening 유형 속에 8개의 기본강의와 진단평가, 실전평가 등 10가지로 구성되어 있으며, 이러한 총60강좌를 바탕으로 기본실력 배양과 함께 iBT TOEFL의 경향을 한눈에 익힐 수 있도록 하였다.

■ Diagnostic과 Actual Test는 실제시험과 똑같이 구성한 것으로 본서와 함께 제공되는 CD를 통해 실전과 같은 환경에서 문제를 풀 수 있도록 했다.

■ ETS에서 출제하는 Speaking 문제유형은 크게 Independent Speaking과 Integrated Speaking으로 나뉜다. 본서에서는 이를 더욱 세분화하여 다음과 같이 구성하였다.

① **Speaking 1 :** Independent Speaking Type A
② **Speaking 2 :** Independent Speaking Type B
③ **Speaking 3 :** Read-Listen-Speak Type A
④ **Speaking 4 :** Read-Listen-Speak Type B
⑤ **Speaking 5 :** Listen-Speak Type A
⑥ **Speaking 6 :** Listen-Speak Type B

■ 각 type마다 서로 다른 8개의 주제로 구성하여 다양한 주제로 type별 유형을 완벽하게 파악할 수 있도록 하였다.

Diagnostic Test

1. A useful school facility / 36
2. Same vs. changeable weather / 37
3. Introducing a new major / 38
4. Effective advertisement / 40
5. Commuting to school / 42
6. Sociology : child language development / 44

Speaking 1 : *Independent Speaking Type A*

Introduction / 47

1. The most memorable book / 58
2. The most helpful professor / 62
3. A school assignment / 66
4. An unusual test / 70
5. TV programs / 74
6. A memorable classmate / 78
7. A country / 82
8. Wasteful assignment / 86

Book Preview

Independent Speaking Type A

Warming Up!

Vocabulary Brainstorming

- 소설 novel
- 픽션 fiction
- 시 poem
- 교재 textbook
- 사회학 책 sociology books
- 학교 과제물 school assignment
- 단편 short stories
- 문학 literature
- 논픽션 non-fiction
- 역사책 history books
- 묘사하다 describe / depict / portray

Basic Expressions

먼저 영작한 다음 테이프를 들으며 Speaking 연습을 하세요!

❶ 나는 많은 책을 읽었지만 다 기억하지는 못한다.

TIP 지금까지 읽어 온 책을 말하고 있기 때문에 현재 완료로 써야 한다. e.g. I have read ….

❷ 나는 여러 종류의 책을 읽는 편이지만 역사책을 가장 좋아한다.

TIP ~하지만 …한다 although나 though를 넣어 말해 본다.
역사책 history books

Total iBT Speaking 3

- Independent Speaking을 위한 필수 어휘 및 표현 연습 코너
- Speaking 주제별 핵심어휘 정리
- 주제별 핵심문장 영작연습을 통해 Speaking 기초체력 다지기
- 실전 Speaking에서 사용 빈도가 높은 유용한 표현 수록

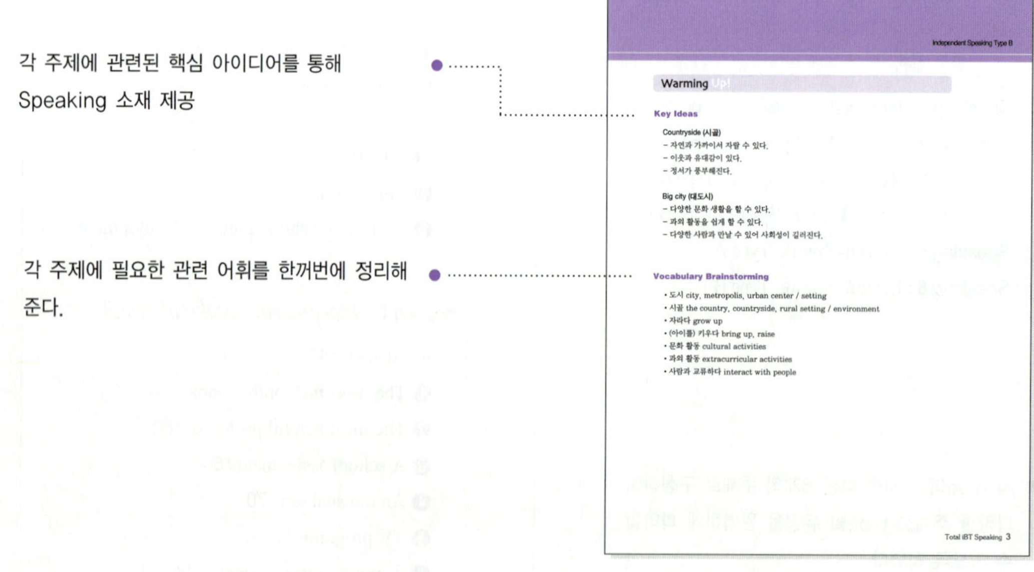

- 각 주제에 관련된 핵심 아이디어를 통해 Speaking 소재 제공
- 각 주제에 필요한 관련 어휘를 한꺼번에 정리해 준다.

Independent Speaking Type B

Warming Up!

Key Ideas

Countryside (시골)
- 자연과 가까이서 자랄 수 있다.
- 이웃과 유대감이 있다.
- 정서가 풍부해진다.

Big city (대도시)
- 다양한 문화 생활을 할 수 있다.
- 과외 활동을 쉽게 할 수 있다.
- 다양한 사람과 만날 수 있어 사회성이 길러진다.

Vocabulary Brainstorming

- 도시 city, metropolis, urban center / setting
- 시골 the country, countryside, rural setting / environment
- 자라다 grow up
- (아이를) 키우다 bring up, raise
- 문화 활동 cultural activities
- 과외 활동 extracurricular activities
- 사람과 교류하다 interact with people

Total iBT Speaking 3

Book Preview

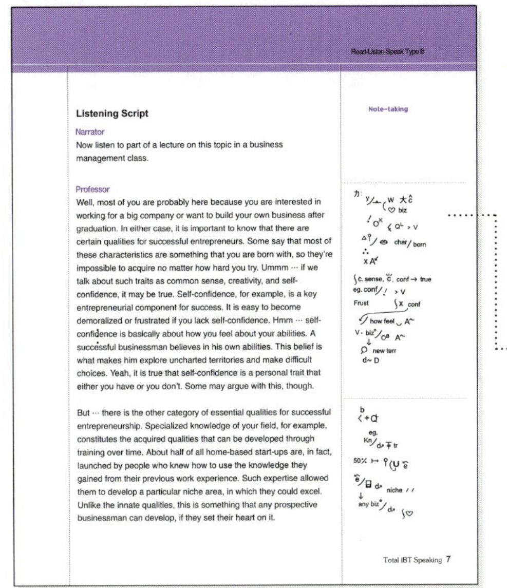

Read-Listen-Speak Type B

Listening Script

Narrator

Now listen to part of a lecture on this topic in a business management class.

Professor

Well, most of you are probably here because you are interested in working for a big company or want to build your own business after graduation. In either case, it is important to know that there are certain qualities for successful entrepreneurs. Some say that most of these characteristics are something that you are born with, so they're impossible to acquire no matter how hard you try. Ummm ··· if we talk about such traits as common sense, creativity, and self-confidence, it may be true. Self-confidence, for example, is a key entrepreneurial component for success. It is easy to become demoralized or frustrated if you lack self-confidence. Hmm ··· self-confidence is basically about how you feel about your abilities. A successful businessman believes in his own abilities. This belief is what makes him explore uncharted territories and make difficult choices. Yeah, it is true that self-confidence is a personal trait that either you have or you don't. Some may argue with this, though.

But ··· there is the other category of essential qualities for successful entrepreneurship. Specialized knowledge of your field, for example, constitutes the acquired qualities that can be developed through training over time. About half of all home-based start-ups are, in fact, launched by people who knew how to use the knowledge they gained from their previous work experience. Such expertise allowed them to develop a particular niche area, in which they could excel. Unlike the innate qualities, this is something that any prospective businessman can develop, if they set their heart on it.

Note-taking

Total iBT Speaking 7

각 Listening 대본마다 국내 유일의 Total Note-taking 샘플을 곁들여 Integrated Speaking의 핵심인 Note-taking 기술을 체계적으로 익힐 수 있게 한다.

Diagnostic Test(진단평가)와 Actual Test(실전평가)를 CD에 담아, 문제를 풀어봄으로써 실제 시험장에서의 응용력을 높일 수 있도록 하였다.

Speaking에서 꼭 필요한 표현들을 이해하기 쉽게 정리해 놓았다.

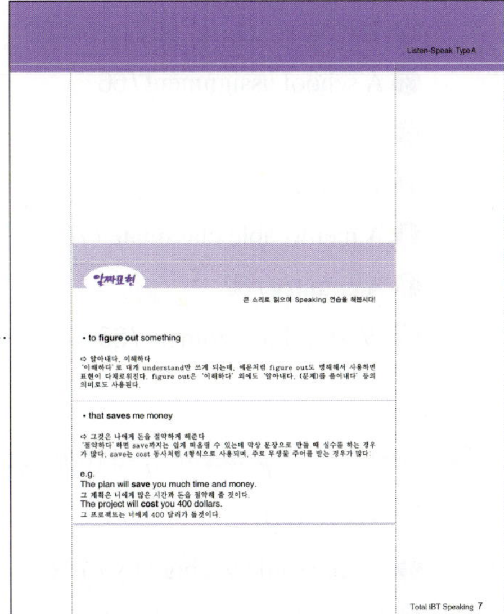

Listen-Speak Type A

알짜표현

큰 소리로 읽으며 Speaking 연습을 해봅시다!

- to **figure out** something

⇨ 알아내다, 이해하다
'이해하다'로 대개 understand만 쓰게 되는데, 예문처럼 figure out도 병행해서 사용하면 표현이 다채로워진다. figure out은 '이해하다' 외에도 '알아내다, (문제)를 풀어내다' 등의 의미로도 사용된다.

- that **saves** me money

⇨ 그것은 나에게 돈을 절약하게 해준다
'절약하다' 하면 save까지는 쉽게 떠올릴 수 있는데 막상 문장으로 만들 때 실수를 하는 경우가 많다. save는 cost 동사처럼 4형식으로 사용되며, 주로 무생물 주어를 받는 경우가 많다:

e.g.
The plan will **save** you much time and money.
그 계획은 너에게 많은 시간과 돈을 절약해 줄 것이다.
The project will **cost** you 400 dollars.
그 프로젝트는 너에게 400 달러가 들것이다.

Total iBT Speaking 7

Contents

Contents

Contents

Total iBT TOEFL

Introduction

혁명적으로 달라진 iBT TOEFL의 개시

혁명적으로 달라진 iBT(internet-Based Test) 토플이 도입되었다. 차세대 iBT 토플은 제 3세대 토플 시험이다. 종이와 연필로 보던 PBT 토플이 1세대였고 이를 대체하며 2000년 10월 한국에 도입된 CBT 토플이 2세대였다. 6년 전 PBT에서 CBT 토플로 바뀔 때에도 Writing이 새로 추가되는 것에 대한 불안감이 컸다. 하지만 3세대 iBT 토플이 불러올 변화의 규모와 내용은 CBT 토플과는 비교가 안 될 정도로 혁명적이다. iBT 토플은 작게는 토플을 준비하는 학생들에게, 크게는 한국 영어 교육 전체에 엄청난 변화를 가져올 것이다.

Speaking / Writing이 총점의 절반을 차지한다.

토플 시험을 주관하는 미국의 ETS (Educational Testing Service)가 밝혔듯이 iBT 토플은 영어를 외국어로 사용하는 학생들의 영어 능력을 통합적으로 평가한다. 통합적인 평가를 위해 iBT 토플 시험의 출제 영역과 내용이 대폭 바뀌었다. 먼저 기존 토플에는 없던 Speaking 영역이 추가되었다. 더구나 Speaking은 보조적인 역할이 아닌 6개의 문제를 지닌 당당한 시험 영역으로 추가된 것이다. Writing 역시 작성해야 하는 Essay 숫자가 2개로 늘어나면서 독립적인 문제 영역으로 위상이 대폭 격상되었다. 이에 따라 iBT 토플에서는 주관식 문제 유형인 Speaking과 Writing이 전체 시험점수 120점의 절반인 60점을 차지하게 되었다.

진짜 영어 실력을 요구하는 통합형 문제

시험 영역의 변화 못지 않게 iBT 토플의 시험 내용에도 혁명적인 변화가 있다. 통합형 문제가 바로 그것이다. 기존 CBT 토플에서는 각 시험 영역이 별개의 문제로 출제되었다. 하지만 iBT 토플에서는 읽고-듣고-말하기, 듣고-말하기, 읽고-듣고-쓰기와 같이 2개 이상의 문제 영역을 연계해서 테스트하는 통합형 문제가 출제 된다. 지금까지는 읽기만 잘하거나 듣기만 잘해도 기본 점수는 받을 수 있었다. 하지만 이제는 Reading/Listening /Speaking/Writing을 고르게 잘 해야만 의미있는 토플 점수를 받을 수 있게 되었다. 적어도 토플 시험에 있어서는 문법만 달달 외고 있는 사람, 영어 청취만 잘 되는 사람은 더 이상 영어 고수라는 주장을 할 수 없게 되었다. 영어 능력의 전 영역을 통합적으로 평가하는

iBT 토플의 등장은 부분적인 영어 능력만을 파편적으로 측정하는 TOEIC이나 TEPS 같은 시험들을 초라한 시험으로 전락시킬 것이다.

iBT TOEFL의 구성과 출제 순서

출제 순서	시험 문제	시간	점수
1. Reading	3-5개의 지문 / 지문당 12-14개 문항	60-100분	30점
2. Listening	4-6개의 강의(Lecture) / 강의당 6개 문항	60-90분	30점
Break		10분	
3. Speaking	6개 문제: 2개의 독립형 말하기(Independent Speaking) 4개의 통합형 말하기(Integrated Speaking)	20분	30점
4. Writing	2개 문제: 1개의 통합형 쓰기 문제(Integrated Writing) 1개의 독립형 쓰기 문제(Independent Writing)	(총 50분) 20분 30분	30점

iBT TOEFL은 CBT와 어떻게 다른가?

시험 영역별 차이

Speaking

iBT에 새로 추가되는 영역으로 독립형 2문제와 통합형 4문제 등 총 6개의 문제가 출제된다. 통합형 문제 4개는 읽고-듣고-말하기 2문제와 듣고-말하기 2문제로 구성되어 있다. 미국에 있는 채점관에게 녹음파일이 보내져 채점되며 각 문제마다 최하 0점에서 최고 4점의 점수가 부여된다.

Writing

CBT에서는 보조적인 위치였지만 iBT에서는 4대 영역 중의 하나로 당당한 위치를 차지한다. 작성하는 Essay가 2개로 늘면서 CBT에서 출제되던 독립형 Essay에 더해 통합형 Essay (읽고-듣고-쓰기) 문제가 추가 되었다. Writing은 각 Essay마다 최하 0점에서 최고 5점의 점수가 부여된다

Structure (문법)

한국 학생들이 비교적 강세였던 문법 영역은 iBT에서는 사라진다. Speaking과 Writing 영역에서 통합적 영어 능력의 일부로 간접적으로만 평가된다. 하지만 문법을 위한 문법은 iBT에서는 사라진 것이다.

Reading

지문이 CBT 보다 2배 정도 길어졌고 난이도 또한 높아졌다. 지문의 핵심 내용을 차트로 분류하거나 요약하는 배점 높은 문제가 새로 추가되었다.

Listening

a. CBT 토플의 짧은 대화, 즉 Part A가 사라지고 긴 강의만 출제된다. 대학 생활과 관련된 대화(Conversations in an Academic Setting), 토론식 강의(Interactive Lectures), 일인 강의(Monologue Lectures)의 3가지 유형이 출제된다. 듣기 분량이 3분에서 5분 정도로 CBT보다 대폭 길어졌다.

b. 문제에 등장하는 대화자들의 발음도 미국 대학에서 실제 접하게 되는 다양한 영어 발음을 반영하는 방향으로 변경되었다. iBT Listening에서는 미국에서 실제로 사용되는 자연스러운 어투와 표현이 많이 등장하며 문제 Set 하나당 적어도 강의 한 개는 영국이나 호주 억양을 가진 원어민이 읽는다.

c. 어투나 대화 분위기를 통해 화자의 태도나 의도를 파악하는 문제가 iBT에 새로 추가되었다. 이미 들려준 강의의 일부를 다시 들려주고 문제를 푸는 Replay Question도 새로 추가되었다.

* iBT 각 영역에 대한 자세한 설명과 시험 전략은 5권의 Total iBT TOEFL 영역별 교재에 꼼꼼하게 제시되어 있다.

시험 운용 방식의 차이

토플 "후기"가 무용지물이 된다.

iBT TOEFL은 응시자의 실력에 따라 문제 난이도가 조절되는 Computer Adaptive 시험이 아니다. 또한 한 달을 주기로 몇 개의 문제 Set가 돌아가며 출제되지도 않는다. 전 세계 모든 응시자들이 같은 날 같은 문제 Set를 풀어야 한다. 이제는 소위 "후기"라는 편법이 무용지물이 되고 오직 실력으로 승부할 수 밖에 없게 되었다.

Note-taking이 허용된다.

시험을 보면서 내내 Note-taking을 할 수 있다. 따라서 체계적인 Note-taking 실력이 시험 성적에 결정적인 영향을 주게 된다. 시험이 끝난 뒤 필기한 종이는 수거되어 파기된다.

마이크에 대고 혼자서 말하는 Speaking

Speaking 영역에서 응시자는 화면에 나타나는 시간 막대를 보며 주어진 시간 안에 마이크에 대고 말을 해야 한다. 말한 내용은 컴퓨터 파일로 저장돼 ETS Online Scoring Network로 보내져 채점된다.

타자로만 작성해야 하는 Writing

Writing Essay 작성시 CBT 토플에서는 연필로 쓰거나 컴퓨터에 타자로 칠 수 있었다. 하지만 iBT에서는 컴퓨터에 타자로 치는 것만 허용된다. 따라서 기본적인 영타 실력을 미리 갖추어 놓아야 한다.

전세계에서 동시에 같은 시험을 본다.

iBT TOEFL은 거의 매일 실시되던 CBT와 달리 정해진 날에만 볼 수 있다. 일년에 약 30-40회 정도 실시될 예정이다. 한 달에 한 번 밖에 시험을 볼 수 없었던 CBT 토플과 달리 iBT 토플에서는 동일 응시자가 한 달에 여러 번 시험을 볼 수 있다. 또 전 세계에서 미리 정해진 시험일자에 동시에 시험이 실시된다. 이러한 변화가 가능한 것은 한 달을 주기로 몇 개의 문제 Set만 반복적으로 출제되던 기존의 CBT와 달리 iBT 토플은 매회 시험마다 다른 문제 Set가 출제되기 때문이다. 이에 따라 CBT에서 기승을 부리던 이른바 토플 "후기"라는 부정한 편법은 iBT에서는 설 자리를 잃게 된 것이다. 지금부터는 적어도 토플 시험에 있어서는 편법이나 요령이 아닌 영어 실력이 점수를 결정하게 된 것이다.

iBT와 CBT/PBT 점수 비교표

Score Comparison		
New Internet-based TOEFL Total	Computer-based Total	Paper-based Total
120	300	677
120	297	673
119	293	670
118	290	667
117	287	660-663
116	283	657
114-115	280	650-653
113	277	647
111-112	273	640-643
110	270	637
109	267	630-633
106-108	263	623-627
105	260	617-620
103-104	257	613
101-102	253	607-610
100	250	600-603
98-99	247	597
96-97	243	590-593
94-95	240	587
92-93	237	580-583
90-91	233	577
88-89	230	570-573
86-87	227	567
84-85	223	563
83	220	557-560
81-82	217	553
79-80	213	550
77-78	210	547
76	207	540-543
74-75	203	537
72-73	200	533
71	197	527-530
69-70	193	523
68	190	520
66-67	187	517
65	183	513
64	180	507-510

Score Comparison, cont.		
New Internet-based TOEFL Total	Computer-based Total	Paper-based Total
62-63	177	503
61	173	500
59-60	170	497
58	167	493
57	163	487-490
56	160	483
54-55	157	480
53	153	477
52	150	470-473
51	147	467
49-50	143	463
48	140	460
47	137	457
45-46	133	450-453
44	130	447
43	127	443
41-42	123	437-440
40	120	433
39	117	430
38	113	423-427
36-37	110	420
35	107	417
34	103	410-413
33	100	407
32	97	400-403
30-31	93	397
29	90	390-393
28	87	387
26-27	83	380-383
25	80	377
24	77	370-373
23	73	363-367
22	70	357-360
21	67	353
19-20	63	347-350
18	60	340-343
17	57	333-337

iBT TOEFL 이렇게 준비해라!

iBT TOEFL은 어렵다. 특히 외국 경험이 없는 토종 국내파 학생들에게는 더욱 어렵게 느껴질 시험이다. 그렇다면 iBT TOEFL 고득점은 불가능한 미션인가? 절대 그렇지 않다. 기존의 어떤 영어 시험보다 어려운 건 사실이지만, 제대로만 준비한다면 높은 점수를 받는 것은 물론 진짜 영어 실력까지 갖출 수 있다. TOEIC 점수가 900이상인데도 영어 한 마디 못하는 웃지 못할 희극은 iBT에서는 없을 것이다. iBT 시험은 정복하기 어려운 산에 올라 기쁨도 누리고 등산 과정에서 체력도 좋아지는 일거양득의 등산에 비할 수 있다. iBT에서 좋은 점수와 실력을 동시에 얻기 위한 영역별 대비 방법은 다음과 같다.

1. Reading

다양한 주제의 지문을 두루 읽어라!

지문의 길이가 CBT에 비해 2배 정도나 길어졌고 지문 전체의 요지를 묻는 문제의 비중이 커진 만큼 평소에 다양한 주제의 영어 구문을 대상으로 폭넓은 독해 연습을 해야 한다. 처음부터 토플 책으로 시험 준비를 시작하기 보다는 자신의 독해 수준에 맞는 영어 책으로 시작하는 것이 좋다. 한 페이지에 모르는 단어가 10개 정도 나오는 지문이 적합하다. 요즘은 시중 대형 서점의 외국어 매장에 중고생 용으로 나온 영어 독해 책들이 아주 많다. 수준에 맞는 책을 골라 독해와 문제 풀기를 연습하며 영어 문장을 읽어내는 기본적인 글 눈을 먼저 길러야 한다.

어휘력은 문장을 통해서만 늘려라!

어휘력은 독해 지문에서 만나는 새 단어와 숙어를 철저히 자기 것으로 챙기면서 키워야 한다. 이와 함께 토플용 전문 Vocabulary 교재를 활용하는 것도 도움이 된다. 이 때 어휘책은 단순히 단어에만 치중하는 것보다는 예문을 읽으며 문맥에서 단어를 자연스럽게 익힐 수 있는 것이 좋다. 그런 점에서 Total 무한궤도 iBT TOEFL Vocabulary를 추천한다. 이 교재에는 전 날 공부한 35개의 단어들이 당일 공부하는 35개 단어들의 예문 안에 다시 한 번 등장하기 때문에 복습이 저절로 될 수 밖에 없다. 예문만 꼼꼼히 읽으면서 이 책을 한 번 공부하고 나면 다른 Vocabulary 책을 두 번 공부한 효과를 얻을 수 있는 것이다.

실전과 가장 유사한 교재로 마무리 하라!

일단 기본 독해력과 어휘력을 갖추고 난 다음 iBT TOEFL Reading 교재를 시작해야 한다. Total iBT TOEFL RC는 새로운 유형의 iBT 토플 RC 문제에 대한 상세한 분석과 함께 풍부한 유형별 문제까지 담고 있다. 이 교재에는 또 실제 문제와 가장 유사한 Actual Test도 들어 있어 iBT TOEFL에 가장 확실하게 대비할 수 있다.

2. Listening

Dictation으로 기초 청취력을 길러라!

iBT TOEFL Listening에서는 그나마 쉬웠던 짧은 대화 Part A가 없어지고 CBT보다 대폭 길어진 대화와 강의가 우리 학생들을 기다리고 있다. 기본 청취력이 약한 학생들은 받아쓰기(Dictation) 훈련을 많이 해야 한다. 눈으로 보면 아는 단어도 귀로 들으면 낯선 경우가 많다. 눈과 귀의 차이를 줄이는 데에는 Dictation이 가장 효과적이다.

점수를 결정하는 Note-taking 실력을 길러라!

기본적인 듣기가 되는 단계가 되면 듣는 내용을 효과적으로 정리해 기억하기 위한 Note-taking 훈련을 해야 한다. iBT TOEFL LC의 강의는 보통 3분에서 5분이나 되는 긴 분량이기 때문에, 내용을 이해하는 것 못지 않게 이해한 내용을 얼마나 잘 정리해 적을 수 있는지가 점수를 좌우할 것이다. 결국 iBT에서는 Note-taking 실력이 가장 결정적인 역할을 할 것이다. 바로 이 점 때문에 동시 통역 대학원에서 Note-taking 훈련을 받은 사람들은 iBT TOEFL 시험을 별도로 준비하지 않고서도 좋은 점수를 받을 수 있을 것이다.

Note-taking이 Speaking과 Writing 점수까지 올려준다.

Note-taking의 핵심은 최소의 기록으로 최대를 기억해 내는 것이다. 들리는 내용을 속기사처럼 전부 쓰는 것이 아니라 Idea Cluster 단위로 정리해서 적는 경제적인 Note-taking을 해야 한다. Total iBT TOEFL LC는 통역사들이 사용하는 전문 Note-taking 기법을 상세히 소개하고 있다. iBT 토플에서는 LC영역은 물론 Writing과 Speaking영역에서도 통합형 문제의 일부로 듣기 부분이 들어가 있는 만큼 Note-taking 기술을 익히지 않고서는 Writing과 Speaking에서도 좋은 점수를 받을 수 없다.

3. Speaking

5분 30초 동안 말을 할 수 있어야 한다.

기본적인 의사 표현 능력도 길러주지 못하는 우리 영어 교육의 현실때문에 iBT TOEFL Speaking은 우리 학생들에게는 가장 어려운 영역이다. 독립형 말하기 문제 2개, 읽기-듣기-말하기가 결합된 통합형 문제 2개, 듣기-말하기 통합형 문제 2개 등 총 6개의 문제가 출제된다. 독립형 말하기는 각 45초, 통합형은 각 1분씩 영어로 말을 해야 한다. Speaking 6문제를 다 합치면 총 5분 30초 동안 컴퓨터 마이크에 계속 말을 하는 것이다.

대화식 영어가 아닌 발표식 영어를 연습하라!

iBT TOEFL Speaking은 말 상대가 있는 양방향 대화가 아니다. 혼자서 자기 의견을 말하는 발표에 가깝다. 그래서 원어민과의 수업만으로는 좋은 점수를 얻기 어렵다. 주어진 주제에 대해 논리 정연하게 자신의 입장을 발표하는 연습을 해야 하고, 듣고 읽은 내용을 요약해서 짜임새 있게 말하는 훈련을 해야 한다. 결국 Presentation 방식으로 말하기 연습을 하는 것이 원어민 수업보다 훨씬 더 효과가 있을 것이다.

Shadowing과 실전 교재로 Fluency를 높여라!

Speaking의 주요 채점 기준 중 하나인 말 속도와 Fluency를 높이기 위해서는 초시계를 놓고 1분 안에 속도감 있게 말하는 연습을 해야 한다. 또 녹음된 영어 연설을 약 5초 간격을 두고 따라가며 말해보는 Shadowing 연습도 큰 도움이 된다. 기본적인 말하기가 되는 학생은 Total iBT TOEFL Speaking 교재에 들어 있는 말하기 문제들을 풀어볼 것을 권한다. 이들 문제들은 실제 문제 유형과 가장 가깝게 만들어져 있고 말하기에 자주 쓰이는 문장과 모범 답안까지도 친절하게 제시되어 있다. 또한 이 교재에 딸린 CD를 이용해 iBT 실제 시험과 꼭 같은 환경에서 Speaking 시험에 확실히 대비 할 수 있다.

4. Writing

통합형 Essay와 독립형 Essay

20분 동안 읽고 들은 내용에 대해 비판적으로 요약을 하는 통합형 쓰기 하나와 30분 동안 주어진 주제에 대해 논리적인 글을 쓰는 독립형 쓰기 하나를 해야 한다. 기본 문장을 영작할 수 있는 능력과 논리 정연한 Essay를 조직해내는 능력이 있어야 Writing에서 좋은 점수를 받을 수 있다.

기본 영작 훈련을 먼저 한 다음 Essay 작성법을 익혀라!

기본 문장 영작 능력이 부족한 학생에게는 "TOEFL 기초공사 Writing"이 많은 도움을 줄 것이다. 이 교재에 수록된 48개 독립형 주제에 대한 문장 단위의 기본 영작 연습이 Essay를 작성할 수 있도록 기초체력을 길러 줄 것이다. 기본 문장 영작 능력을 기른 뒤에는

Total iBT TOEFL Writing 교재를 이용해 실전 훈련을 하면 된다. 이 책에는 iBT Writing 문제에 대한 유형별 설명과 그에 대한 훈련 방법이 제시되어 있고 출제 가능성이 높은 글 주제에 대한 문장별 영작 연습과 Sample Essay까지 상세히 제시되어 있다. Essay에 주어지는 점수는 최저 0점이고 최고 5점이다. 기본 문장 영작과 Essay 훈련을 제대로 하고 나면 Writing에서 적어도 3점 이상의 점수는 받을 수 있을 것이다.

ETS가 추천하는 Writing에 유용한 연결어

6개 문제: 2개의 독립형 말하기	
Sequence 순서	Again, also, and, and then, finally, first, second, third, next, still, too, and so forth, afterward, subsequently, finally, consequently, previously, before this, simultaneously, concurrently
To add 추가	Besides, equally important, finally, further, furthermore, nor, lastly, what's more, moreover, in addition
To prove 입증, 근거	Because, for, since, for the same reason, obviously, evidently, furthermore, moreover, besides, indeed, in fact, in addition, in any case, that is
To compare and Contrast 비교 및 대비	Whereas, but, yet, on the other hand, however, nevertheless, on the other hand, on the contrary, by comparison, where, compared to, up against, balanced against, vis-a-vis, but, although, conversely, meanwhile, after all, in contrast, although this may be true, still, though, yet, despite, as opposed to
Time 시간	immediately, thereafter, soon, after a few hours, finally, then, later, previously, formerly, first (second, etc.), next, and then, as long as, as soon as
Cause-and-effect 인과관계	as a result, because, consequently, for this purpose, so, then, therefore, to this end
Emphasis 강조	Definitely, extremely, obviously, in fact, indeed, in any case, absolutely, positively, naturally, surprisingly, always, forever, perennially, eternally, never, emphatically, unquestionably, without a doubt, certainly, undeniably, without reservation
Exception 예외	Yet, still, however, nevertheless, in spite of, despite, of course, once in a while, sometimes
Examples 예시	For example, for instance, in this case, in another case, on this occasion, in this situation, for instance, in case of, to demonstrate, to illustrate, as an illustration, to illustrate, such as
To summarize and conclude 요약 및 결론	In brief, on the whole, summing up, to conclude, in conclusion, as I have shown, hence, therefore, accordingly, thus, as a result, consequently, as has been noted, as we have seen

미국 대학이 요구하는 iBT 점수

아직 미국 대학이 요구하는 점수 수준이 전부 확정되지는 않았다. 그러나, 일반 대학에서는 CBT 213점에 상응하는 iBT 80~85점 정도를, Ivy League 등 명문 대학들은 95~100점 대의 iBT 점수를 요구할 것으로 예상된다. 또한 기존의 CBT와는 달리 총점에 더해서 4대 영역별 최저 점수를 정하는 대학도 많을 것으로 예상된다. 영역별 점수를 요구하는 대학들은 Reading이나 Listening보다는 Speaking과 Writing 영역에서 상당히 높은 점수를 요구할 것으로 보인다.
이미 가지고 있는 CBT점수는 원칙적으로는 2년간 유효하다. 그러나 국내외 일부 대학과 중등 교육기관에서는 앞으로 iBT 점수만을 제출하도록 요구하거나 최근 1년간 받은 토플 점수만을 인정할 것으로 예상되는 만큼 진학을 희망하는 교육기관에 이에 대해 미리 확인을 해야 할 것이다.

iBT TOEFL 등록에서 성적 통지까지

▶ 시험 등록

- 등록비는 미화 170 달러 (2006년 현재). 등록비는 미국에서 결제 가능한 VISA, Master, American Express Card 중 하나로 지불할 수 있다. 미국에 개설한 은행 계좌가 있으면 전자 결제도 가능하다.
- 응시자가 몰리는 경우가 있으므로 원하는 응시일로부터 두 세달 여유를 두고 등록해야 한다.
- 등록시에 교부되는 등록확인번호를 잘 챙겨서 시험장에 가지고 간다. 이와 함께 응시자의 신분을 증명할 본인의 서명과 사진이 들어간 여권을 시험장에 반드시 가져 가야 한다.
- 시험 일자 변경과 취소 신청: 시험일자를 변경할 경우 미화 40달러를 지불해야 하고, 시험 취소 시 미화 65 달러만 환불된다. 시험 일자 변경과 취소는 지정된 시험일로부터 늦어도 근무일 기준 3일전까지만 가능하다.

▶ 3가지 등록 방법

1. 인터넷 등록 : www.prometric.com이나 www.ets.org에서 등록
2. 전화 등록 : 한미 교육위원단 (02-3211-1233)에 전화로 등록.

전화 등록 시간: 오전 9시-오후 5시 (월-금요일)
희망 응시일로부터 늦어도 근무일 기준 3일전에 등록해야 한다.

3. 우편 등록 : 등록서식을 작성하여 ETS나 각 지역 등록센터로 보낸다.

▶ 시험 절차

- 예약된 시험 장소에 20분 정도 여유를 두고 도착
- 입실: 신원 확인 및 사진 촬영
- 안내 및 시험: 시험에 앞서 감독관이 컴퓨터 사용요령을 비롯한 시험 진행에 대한 설명을 하고 시험 개시

▶ 성적 통지

시험 성적표는 시험일로부터 근무일 기준 15일 이내에 우편을 통해 통지된다. 성적표에는 총점과 각 영역별 점수가 기재되며 응시자의 영어 실력에 대한 평가와 응시자가 영어로 수행할 수 있는 업무도 안내된다. iBT 토플 점수는 대부분의 미국 교육 기관에서 2년간 유효하게 사용할 수 있다. 하지만 Reading과 Listening에서 적어도 1개의 지문이나 강의, Writing에서 1개의 Essay, 그리고 Speaking에서 1개의 문제에 답을 하지 못한 경우 성적표가 발부되지 않는다.

Total *iBT* TOEFL

Speaking

Introduction

Speaking은 도전이자 기회

iBT TOEFL은 "말하기 토플"이라는 별칭이 붙을 만큼 Speaking은 iBT 4대 영역 중 가장 큰 도전이 될 것이다. iBT Speaking은 1분 간 말하는 문제 4개와 45초 간 말하는 문제 2개로 총 6개의 문제를 담고 있다. 6문제를 합치면 5분 30초 동안 영어로 말을 하는 셈이다. 그것도 대화 상대 없이 컴퓨터 마이크에 대고 혼자서 영어로 계속 말해야 한다. 그래서 외국인과 영어 대화를 제법 하는 학생들에게도 부담스러운 문제인 것이다. 더구나 우리말은 영어와 어순이 정반대여서 한국인의 영어 말하기 속도는 다른 나라 사람보다 상대적으로 느리다. 이로 인해 Speaking의 주요 채점 기준인 Fluency에서도 손해를 본다. 결국 장기간에 걸쳐 체계적으로 훈련을 하지 않으면 Speaking에서 좋은 점수를 받을 수 없는 것이다. 그렇지만 낙담할 필요는 없다. iBT Speaking이 아니더라도 우리 생활 전반에서 유창한 영어 말하기 실력이 요구되고 있는 현실이다. 열심히 훈련하여 iBT Speaking에서 높은 점수를 받을 수 있다면 고득점이라는 선물과 함께 유창한 영어 말하기 실력까지 갖추게 될 것이다. 이렇게 보면 iBT Speaking은 한국 학생들의 영어 말하기 실력을 한 차원 높여 주는 멋진 기회라 할 것이다.

문제 유형

Speaking 영역에 들어 있는 총 6개의 문제는 독립형 말하기(independent speaking) 2문제와 통합형 말하기(integrated speaking) 4문제로 대별된다. 이는 다시 아래 표와 같이 세분된다.

독립형 말하기 문제 Independent Speaking Tasks

질문 유형	질문 내용	준비 및 말하는 시간
1. 개인의 선호 Personal Preference	가장 중요한 사람, 인상적이었던 수업이나 책, 장소 등에 대한 의견을 제시한다. 왜 그런 대답을 했는지, 무엇이 인상적이었는지를 구체적으로 말하기	준비 시간: 15초 말하는 시간: 45초
2. 선택 Choice	두 개의 상반되는 대안 중 하나를 택하고 그 선택에 대한 자신의 입장 밝히기	준비 시간: 15초 말하는 시간: 45초

통합형 말하기 문제 Integrated Speaking Tasks

읽기-듣기-말하기 통합형	질문 내용	준비 및 말하는 시간
3. 대학 캠퍼스 상황과 관련된 주제 Campus Situation Topic	-캠퍼스 생활에 관한 문제와 관련된 약 100단어 길이의 지문 읽기 -읽기 지문에 관련된 80초 정도 (180단어)의 대화 듣기 -들은 내용과 읽은 내용을 종합해 말하기	준비 시간: 30초 말하는 시간: 60초
4. 강의와 관련된 주제 Academic Course Topic	-대학 강의에 등장하는 학술적 용어나 개념을 포괄적으로 설명하는 약 100단어 길이의 지문 읽기 -읽기 지문에서 설명된 개념에 관한 구체적인 예를 드는 90초 정도(220단어)의 강의 듣기 -들은 내용과 읽은 내용의 중요 부분들을 종합해 말하기	준비 시간: 30초 말하는 시간: 60초
듣고-말하기 통합형	**질문 내용**	**준비 및 말하는 시간**
5. 캠퍼스 상황과 관련된 주제 Campus Situation Topic	-한 대학생에 관한 문제 상황을 놓고 두 사람이 서로 다른 대안을 제시하는 90초 정도 (약 220단어)의 대화 듣기 -대화에 나온 문제 상황을 요약하여 말하고 이어서 그에 대한 자신의 대안을 말하기	준비 시간: 20초 말하는 시간: 60초
6. 강의와 관련된 주제 Academic Course Topic	-특정 학술 개념이나 용어에 대한 설명과 그에 대한 구체적인 예를 제시하는 120초 정도(280단어)의 강의 듣기 -교수가 설명한 개념과 예가 어떤 관계인지를 분명히 밝히면서 강의 내용을 논리적으로 요약해 말하기	준비 시간: 20초 말하는 시간: 60초

응시자는 이상의 6개 문제에 대해 주어진 시간 안에 헤드셋 마이크에 최대한 많이 말을 해야 한다. 컴퓨터 화면에는 남은 시간을 보여 주는 Time Bar가 표시된다. 주어진 시간 전에는 절대 말을 끝내지 말고 다음 지시 사항이 나올 때까지 계속 말을 해야 점수를 올릴 수 있다. 1분에 약 100단어 정도로 말을 쏟아 낼 수 있어야 좋은 점수를 기대할 수 있다.

채점 기준

Speaking은 완전히 새로운 영역이다. 그런 만큼 iBT를 주관하는 ETS가 어떤 기준을 가지고 컴퓨터에 녹음된 말하기 내용을 채점할 것인가를 잘 알고 있어야 한다. ETS는 Speaking에 대해 최저 0점에서 최고 4점을 부여한다. 각 점수에 대한 채점 기준은 다음과 같다.

독립형 말하기 Independent Speaking 채점 기준

점 수	전체적 묘사	전달력	언어 사용 능력	주제 전개 능력
4점	알아 들을 수 있고 유창하게 응답. 우측에 제시된 3개의 항목을 모두 충족시켜야 한다.	-고른 응답 속도 -명료한 내용 -이해에 영향을 주지 않을 정도의 미미한 발음 또는 억양 상의 실수 외에는 나무랄 데 없는 전달력	-문법과 어휘의 올바른 사용 -중문과 장문을 사용할 수 있는 구사력 -내용 이해에 지장을 주지 않을 정도의 사소한 문법적 실수를 제외하고는 문제가 전혀 없는 높은 언어 구사력	-질문에 대한 충분한 답변 -논리적 답변 -말하는 내용에 논리적 연결 고리가 있는 답변
3점	주제는 제대로 다루지만 완전하게 전개하지 못함. 전반적으로 알아 들을 수는 있지만 유창함이 떨어지며 간혹 귀에 거슬리는 침묵이 흐른다. 3점을 받으려면 우측의 3개 항목 중 적어도 2개는 충족시켜야 한다.	-내용은 전반적으로 명료함 -발음, 억양, 말의 속도 때문에 중간 중간 신경을 써야 말 내용을 이해할 수 있다. 그러나 전체 응답 내용의 이해에는 크게 지장이 없다.	-상당히 효과적인 문법 및 어휘 구사력 -상당히 조리있는 표현 -문법과 어휘를 부분적으로 잘못 사용 -다소 제한된 문장 구조를 구사 -전체적인 유창함은 떨어지지만 의사소통에는 큰 지장이 없는 언어 구사력	-대부분 조리있고 일관된 답변 -답변 전체의 논리 전개가 다소 제한적이며 구체성과 상세한 설명이 결여됨 -아이디어 사이의 논리적 연결이 명료하지 않은 부분이 있는 답변
2점	질문에 대답은 했으나 내용 전개가 제한적이다. 말은 되지만 전달력과 전반적인 논리에 문제가 있다. 말한 내용이 명확하지 않은 경우가 있다. 우측 3개 항목 중 적어도 2개에 해당된다.	-내용은 기본적으로 알아 들을 수 있다. -부정확한 발음과 억양, 고르지 못한 말의 속도 때문에 이해하는 데 힘든 곳이 있다.	-종종 내용 이해에 지장을 주는 제한적 문법 및 어휘 구사 -속도감은 있으나 주로 단순한 문장 구조만 반복 사용 -구체적인 내용보다는	-주제와 관련된 답변이지만 아이디어 전개가 제한적임 -주로 기본 개념을 제한적인 설명으로 전개함 -반복적이거나 막연한

			막연한 일반적인 내용 만 말함 –부정확한 접속사 사용	답변 –아이디어 사이의 관계 가 불명확함
1점	내용과 일관성 면에서 매우 제한적이다. 주제와의 연관성이 매우 약하며 전체적으로 응답을 알아 듣기 힘들다. 우측 3개 항목 중 최소한 2개에 해당된다.	–발음, 억양, 강세 상에 계속 문제가 있어 알아 듣기가 아주 힘들다. –말이 자주 중단되며 침묵이 이어지고 망설임이 묻어나는 답변	–이해에 크게 지장을 주는 제한적인 문법, 어휘 구사 –이미 암기한 질문과 무관한 문장을 계속 반복하는 듯한 인상을 줌	–관련된 내용이 거의 제시되지 못함 –기본 개념만 말하고 그 밖의 내용이 없는 답변 –지속적인 말하기에 어려움을 보이는 답변 –문제에 나온 표현이나 단어만 반복하는 답변
0점	응답하려는 노력이 전혀 없거나 주제와 무관한 답변			

위 채점 기준표에서 볼 수 있듯이 독립형 말하기에서 높은 점수를 얻으려면 질문에서 묻고 있는 내용에 대해 구체적인 예를 적절히 들면서 논리 정연하게 중단 없이 말해야 한다. 같은 표현이나 문장을 반복적으로 사용하는 것은 감점 사항이다. 이를 피하려면 같은 아이디어를 여러 가지 다른 방식으로 표현할 수 있도록 동의어 표현을 정리하며 말하기 연습을 해야 한다. 평소 공부할 때 연습해 두지 않은 동의어 표현은 시험장에서 절대 떠오르지 않는다. '동의어 표현 사냥 (Synonym Hunting)' 이 이젠 완전히 필수가 된 것이다. 예를 들어 problem이라는 아이디어를 issue, point, trouble, what matters와 같은 동의어 표현으로 즉시 내뱉을 수 있을 만큼 훈련을 많이 해야 한다.

통합형 말하기 Integrated Speaking 채점 기준

점수	전체적 묘사	전달력	언어 사용 능력	주제 전개 능력
4점	약간의 머뭇거림은 있으나 질문에 제대로 답함. 논리적이고 일관성 있는 내용을 중단 없이 말함. 4점짜리 응답은 우측의 3개 항목을 모두 충족시켜야 한다.	–답변이 유창하고, 시종일관 명료하다. –미미한 발음과 억양 상의 어려움이나 머뭇거림은 있다. –듣거나 읽은 내용을 기억하기 위해 말이 중단되는 경우가 있지만 전체적으로 매우 논리적이다.	–기본 문법과 고급 문법을 잘 구사하여 애를 쓰지 않고 조리있게 말한다. –가끔 미미한 어휘 상의 문제가 있지만 전반적으로 어휘 선택이 효과적이기 때문에 이해하는 데 문제가 없다.	–질문에 관련된 내용을 명확하게 전달한다. –약간의 오류나 생략은 있어도 적절한 정보를 구체적으로 말한다.

3점	질문에는 답하지만 완벽하게 전개하지 못한다. 대체적으로 논리적이며 유창함도 있으나 머뭇거림이 길다. 3점짜리 답변은 우측 3개 항목 중 최소 2개에 해당된다.	-전반적으로 명확하고 유창하지만 발음과 억양, 속도에 문제가 있어 듣는 사람이 신경을 써야 알아 들을 수 있는 경우가 있다.	-자동화된 효과적인 문법 및 어휘 구사력을 보인다. -관련된 내용을 조리있게 전달한다. -가끔 어휘를 잘못 사용하거나, 제한적인 문장 구조만을 쓴다. -하지만 그러한 제약이 전체 내용 전달에는 크게 영향을 주지 않는다.	-관련된 내용을 지속적으로 조리있게 전달한다. -정확성, 완성도 구체성이 떨어지거나 말이 끊어지는 경우가 있다.
2점	질문 주제와 관련된 답변이지만 내용이 빠졌거나 잘못된 정보가 들어 있다. 논리적인 내용도 있지만, 전체 내용의 골자를 흐리는 부정확한 부분들이 있다. 2점짜리 답변은 우측 3개 항목 중 최소 2개에 해당된다.	-답변 내용 중 명확한 부분도 있지만, 발음이나 억양, 말 속도의 문제로 듣는 사람의 많은 노력이 필요하다. -말이 일정 속도로 계속 이어지지 못한다. -알아 듣지 못하는 부분으로 인해 답변 전체의 내용이 불명확해진다.	-제한된 어휘와 문법 구조를 사용한다. 가끔 복문을 사용하지만 종종 오류가 섞여 있다. -내용의 정확성이 떨어지며 구체적이지 못하고 모호하며 막연하다. -일부 표현에서만 자연스러운 발화가 이루어진다.	-관련된 내용을 일부 전달하지만, 완성도와 정확성이 확연히 떨어진다. -내용을 생략하며 막연한 말만 한다. -핵심 아이디어 전개가 제한적이며 문제를 잘못 이해한 것이 분명히 드러난다. -문장 사이의 논리적 연결이 미약하다.
1점	내용, 논리, 주제와의 연관성이 모두 현저하게 떨어진다. 전체적으로 무슨 말인지 알아 듣기 매우 힘들다. 1점짜리 답변은 우측 3개의 항목 중 최소 2개에 해당된다.	-지속적인 발음과 억양상의 문제가 있어 답변 내용을 알아 듣기 매우 힘들다. -말이 중단되며, 파편적이다. -자주 머뭇거리며 망설인다.	-문법과 어휘가 매우 제한적이고 아이디어가 서로 연결되지 못한다. -문장이 아닌 외톨이 단어로 띄엄띄엄 답변한다.	-문제와 관련된 내용이 거의 없다. -답변이 매우 부정확하거나 막연하며 제시문에 주어진 단어나 문장만을 반복한다.
0점	아무 답변을 하지 않거나 질문과 전혀 다른 내용을 답한다.			

이상의 통합형 Speaking 문제 채점표에 제시된 것처럼 ETS는 표준 영어 발음보다는 효과적인 내용 전달에 더 큰 비중을 둔다. 한국 억양이 묻어나더라도 응답 내용이 주제에서 벗어나지 않고 조리가 있으면 좋은 점수를 받을 수 있다. 발음을 지나치게 의식하면 말의 속도가 떨어져서 45초나 60초 내에 많은 내용을 전달할 수 없다. 따라서 알아듣는 데 지장이 없는 정도의 발음이라면 자신감을 가지고 최대한 빠른 속도로 말해야 점수를 올릴 수 있다.

또한 통합형 문제에서는 문제로 주어지는 듣기 부분을 꼭 Note-taking해 두어야 한다. 이를 위해 본 교재의 부록에 실린 전문 통역사용 Total Note-taking 기법을 반드시 익혀 두기 바란다. 이를 통해 iBT LC는 물론 Speaking과 Writing의 통합형 문제까지 모두 해결 할 수 있을 것이다.

Speaking 점수환산표

speaking Rubric Mean Average	Scaled Score
4.00	30
3.83	29
3.66	28
3.50	27
3.33	26
3.16	24
3.00	23
2.83	22
2.66	20
2.50	19
2.33	18
2.16	17
2.00	15
1.83	14
1.66	13
1.50	11
1.33	10
1.16	9
1.00	8
	6
	5
	4
	3
	2
	1
	0

Total iBT TOEFL *Speaking*

Diagnostic Test

iBT TOEFL Speaking Task 1

A useful school facility

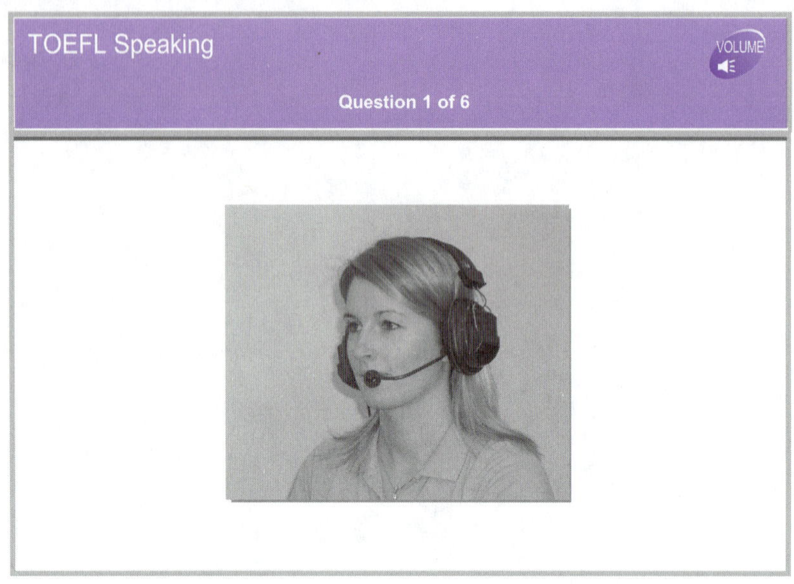

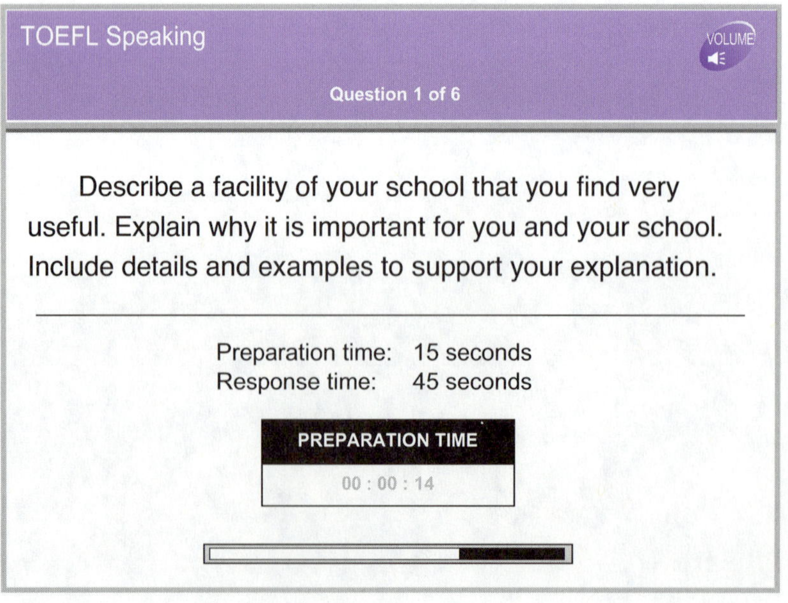

Same vs. changeable weather

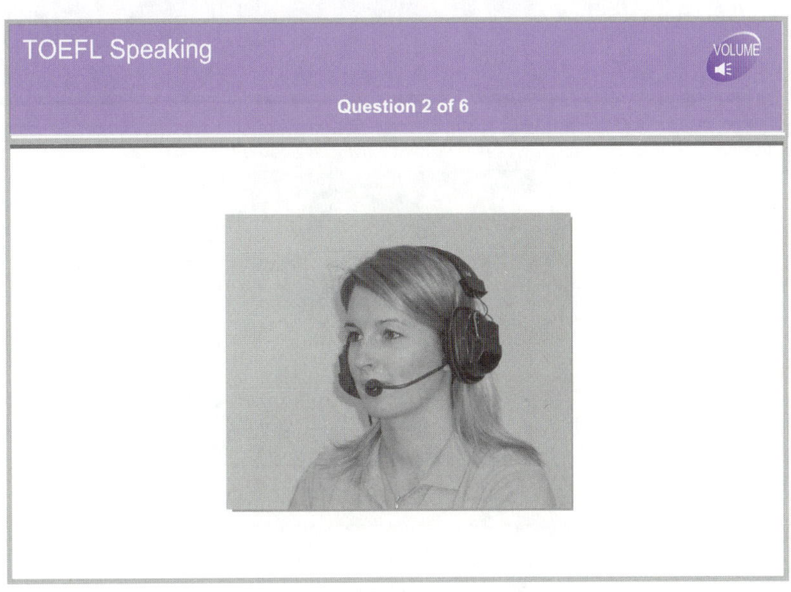

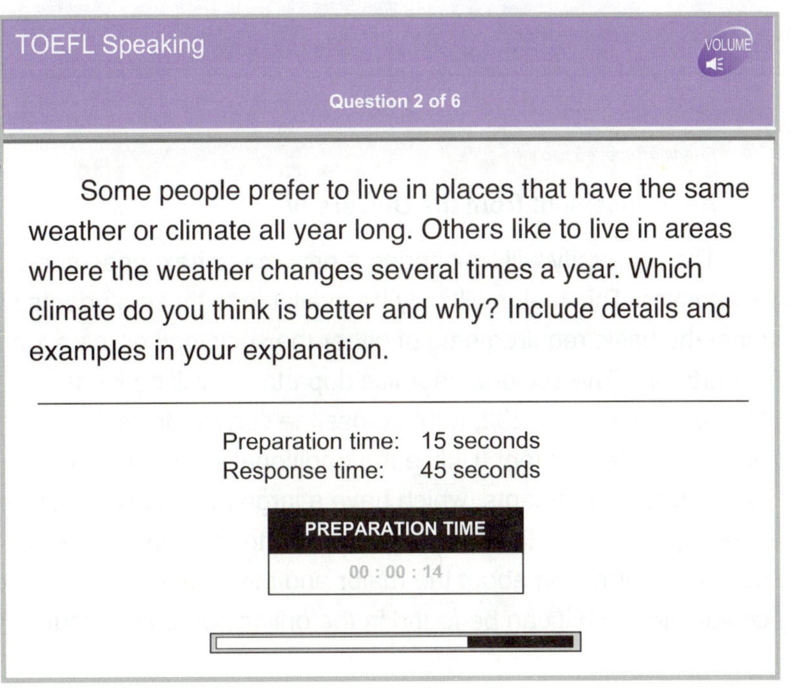

TOEFL Speaking
VOLUME
Question 2 of 6
Some people prefer to live in places that have the same weather or climate all year long. Others like to live in areas where the weather changes several times a year. Which climate do you think is better and why? Include details and examples in your explanation.
Preparation time: 15 seconds
Response time: 45 seconds
PREPARATION TIME
00 : 00 : 14

Introducing a new major

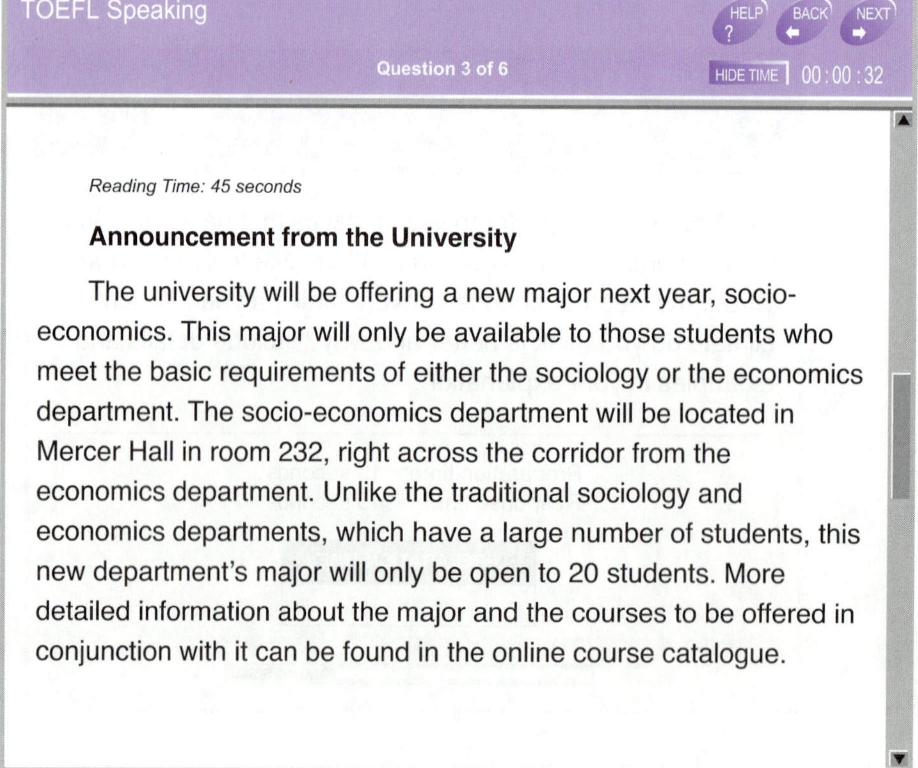

Reading Time: 45 seconds

Announcement from the University

The university will be offering a new major next year, socio-economics. This major will only be available to those students who meet the basic requirements of either the sociology or the economics department. The socio-economics department will be located in Mercer Hall in room 232, right across the corridor from the economics department. Unlike the traditional sociology and economics departments, which have a large number of students, this new department's major will only be open to 20 students. More detailed information about the major and the courses to be offered in conjunction with it can be found in the online course catalogue.

Note-taking

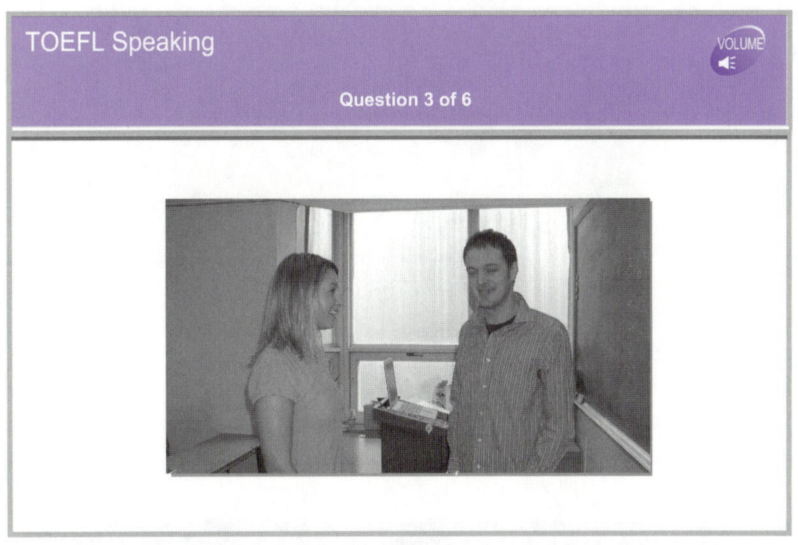
TOEFL Speaking
VOLUME
Question 3 of 6

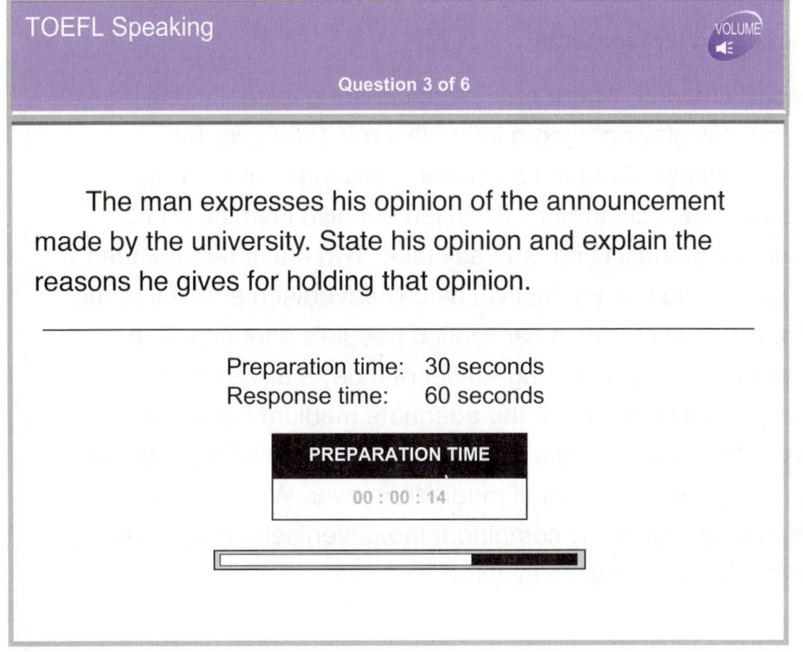
TOEFL Speaking
VOLUME
Question 3 of 6
The man expresses his opinion of the announcement made by the university. State his opinion and explain the reasons he gives for holding that opinion.
Preparation time: 30 seconds
Response time: 60 seconds
PREPARATION TIME
00 : 00 : 14

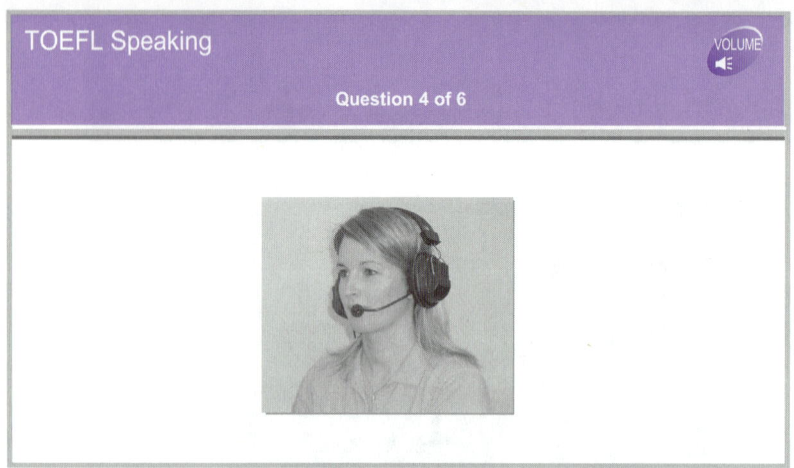

Reading Time: 45 seconds

Effective Advertisements

In today's market, where new products are constantly released, advertisement is playing a more influential role than ever for successful business. Creating captivating ads that can not only capture prospective customers' attention but also lead them into purchasing the product is not an easy task. Two major factors need to be considered to make effective, catchy advertisements. First, the content of the ad is crucial in captivating people's attention. The visual impact is an important ingredient of today's advertisement. Equally important is, however, the adequate medium from which the ad meets potential customers. With the development of technology, there are many more choices of media than ever. When these two elements are harmoniously combined, the advertisement can yield the expected result: increase in sales.

Note-taking

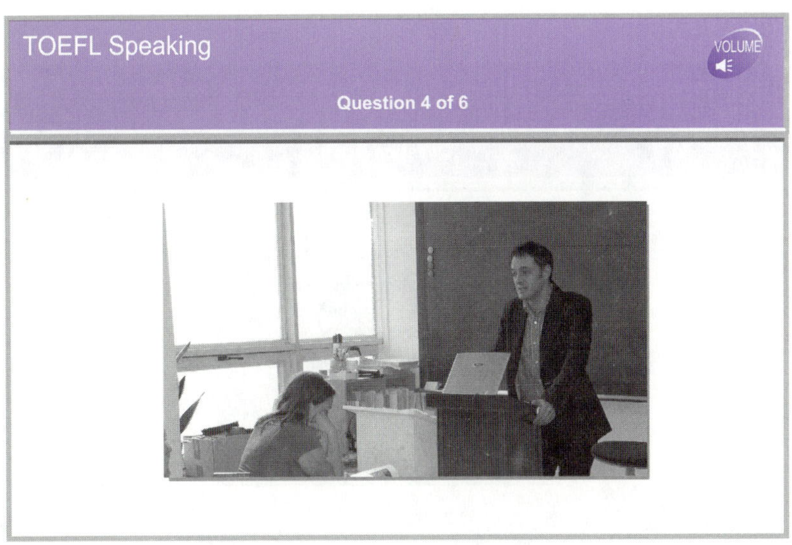
TOEFL Speaking
VOLUME
Question 4 of 6

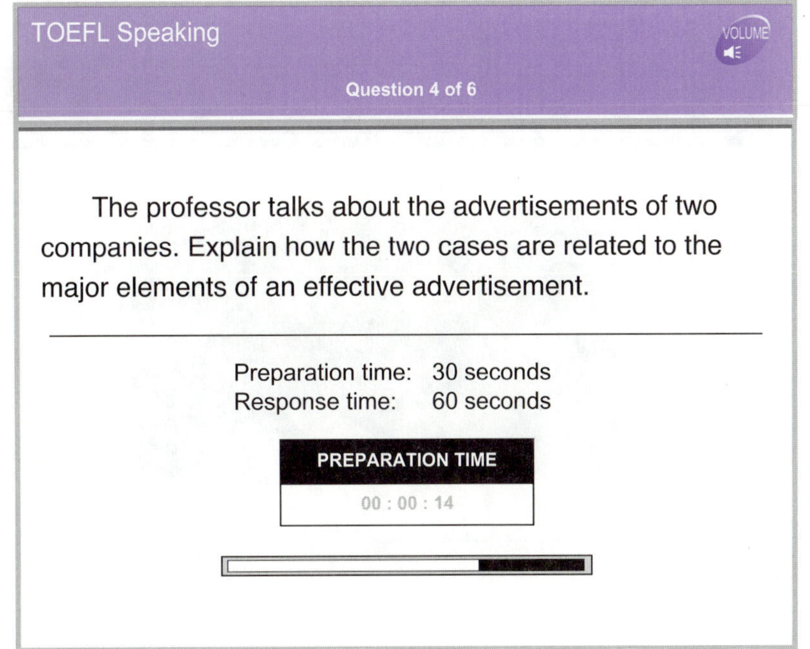
TOEFL Speaking
VOLUME
Question 4 of 6
The professor talks about the advertisements of two companies. Explain how the two cases are related to the major elements of an effective advertisement.
Preparation time: 30 seconds
Response time: 60 seconds
PREPARATION TIME
00 : 00 : 14

Commuting to school

Note-taking

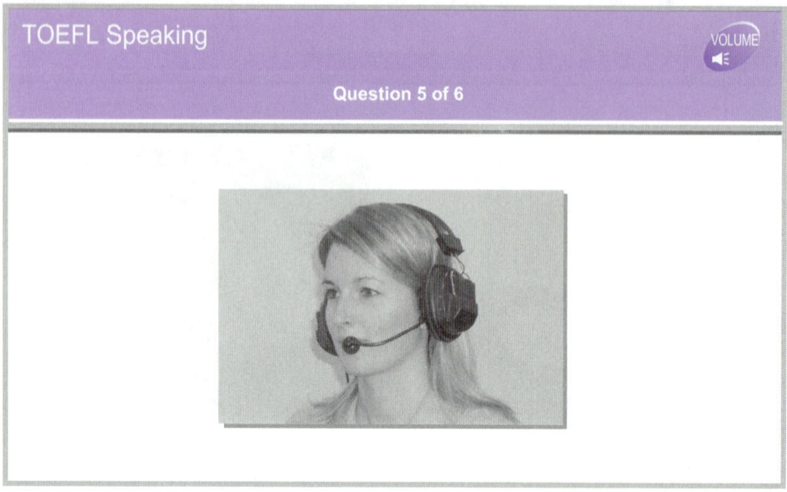

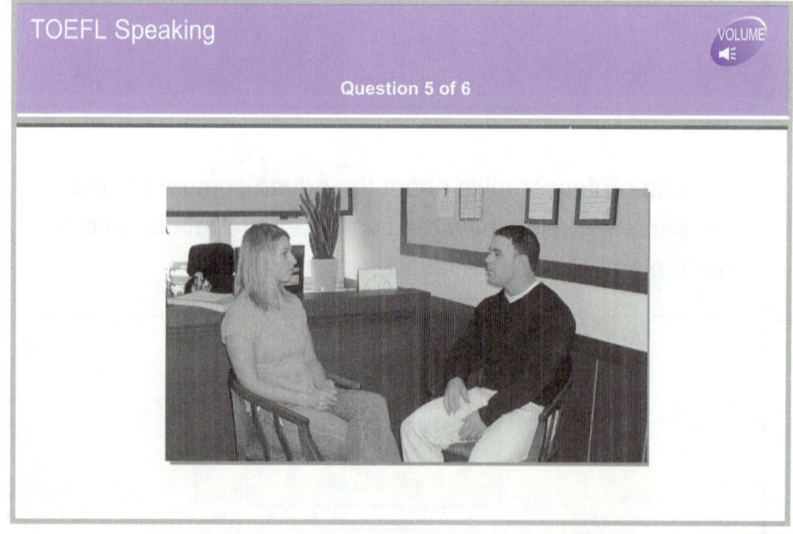

Note-taking

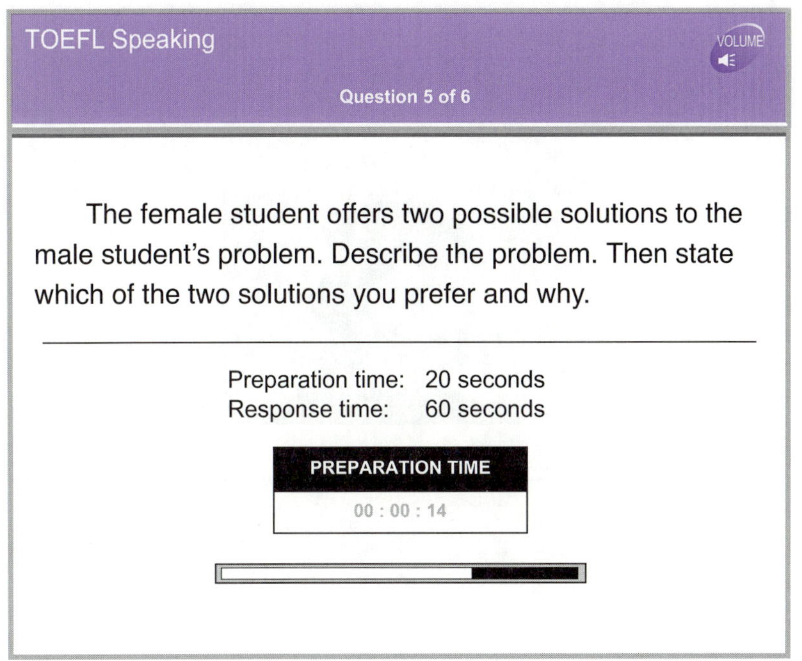
TOEFL Speaking
VOLUME
Question 5 of 6
The female student offers two possible solutions to the male student's problem. Describe the problem. Then state which of the two solutions you prefer and why.
Preparation time: 20 seconds
Response time: 60 seconds
PREPARATION TIME
00 : 00 : 14

Sociology : child language development

Note-taking

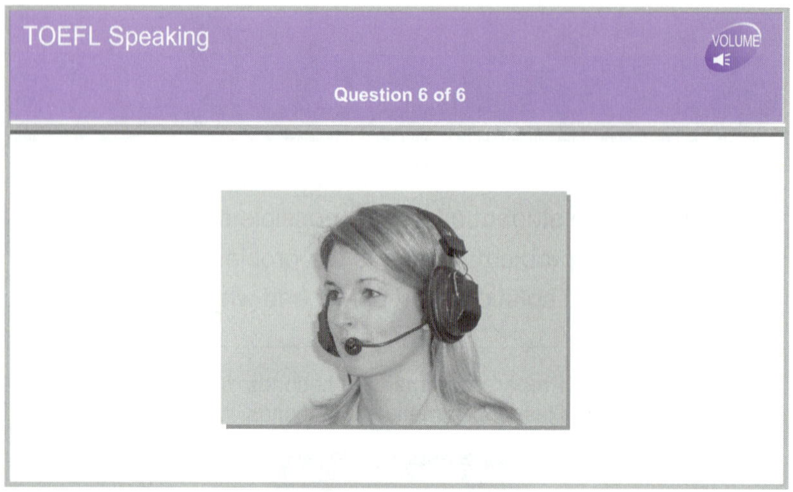

Note-taking

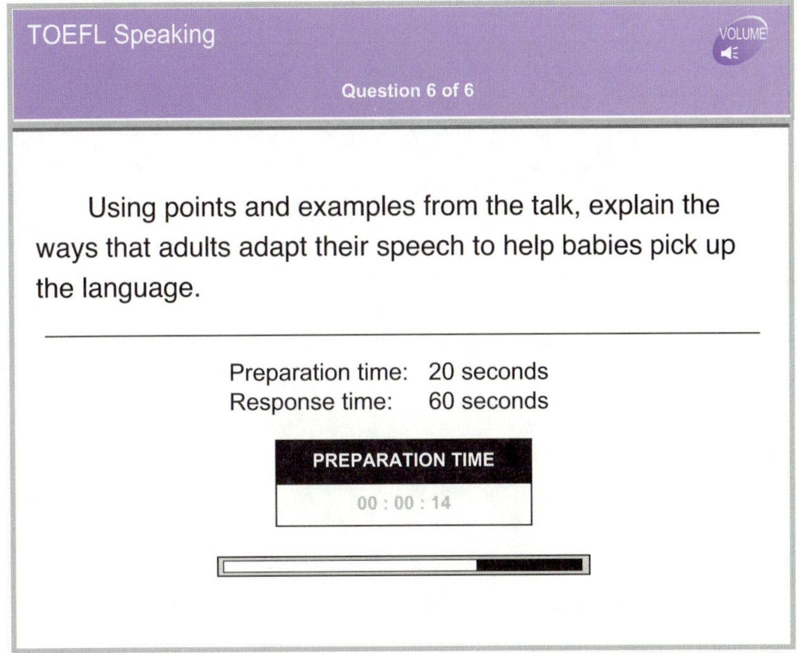
TOEFL Speaking
VOLUME
Question 6 of 6
Using points and examples from the talk, explain the ways that adults adapt their speech to help babies pick up the language.
Preparation time: 20 seconds
Response time: 60 seconds
PREPARATION TIME
00 : 00 : 14

Independent Speaking Type A

Introduction

Type A는 두 개의 독립형 말하기(Independent Speaking) 문제 유형 중 하나로 대학 생활과 관련된 경험이나 선호를 주로 다룬다. 아래와 같은 화면과 순서로 문제가 제시되며 준비 시간 15초와 응답 시간 45초가 주어진다.

Speaking 1

Please Listen Carefully.

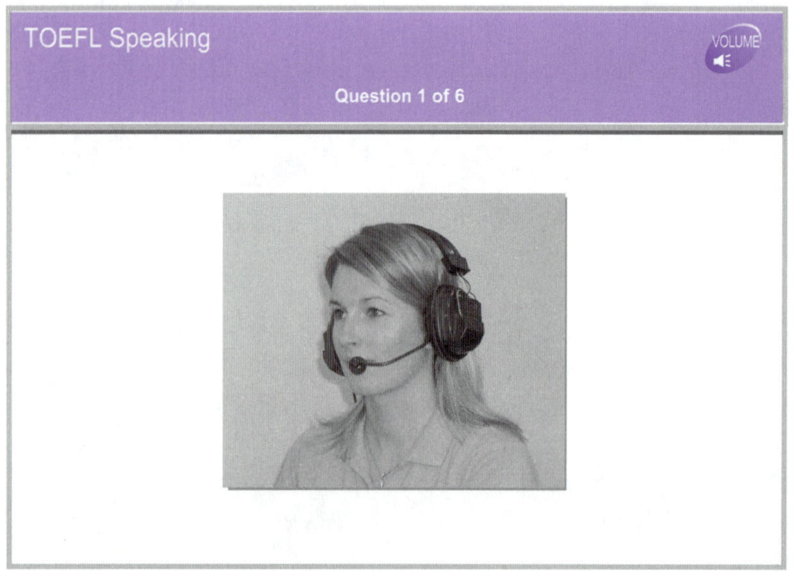

먼저 나레이터가 다음과 같은 제시문을 오디오로만 읽어 준다.

Narrator
Describe a class you have taken in school and explain why the class was important to you. Include details and examples to support your explanation. Please begin speaking after the beep.
[2 secs beep]

[Appearing on screen]
이어서 화면에 다음과 같이 Speaking문제 1번이 제시된다.

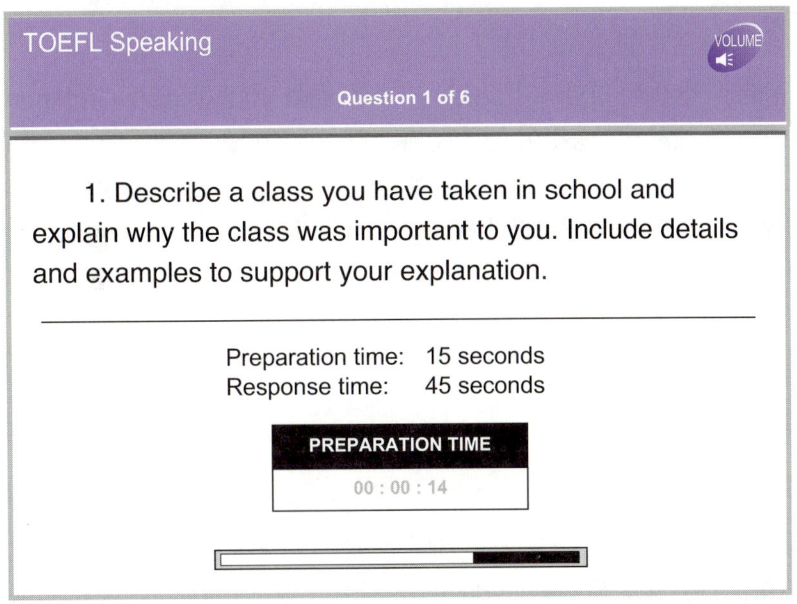

문제를 제외한 나머지 지시 사항은 화면에 표시되지 않기 때문에 잘 들어야 한다. 위 예제의 경우, 학교에서 참여했던 수업 중 하나를 묘사하고 그 수업이 왜 중요했는가를 구체적으로 예를 들면서 설명해야 한다. 준비 시간 15초 동안에는 사실 마음을 가다듬는 정도 밖에 할 수 없다. 따라서 평소에 출제 가능성이 높은 주제에 관해 발표(Presentation) 형식으로 45초 동안 말하는 연습을 많이 해 두어야 한다.

화면에 표시된 Time Bar가 다 끝날 때까지 최대한 많은 말을 해야 한다. 우리 학생들은 완벽한 문장이나 아이디어가 아니면 말을 하지 않으려는 경향이 있는데, 이것은 iBT Speaking에서는 절대 피해야 한다. 침묵이 많이 들어간 느린 응답에는 낮은 점수가 부여되기 때문이다. 그런 만큼 완성도가 조금 떨어지더라도 머뭇거리지 않고 자신 있게, 줄기차게 말해야 한다. 말속도가 빠른 중국 학생들은 논리나 발음, 문법에 더 신경을 쓰는 것이 유리 하지만, 말속도가 느린 한국 학생들에게 가장 필요한 것은 주어진 시간 내에 최대한 많은 내용을 말하는 것이다.

출제 경향

대학생활과 관련된 개인의 경험이나 취향, 기호를 묻는 iBT TOEFL Independent Speaking Type A에 출제될 가능성이 높은 문제는 다음과 같다.

–수업 준비를 위해 읽었던 가장 인상적인 책
–영향을 많이 준 선생님
–기억에 남는 그룹 프로젝트
–특별한 학교 친구
–힘들었던 과제물
–캠퍼스에 꼭 필요한 시설들

응답에서는 자신이 선택한 수업, 학교 친구, 교수와 같은 주제에 대해 간단하게 묘사한 다음, 왜 그런 선택을 했는지를 설명해야 한다. 그 사람이나 경험이 인상적으로 기억에 남게 된 계기를 구체적으로 설명하면 좋다. 'It was very nice'. 'I liked it because it was good' 처럼 너무 막연하게 말하면 좋은 점수를 주지 않는다. 'The professor taught me how to look at the world from a critical point of view' 나 'I like the book because it provides a very vivid description of the Civil War' 와 같이 구체적으로 말해야 한다.

Total iBT Speaking 학습 단계

3점 이상의 높은 점수를 받으려면 45초 동안 100단어 정도를 말해야 한다. 본 교재는 4점 만점을 목표로 하는 제법 긴 모범 답안을 제시하고 있다. 모범 답안을 곧바로 읽어 보기보다는 본 교재가 제시하고 있는 순서에 따라 학습하는 것이 훨씬 더 효과적이다. 본 교재의 Independent Speaking Type A의 학습 순서는 다음과 같다:

1. 주제문: 소리 내어 읽어 본다.

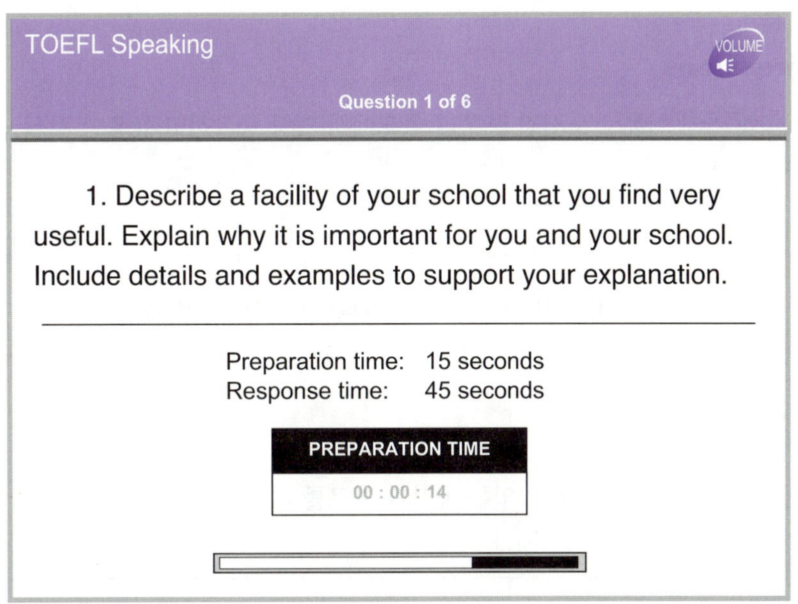
TOEFL Speaking

Question 1 of 6

1. Describe a facility of your school that you find very useful. Explain why it is important for you and your school. Include details and examples to support your explanation.

Preparation time: 15 seconds
Response time: 45 seconds

2. Vocabulary Brainstorming: 주제문과 관련된 핵심 어휘들을 테이프를 들으며 큰 소리로 따라하며 숙지한다.

Vocabulary Brainstorming

- 도서관 library
- 교내 숙소 on-campus housing
- 학교 주거 사무소 campus housing office
- 편의시설 convenience facilities
- 기숙사 dormitory
- 학교 밖 숙소 off-campus housing
- 체육관 gym

3. Basic Expression: **제시된 관련 문장 5개를 영작한다. "연구"에는 실전 Speaking에서 사용 빈도가 높은 유용한 표현들이 들어 있다. 반드시 익혀 두자.**

Basic Expressions

❶ 내 생각에는 몇 가지 이유로 도서관은 우리 학교에서 가장 중요하고 유용한 시설이다.

연구 내 생각에는 in my opinion / I think that / my opinion is that …등으로 처리할 수 있다.
몇 가지 이유 for a couple of reasons, for a few reasons
유용한 useful, helpful
시설 facility

❷ 이는 학생들에게 수업을 준비할 수 있는 공간과 자료를 제공한다.

연구 A는 B에게 C를 제공한다 A provides B with C / A gives B C 또는 A offers B C 등으로 다양하게 말할 수 있다. *e.g.* He provided me with much assistance. 그는 나에게 많은 도움을 제공했다.
공간 room / space

❸ 최신 디지털 기술을 갖춘 도서관은 막강한 연구 도구로써 기능을 한다.

연구 …를 갖춘 equipped with …
최신 디지털 기술 the latest digital technology
…로써 기능을 하다 serve as … / work as …

❹ 육체적 건강이 학생들의 학업에 얼마나 많은 영향을 주는지를 고려해서, 나는 학교 체육관이 가장 중요한 시설 중 하나라고 믿는다.

연구 A를 고려하다, 감안하다 take into account A / consider A
영향을 주다 affect / influence
육체적 건강 physical health
학업 school performance
체육관 gym

❺ 캠퍼스에서 멀리 떨어져 사는 이들에게 기숙사는 유용하고 중요한 시설이다.

연구 …에서 멀리 떨어져 far away from …
…하는 이들에게 for those (people / students) who …
기숙사 dormitory
중요한 important, crucial, essential, vital 등으로 다양하게 말해 보는 습관을 길러 두자.

4. 모범답안: Basic Expression에서 영작한 5개의 문장을 답지에 있는 모범 답안과 비교하며 채점한다. 이를 통해 자신의 영어 표현 사용에 어떤 문제가 있는지도 확인할 수 있다. 모범답안 확인 후에는 반드시 테이프를 들으며 한글 문장들을 다시 영어로 말해본 뒤 원어민의 모범답변을 큰소리로 따라해 본다.

모범답안

1. In my opinion, the library is the most important and useful facility in our school for a couple of reasons.
2. It provides students with room and materials to prepare for classes.
3. A library equipped with the latest digital technology serves as a powerful research tool.
4. Taking into account how much physical health affects students' academic performance, I believe that the school gym is one of the most crucial facilities.
5. For those living far away from campus, a dormitory is the most useful and essential facility.

5. Mini Essay 쓰기: Vocabulary Brainstorming과 Basic Expression에서 공부한 내용을 바탕으로 주제문에 대해 약 100단어가 들어간 45초 길이의 Mini Essay를 써 본다. 쓰기와 말하기는 동일한 Output 훈련이어서 서로 밀접하게 도움을 준다.

Please begin speaking after the beep.

[2 sec beep]

TOEFL Speaking

VOLUME

Question 1 of 6

1. Describe a facility of your school that you find very useful. Explain why it is important for you and your school. Include details and examples to support your explanation.

Preparation time: 15 seconds
Response time: 45 seconds

PREPARATION TIME

00 : 00 : 14

(아래에 45초 동안 말할 내용을 영어로 써 보세요. 한 번 써 본 문장은 Speaking이 한결 쉽습니다!)

6. Sample Answer: 자신의 답변을 답지에 있는 Sample Answer와 비교해본다. 테이프를 들으며 원어민의 모범답변을 '그림자처럼 따라하기(shadowing)' 해본다.

Sample Answer

In my opinion, the library is the most important and useful facility in our school. It has all the books and other materials we need to prepare for classes. Without such a facility, it would be almost impossible for us to find the information for our term papers, for example. A library has not only books and printed materials, but also has digital sources such as the Internet, CD ROMs, and so on. In many cases, it is easier to retrieve the needed information from digital sources than from printed materials. With a click of the mouse, we can get relevant articles quickly. I heard that digital equipment and sources are very expensive. But considering how helpful they are, it is important that the school invest much money in them. Because of the crucial role of the library in our study, I think it is the most useful and essential facility for our school.

내 생각에는 도서관이 우리 학교에서 가장 중요하고 유용한 시설이다. 도서관에는 우리의 수업준비에 필요한 모든 책과 자료가 있다. 이러한 시설이 없다면, 기말 리포트 작성에 필요한 정보를 찾기란 거의 불가능할 것이다. 도서관에는 책과 인쇄된 자료만 있는 것이 아니다. 여기에는 인터넷, CD ROM, 마이크로필름 등 디지털 자료도 있다. 인쇄된 자료보다 디지털 자료에서 정보를 찾는 게 더 쉬울 때도 많다. 마우스를 한 번만 클릭하면 필요한 자료를 빠르게 찾을 수 있기 때문이다. 디지털 장비와 자료는 매우 비싸다고 들었다. 하지만 그러한 것들이 얼마나 유용한지를 생각해 보면, 학교에서 투자를 많이 해야 할 필요가 있다. 도서관이 우리의 공부에 매우 중요한 역할을 하기 때문에, 나는 도서관이 우리 학교에서 가장 유용하고 필수적인 시설이라고 생각한다.

본 교재의 모든 Sample Answer에는 45초 이상의 분량을 담아 학생들이 필요한 표현들을 최대한 많이 뽑아 쓸 수 있도록 했다. 자신의 답변과 Sample Answer를 참고한 다음 테이프를 들으며 원어민의 모범답변을 '그림자처럼 따라하기(Shadowing)' 해본다. 이어서 초시계를 45초로 설정하고 최종 답변을 속도감 있게 녹음해 본다. 중간에 중단하거나 다시 시작하는 습관은 연습 때부터 만들지 말아야 한다. 실전에서도 그렇게 될 수 있기 때문이다. 이미 영작을 통해 연습한 내용인 만큼 말하기가 훨씬 수월하게 느껴질 것이다. 자신의 말을 녹음해서 들어 보면 발음 교정에도 큰 도움이 된다.

이런 단계를 거쳐 Independent Speaking Type A를 연습하면 실제 시험에서 좋은 점수를 받을 것이다. Total iBT TOEFL Speaking에 실린 모든 문제들을 풀고 난 다음에는 교재에 첨부된 CD를 통해 실제 iBT와 똑같은 환경에서 Actual Test까지 풀어 본다. 추가적인 Speaking 연습을 원하는 경우 www.totalenglish.co.kr에서 Speaking은 물론 다른 영역에 대한 모의 iBT TOEFL을 실전 환경에서 연습할 수 있다. 녹음된 Speaking 응답을 사이트에 올리면 그에 대한 점수와 평가도 받을 수 있다.

Total iBT TOEFL *Speaking : 1*

Independent Speaking Type A

Practice 1 : The most memorable book

Narrator

Please listen carefully.

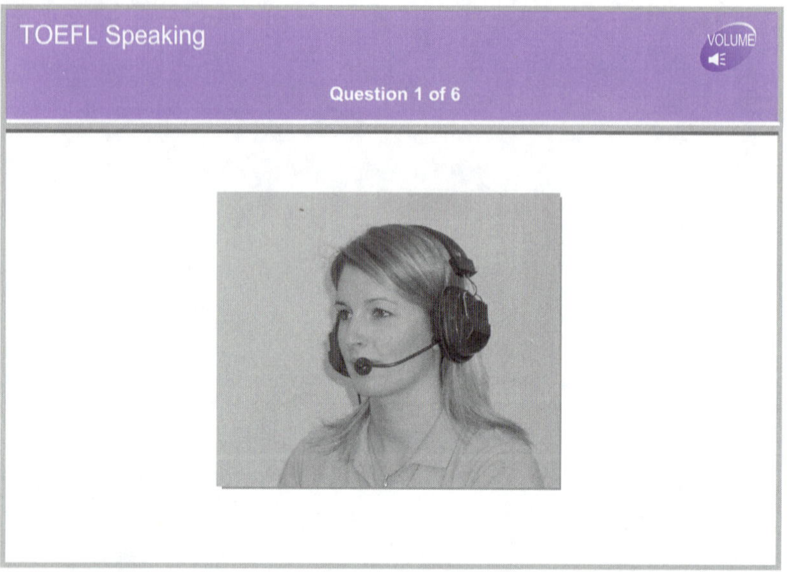

Narrator

You may begin to prepare your response after the beep. *[2 secs beep]*

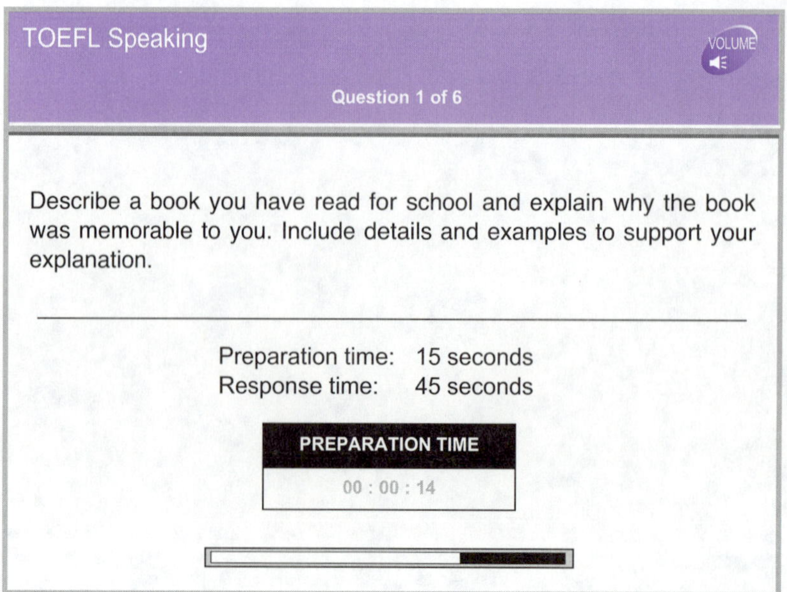

Warming Up!

Vocabulary Brainstorming

- 소설 novel
- 픽션 fiction
- 시 poem
- 교재 textbook
- 사회학 책 sociology books
- 학교 과제물 school assignment
- 단편 short stories
- 문학 literature
- 논픽션 non-fiction
- 역사책 history books
- 묘사하다 describe / depict / portray

Basic Expressions

먼저 영작한 다음 테이프를 들으며 Speaking 연습을 하세요!

❶ 나는 많은 책을 읽었지만 다 기억하지는 못한다.

연구 지금까지 읽어 온 책을 말하고 있기 때문에 현재 완료로 써야 한다. *e.g.* I have read ….

❷ 나는 여러 종류의 책을 읽는 편이지만 역사책을 가장 좋아한다.

연구 ~하지만 …한다 although나 though를 넣어 말해 본다.
역사책 history books

❸ 그 책은 한국 전쟁을 사실적으로 묘사해서 좋다.

연구 묘사하다 portray, describe, depict 또는 talk, discuss를 써도 좋다. → 심지어는 provide / offer a description of로도 표현 가능하다. 언제나 같은 내용을 여러 방법으로 표현하는 연습을 해 두는 것이 좋다.
한국 전쟁 the Korean War
사실적으로 realistically

❹ 비록 그것을 학교 과제물로 읽기는 했지만, 나는 다음과 같은 이유 때문에 그 책이 상당히 흥미롭다고 느꼈다.

연구 학교 과제물 school assignment, homework
A는 B를 C하다고 느낀다 A finds / feels B C → 이때 C는 형용사를 써야 한다.
다음과 같은 이유 때문에 for the following reasons → 이 표현은 한 set로 묶어 알아둔다.
상당히 fairly, quite, very, considerably

❺ 다른 교재는 너무 진지하고 지루한 반면에 이것은 상당히 읽을 만 했다.

연구 ~한 반면에 문장 앞에 While을 넣는다. *e.g.* While you like A, I prefer B
→ 또는 뒤에 but을 넣어 표현 할 수도 있다. *e.g.* You like A, but I prefer B
읽을 만한 readable

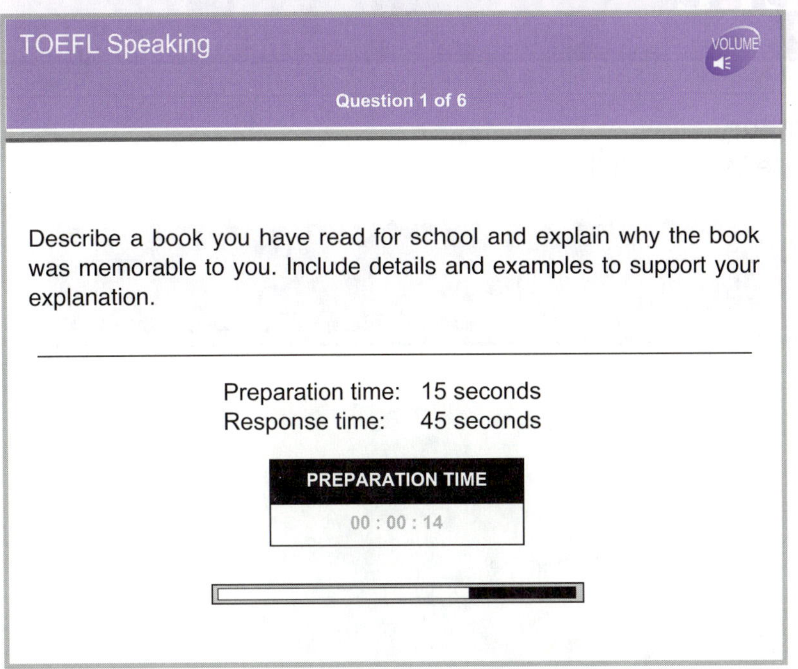

(아래에 45초 동안 말할 내용을 영어로 써 보세요. 한 번 써 본 문장은 Speaking이 한결 쉽습니다!)

Practice 2 : The most helpful professor

Narrator

Please listen carefully.

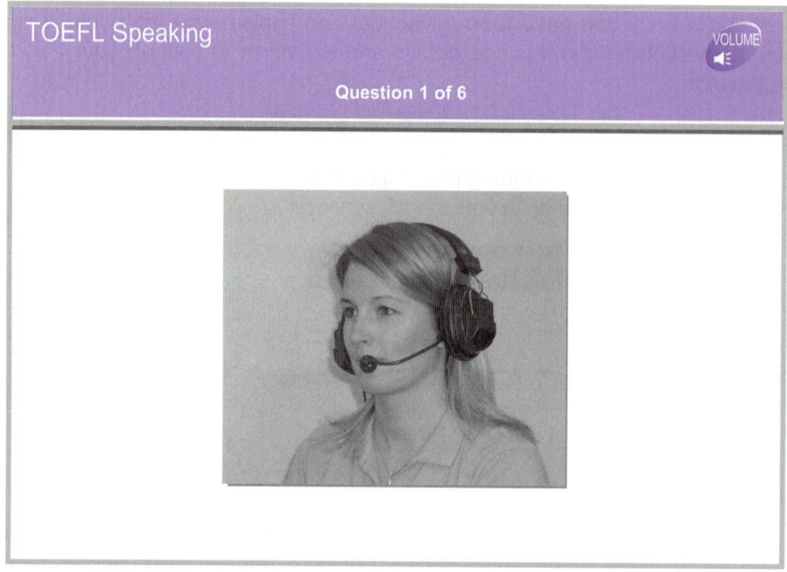

Narrator

You may begin to prepare your response after the beep. *[2 secs beep]*

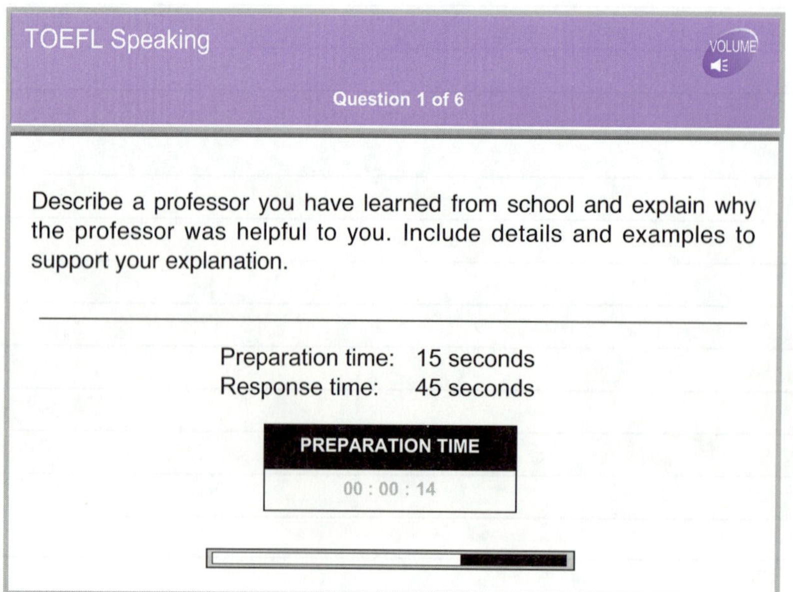

Warming Up!

Vocabulary Brainstorming

- 강의 lecture
- 겸손한 humble
- 역사적 사실 historical facts
- 학력 academic background
- 전문인 professionals
- 뛰어난 outstanding

Basic Expressions

먼저 영작한 다음 테이프를 들으며 Speaking 연습을 하세요!

❶ 비록 많은 교수님들이 있었지만, 스미스 교수님으로부터 가장 많이 배웠다.

연구 비록 …지만 → 글 쓸 땐 although를 많이 쓰지만, 말할 땐 though를 자주 쓴다. Though 대신 뒷 절에 but을 넣어 말해도 좋다.
~로부터 배우다 learn from ~
지금까지 교수님들이 많았다는 말은 현재 완료로 표현한다. I have had ….

❷ 그는 내가 음악에 관심을 키울 수 있도록 도움을 주었다.

연구 A는 B가 C하는 것을 돕다. A helps B + 동사원형 또는 to 부정사 → 단 C가 명사일 경우에는 with C라고 표현한다. *e.g.* He helped me with my homework.
~에 대한 관심 interest in → 뒤에 오는 전치사 in까지 꼭 익혀 두자.

❸ 그 교수님은 나에게 어떻게 세상을 보다 넓은 관점에서 볼 수 있는지를 가르쳐 주었다.

연구 어떻게 ~하는 것을 가르치다 teach a person how + to 부정사
관점에서 from a perspective / point of view / viewpoint → 이 때도 앞에 따라다니는 전치사 from 을 꼭 챙긴다.

❹ 그는 뛰어난 학력을 가졌으면서도 언제나 겸손했다.

연구 뛰어난 outstanding, extraordinary
학력 academic background
겸손한 humble

❺ 나는 그 교수님처럼 실력과 이해력이 있는 사람이 되기를 희망한다.

연구 ~처럼 …한 → 동등비교급을 이용해 표현한다: as … as ~

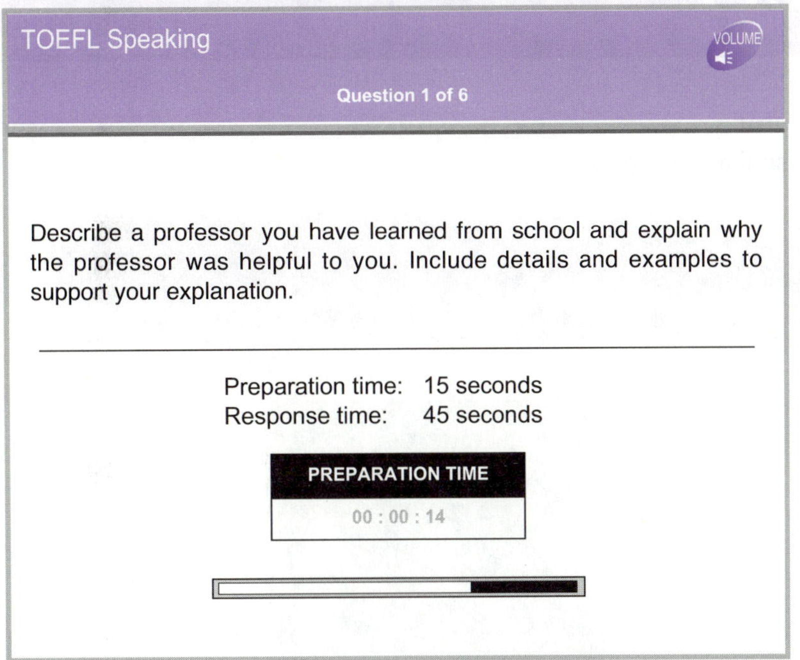

(아래에 45초 동안 말할 내용을 영어로 써 보세요. 한 번 써 본 문장은 Speaking이 한결 쉽습니다!)

Practice 3 : A school assignment

Narrator

Please listen carefully.

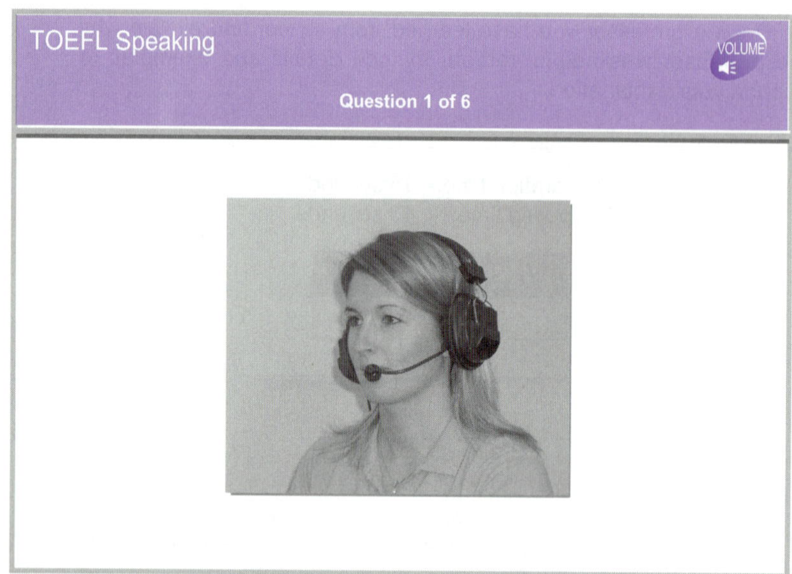

Narrator

You may begin to prepare your response after the beep. *[2 secs beep]*

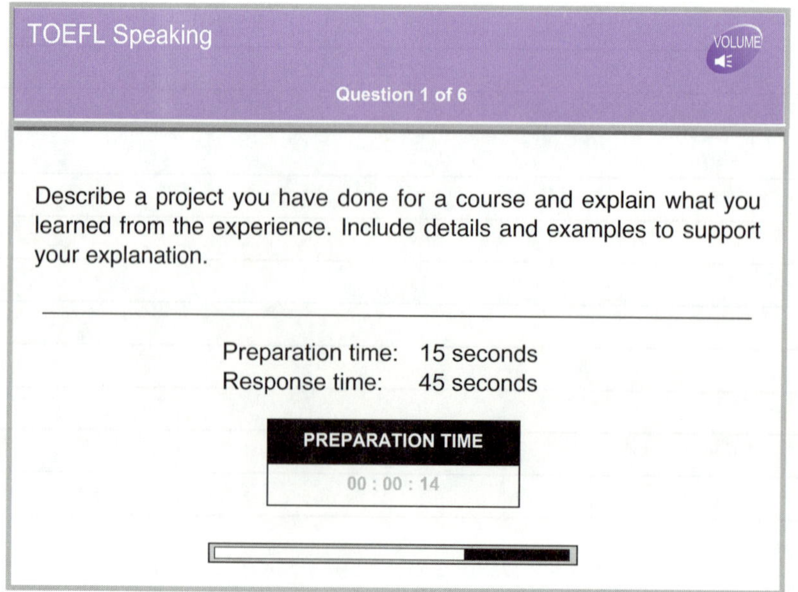

Warming Up!

Vocabulary Brainstorming

- 과제물 assignment / homework
- 개인 과제물 individual assignment
- 그룹 프로젝트 group project
- 제출하다 turn in, submit, hand in
- 발표 presentation
- 대중 연설 public speech
- 마감일 deadline, due date

Basic Expressions

먼저 영작한 다음 테이프를 들으며 Speaking 연습을 하세요!

❶ 나는 사람들이 내가 원하는 것을 하도록 설득을 잘 한다.

연구 ~을 잘 하다 be good at ~ / be well versed in ~
설득하다 convince, persuade, talk A into ~ing

❷ 나에게는 그룹 프로젝트가 개인 과제물보다 언제나 훨씬 더 어렵다.

연구 훨씬 더 ~하다 much + 비교급
개인 과제물 individual assignment

❸ 그룹 프로젝트를 통해 팀으로 일하는 법을 배울 수 있다.

연구 ~를 통해 with / through ~
어떻게 ~하는 법을 배우다 learn how + to 부정사
→ 이 문장에는 일반 주어 one, we, you 등을 사용하면 된다.

❹ 연구 보고서를 통해 나는 자료를 비판적으로 분석하는 법을 배웠다.

연구 이런 표현은 무생물 주어를 사용해 research reports have taught me로 처리하면 아주 깔끔하다. 아니면 우리말 어순 그대로 From research reports I have learned로 시작해도 된다.
분석하다 analyze
비판적으로 critically, in a critical manner

❺ 학교를 위해 해야 했던 대중 연설을 통해 나는 많은 청중에게 말하는 법을 배웠다.

연구 이 문장 역시 무생물 주어로 처리해도 좋고, 우리말 순서 그대로 From public speeches …로 시작해도 ok!
많은 청중 large audience

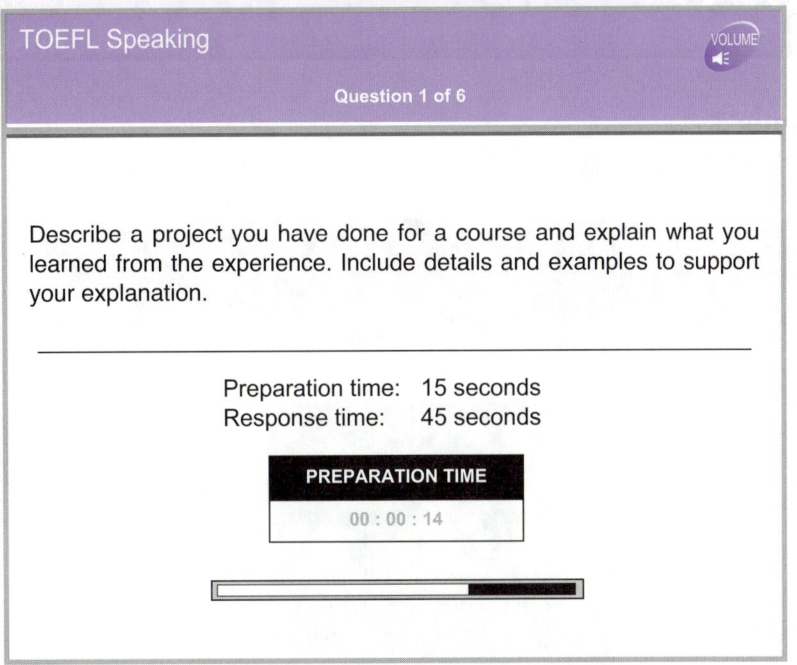

(아래에 45초 동안 말할 내용을 영어로 써 보세요. 한 번 써 본 문장은 Speaking이 한결 쉽습니다!)

Narrator

Please listen carefully.

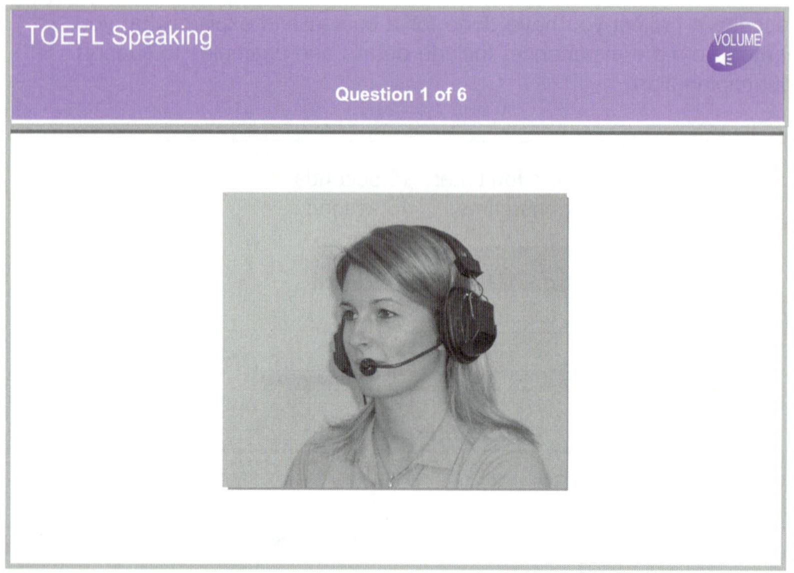

Narrator

You may begin to prepare your response after the beep. *[2 secs beep]*

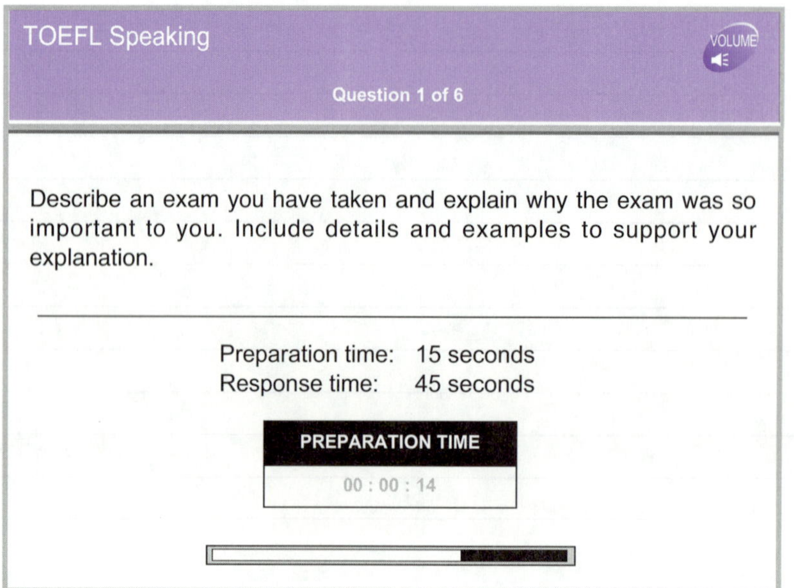

Warming Up!

Vocabulary Brainstorming

- 중간고사 mid-term exam
- 기말고사 final exam
- 시험 기간 exam period
- 준비 기간 preparation period
- 시험을 보다 take a test
- 점수 score, grade, point
- 암기하다 learn something by heart, memorize
- 벼락치기 공부를 하다 cram for tests

Basic Expressions

먼저 영작한 다음 테이프를 들으며 Speaking 연습을 하세요!

❶ 중간고사와 기말고사 기간 중에 나는 밤 늦게까지 잠자지 않고 학교 도서관에서 공부한다.

____

____

연구 중간고사 mid-term 기말고사 finals
밤 늦게까지 잠자지 않다 stay up late

❷ 시험을 친다는 것은 언제나 내 방에 틀어 박혀 책과 씨름하는 것을 의미한다.

____

____

연구 A는 을 의미하다 A means / represents / translates into ~
~에 틀어 박히다 be stuck in ~
~와 씨름 하다 struggle / hassle with ~

❸ 좋은 습관이 아니라는 걸 알지만 나는 대개 벼락치기 시험공부를 한다.

연구 습관 habit
벼락치기 공부를 하다 cram for tests

❹ 내가 목표로 하는 점수가 높으면 높을수록 나는 시험 준비 기간에 더 많은 스트레스를 받는다.

연구 ~하면 할수록 더 …하다 the +비교급, the + 비교급
목표로 하다 to aim
스트레스를 받다 get stressed out

❺ 오픈 북 시험은 외운 사실들을 단순히 쏟아 내는 것 이상을 요구한다.

연구 단지 ~ 이상을 요구하다 require more than just / mere
그대로 토해 내기, 쓰기 reproduction, regurgitation
외운 사실 memorized facts

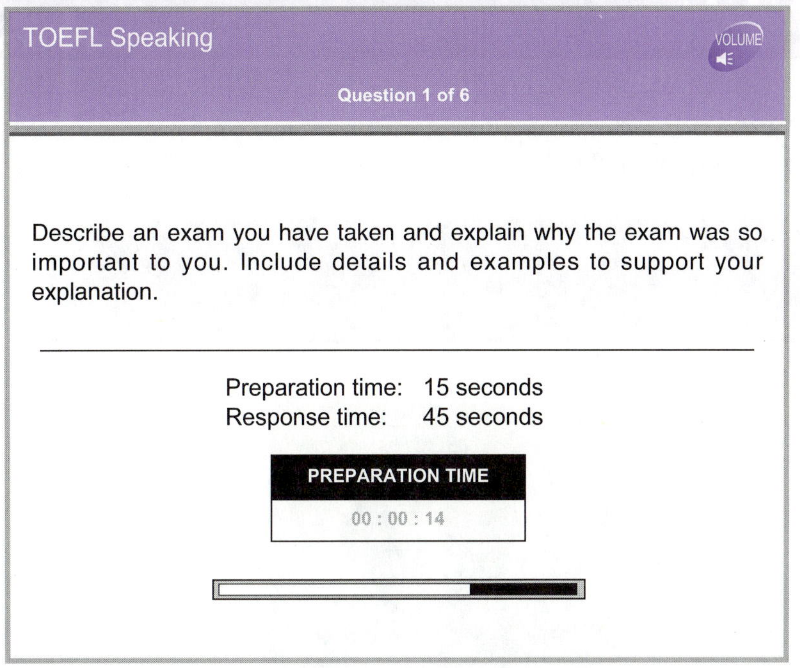

(아래에 45초 동안 말할 내용을 영어로 써 보세요. 한 번 써 본 문장은 Speaking이 한결 쉽습니다!)

Narrator

Please listen carefully.

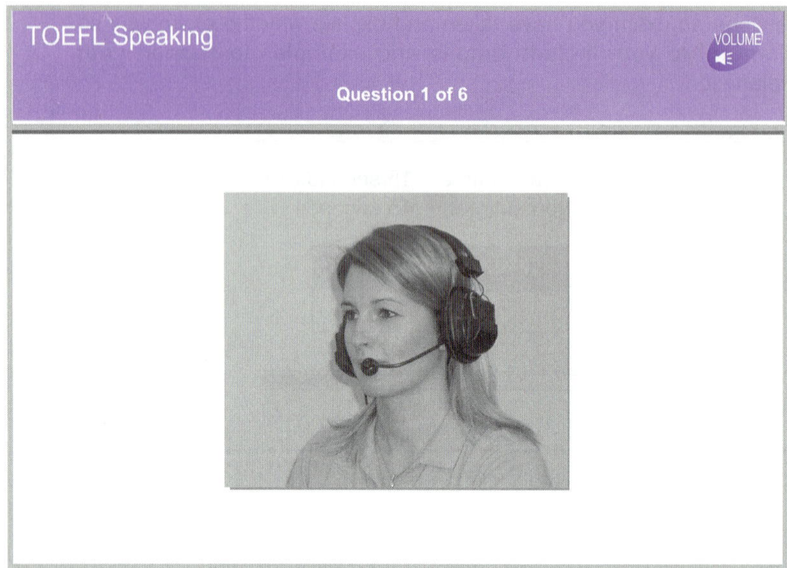

Narrator

You may begin to prepare your response after the beep. *[2 secs beep]*

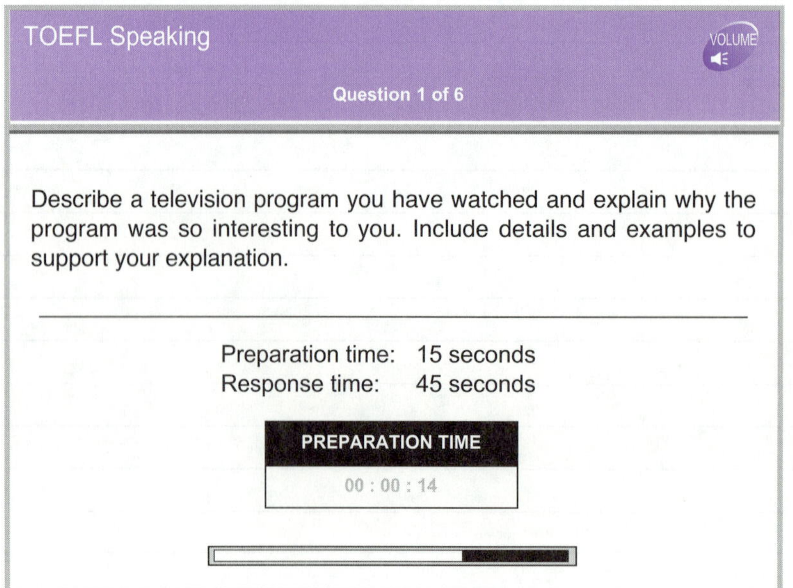

Warming Up!

Vocabulary Brainstorming

- 오락 프로그램 entertainment programs
- TV를 보다 watch TV
- 방송되다 be on air / be televised
- TV 연속극 soap operas
- 광고 advertisement / commercial

Basic Expressions

먼저 영작한 다음 테이프를 들으며 Speaking 연습을 하세요!

❶ 텔레비전에는 많은 다양한 종류의 프로그램들이 있다.

연구 다양한 different / diverse
종류 types, sorts, categories
텔레비전에는 on TV

❷ 나는 주로 우리 엄마와 저녁 드라마를 본다.

연구 저녁 드라마 evening soap opera

❸ 나는 다큐멘터리처럼 정보를 주는 프로그램들이 훨씬 더 재미있다고 생각한다.

연구 A는 B가 C하다고 생각한다 / 여긴다 / 느낀다 A finds B C. → 이때 C는 형용사로 처리한다.
e.g. I find you very attractive.
정보를 주는 informative
재미있는 enjoyable, entertaining, interesting

❹ 프로그램을 조심스럽게 고르면 TV로부터 사실 많은 것을 배울 수 있다.

연구 사실은 ~할 수 있다 can actually + 동사원형. → 이렇게 actually는 조동사 바로 뒤에 들어간다.
~로부터 배우다 learn from ~

❺ TV 앞에서 너무 많은 시간을 보내는 것은 나쁘지만 때로는 힘든 일상에서 오는 스트레스를 없애는 데 도움이 된다.

연구 ~에서 오는 스트레스를 제거하다 eliminate / get rid of stress coming from ~
힘든 일상 harsh daily life

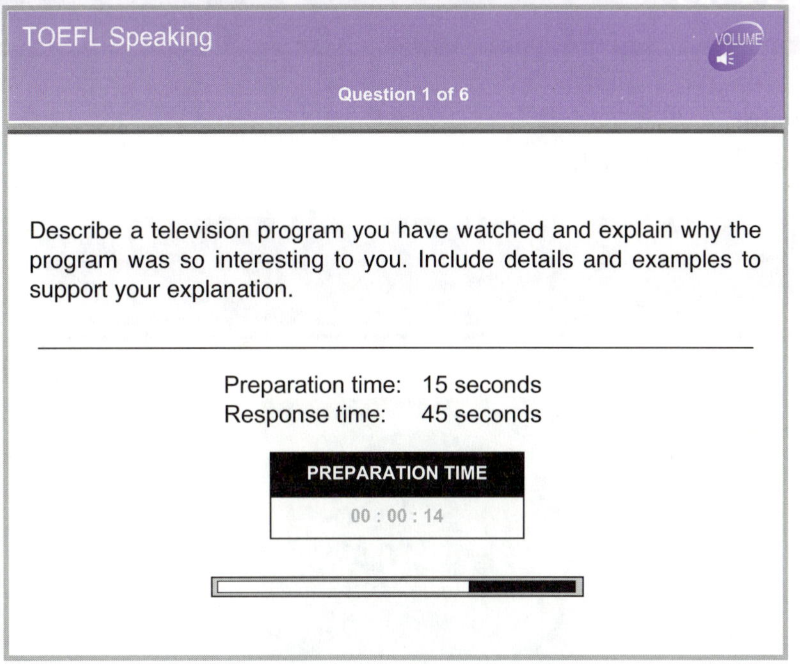

(아래에 45초 동안 말할 내용을 영어로 써 보세요. 한 번 써 본 문장은 Speaking이 한결 쉽습니다!)

Practice 6 : A memorable classmate

Narrator

Please listen carefully.

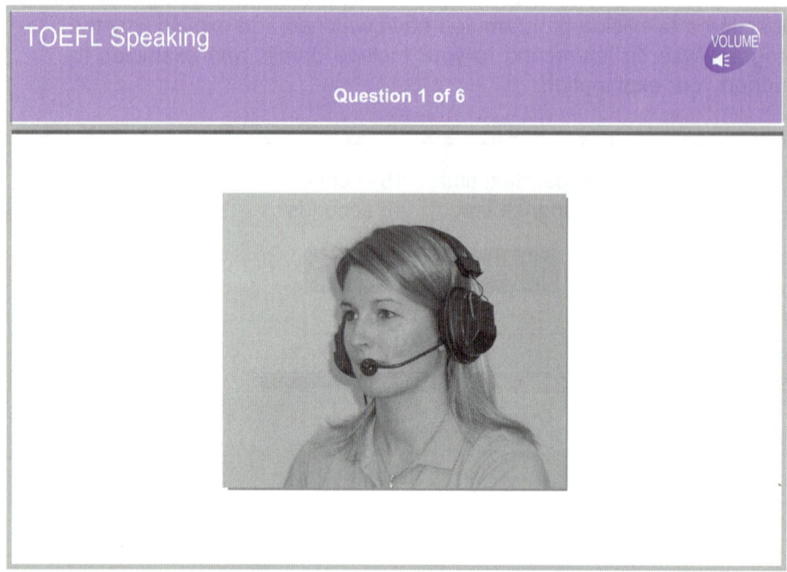

Narrator

You may begin to prepare your response after the beep. *[2 secs beep]*

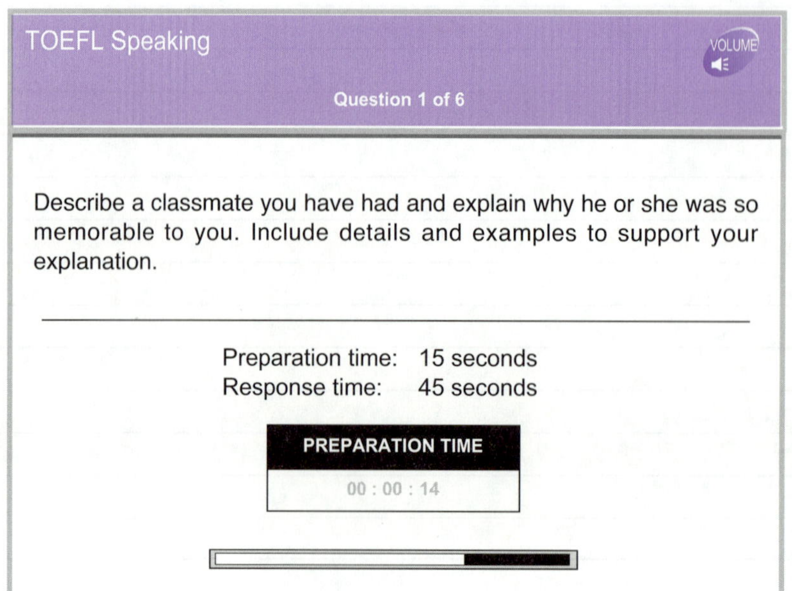

Warming Up!

Vocabulary Brainstorming

- 우정을 기르다 develop friendship
- 어울리다 mingle with / hang out with / get along with
- 외향적 outgoing / extrovert
- 내향적 introvert / shy
- 말이 많은 talkative
- 어려울 때 친구가 진정한 친구 A friend in need is a friend indeed

Basic Expressions

먼저 영작한 다음 테이프를 들으며 Speaking 연습을 하세요!

❶ 순이는 내가 지금까지 가졌던 가장 기억에 남는 반 친구이다.

연구 기금까지 …했던 I' ve ever + p.p. 즉, 현재완료로 표현해야 한다.
기억에 남는 memorable

❷ 그녀와 나는 이메일을 통해 여전히 서로 연락하고 지낸다.

연구 …와 연락하고 지내다 to stay in touch with …
서로 each other, one another

❸ 나는 다소 말이 많은 사람인 반면에 내 친구는 매우 조용한 스타일이다.

연구 …인 반면에 while로 문장을 시작하면 편리하다. Although 또는 though를 써도 좋다. 뒤의 절을 but으로 시작하는 것도 한 방법이다. I talk a lot, but my friend does not.
말이 많은 talkative

❹ 그녀의 외향적인 성격 덕분에, 나는 다양한 부류의 사람들과 어울리는 법을 배웠다.

연구 …덕분에 thanks to, because of
외향적, 사교적 성격 outgoing, extrovert, lively personality
…와 어울리다 mingle with …
…하는 법, 또는 어떻게 …하는지를 배우다 learn how + to 부정사

❺ "어려울 때 친구가 진정한 친구"라는 속담처럼, 그녀는 언제나 나를 도와주기 때문에 진정한 친구이다.

연구 속담 proverb
진정한 true, real

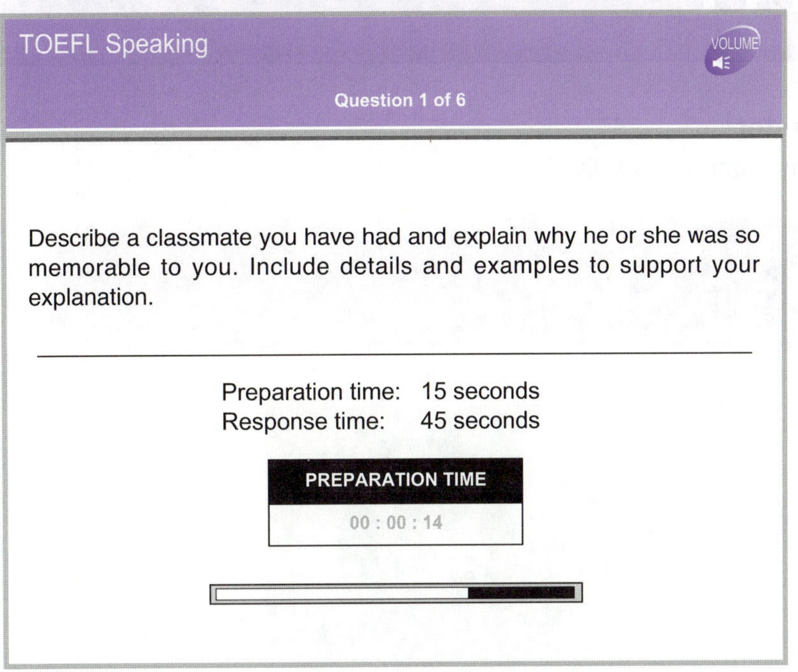

(아래에 45초 동안 말할 내용을 영어로 써 보세요. 한 번 써 본 문장은 Speaking이 한결 쉽습니다!)

Practice 7 : A country

Narrator

Please listen carefully.

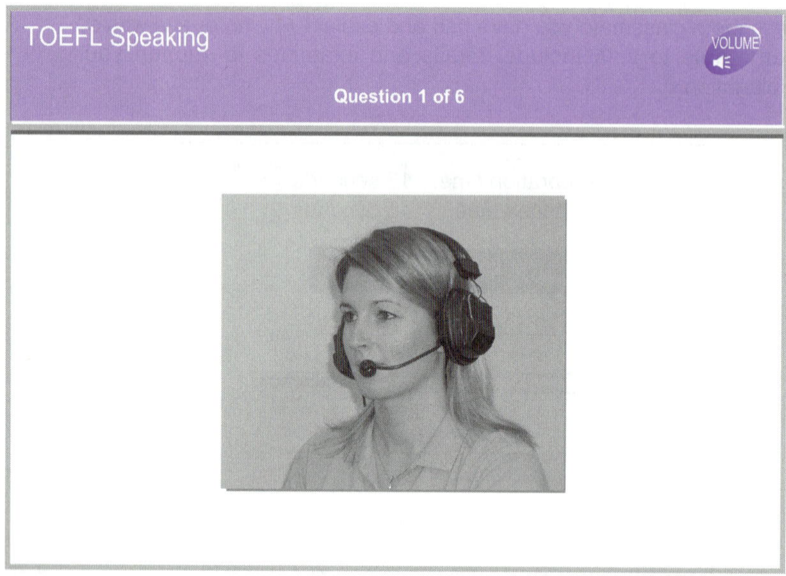

Narrator

You may begin to prepare your response after the beep. *[2 secs beep]*

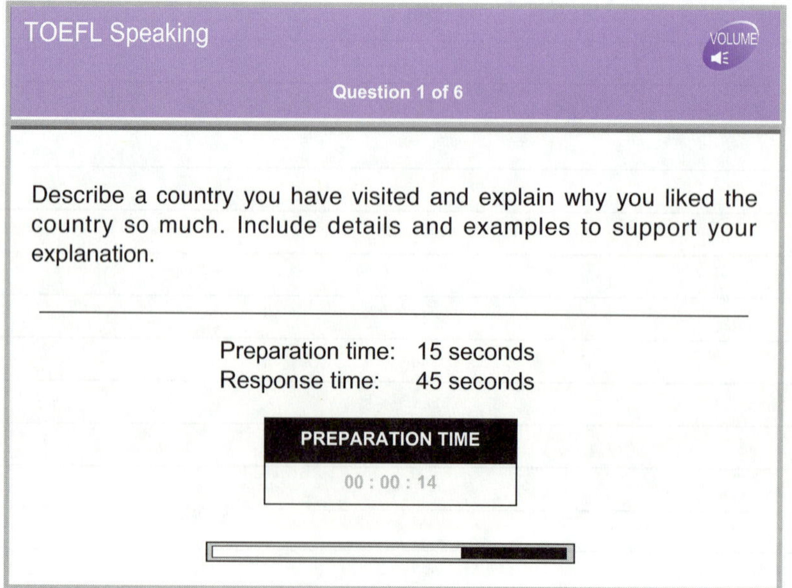

Warming Up!

Vocabulary Brainstorming

- 문화 culture
- 이웃 나라 a neighboring country
- 경치 landscape
- 관광객 tourist
- 먼 나라 a faraway country
- 이국적인 exotic
- 관광 sightseeing

Basic Expressions

먼저 영작한 다음 테이프를 들으며 Speaking 연습을 하세요!

❶ 나는 여행하는 것을 좋아하기 때문에 할 수 있을 때면 언제나 외국을 방문한다.

연구 ~하는 것을 좋아하다 love / like + 동명사 또는 to 부정사, be fond of ~ing, enjoy ~ing 등 다양하게 말해 본다.
할 수 있으면 언제나 whenever I can

❷ 나는 다른 나라 사람들이 어떻게 사는지를 배우는 데 관심이 있다.

연구 …에 관심이 있다 be interested in …

❸ 이국적인 곳들보다는 비슷한 문화를 지닌 이웃 나라들을 방문하는 것을 나는 선호한다.

연구 …보다는 rather than …
이국적인 exotic
…하는 것을 선호하다 prefer + 동명사 또는 to 부정사
이웃의, 인접한 neighboring
문화 culture

❹ 비록 날씨는 더웠지만 나는 스페인 남부에 대한 좋은 기억들을 갖고 있다.

연구 …에 대한 좋은 기억을 갖고 있다 have good memories of …, hold dear memories of …
남부의 southern

❺ 기회가 주어진다면, 나는 그 나라를 다시 한번 방문하고 싶다.

연구 기회가 주어진다면 given a chance / opportunity
한번 더 once more

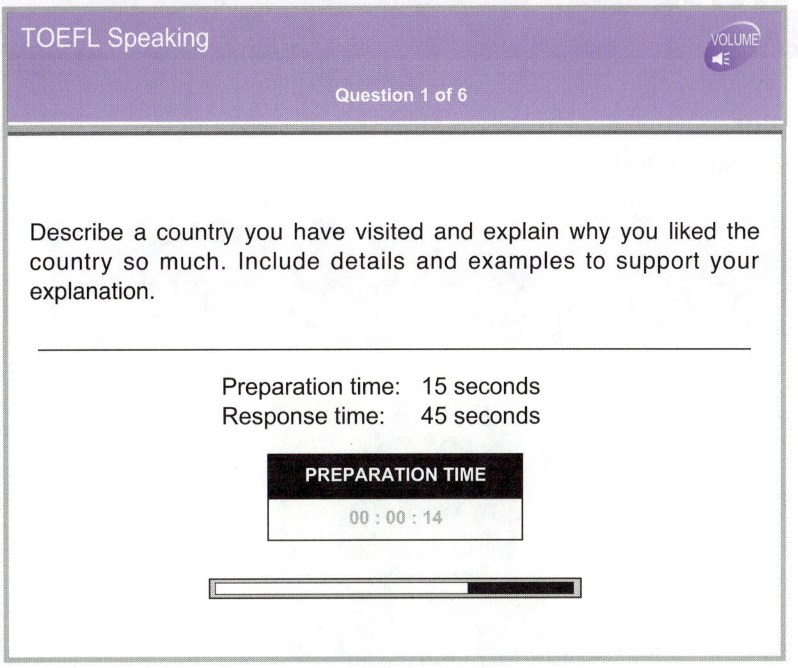

(아래에 45초 동안 말할 내용을 영어로 써 보세요. 한 번 써 본 문장은 Speaking이 한결 쉽습니다!)

Practice 8 : Wasteful assignment

Narrator

Please listen carefully.

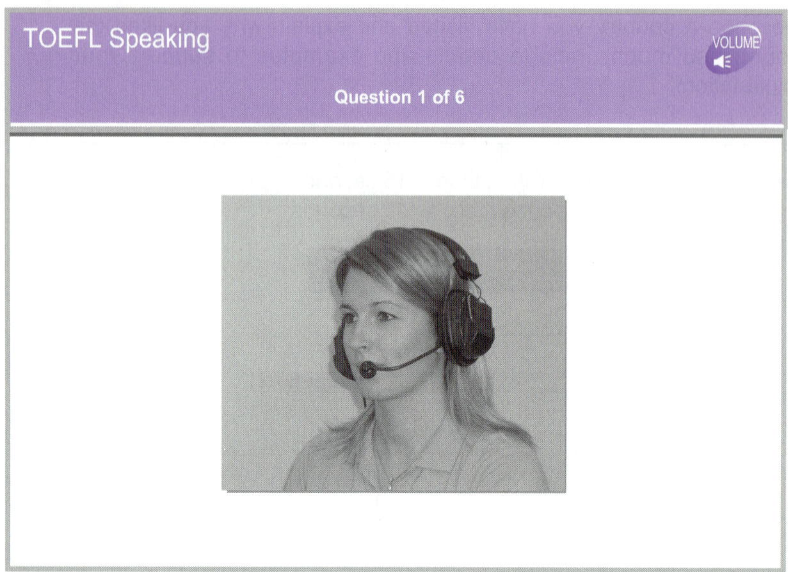

Narrator

You may begin to prepare your response after the beep. *[2 secs beep]*

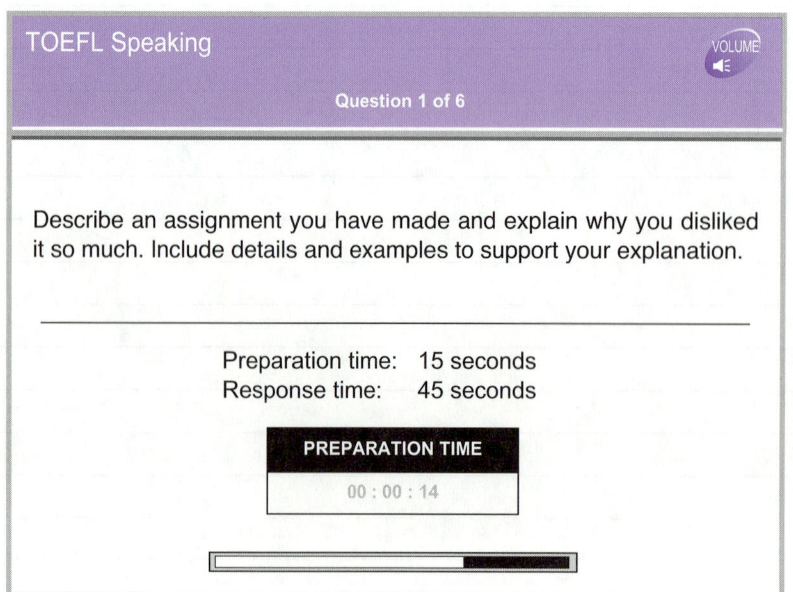

Warming Up!

Vocabulary Brainstorming

- 과제물 assignment / homework
- 비판적 사고 critical thinking
- 분석 analysis
- 자료를 수집하다 gather / collect data / information
- 과제물을 제출하다 turn in / hand in / submit an assignment
- 유익한 helpful, useful, meaningful
- 소모적인 wasteful, meaningless

Basic Expressions

먼저 영작한 다음 테이프를 들으며 Speaking 연습을 하세요!

❶ 내가 고등학생이었을 때, 나는 전혀 즐기지 않은 과제물을 해야 했다.

연구 고등학생 a high-school student
과제물 assignment / homework
전혀 …하지 않다 not …at all

❷ 그것은 역사교과서에서 30쪽을 베끼는 것이었다. 우리 모두 그 과제를 싫어한 것으로 기억한다.

연구 베끼다 copy
~하는 것이다, 하는 내용을 담고 있다 it consists of / entails + ~ing
…한 것으로 기억하다 remember that …

❸ 비판적 사고 없이 단지 사실의 나열을 요구하는 과제물들은 무의미하다.

연구 …를 요구하다 require …
사실의 나열 enumeration of facts
비판적 사고 critical thinking
무의미한 meaningless, waste of time

❹ 외우는 것은 가장 효과적인 학습 방법이 아니다.

연구 외우다 memorize, learn something by heart
효과적인 effective

❺ 분석 없이 그저 자료를 제출하는 것은 아주 비생산적이며 소모적인 과제물이다.

연구 …을 제출하다 present …
자료 data, material
분석 analysis
비생산적인 unproductive 소모적인 wasteful

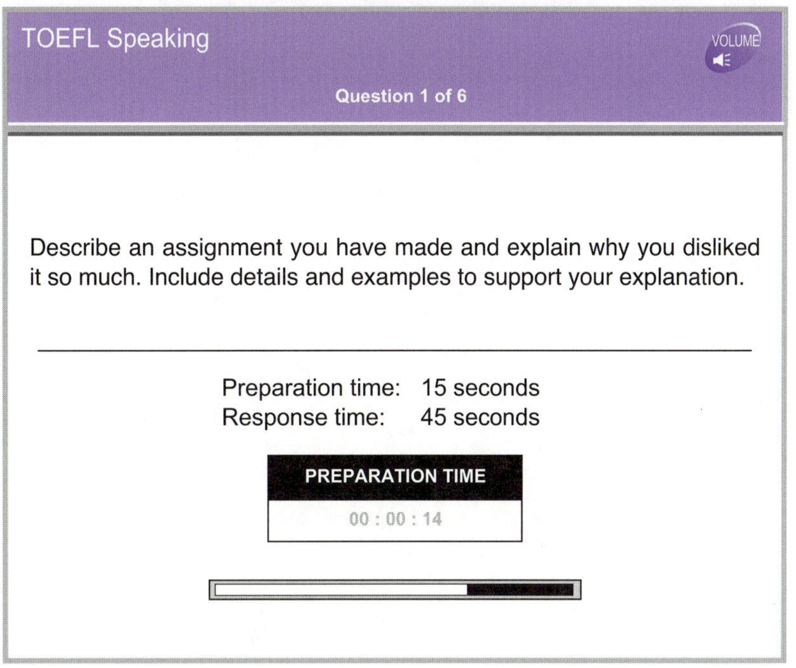

(아래에 45초 동안 말할 내용을 영어로 써 보세요. 한 번 써 본 문장은 Speaking이 한결 쉽습니다!)

Total iBT TOEFL *Speaking : 2*

Independent Speaking Type B

Introduction

Independent Speaking Type B는 Speaking 문제 6개 중에서 두 번째로 나온다. 대개 문제는 두 개의 대안 중 하나를 선택하고 자신의 선택에 대한 근거를 제시하는 것이다. 아래와 같은 화면과 순서로 문제가 제시되며 준비 시간 15초와 응답 시간 45초가 주어진다.

Please Listen Carefully.

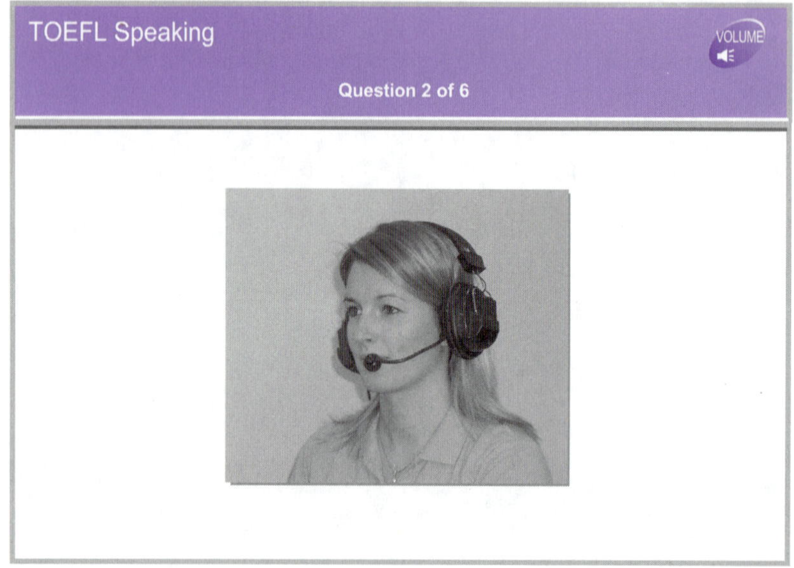

먼저 나레이터가 다음과 같은 제시문을 오디오로만 읽어 준다.

Narrator

You may begin to prepare your response after the beep.

[2 secs beep]

Narrator

Some universities require first-year students to live in dormitories on campus. Others allow students to live off campus. Which policy do you think is better for first-year students and why? Include details and examples in your explanation.

Please begin speaking after the beep.
[2 secs beep]

[Appearing on screen]
이어서 화면에 다음과 같이 Speaking문제 2번이 제시된다.

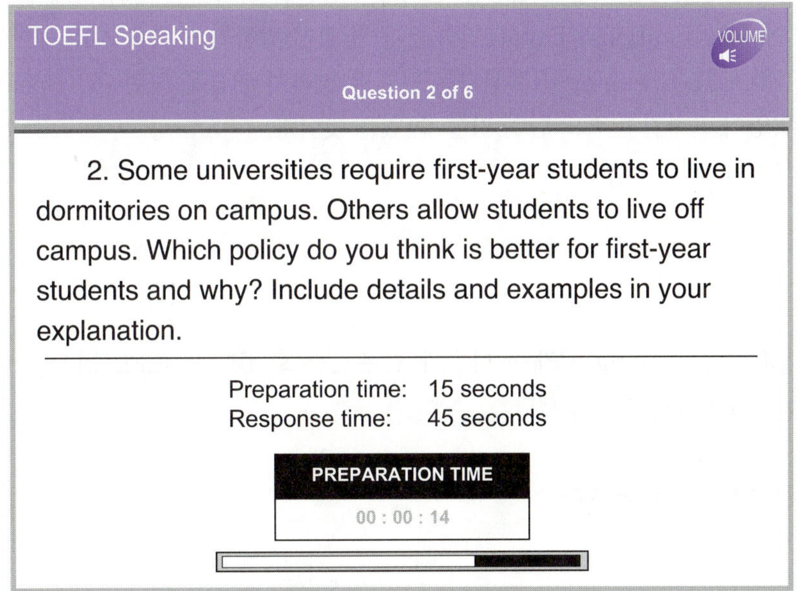

출제 경향

두 대안을 비교해야 한다는 점에서 이전의 CBT TOEFL Essay 주제와 유사하다. Independent Speaking Type B에 출제될 가능성이 높은 주제는 다음과 같다.

-아이들이 자라기에 시골이 좋은가, 도시가 좋은가?
-대학에서 강의 수강은 필수여야 하는가, 선택이어야 하는가?
-기후가 연중 같은 곳이 살기 좋은가, 변하는 곳이 살기 좋은가?
-고등학교에 교복이 있어야 하는가, 자율화 되어야 하는가?

Independent Speaking Type B는 막연하게 자신의 취향, 경험, 기호를 설명하는 개방형(Open-ended) 주제와는 다르다. 위의 문제들처럼 제시된 두 개의 대안을 비교(Comparison)한 다음 그 중 하나를 선택해야 하기 때문에 사용할 수 있는 어휘의 폭이 Type A에 비해 좁아진다. 그 대신 말할 내용이 Type A보다는 덜 망막하게 느껴질 것이다. 일단, 자신이 어떤 입장인지를 명확하게 말한 다음 왜 그 선택을 했는지를 설명해야 한다. 이때 자신의 선택과 반대되는 입장이 지닌 문제점들을 열거하면서 자신의 선택을 역설적으로 부각시키는 논리 전개 방식을 사용하는 것도 매우 효과적이다.

주어진 주제문에 대해 구체적인 근거를 들면서 논리적으로 말해야 좋은 점수를 받을 수 있다. 준비 시간 15초 동안에는 자신의 입장을 선택하고 마음을 가다듬는 정도 밖에 할 수 없다. 결국 평소에 Presentation과 Debate연습을 통해 영어 말하기 능력을 길러 놓아야 한다. Total iBT TOEFL Speaking이 제시하는 단계별 말하기 연습을 하면 iBT Speaking 고득점에 더해 영어 말하기 실력도 함께 기를 수 있을 것이다.

학습 순서

Total iBT TOEFL Speaking 교재는 다음과 같은 순서로 iBT TOEFL Independent Speaking Type B 연습을 하도록 했다.

1. 문제: 제시된 주제문을 읽어 본다.

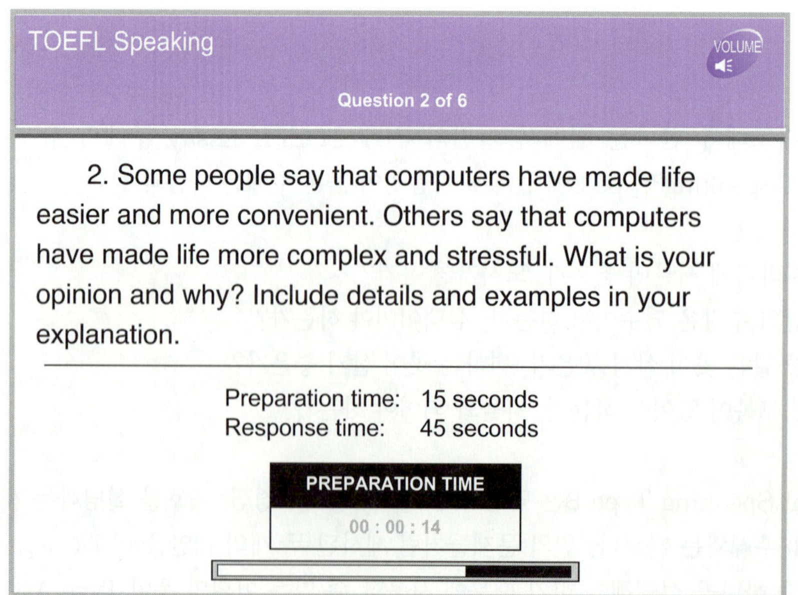
TOEFL Speaking
VOLUME
Question 2 of 6
2. Some people say that computers have made life easier and more convenient. Others say that computers have made life more complex and stressful. What is your opinion and why? Include details and examples in your explanation.
Preparation time: 15 seconds
Response time: 45 seconds
PREPARATION TIME
00 : 00 : 14

2. Key Ideas: **주제에 관련된 Key Ideas가 제시된다.**

Key Ideas

An easier and more convenient life (보다 쉽고 편리해진 삶)
–우리 삶에 긍정적인 효과를 더 많이 주었다.
–멀리 떨어진 사람들과 연락하기가 쉽다.
–인터넷에서 필요한 정보를 편하게 찾을 수 있다.

A more complex and stressful life (보다 복잡하고 골치 아픈 삶)
–삶의 속도를 가속시켜 더 분주해졌다.
–컴퓨터 기술로 인해 늘어난 생산성을 유지하기 위해 더 힘들어졌다.
–휴식 시간이 더 줄었다.

각 주제에 대해 주어진 Key Ideas 외에 자신의 생각을 한두 개 더 추가함으로써 이 주제에 대한 자신의 생각을 정리해 두는 것이 좋다.

주제에 대한 양쪽 입장을 Key Ideas 형식으로 정리해 봄으로써 다양한 주제에 대한 자신의 생각을 체계적으로 다듬어 놓을 수 있다.

3. Vocabulary Brainstorming: **주제에 관련된 표현을 익힌다. 관련 어휘를 정리해 두면 응답을 할 때 단어 선택에 걸리는 시간을 줄일 수 있다. 외톨이 개별 단어 암기는 Speaking이나 Writing에 별 도움이 되지 않는다. 같은 주제나 의미 단위로 단어들을 묶어서 익혀 두어야 한다. 테이프를 들으며 원어민의 발음에 따라 각 주제별 어휘들을 큰 소리로 말해 보면 speaking에 효과적이다.**

Vocabulary Brainstorming

- 컴퓨터 시대 computer era / age
- 이메일 교환 exchange of e-mails
- 인터넷 the Internet
- 늘어난 생산성 increased productivity
- 정보 수집 information-gathering
- 컴퓨터 기술 computer technology
- 통신, 의사소통 communication
- 정보 information / data
- 사이트 websites
- 기말 보고서 term paper

4. Basic Expressions: 두 개의 대안에 사용될 법한 7개의 기본 문장을 영작한다. 영작을 통해 기본 문장을 훈련하면 말하기와 관련된 어휘나 표현의 쓰임새를 능동적으로 익히게 된다. Writing을 해 본 문장은 Speaking으로 내뱉기가 한결 쉽기 때문에 Basic Expressions 코너는 크게 도움을 준다. "연구"에 있는 표현들도 꼭 챙기도록 한다.

Basic Expressions

❶ 나는 개인적으로 컴퓨터가 우리 인생에 나쁜 결과보다는 좋은 결과를 더 많이 가져다 주었다고 믿는다.

연구 개인적으로는 personally
…결과를 가져다 주다 bring about …
나쁜 결과보다 좋은 결과를 더 많이 … more good / positive than bad / negative results 이때 results를 한 번만 써도 된다.

❷ 컴퓨터를 통해서 메시지를 보내고 받는 것이 시간과 힘이 덜 든다.

연구 …하는 데 시간이 든다 it takes time + to부정사

❸ 그냥 말하고 싶은 단어를 타이핑해 이 메일을 통해 친구들에게 보내면 된다.

연구 말하고 싶은 단어 the words you want to say
그냥 …하면 된다 just를 동사 앞에 넣는다.
…통해 via / through

❹ 인터넷에는 우리가 필요한 연구를 하는 데 도움을 줄 수 있는 많은 정보 사이트들이 있다.

연구 정보 사이트 informative websites
연구를 하다 do research
인터넷 the Internet

❺ 자유로운 정보 교류가 컴퓨터 기술의 중요한 혜택 중 하나이다.

연구 …교류 exchange of …
… 중 하나 one of 복수 명사

❻ 어떤 이들은 컴퓨터가 우리의 인생을 전보다 더 바쁘게 만들었다고 주장한다.

연구 주장하다 claim, argue, say
바쁜, 분주한 hectic, busy
A가 B를 C하게 만들다 A makes B C 이때 C는 형용사.

❼ 그들은 이 기술이 현대 삶의 속도를 가속시켰고 우리 인생을 더 혼란스럽게 만들었다고 말한다.

연구 가속시키다 accelerate, speed up
삶의 속도 the pace of life / living
혼란스러운 chaotic, hectic

5. 모범답안: 자신의 영작을 답지에 있는 모범답안과 비교해 본다. 확인 후에는 테이프를 들으며 한글 문장들을 주어진 시간내에 영어로 말한 뒤 원어민의 모범답변을 큰 소리로 따라한다. 이런 연습을 거치면 말하는 속도가 많이 빨라질 것이다.

모범답안

1. I personally believe that computers have brought about more good than bad results to our lives.
2. It takes much less time and energy to send and get messages through computers.
3. You just type the words you want to say and send it to your friends via e-mail
4. There are many informative websites on the Internet that can help us do necessary research.
5. The free exchange of information is one of the most important benefits of computer technology.
6. Some claim that computers make our lives more hectic than before.
7. They say that this technology has accelerated the pace of modern living and made our lives more chaotic.

6. Mini Essay 쓰기: 문제를 다시 한 번 읽어 보고 자신의 입장을 정리해 약 45초에 해당하는 100단어 길이의 Mini Essay를 작성한다.

Please begin speaking after the beep.
[2 secs beep]

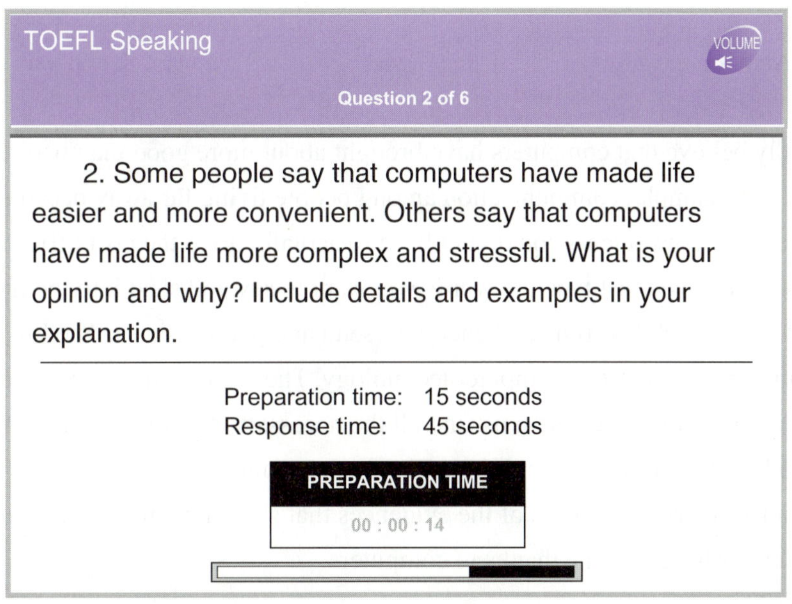
TOEFL Speaking
VOLUME
Question 2 of 6
2. Some people say that computers have made life easier and more convenient. Others say that computers have made life more complex and stressful. What is your opinion and why? Include details and examples in your explanation.
Preparation time: 15 seconds
Response time: 45 seconds
PREPARATION TIME
00 : 00 : 14

(아래에 45초 동안 말할 내용을 영어로 써 보세요. 한 번 써 본 문장은 Speaking이 한결 쉽습니다!)

7. **Sample Answer: 자신의 답변을 답지에 있는 Sample Answer와 비교해 본다. 다음에는 테이프를 들으며 원어민의 Sample Answer를 큰 소리로 shadowing한다. 이어서 초시계를 45초로 설정해 놓고 자신의 최종 답변을 녹음한다. 녹음한 내용을 다시 들어 보면 발음, 말의 속도, 표현 등을 정밀하게 확인할 수 있다. 이상의 7단계를 따라 Independent Speaking Type B를 준비하면 Speaking은 물론 Writing까지 크게 개선되는 효과가 있다.**

Sample Answer

I personally believe that computers have brought about more good than bad results to our lives. For example, communication among people living far away became much easier and more convenient. You do not have to actually go to the post office to send a letter to a friend. You just type the words you want to say and send it to the friend via e-mail. It takes much less time and energy to send and get messages. The Internet is another important benefit of computer technology. There are so many informative websites on the Internet that help us find all the necessary data to write a term paper, for example, without leaving our home. The free exchange of messages and information-gathering are some of the evidences that show how much easier and more convenient our lives became thanks to computers.

난 개인적으로 컴퓨터가 우리 생활에 부정적인 것보다는 긍정적인 것을 더 많이 가져다 주었다고 생각한다. 일례로, 멀리에 사는 사람들 간의 커뮤니케이션이 더 용이하고 편리해졌다. 이제는 누군가에게 편지를 보내기 위해 실제로 우체국에 갈 필요가 없다. 그저 하고 싶은 말을 타이핑해 이메일로 보내면 된다. 메시지를 주고 받는 데 훨씬 적은 시간과 에너지가 소요된다. 컴퓨터 기술의 또 다른 혜택은 인터넷이다. 인터넷에는 유용한 웹사이트가 너무 많아서, 예를 들면, 기말 리포트를 작성하는 데 필요한 모든 자료를 집밖에 나가지 않고도 모두 찾을 수 있다. 메시지의 자유로운 교환과 정보의 수집은 컴퓨터 덕분에 우리의 생활이 얼마나 쉽고 편리해졌는지를 입증해 주는 몇 가지 예에 불과하다.

Total iBT TOEFL *Speaking : 2*

Independent Speaking Type B

Practice 1 : Countryside vs. big city

Narrator

Please listen carefully.

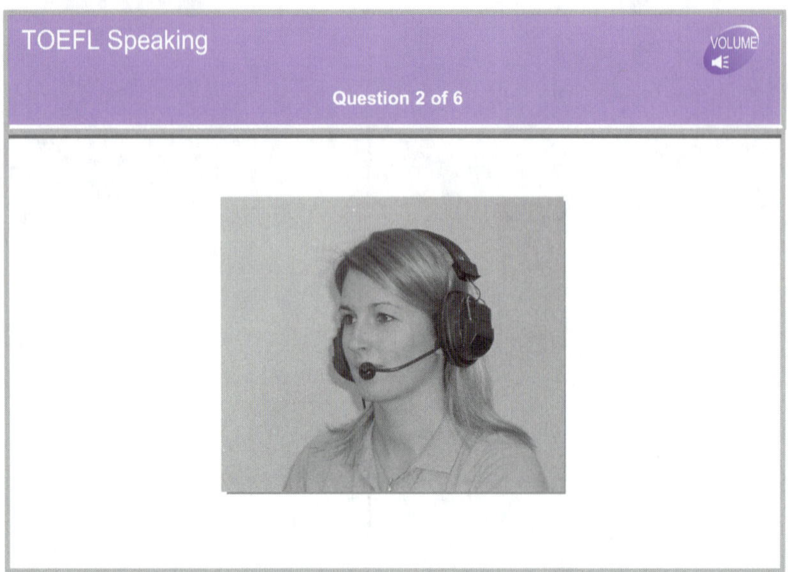

Narrator

You may begin to prepare your response after the beep. *[2 secs beep]*

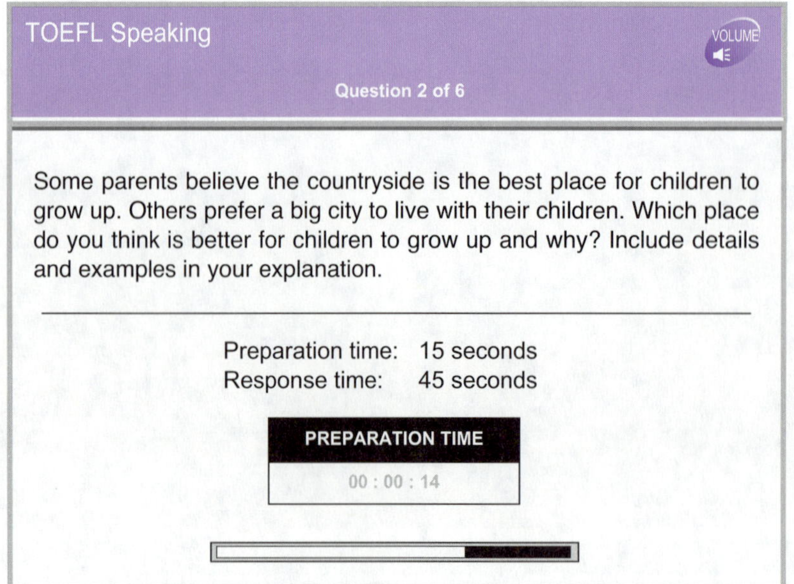

Warming Up!

Key Ideas

Countryside (시골)
- 자연과 가까이서 자랄 수 있다.
- 이웃과 유대감이 있다.
- 정서가 풍부해진다.

Big city (대도시)
- 다양한 문화 생활을 할 수 있다.
- 과외 활동을 쉽게 할 수 있다.
- 다양한 사람과 만날 수 있어 사회성이 길러진다.

Vocabulary Brainstorming

- 도시 city, metropolis, urban center / setting
- 시골 the country, countryside, rural setting / environment
- 자라다 grow up
- (아이를) 키우다 bring up, raise
- 문화 활동 cultural activities
- 과외 활동 extracurricular activities
- 사람과 교류하다 interact with people

Basic Expressions (먼저 영작한 다음 테이프를 들으며 Speaking 연습을 하세요!)

❶ 어떤 쪽이 더 좋다고 말하기 어렵다.

____

____

연구 …하기 어렵다 It's hard + to 부정사 / It's not so easy + to 부정사

❷ 선택은 개인의 취향에 주로 달려 있다.

연구 …에 달려 있다 depend on / hinge on
주로 largely, mainly, primarily 등을 동사 앞에 넣는다.

❸ 시골에서 자라면 자연과 가까이서 자랄 수 있다.

연구 By growing up …으로 시작해도 되지만, 앞뒤의 절이 같은 동사를 가지고 있으면, 앞 절을 부사구로 만들어 동사의 반복을 피할 수 있다. In the countryside, the child can ….

❹ 시골 사람들은 서로 유대감이 있다.

연구 서로 each other, one another
유대감 a sense of community, feel connected 등으로 표현해도 좋다.

❺ 아이는 도시에서 자람으로써 더 많은 문화 생활을 누릴 수 있다.

연구 …함으로써 by ~ing로 처리하면 편하다.
문화생활 cultural activities / experiences

❻ 도시는 다양한 과외 활동에 참여할 수 있는 기회를 제공한다.

연구 …할 기회를 제공하다 provide / offer opportunities + to 부정사
…에 참여하다 take part in / participate in 전치사 in까지 챙겨 공부!
과외 활동 extracurricular activities

❼ 도시에서는 많은 사람들과 교류하기 때문에 다양한 종류의 사람들을 만날 수 있다.

연구 …하기 때문에: 문장 앞에 쓸 경우는 because보다는 since로 처리해 보자.
교류하다 interact with 뒤 전치사까지 같이 발음 연습해 두도록!

TOEFL Speaking

VOLUME

Question 2 of 6

Some parents believe the countryside is the best place for children to grow up. Others prefer a big city to live with their children. Which place do you think is better for children to grow up and why? Include details and examples in your explanation.

Preparation time: 15 seconds
Response time: 45 seconds

PREPARATION TIME

00 : 00 : 14

(아래에 45초 동안 말할 내용을 영어로 써 보세요. 한 번 써 본 문장은 Speaking이 한결 쉽습니다!)

Practice 2 : Compulsory vs. optional classes

Narrator

Please listen carefully.

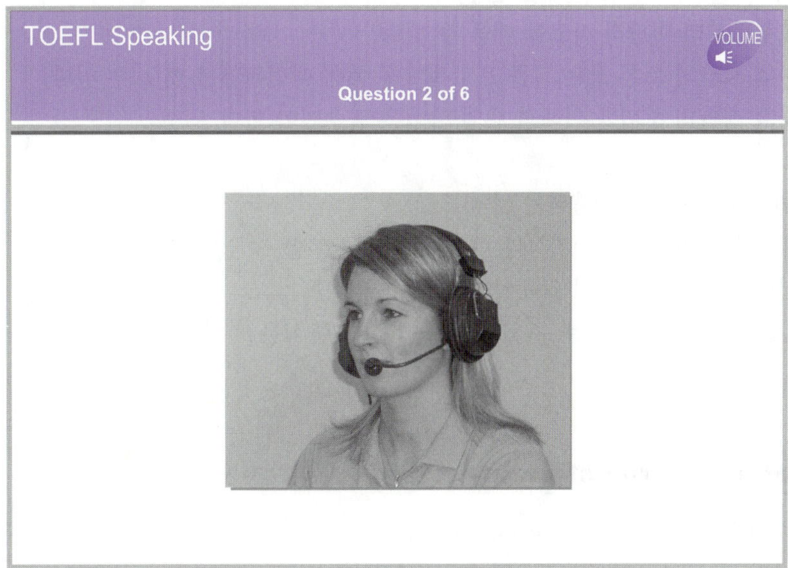

Narrator

You may begin to prepare your response after the beep. *[2 secs beep]*

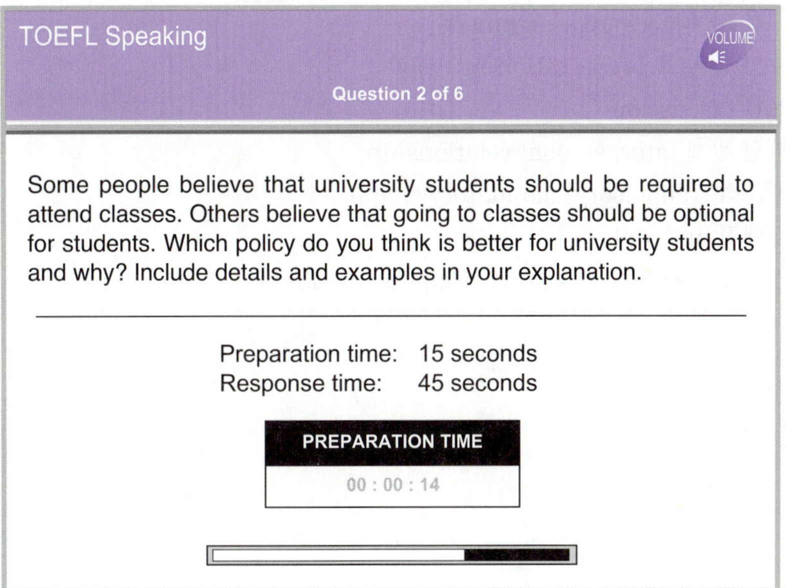

Warming Up!

Key Ideas

Required attendance (출석은 필수)
−교수로부터 비판적 사고를 배울 수 있다.
−수업 시간의 토론 또는 그룹 프로젝트를 통해 대인관계를 맺을 수 있다.
−사회 생활의 준비를 위해선 수업 출석은 필수여야 한다.

Optional attendance (출석은 선택)
−대학생은 이미 성인이기 때문에 혼자서도 공부할 수 있다.
−인터넷을 통한 원거리 교육이 이를 증명한다.
−일을 하며 대학을 다닐 수 있기 때문에 수업 출석은 선택이어야 한다.

Vocabulary Brainstorming

- 수업을 듣다 attend classes / courses
- 출석 attendance
- 비판적 사고 critical thinking
- 지도 guidance
- 원거리 교육 distance education
- 그룹 과제물 group assignment
- 수업 중 발표 presentation in class
- 토론 discussion
- 대인 관계 interpersonal relationship
- 필수적 compulsory, mandatory, required
- 선택적 optional
- 자기 절제가 되는 학생 self-disciplined student

Basic Expressions (먼저 영작한 다음 테이프를 들으며 Speaking 연습을 하세요!)

❶ 심지어 대학에서도 수업시간에 배울 것이 여전히 많다.

연구 …에서 배우다 learn in … / …로부터 배우다 … learn from *e.g.* I can learn many things from a professor.
심지어 even
여전히 still

❷ 과목에 대한 교수의 넓은 지식에서 혜택을 받을 수 있다.

연구 …에서 혜택을 받다 get benefits from … 또는 benefit을 동사로 써서 benefit from … 으로 간단히 처리한다.
넓은 지식 extensive knowledge

❸ 교수는 책에 언급된 사실들을 해석하는 법을 가르칠 수 있는 최고의 사람이다.

연구 …할 최고의 사람이다, 적임자이다 be the best person + to 부정사
어떻게 …할지 how + to 부정사
언급된 stated, mentioned

❹ 비판적 사고는 대학에서 배워야 하는 가장 중요한 기능 중 하나이다.

연구 비판적 사고 critical thinking
최고의 … 중 하나이다 be one of the best… 이렇게 the best라는 단순 최상급 표현보다는 '최고 중 하나다' 로 표현하는 것이 좋다.
배우다, 통달하다 learn, master

❺ 그룹 발표와 토론은 수업 출석이 주는 또 다른 혜택이다.

연구 발표 presentation 토론 discussion
또 다른 혜택 another benefit

❻ 자기 절제가 되는 대학생은 혼자서 공부하는 것이 시간적으로 더 효율적이다.

연구 'A에게 B하는 것이 C하다' 는 자주 등장하는 기본 문장 구조이다. 기본 구조는 It is C for A to do B지만 여기서처럼 A를 강조하고 싶으면 For A, it is C to do B로 처리한다. *e.g.* It is hard for Koreans to speak English fluently를 For Koreans, it is hard to speak English fluently.
It is 뒤에 다양한 형용사와 to 부정사를 넣어 여러 표현을 만들어 보며 연습하면 영어 쓰기와 말하기에 큰 도움이 된다. *e.g.* It is good for you to practice this sentence structure.

❼ 인터넷 강의와 같은 원거리 교육 덕분에 수업 출석은 선택적일 수 있다.

연구 …덕분에 thanks to "…때문에 because (of)" 는 중립적인 반면, thanks to는 긍정적인 원인을 표현할 때 쓴다
…와 같은 such as, like, including 수업 출석 class attendance

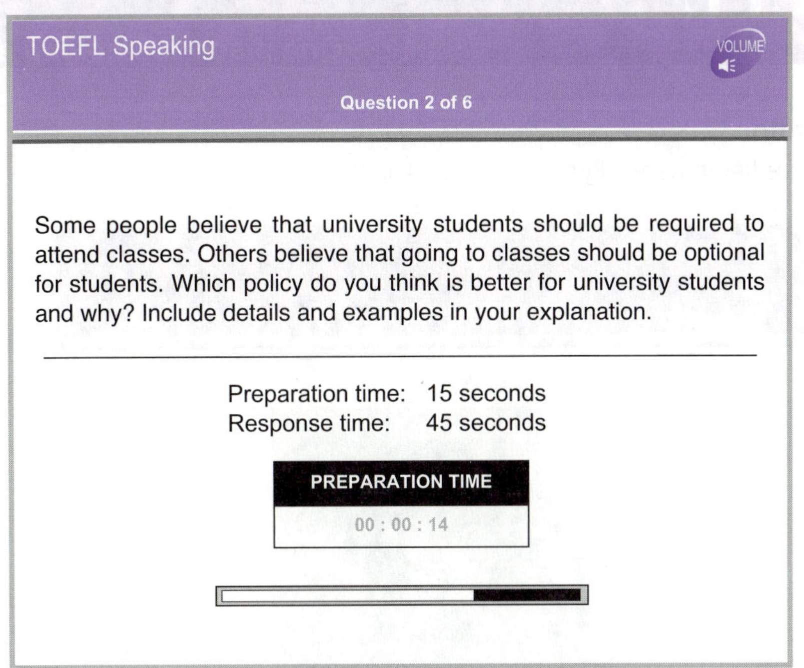

(아래에 45초 동안 말할 내용을 영어로 써 보세요. 한 번 써 본 문장은 Speaking이 한결 쉽습니다!)

Practice 3 : One place vs. moving around

Narrator

Please listen carefully.

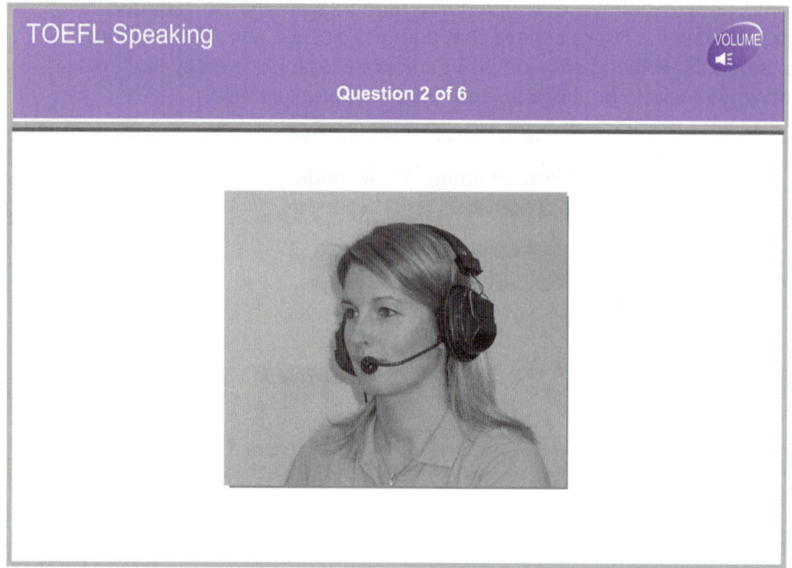

Narrator

You may begin to prepare your response after the beep. *[2 secs beep]*

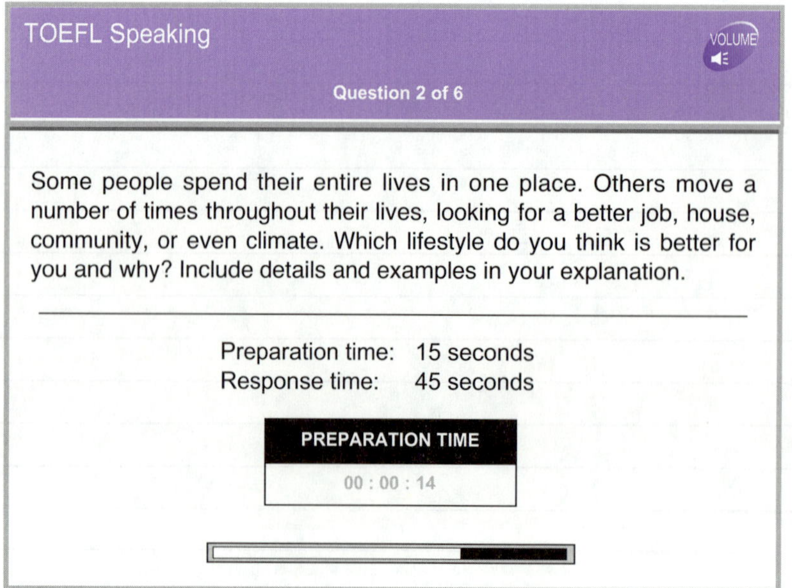

Warming Up!

Key Ideas

Staying in one place (한 곳에 산다)
-안정감이 있다.
-이웃이나 지역 사회와 유대감이 생긴다.
-이사에 수반되는 비용과 스트레스를 줄일 수 있다.

Moving around (이동한다)
-다양한 경험을 할 수 있다.
-보다 좋은 집을 찾을 수 있다.
-언제나 삶을 새롭게 시작하는 기분을 느낄 수 있다.

Vocabulary Brainstorming

- 이사하다 move, move around
- 정착하다 settle down, stay in one place
- 경험 experience
- 풍습 custom
- 문화 culture
- 장기적 관계 long-term relationship
- 지역 사회 local community
- 다양한 diverse
- 참여하다 get involved in
- 이사 회사 moving company
- 주민 resident

Basic Expressions (먼저 영작한 다음 테이프를 들으며 Speaking 연습을 하세요!)

❶ 이곳저곳으로 이사하는 것보다 한 곳에 머무는 것에 여러 가지 장점이 있다.

연구 ~하는 것에 장점 advantage to ~ing 단점(disadvantage) 역시 전치사 to를 받는다.
…하는 대신에 instead of
이곳 저곳으로 이사하다 move around, move from place to place

❷ 한 장소에 정착함으로써 이웃들과 장기적인 관계를 쌓을 수 있다.

연구 ~함으로써 by ~ing로 간단히 처리.
한 곳에 정착하다 settle down in one place
…와 관계를 쌓다 develop, establish relationship with
장기적인 long-term *c.f.* 단기적인 short-term

❸ 이것은 지역 사회 활동에 참여하는 것을 의미한다.

연구 A는 B를 의미한다 A means B, A translates into B, A can be interpreted as B
…에 참여하다 get involved in, take part in, participate in 모두 전치사 in이 들어가는 점 유념.

❹ 한 곳에 사는 것은 덜 비싸고 스트레스를 덜 받는다.

연구 한 곳에 사는 것 living in one place

❺ 이사하는 것은 나를 새로운 사람들, 문화, 생활방식에 노출시킬 것이다.

연구 A는 B를 C에 노출시킨다. A exposes B to C 보통은 수동태로 B is exposed to C by A형태로 많이 쓰지만, 능동으로도 써 보자.

❻ 여러 가지 이유로 나는 다른 곳에 사는 것을 즐긴다.

연구 ~하는 것을 즐기다, 좋아하다 enjoy ~ing 뒤에는 동명사가 온다는 점 꼭 기억하자.
장소 places, locations 심지어는 environment, setting까지도 쓸 수 있다. (동의어 정리는 speaking과 writing의 기본 재산)
여러 가지 이유로 for a number of reasons 이때 앞에 전치사 for도 같이 기억.

❼ 이것 때문에 나는 다양한 경험을 얻고 다른 사람들을 만날 수 있다.

연구 A 때문에 B는 C를 할 수 있다 A allows B to do C / thanks to A, B can do C 등으로 표현해 볼 수 있다.

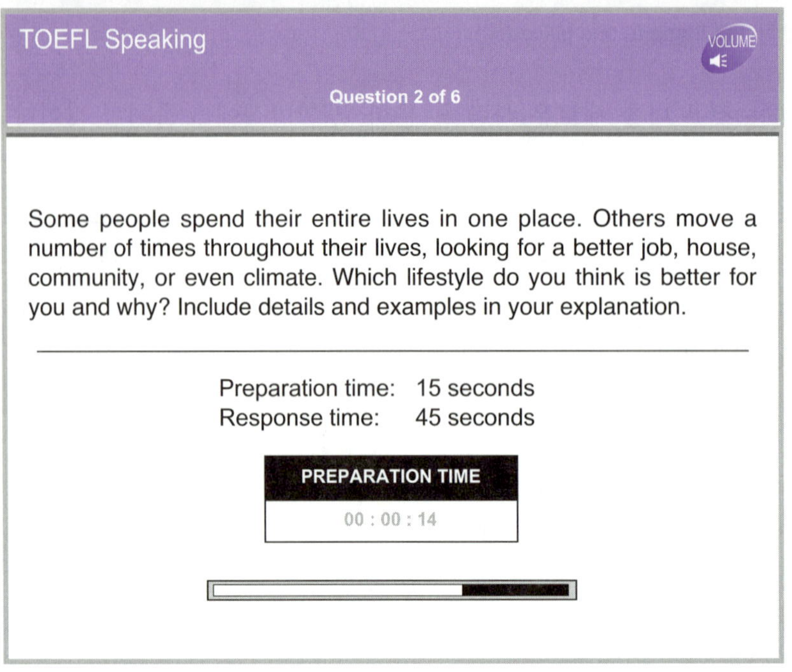

(아래에 45초 동안 말할 내용을 영어로 써 보세요. 한 번 써 본 문장은 Speaking이 한결 쉽습니다!)

Practice 4 : Morning vs. night person

Narrator

Please listen carefully.

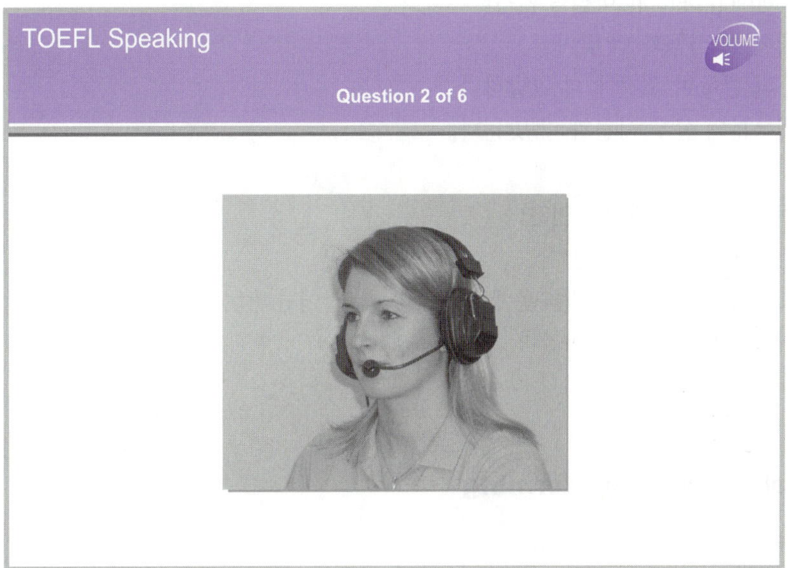

Narrator

You may begin to prepare your response after the beep. *[2 secs beep]*

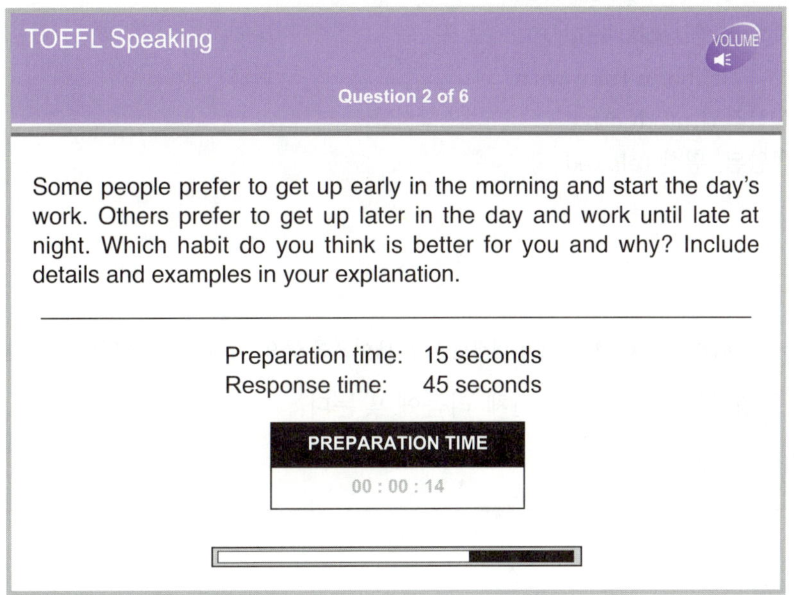

Warming Up!

Key Ideas

A morning person (**아침형 인간**)
–내 신체 리듬과 더 맞다.
–두뇌 활동이 오전에 더 활발하다.
–대부분의 근무 시간과 더 맞는다.

A night person (**저녁형 인간**)
–아침에 일어나지 못한다.
–오후와 밤에 활동하기 때문에 오전에 늦게 일어난다.
–저녁에 머리가 잘 돌아간다.

Vocabulary Brainstorming

- 빠른 일정 early schedule
- 신체 리듬 body rhythm
- 생활 방식 lifestyle, life pattern
- 일어나다 get up
- 잠자리에 들다 go to bed
- 사회 생활 social life
- 맞다 fit, be in tune with
- 생산적인 productive
- 이완된, 편한 relaxed

Basic Expressions (먼저 영작한 다음 테이프를 들으며 Speaking 연습을 하세요!)

❶ 아침형 생활 방식은 내 신체 리듬에 맞는다.

연구 아침형 생활 방식 early lifestyle, early schedule 또는 getting up and going to bed early로 표현해도 된다.
…에 맞다 fit, suit 뒤에 바로 목적어를 쓴다. 전치사는 불필요. *c.f.* It fits *to* me (x). It fits me (O).

❷ 게다가 나는 나의 아침형 스케줄을 따를 때 기분이 더 좋다.

연구 게다가 in addition, besides, furthermore
…를 따르다, 지키다 follow, stick to

❸ 나는 오전 시간을 내가 관심 있는 일을 하기 위해 확보할 수 있다.

연구 확보하다 secure
관심 있는 것 things that I' m interested in 전치사 in은 interested와 연결해 발음 연습!

❹ 나는 늦게 일어날 때보다 일찍 일어날 때 훨씬 더 생산적이다.

연구 훨씬 더 … 하다 much / far + 비교급 형용사. 이때 very는 쓸 수 없다. *e.g.* She is very better than he (X).
생산적 productive, efficient

❺ 나는 밤 늦게까지 잠자지 않고 일하는 것을 좋아한다.

연구 늦게까지 잠자지 않다 stay up late
밤 늦게까지 well into the night

❻ 저녁형 스케줄을 따름으로써 나는 더 편안하게 느끼고 내 삶에 맞출 수 있다.

연구 이런 문장은 두 구조로 영작할 수 있다. 일단, 원문대로 by ~ing, I can …으로 처리해도 무난하고, 아니면 무생물 주어를 사용해, ~ing … helps me to do … 로 영작해도 좋다.
스케줄을 따르다 follow / stick to / be on a schedule
저녁형 스케줄 a late schedule 또는 being a night person으로 처리해도 된다.

❼ 대부분의 나의 사회활동은 오후 늦게 시작한다.

연구 대부분 most / most of
사회활동 social activities

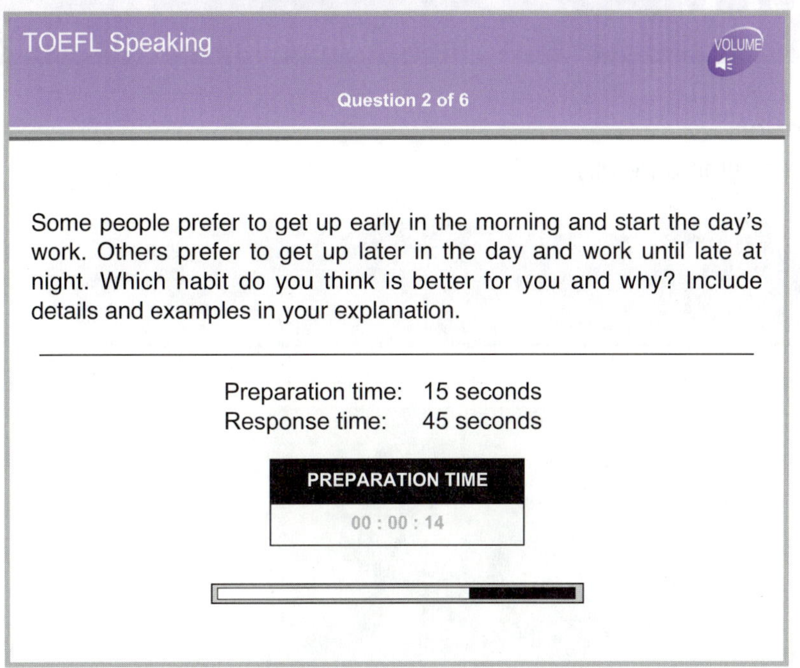

(아래에 45초 동안 말할 내용을 영어로 써 보세요. 한 번 써 본 문장은 Speaking이 한결 쉽습니다!)

Practice 5 : What they do well vs. take risks

Narrator

Please listen carefully.

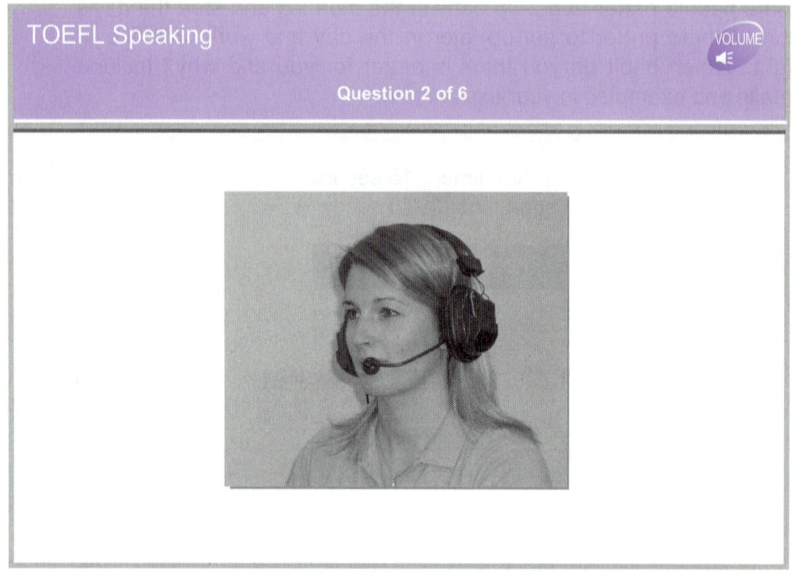

Narrator

You may begin to prepare your response after the beep. *[2 secs beep]*

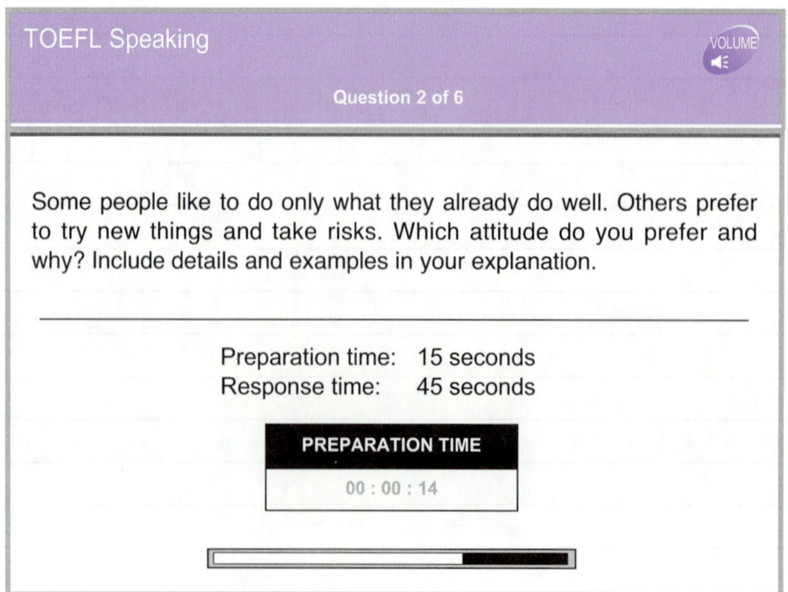

Warming Up!

Key Ideas

Doing only what one already does well (이미 잘 하는 것만 한다)
-안정성이 있다.
-전문성을 기를 수 있다.
-모험에서 오는 불안감을 줄일 수 있다.

Trying new things and taking risks (새로운 것을 시도하고 위험을 감수한다)
-현대 사회는 모험심을 요구한다.
-끊임없이 새로운 것을 추구해야 성공한다.
-도전 정신이 생긴다.
-인생이 다채로워진다.

Vocabulary Brainstorming

- 새로운 것을 시도하다 try new things
- 모험하다 take a risk, take a chance, to risk
- 도전하다 challenge
- 모험을 감수하는 사람 risk taker, a risk-taking person
- 도전 정신 challenging sprit
- 고수하다 stick to / with
- 실패를 두려워하다 be afraid of failure
- 뒤쳐지다 be left behind

Basic Expressions (먼저 영작한 다음 테이프를 들으며 Speaking 연습을 하세요!)

❶ 나는 내가 잘하는 것을 하기 좋아한다.

연구 …를 잘 하다 be good / proficient at, be well versed in, to excel at 등 뒤에 오는 전치사까지 함께 챙겨야 말이 매끄럽게 나온다.

❷ 새로운 것을 시도하는 것은 인생을 흥미롭게 만든다.

연구 '하는 것은' 이 주어일 경우 동명사 ~ing를 주어로 잡으면 편하다.
A는 B를 …하게 만들다 A makes B + 형용사

❸ 한 번도 해 보지 않은 것을 하려면 어느 정도 용기가 필요할지 모른다.

연구 A 하는 데 B가 필요하다. A requires B / it takes B to do A / you need B to do A / A is needed to do B 등 다양한 표현을 연습해 두자.
한 번도 해보지 않은 것 something that one has never done before 경험인 만큼 현재 완료형을 쓴다.

❹ 같은 일을 계속해서 반복하는 것은 인생을 지루하게 만든다.

연구 같은 일 the same thing 이때 same 앞에는 언제나 the를 넣는다.
반복해서 하다 do something over and over / do something repetitively / keep doing the same thing.

❺ 전에 한 번도 해보지 않은 것을 하기 위해 우리 스스로를 미는 것은 개인적인 성장과 보다 높은 수준의 동기 부여로 이어질 수 있다.

연구 스스로를 밀다 push oneself
A는 B로 이어질 수 있다. A can lead to B / A can result in B
개인적 성장 personal growth
동기 부여 motivation

❻ 나는 내가 잘 하는 것을 고수하기를 선호하는 부류의 사람이다.

연구 …하는 부류의 사람 the type of person who + 절
고수하다 stick to / with

❼ 나는 내가 가장 잘 하는 것을 하는 데서 오는 안전성과 예측 가능성을 좋아하다.

연구 안전성 stability
예측가능성 predictability
가장 잘 하는 것 what one does best

TOEFL Speaking

VOLUME

Question 2 of 6

Some people like to do only what they already do well. Others prefer to try new things and take risks. Which attitude do you prefer and why? Include details and examples in your explanation.

Preparation time: 15 seconds
Response time: 45 seconds

PREPARATION TIME

00 : 00 : 14

(아래에 45초 동안 말할 내용을 영어로 써 보세요. 한 번 써 본 문장은 Speaking이 한결 쉽습니다!)

Practice 6 : Amusing vs. serious movies

Narrator

Please listen carefully.

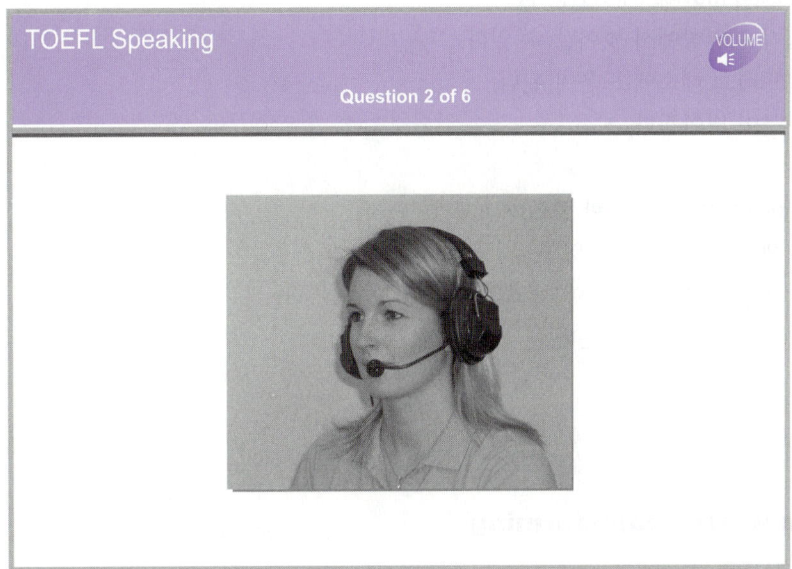

Narrator

You may begin to prepare your response after the beep. *[2 secs beep]*

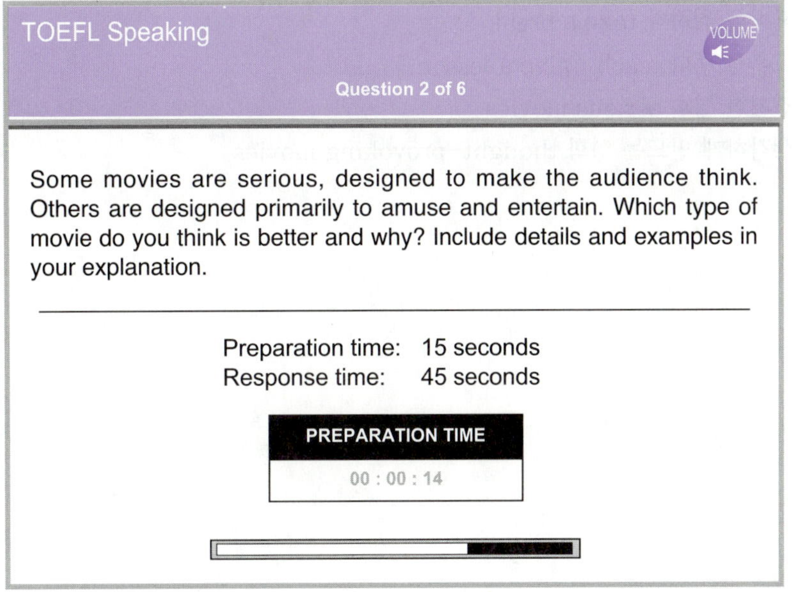

Warming Up!

Key Ideas

Amusing movies (재미있는 영화)
–심각한 일상에서 벗어날 수 있다.
–스트레스 해소에 도움이 된다.
–기분이 밝아진다.

Serious movies (진지한 영화)
–인생 교훈을 얻을 수 있다.
–많은 생각을 할 수 있어 사고의 틀을 넓힐 수 있다.
–오랫동안 기억에 남는다.

Vocabulary Brainstorming

- 재미있는 영화 amusing / entertaining / interesting movie
- 쉬게 하다, 편안하게 만들다 to relax
- 즐겁게 하다 to entertain / to amuse
- 좋은 기분 good mood
- 휴식을 취하다 take a break
- 교훈을 주다 teach / give a lesson
- 진지한 영화 serious movies
- 생각하게 만드는 영화 thought-provoking movies

Basic Expressions (먼저 영작한 다음 테이프를 들으며 Speaking 연습을 하세요!)

❶ 영화는 우리로 하여금 웃거나, 울거나, 생각하게 하는 힘이 있다.

연구 A는 B로 하여금 …하게 하다 A makes B +동사원형
…하는 힘 the power + to 부정사

❷ 재미있는 영화는 나의 마음을 일상의 문제에서 벗어나게 만든다.

연구 재미있는 영화 an amusing / entertaining / interesting movie, a movie that entertains us …
…의 마음을 …에서 벗어나게 만든다 take one's mind off …

❸ 영화 볼 때는, 단지 편하게 앉아 쉬고 싶다.

연구 ~할 때 when ~ing 뒤의 주절과 주어가 같으면 주어와 be동사를 생략해 간결하게 표현.
편하게 앉다 sit back
쉬다 relax

❹ 재미있는 영화는 기분만 좋게 만들 뿐 아니라 편안하게 해 준다.

연구 기분을 좋게 하다 put a person in a good mood
A 뿐만 아니라 B도 not only A but also B, B as well as A
쉬게 하다 relax는 자동사 · 타동사 다 된다.

❺ 나는 나를 즐겁게 해 주는 영화를 선호한다. 삶의 어려움으로부터 휴식을 취할 수 있으니까.

연구 즐겁게 만들다 to entertain, to amuse 또는 movies that are entertaining으로 처리해도 된다.
…로부터 휴식을 취하다 take a break from …
인생의 어려움 the rigors of life

❻ 생각하게 강요하는 영화는 웃기는 영화보다 훨씬 더 좋다. 우리에게 중요한 교훈을 주기 때문에.

연구 …하게 강요하는 / 어쩔 수 없이 …하게 만드는 A that forces B to do something
훨씬 좋다 much / a lot better
교훈을 주다 give a person lessons

❼ 생각을 자극하는 영화는 재미있는 영화보다 대개 더 오래 남는다.

연구 생각을 자극하는 thought-provoking 또는 movies that make you think로 표현해도 좋다.
더 오래 남다 last longer

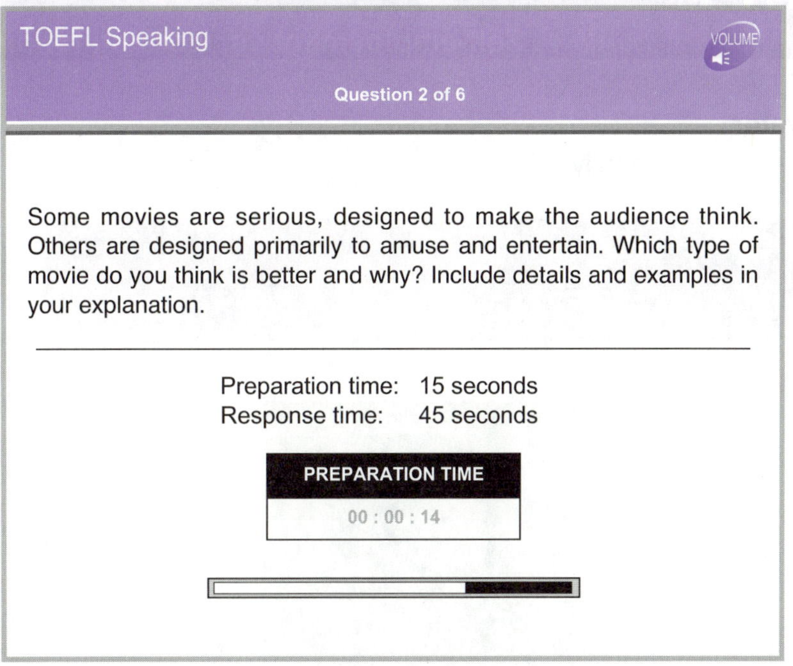

(아래에 45초 동안 말할 내용을 영어로 써 보세요. 한 번 써 본 문장은 Speaking이 한결 쉽습니다!)

Practice 7 : Self-employment vs. working for an employer

Narrator

Please listen carefully.

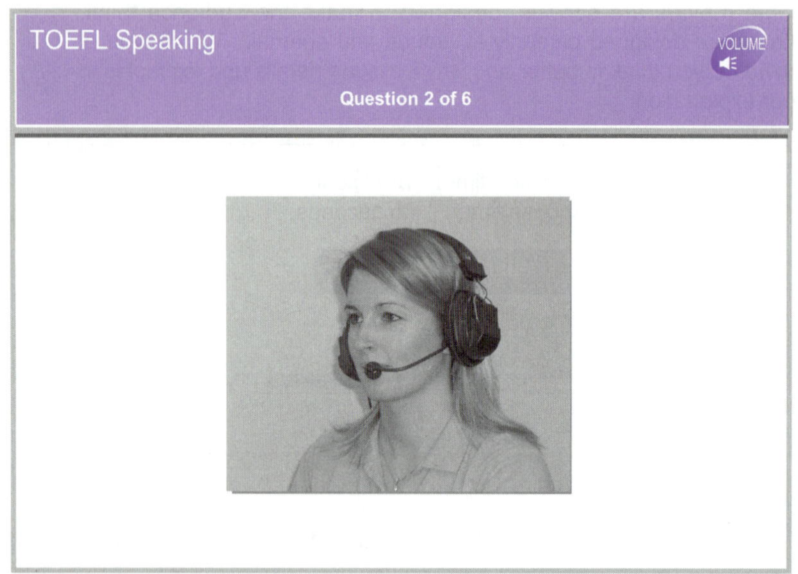

Narrator

You may begin to prepare your response after the beep. *[2 secs beep]*

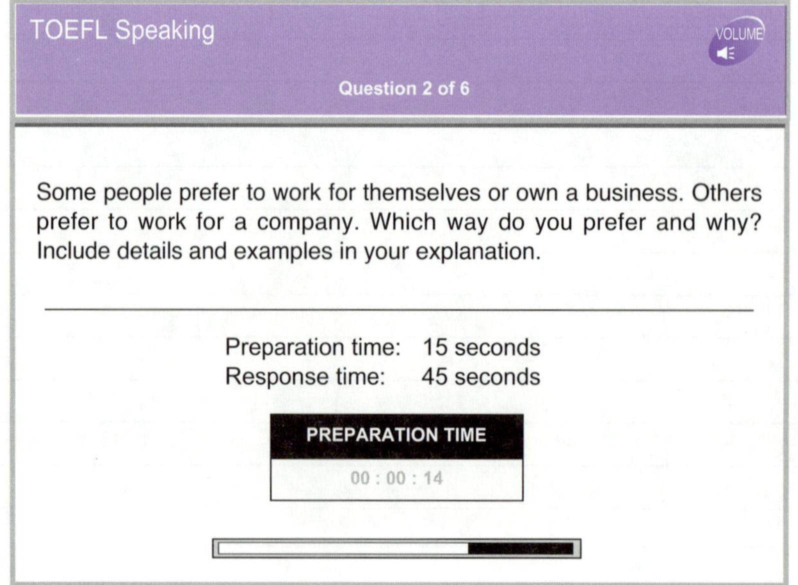

Warming Up!

Key Ideas

To own a business (자기 사업을 하다)
–자신 스스로 업무 시간과 방식을 조절할 수 있다.
–위험은 따르지만 성취감이 크다.
–내가 잘 하고 좋아하는 사업을 고를 수 있다.

To work for a company (회사를 위해 일하다)
–소득이 안정적이다.
–근무 시간이 규칙적이다.
–사업 실패의 책임이 없어 편하다.

Vocabulary Brainstorming

- 자영업 self-employment
- 자영업을 하다 own a business / run one's own business / be self-employed
- 자영업자 a business owner
- 기업을 소유하는 부담을 지다 bear the burden of owning a company
- 힘든, 격렬한 strenuous
- 스트레스 받는 stressful
- 만족스러운 satisfying
- 적당한 수입을 얻다 make an adequate income
- 고용주를 위해 일하다 work for an employer
- 합리적인 근무 시간 reasonable working hours
- 월급 받는 일자리 salaried job
- "남의 떡이 커 보인다." "The grass is always greener on the other side of the fence."

Basic Expressions (먼저 영작한 다음 테이프를 들으며 Speaking 연습을 하세요!)

❶ 나는 다른 사람보다는 나 자신을 위해 일하는 것을 선호한다.

연구 자신을 위해 일하다 work for oneself
…보다는 rather than

❷ 나는 자영업자라는 독립과 자유를 즐긴다.

연구 독립 independence
자영업자 a business owner

❸ 나는 직업 선택에 있어서 만족과 자유의 정도 또한 소중히 여긴다.

연구 소중히 여기다 to value, to appreciate
만족 satisfaction, 성취감 sense of achievement로 표현해도 좋을 듯
…의 정도 the degree / level of …
~에 있어서 when ~ing로 처리하면 깔끔.

❹ 관료적인 번잡한 절차를 직면하거나 불필요한 서류일로 압도당할 필요가 없다.

연구 관료적인 번잡한 절차 bureaucracy
…에 직면하다 to face …
서류일 paperwork
…에 질식하다, 압도 당하다 be overwhelmed with …

❺ 자영업자는 아파서 결근한 직원의 업무를 대신해야 한다.

연구 자영업자 an employer, a business owner
…를 대신하다 fill in for …
아파서 결근하다 call in sick

❻ 나는 월급 받는 일자리의 제한적인 책임과 합리적인 근무 시간을 선호한다.

연구 제한적인 책임 limited responsibility
합리적인 근무 시간 reasonable working hours
월급 받는 일자리 salaried job

❼ 무거운 부담감과 긴 근무 시간이 자영업을 하는 단점 중 하나이다.

연구 부담 burden
단점 drawback, disadvantage, bad aspect
자영업을 하다 run one' s own business, own one' s business

TOEFL Speaking

VOLUME

Question 2 of 6

Some people prefer to work for themselves or own a business. Others prefer to work for a company. Which way do you prefer and why? Include details and examples in your explanation.

Preparation time: 15 seconds
Response time: 45 seconds

PREPARATION TIME

00 : 00 : 14

(아래에 45초 동안 말할 내용을 영어로 써 보세요. 한 번 써 본 문장은 Speaking이 한결 쉽습니다!)

Practice 8 : For vs. against school uniform

Narrator

Please listen carefully.

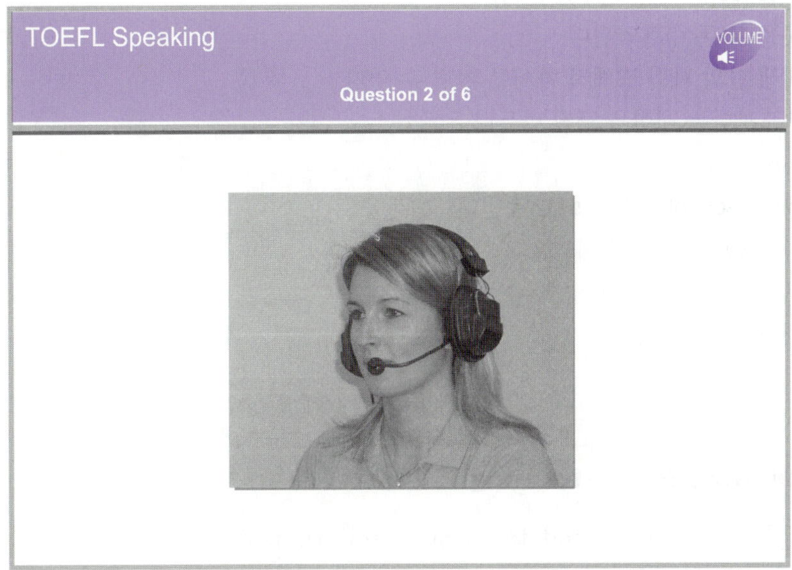

Narrator

You may begin to prepare your response after the beep. *[2 secs beep]*

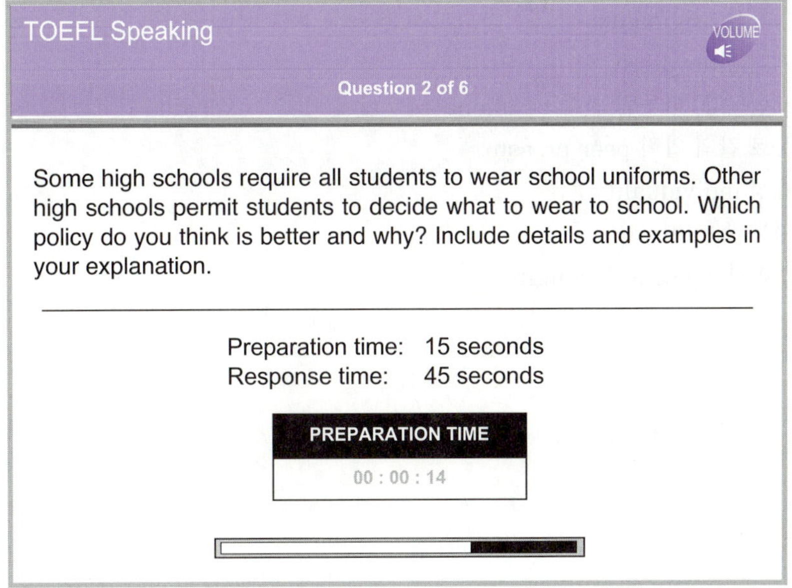

Warming Up!

Key Ideas

For school uniforms (교복 찬성)
-옷을 살 돈이 절약된다.
-학생 간의 사회 경제적 차이를 가릴 수 있다.
-외모보다는 내면을 보게 만든다.

Against school uniforms (교복 반대)
-창의력과 독창성에 제약을 가한다.
-옷을 통해 자기 표현을 할 수 있어야 한다.
-개성이 말살된다.

Vocabulary Brainstorming

- 의무적 교복 정책 mandatory school uniform policy
- 패션을 의식하는 fashion-conscious
- 사춘기 adolescence
- 획일성 uniformity
- 창의성의 부재 lack of creativity
- 독창성 originality
- 혁신 innovation
- 고립되다, 따돌림 받다 be alienated / secluded / excluded
- 동료 간의 압력 peer pressure
- 개성 individuality
- 평등 equality
- 소속감 sense of belonging

Basic Expressions (먼저 영작한 다음 테이프를 들으며 Speaking 연습을 하세요!)

❶ 의무적인 교복 정책에는 손해보다 이득이 더 많다.

연구 …에는 손해보다 이득이 더 많다 there is more to gain than to lose from … 이 표현은 사용 범위가 커서 알아 두면 편리. 혹은, There are more benefits than drawbacks to … 로 말해도 된다.

❷ 학생들로 하여금 교복을 입고 학교에 오게 하는 것이 원하는 것을 고르도록 허용하는 것보다 비용이 덜 든다.

연구 비용이 덜 든다 be less expensive, be cheaper / more economical, it saves more money
A로 하여금 B하게 만들다 have / make A +동사원형
A에게 B하는 것을 허용하다 allow / permit A + to 부정사

❸ 교복은 멋진 옷에 대한 시기심과 질투를 예방할 수 있다.

연구 멋진 옷 stylish / fashionable clothes
시기심 envy
질투 jealousy
예방하다 / 막다 prevent

❹ 교복을 입으면 패션을 의식하는 고등학생까지도 단결심을 더 잘 기를 수 있다.

연구 with uniforms로 문장을 잡으면 간결하다. *e.g.* With this book, you can practice English.
패션을 의식하는 fashion-conscious 이렇게 명사-형용사를 하이픈으로 연결해 하나의 형용사처럼 흔

히 사용. *e.g.* 성공 지향적인 success-oriented 실적위주의 performance-based
…를 더 잘 기르다 better develop …

❺ 학교 교복은 또한 학생들에게 옷이 아닌 인성을 바탕으로 우정을 기르도록 장려할 수 있다.

연구 A에게 …하라고 장려하다 encourage A + to 부정사
우정을 기르다 form / develop friendship, make friends
A가 아닌 B B not A

❻ 의무적인 학교 교복은 학생들의 창의력과 개성을 제한한다.

연구 의무적인 mandatory, compulsory, obligatory
제한하다 limit, restrict
창의성 creativity
개성 individuality

❼ 사춘기 아이들은 옷을 통해 자신을 표현하도록 허용되어야 한다.

연구 사춘기 아이들 adolescents
…을 통해 자신을 표현하다 express oneself through …

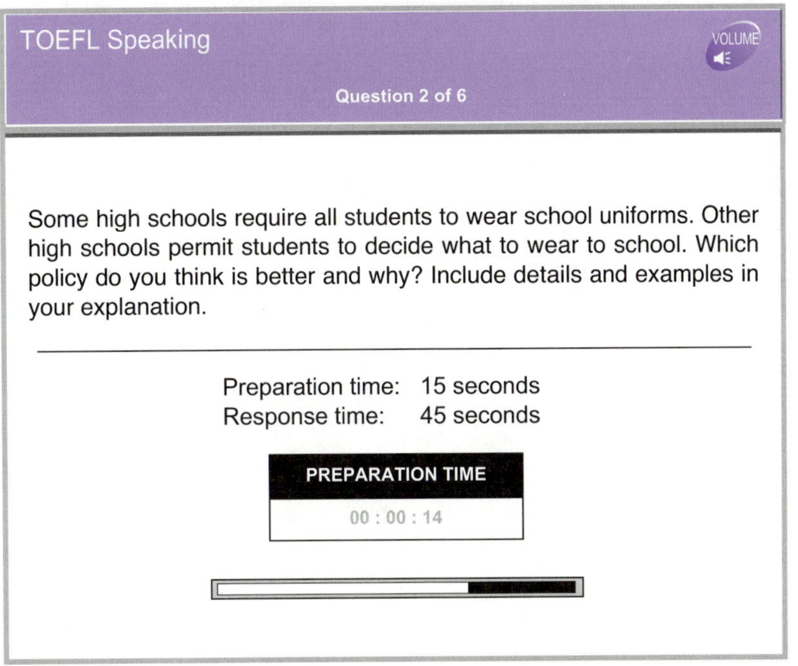

(아래에 45초 동안 말할 내용을 영어로 써 보세요. 한 번 써 본 문장은 Speaking이 한결 쉽습니다!)

Total iBT TOEFL *Speaking : 3*

Read-Listen-Speak Type A

Introduction

읽고-듣고-말하기 통합형 Type A

iBT TOEFL Speaking 영역에는 총 4개의 통합형 문제가 출제된다. 이 중에서 읽기-듣기-말하기 통합형 Type A는 대학 캠퍼스와 관련된 문제에 대해 30초간 준비한 후 60초간 답변하는 유형이다. 먼저 화면에 주어지는 읽기 지문을 45초 동안 읽는다. 약 100단어 정도 분량인 지문의 내용은 주로 캠퍼스 생활과 관련된 안내나 발표이다. 말하기 과제가 제시된 뒤 주어지는 30초라는 짧은 준비시간을 효율적으로 사용하려면 처음에 읽기지문을 읽을 때 반드시 주요 내용을 메모해야 한다.

45초간의 읽기가 끝나면 이어서 약 80초 분량의 대화를 듣게 된다. 이때 체계적으로 Note-taking을 해 두는 것이 무엇보다 중요하다. 대화 형식의 듣기에서는 말한 내용은 물론 그 말을 한 사람이 누구인지도 함께 표시해야 한다. 읽은 지문은 누구나 인용해 말할 수 있지만, 한 번 지나가는 듣기 내용은 Note-taking으로 잡아두지 않으면 한마디도 하기 어렵다. 체계적인 Note-taking 기술을 익혀 들은 내용을 정리해 둘 수 있다면, 다른 학생들과는 확연히 다른 응답으로 높은 점수를 받을 수 있을 것이다.

이런 의미에서 듣기가 포함된 iBT TOEFL 통합형 말하기 문제에서는 Note-taking의 위력이 그 무엇보다도 엄청날 것이다. 좋은 점수를 받으려면 전문적이고 체계적인 Note-taking 기법을 상세하게 소개하고 있는 본 교재의 부록 Total Note-taking을 반드시 참고해야 한다.

80초 간의 대화를 듣고 난 다음, 대화에 등장한 두 사람 중 한 사람의 입장을 30초의 준비시간 동안 정리해 60초 동안 말해야 한다.

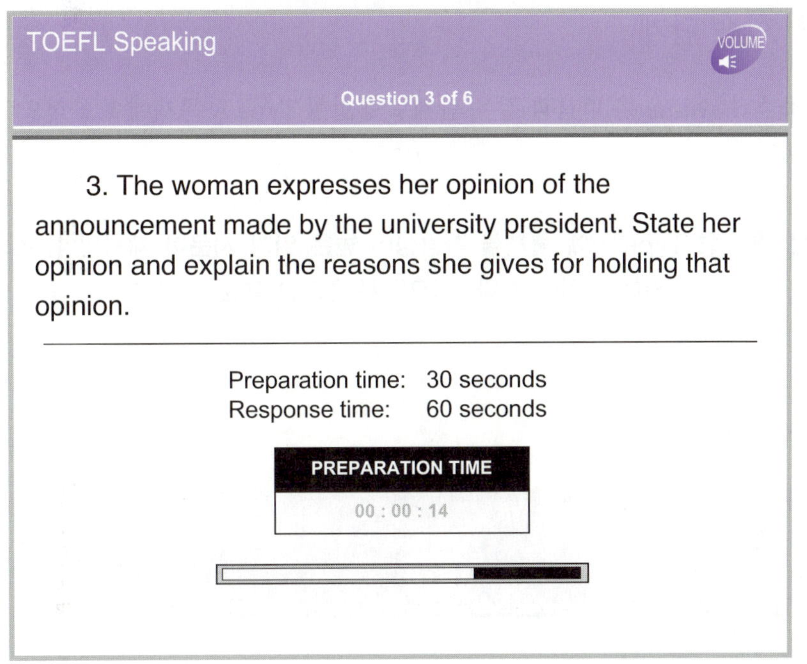

독립형 문제에 비해 준비시간이 조금 길게 30초 동안 주어진다. 하지만 읽은 내용과 들은 내용을 체계적인 Note-taking 없이 정리하기에는 턱없이 부족한 시간이다. 먼저 읽기 지문에 대한 대화 등장인물 한 사람의 입장을 요약해야 한다. Note-taking한 내용 중 그 화자가 말한 내용들을 보면서 응답을 하면 된다. 그 화자가 왜 그런 입장을 취하고 있는지 구체적으로 말해야 한다. 말을 멈추지 말고 주어진 60초가 다 끝날 때까지 계속 말해야 한다. 발음에 지나치게 신경을 쓰지 말고 머뭇거림 없이 줄기차게 말해야 좋은 점수를 얻을 수 있다.

출제 경향

읽기-듣기-말하기 통합형 Type A에는 다음과 같은 주제가 출제될 가능성이 크다.

-교내 주차에 관련된 새로운 규정
-강의 취소 안내에 관한 내용
-학생 회장 선출 방식에 관한 안내
-새로운 학과 개설 안내문
-도서관의 새 규정

본 교재의 학습 단계

Total iBT 토플 Speaking은 다음과 같은 단계로 통합형 Type A 문제에 효율적으로 대비할 수 있게 한다:

1. 읽기 지문: 통합형 Type A에 출제될 가능성이 높은 읽기 지문이 제시된다. 초시계를 이용해 정확히 45초 안에 읽어야 한다. 읽으면서 중요한 부분은 꼭 메모한다.

Narrator

Please Listen Carefully.

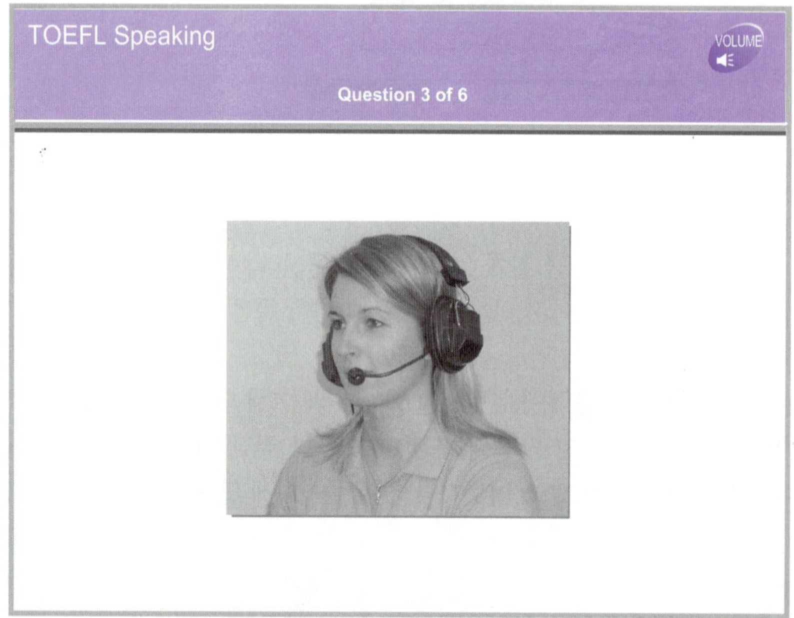

Narrator

The University is planning to introduce a new major. Read the announcement about the new major from the president of the University. You will have 45 seconds to read the announcement. Begin reading now. *[이 내용은 들려 주기만 하고 화면에는 표시되지 않는다.]*

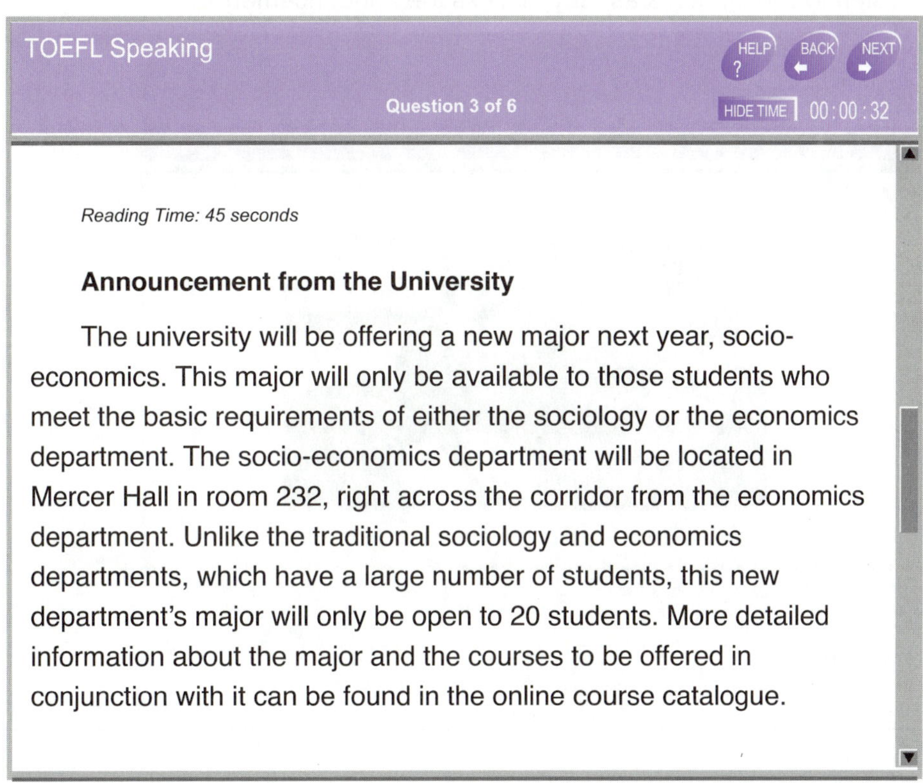
TOEFL Speaking

Question 3 of 6

HELP ? BACK NEXT

HIDE TIME 00 : 00 : 32

Reading Time: 45 seconds

Announcement from the University

The university will be offering a new major next year, socio-economics. This major will only be available to those students who meet the basic requirements of either the sociology or the economics department. The socio-economics department will be located in Mercer Hall in room 232, right across the corridor from the economics department. Unlike the traditional sociology and economics departments, which have a large number of students, this new department's major will only be open to 20 students. More detailed information about the major and the courses to be offered in conjunction with it can be found in the online course catalogue.

이렇게 읽기 지문은 주로 대학 생활에 관련된 안내문이나 발표문이다. 주요 내용을 정확히 파악해 두어야 이어지는 듣기 내용을 잘 이해할 수 있다.

2. Note-taking하며 듣기: 읽기 지문과 관련된 두 사람 사이의 대화가 약 80초(180단어) 이어진다. 이때 본 교재에 제공된 Note-taking 공간에 Total Note-taking 기법을 이용해 들려주는 내용을 정리하면서 들어야 한다. 이 책의 부록 Total Note-taking에 전문 통역사들이 사용하는 체계적인 Note-taking 기법이 상세하게 설명되어 있다.

Narrator

Now listen to two students as they discuss the announcement.

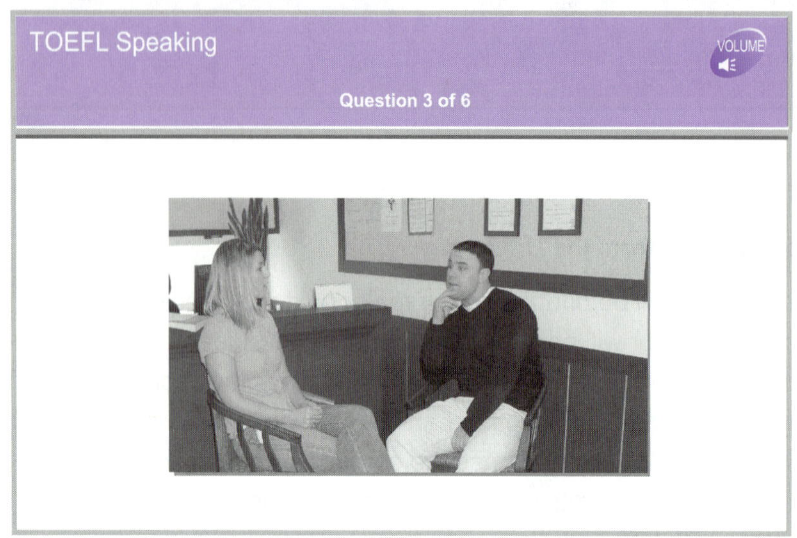

Note-taking

Note-taking 기법이 익숙해지기 전에는 노트를 하다가 오히려 내용을 놓친다고 느낄 수 있다. 하지만 일단 Note-taking을 숙달하고 나면 자신의 실제 청취실력보다 더 많은 내용을 들을 수 있게 된다. Note-taking을 하면서 논리력과 추리력을 동원하게 되기 때문이다.

3. 모범 Note-taking 확인: 실제 시험의 경우 문제가 주어지고 30초 준비 시간 뒤에 60초 동안 답변해야 한다. 하지만 Total iBT TOEFL Speaking에서는 학습 효과를 극대화시키기 위해 들은 내용에 대한 Script가 모범 Note-taking과 함께 제시된다. 학생들은 자신이 직접한 Note-taking을 모범 Note-taking과 비교하면서 Note-taking 기법과 청취력을 동시에 높일 수 있다. 연습을 하면 할수록 모범 Note-taking과 비슷한 Note-taking을 하게 된다.

Listening Script	모범 Note-taking
Woman It makes no sense to me that they' re offering a separate major for socio-economics when there are already majors in sociology and economics. This is only going to create confusion when I have to choose my major.	x sense S-Ec ↓ conf w(CH maj
Man Really? I think it' ll make my choice of major easier…I' m interested in the social aspects of economic theories, and I' ve been torn between the two subjects. Currently I' m taking a lot of sociology courses even though I' m an economy major. It' s been hard to adjust my sociology class time in this schedule because of all the conflicts.	/O^T + easy b(soc / / of Ec /T soc ∝ Ec maj ↓ ≈ Adj sch
Woman Well…that might be great for you, but …	:) b …

4. **답변 작성:** 주어진 문제에 대해 60초 간 말할 수 있도록 약 120단어 분량의 답변을 공란에 적는다. Speaking과 Writing은 모두 Output 훈련이기 때문에 곧바로 Speaking으로 나가기 전에 자신의 입장을 Writing으로 정리하면 보다 논리적이고 짜임새 있게 답을 제시할 수 있다. 이런 연습을 충분히 한 다음 본 교재의 Actual Test 문제를 통해 실전과 같은 Speaking 훈련을 할 수 있다.

Please begin speaking after the beep. *[2 secs beep]*

TOEFL Speaking

VOLUME

Question 3 of 6

The man expresses his opinion of the announcement made by the university. State his opinion and explain the reasons he gives for holding that opinion.

Preparation time: 30 seconds
Response time: 60 seconds

PREPARATION TIME

00 : 00 : 14

(아래에 45초 동안 말할 내용을 영어로 써 보세요. 한 번 써 본 문장은 Speaking이 한결 쉽습니다!)

5. 답변 녹음 및 모범 답안확인: 마지막으로 답지에 있는 Sample Answer를 읽어 보며 자신의 답변과 비교해 본다. 주요 내용이 다 들어갔는지, 표현이 적절한지, 이해하기 쉽게 작성되었는지를 모두 확인한다. 이렇게 자신의 답변과 Sample Answer를 비교하며 완성도 높은 최종 답변을 마음 속으로 정리해 본다. 그런 다음 초시계로 60초를 설정하고 자신의 답변을 녹음한다. Speaking에서 발전이 있으려면 반드시 녹음한 내용을 다시 들으면서 표현과 내용, 발음을 스스로 바로잡아야 한다. 마지막으로 테이프를 들으며 원어민의 모범 답변을 '그림자처럼 따라하기(shadowing)' 함으로써 말하는 속도(fluency)와 발음을 동시에 개선할 수 있다.

Sample Answer

The man likes the new socio-economics major. He says it will make his choice of major easier. He is an economics major, but he is currently taking both sociology and economics courses and has been struggling between the two. He finds that there are a lot of conflicts between the class times of the two majors, which he thinks the new socio-economics major will resolve. He has found it hard to adjust his class times up to now and is looking forward to having the combined major so that the scheduling problem will be eliminated. He thinks that the new major will give him the best of both majors. He believes that the new socio-economics major is also a nice interdisciplinary compromise for the students interested in the more human side of economics and who are concerned about social issues like poverty and homelessness.

남자는 새로 개설되는 사회경제학을 마음에 들어 하며, 전공선택이 더 쉬워질 것이라고 말한다. 그는 경제학 전공학생으로, 현재는 사회학 수업과 경제학 수업을 모두 듣고 있는데, 두 학과의 수업을 듣기 위해 애를 먹고 있었다. 그는 두 학과의 수업시간이 서로 많이 겹친다고 생각하며, 사회경제학의 개설이 이 같은 문제를 해결해 줄 것이라고 생각한다. 지금까지 그는 수업시간을 조정하는 데 어려움을 겪어왔기 때문에, 사회경제학의 도입으로 그의 수업일정 문제가 해결되기를 기대하고 있다. 그는 이 신규학과가 사회학 그리고 경제학의 가장 좋은 부분만을 제공할 것이라고 생각한다. 그는 또한 사회경제학과는 경제학의 좀 더 인간적인 면에 관심이 있고, 빈곤과 노숙자 등 사회문제에 대해 관심이 있는 학생들이 사회학과 경제학을 모두 배울 수 있는 좋은 기회라고 믿는다.

Read-Listen-Speak Type A

Practice 1

Campus Parking Fee

Narrator

Please listen carefully.

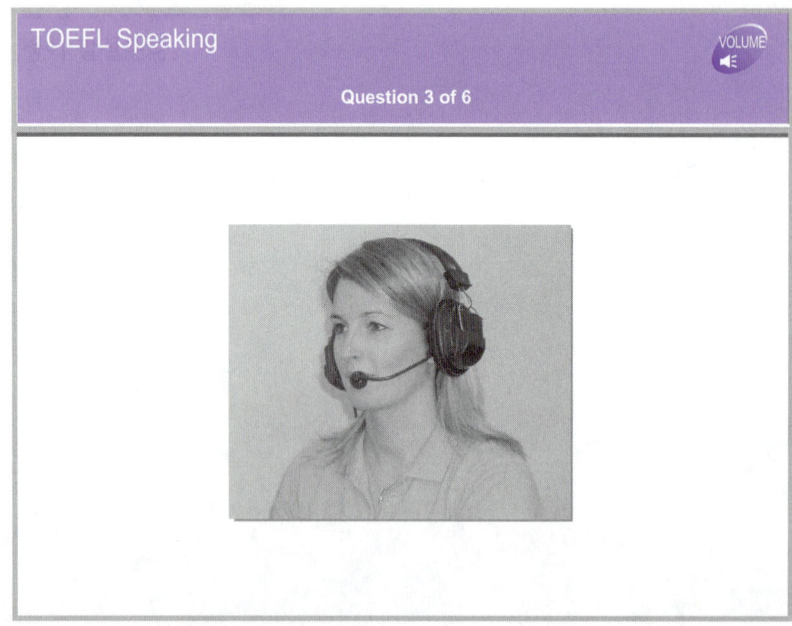

Narrator

The University Parking Office is planning to increase its parking fee. Read the announcement. You will have 45 seconds to read the announcement. Begin reading now.

Note-taking

TOEFL Speaking

HELP ? BACK NEXT

Question 3 of 6

HIDE TIME 00 : 00 : 32

Reading Time: 45 seconds

Announcement from the Campus Parking Office

Due to the restricted parking space on campus and the increasing number of students' cars, the weekly parking fee charged by this office will increase. The increase of 30% over the existing fee will apply to all students and professors except those with disabilities. In addition to the weekly fee increase, an additional parking fee will also be charged on weekends. The weekend fee is due to the fact that extra personnel must be hired to manage weekend parking because of the large number of cars on campus then. The new parking policies will go into effect at the beginning of next month.

Narrator

Now listen to two students as they discuss the announcement.

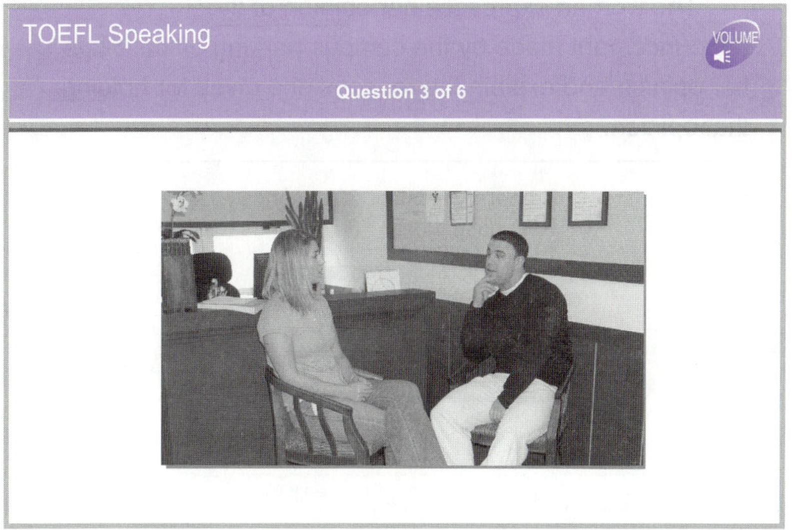

Note-taking

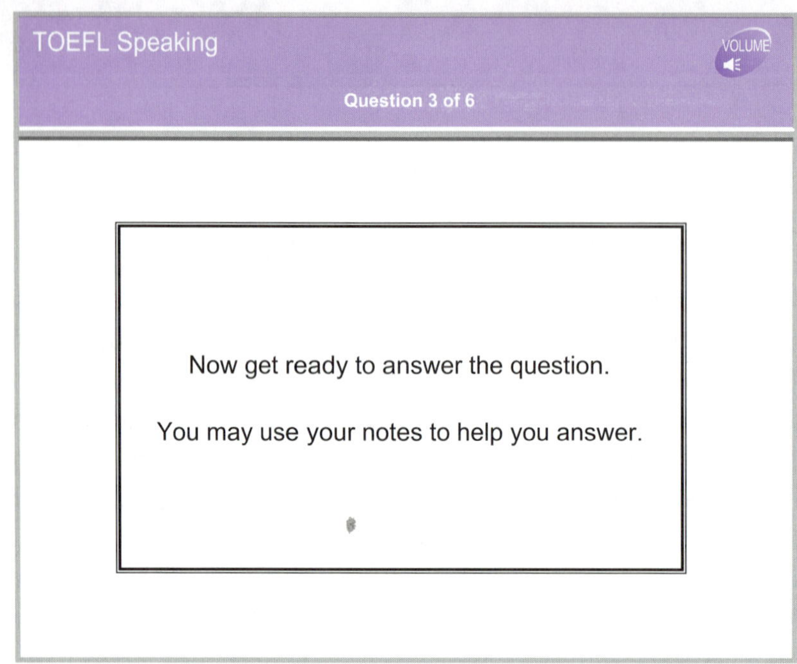
TOEFL Speaking
VOLUME
Question 3 of 6
Now get ready to answer the question.
You may use your notes to help you answer.

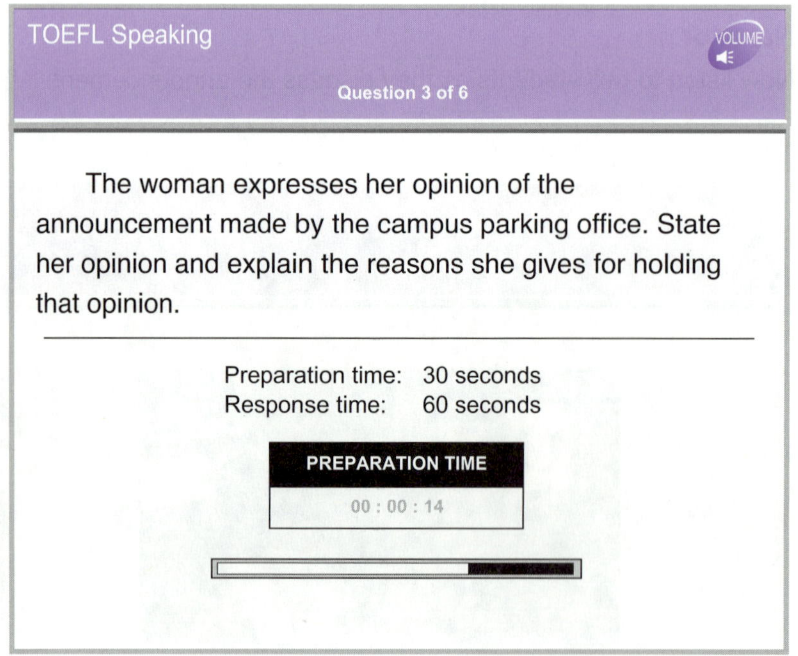
TOEFL Speaking
VOLUME
Question 3 of 6
The woman expresses her opinion of the announcement made by the campus parking office. State her opinion and explain the reasons she gives for holding that opinion.
Preparation time: 30 seconds
Response time: 60 seconds
PREPARATION TIME
00 : 00 : 14

Narrator

You may begin speaking after the beep. *[2 secs beep]*

(아래 줄에 말할 내용을 영어로 써 보세요. 한 번 써 본 문장은 Speaking이 한결 쉽습니다!)

Note-taking

M:
ㅊ!
car → ĉ
already $⁺

W:
O^U ↑$
b (✗ s° (✓ car
x bus

M:
✓
b

W:
ĉ/= p.lot.
h✓ ↓ car
↓
+ easy get @

M:
b
/Bio maj°
N → ĉ eve'
) ρ experim
/O^T sh-exempt
+ s° w/xA~

W:
✓
b
h✓
+ s°/U pub t→
↓
✓ air/sch atm
✓ save $

Listening Script

Narrator

Now listen to two students as they discuss the announcement.

Man

That's outrageous! I have to drive a car to commute to campus, and I'm already paying way too much to park there.

Woman

Well … I can understand why they had to raise the fee. It seems pretty reasonable to me, actually, because there are too many students who drive cars rather than using the shuttle bus.

Man

Okay, that's true. I see a lot more cars on campus than before, but … .

Woman

You see, the campus is so packed with cars that it looks more like a parking lot than a campus. I'm hoping the new fee will reduce the number of cars on campus so it will be easier for all of us to get around.

Man

But I'm a biology major. I need to drive my car to school late in the evening sometimes to check the progress of experiments I'm running at the university lab. I think they should exempt biology majors from the fee along with students with disabilities.

Woman

I can see your point there. Yet, I'm just hoping that the new measure will encourage students to use more public transportation to commute to school. Not only will that protect the clean air and scholastic atmosphere of the university, but it will save them money too.

Note-taking

알짜표현

큰 소리로 읽으며 Speaking 연습을 해봅시다!

- That's **outrageous**!

⇨ 말도 안돼! 정말 끝내준다!
outrageous의 본래 의미는 '지나친, 엉뚱한' 이지만 억양에 따라 위의 두 가지 서로 상반된 의미를 가질 수 있다.

- The campus is so **packed with** cars.

⇨ 캠퍼스는 정말 차로 꽉 차 있어.
흔히 '꽉 차 있다'를 영어로 표현해야 할 때 'be filled with' 만 떠올리는데, 사실 일상 대화에서는 'be packed with'를 훨씬 더 많이 사용한다. '사람이 많은, 분비는' 을 표현할 때는 packed를 형용사로 사용한다.

e.g.
During rush hours subways are always **packed**.
출퇴근 시간에는 지하철이 언제나 만원이다.

Practice 2

Classes Canceled

Narrator

Please listen carefully.

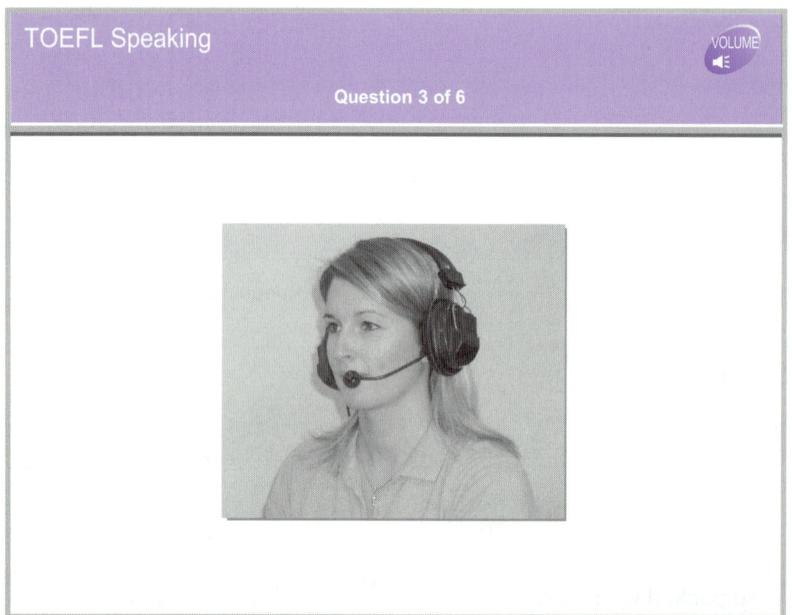

Narrator

The Business School is planning to showcase a computer company. Read the announcement about the new major from the dean of the Business School. You will have 45 seconds to read the announcement. Begin reading now.

Note-taking

TOEFL Speaking

HELP ? BACK NEXT

Question 3 of 6

HIDE TIME 00:00:32

Reading Time: 45 seconds

Announcement from the Dean of the Business School

This is to announce that the business school will be showcasing a multinational computer company tomorrow in the main hall. The company will make a presentation and will then invite interested students to apply for employment. All business school classes will be canceled to allow students to attend the job presentation. All business majors are required to attend, because the company will also conduct some job interviews following the presentation. Those students interested in becoming employed by the company will be required to present their completed job applications to their respective advisors for their approval no later than this afternoon.

Narrator

Now listen to two students as they discuss the announcement.

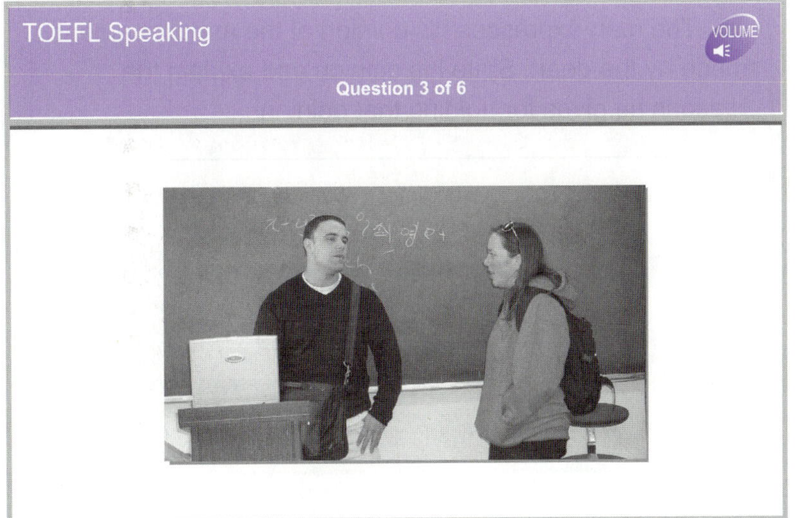

Note-taking

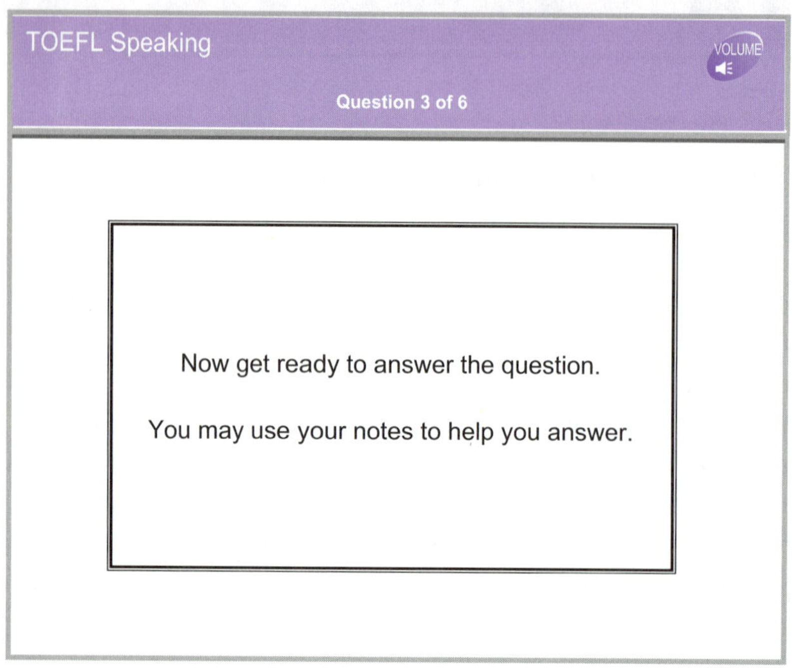
TOEFL Speaking
VOLUME
Question 3 of 6
Now get ready to answer the question.
You may use your notes to help you answer.

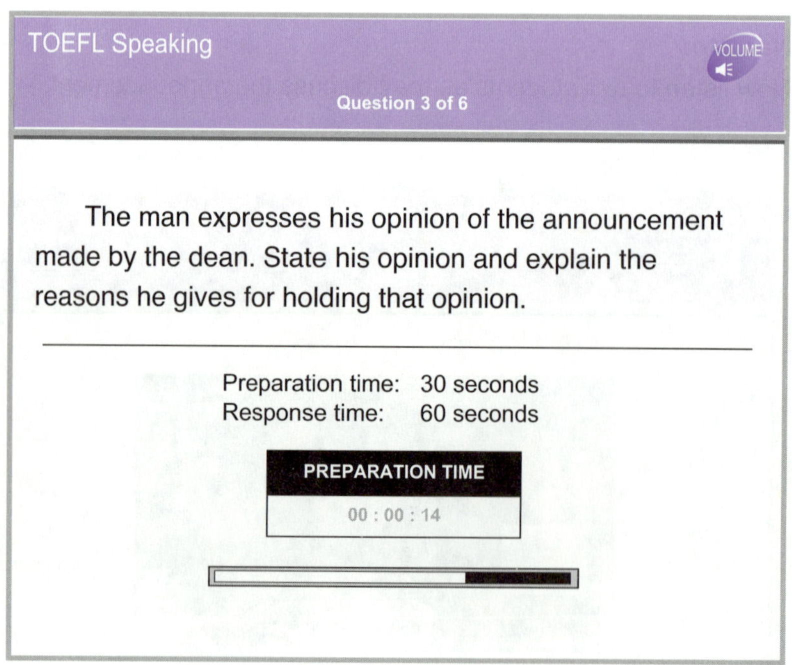
TOEFL Speaking
VOLUME
Question 3 of 6
The man expresses his opinion of the announcement made by the dean. State his opinion and explain the reasons he gives for holding that opinion.
Preparation time: 30 seconds
Response time: 60 seconds
PREPARATION TIME
00 : 00 : 14

Narrator

You may begin speaking after the beep. *[2 secs beep]*

(아래 줄에 말할 내용을 영어로 써 보세요. 한 번 써 본 문장은 Speaking이 한결 쉽습니다!)

Note-taking

W:
☺ Sch present^n → 大 c
a : ♡ W mult. c

M:
x ☺
Prep group * 2w

W:
x O^K

M: ✓
*/ Delay
∝ (g for s° (c
waste of time
x Req all to go

W:
y/ me?

M:
h-Go x class
O^T better > ✉ < c → job fair

W:

M: ✓
+better > s° choose c

Listening Script

Narrator
Now listen to two students as they discuss the announcement.

Woman
I'm so glad they're scheduling this presentation! It'll be a great opportunity to get acquainted with a large company. Actually … I've always wanted to work for a multinational company.

Man
Well, I'm glad you're happy, but I'm not. I've been preparing for my group presentation for Professor McGill's class for two weeks!

Woman
I didn't know that.

Man
Yeah, and now it's going to be delayed. I can't believe they're giving us such short notice on this. And although the presentation will be nice for students interested in working for that company, it's a waste of time for the rest of us. I don't think they should require everyone to attend.

Woman
Gee … I guess I can forget about asking you to join me at the presentation, then.

Man
Well, I'll have to go anyway, the school is calling off tomorrow's classes. I think it would've been a much better idea … since they're calling off all the classes and requiring attendance … to invite several companies, and just make a job fair out of it.

Woman
A job fair? Oh, that's an idea?

Man
Yeah, that would've been more worthwhile for everybody. Or even better would have been to allow students to choose what companies they would like to see making presentations.

Note-taking

큰 소리로 읽으며 Speaking 연습을 해봅시다!

• to get **acquainted** with.

⇨ 알게 되다, 친분을 쌓다
'알리다' 의 의미를 지닌 acquaint는 발음하기가 좀 힘들지만 익혀두면 표현이 풍부해지는 단어이다. 타동사이므로 '…를 알게되다' 라고 표현할 때는 과거분사형으로 써야 한다.

• interested in.

⇨ 에 관심이 있는
interested까지는 잘 사용하는데 그 뒤에 와야 하는 전치사 **in**을 한국말의 영향 때문에 about으로 잘못 쓰는 경우가 많다. '…에 관심이 있다' 는 'be interested in' 이라는 것 꼭 익혀두자. 이렇듯 특정 단어 뒤에 함께 오는 전치사는 묶음으로 공부해 두어야 한다.

e.g.
investment in 에 대한 투자
contribution to 에 대한 기여, 공헌
dedication to 에 대한 헌신, 정성
to major in 을 전공하다

Practice 3

Final Report

Narrator

Please listen carefully.

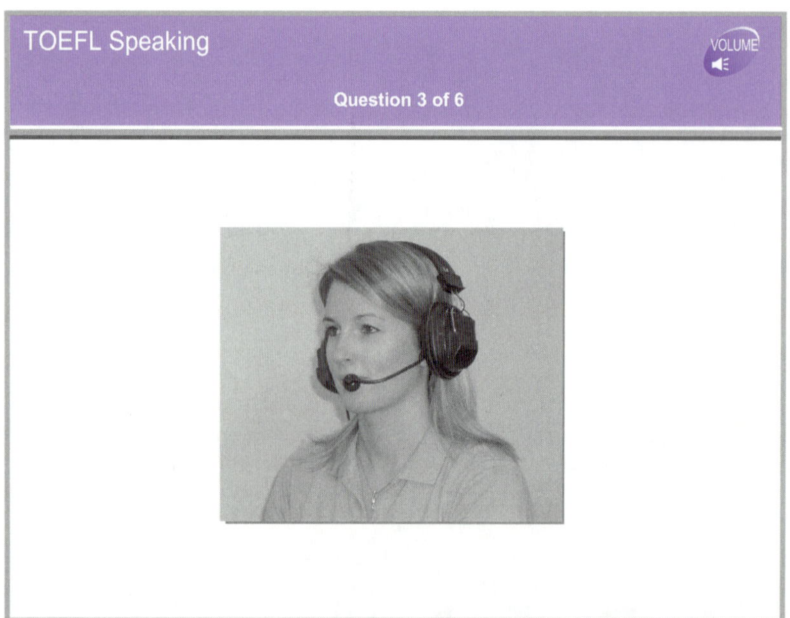

Narrator

The history professor is planning to change the final report schedule. Read the announcement about the change. You will have 45 seconds to read the announcement. Begin reading now.

Note-taking

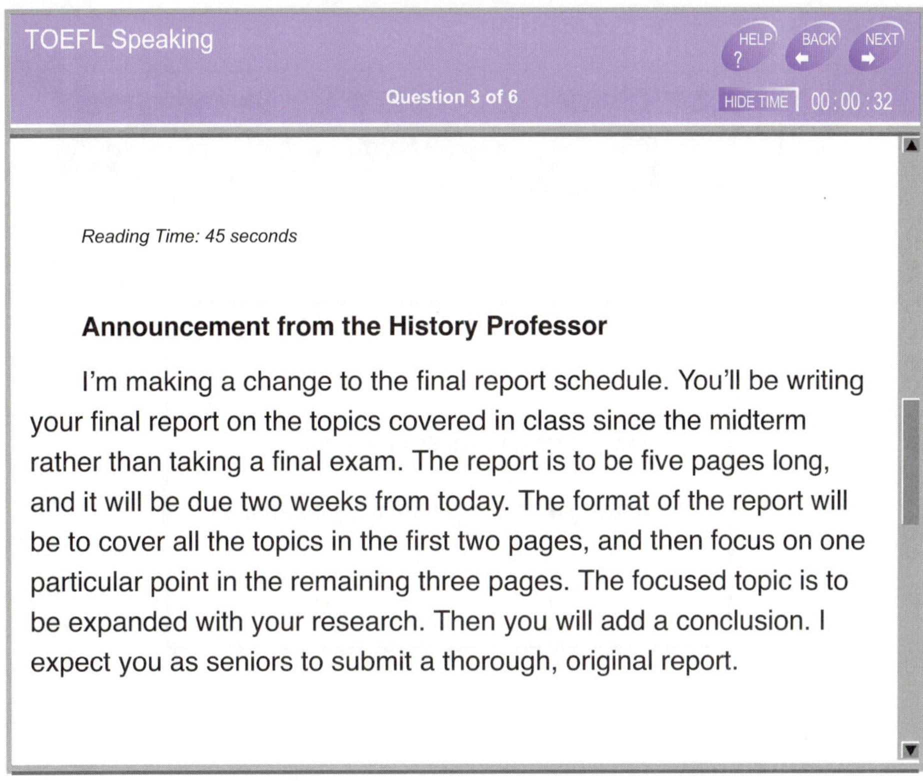

Reading Time: 45 seconds

Announcement from the History Professor

I'm making a change to the final report schedule. You'll be writing your final report on the topics covered in class since the midterm rather than taking a final exam. The report is to be five pages long, and it will be due two weeks from today. The format of the report will be to cover all the topics in the first two pages, and then focus on one particular point in the remaining three pages. The focused topic is to be expanded with your research. Then you will add a conclusion. I expect you as seniors to submit a thorough, original report.

Narrator

Now listen to two students as they discuss the announcement.

Note-taking

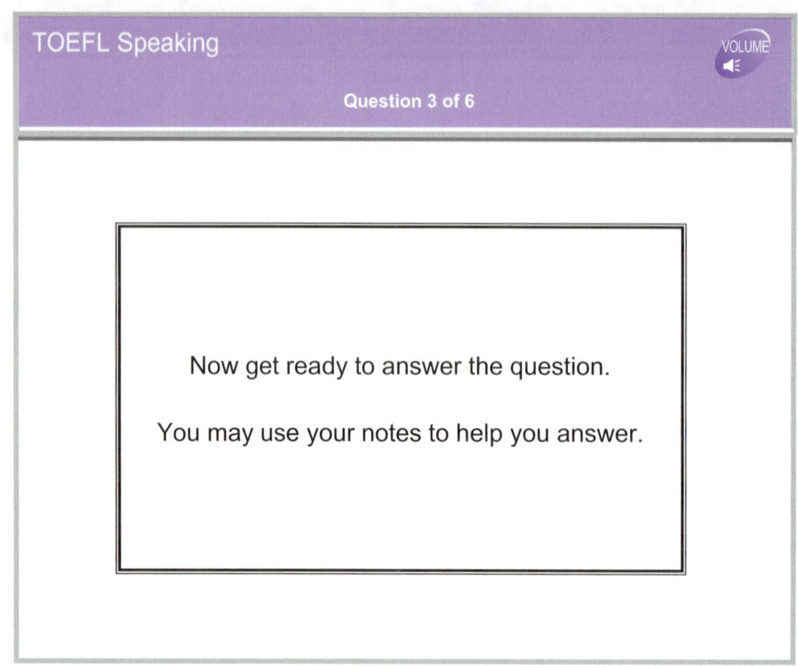
TOEFL Speaking
VOLUME
Question 3 of 6
Now get ready to answer the question.
You may use your notes to help you answer.

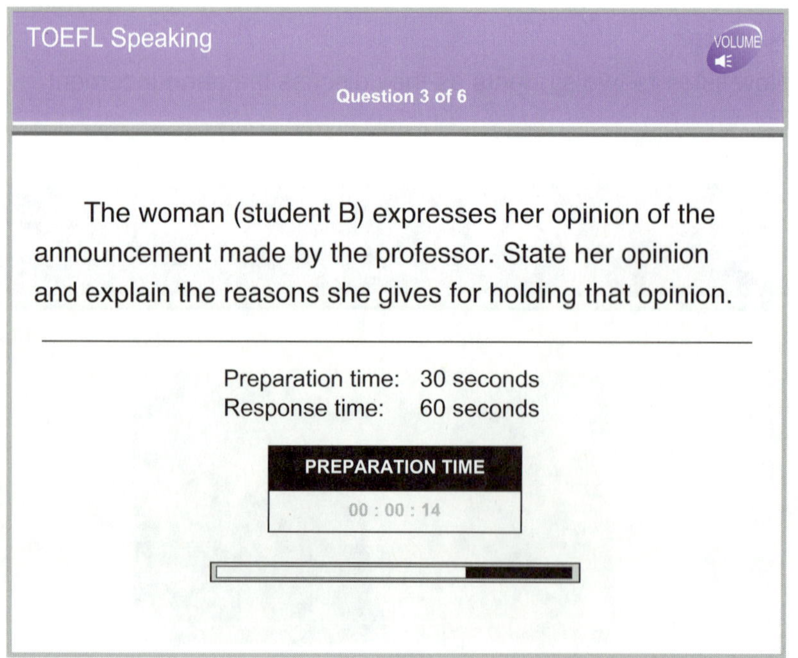
TOEFL Speaking
VOLUME
Question 3 of 6
The woman (student B) expresses her opinion of the announcement made by the professor. State her opinion and explain the reasons she gives for holding that opinion.
Preparation time: 30 seconds
Response time: 60 seconds
PREPARATION TIME
00 : 00 : 14

Narrator

You may begin speaking after the beep. *[2 secs beep]*

(아래 줄에 말할 내용을 영어로 써 보세요. 한 번 써 본 문장은 Speaking이 한결 쉽습니다!)

Note-taking

A:
x♡ Wr rep
x final
↓
ㅜ ☰

B:
♡
O^T rep/+ thought
use. > Org points

A: b
rep/ ㄴT✓ + time

B: ✓
b
/O^T ㄴ∢ grad ŝ
Grad
↳ / Wr theses / diss
final/ m.fact → O^F
rep/O^T + deep :

A: b
facts/ !

B:
G✓ from č
b deep-th/ only ∓ prac

Listening Script

Narrator

Now listen to two students as they discuss the announcement.

Student A (Man)

I don't like the idea of writing a report instead of taking a final. I prefer the final exam, because it's the traditional way of wrapping up a class. It's what I'm used to.

Student B (Woman)

Actually, I like the idea. I think reports are always more thought-provoking than a final, and they're useful for organizing the points I learned in class.

Student A

Yeah, but a report will take a lot more of our time than an exam will.

Student B

Well … that's true. But even so, I still think the report will be helpful with my preparation for graduate school. After all, in graduate school, I'm supposed to write many small theses, and then eventually the dissertation. So rather than taking the final exam … which will be forgotten after a while because it's mostly based on memorized facts … I'd rather do the report because it will force me to think deeply about the topic I'll do it on.

Student A

Okay, but the facts are still important; they're what you're supposed to be learning in the class.

Student B

You can always retrieve facts from a computer, but deep-thinking skills can only be developed through practice … like writing reports.

Note-taking

큰 소리로 읽으며 Speaking 연습을 해봅시다!

• to **wrap up** a class

⇨ 수업을 마무리하다
'마무리하다, 끝내다'를 영작하거나 말해야 할 때 finish나 end밖에 떠오르지 않는 경우가 많다. 그러나 speaking에선 wrap up이란 표현이 더 많이 사용되는 만큼 익혀두면 요긴한 표현이다.

• **thought-provoking**

⇨ 생각하게 만드는
영어의 매력 중 하나는 두 단어를 하이픈으로 연결해 한 단어처럼 사용할 수 있다는 점이다. thought-provoking이 좋은 예다. 이 외에도 time-efficient 시간 효율적인, energy-saving 에너지 절감의, environmentally-friendly 친환경적인 등 다양한 표현을 간결하게 만들어 쓸 수 있다.

Practice 4

Internship Program

Narrator

Please listen carefully.

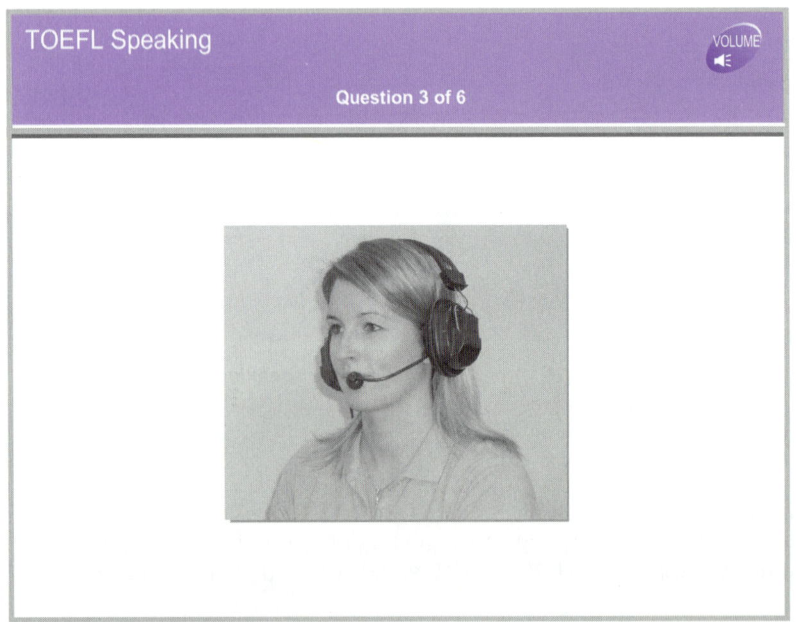

Narrator

The University is planning to introduce a new internship. Read the announcement about the internship from the academic dean. You will have 45 seconds to read the announcement. Begin reading now.

Note-taking

TOEFL Speaking

HELP ? BACK NEXT

Question 3 of 6

HIDE TIME 00:00:32

Reading Time: 45 seconds

Announcement from the Academic Dean

The university would like to announce a new internship program for education majors. Under this program, students will be able to actually work in schools, helping classroom teachers. The program is intended to prepare students for teaching positions following graduation, and students will be assigned to teachers based on the subject and grade level they are preparing to teach. Students will receive one credit hour for every 10 hours of classroom assistance worked. There are a limited number of internship positions available, so students will be competing for them. To apply for the internship program, students can contact their advisors.

Narrator

Now listen to two students as they discuss the announcement.

Note-taking

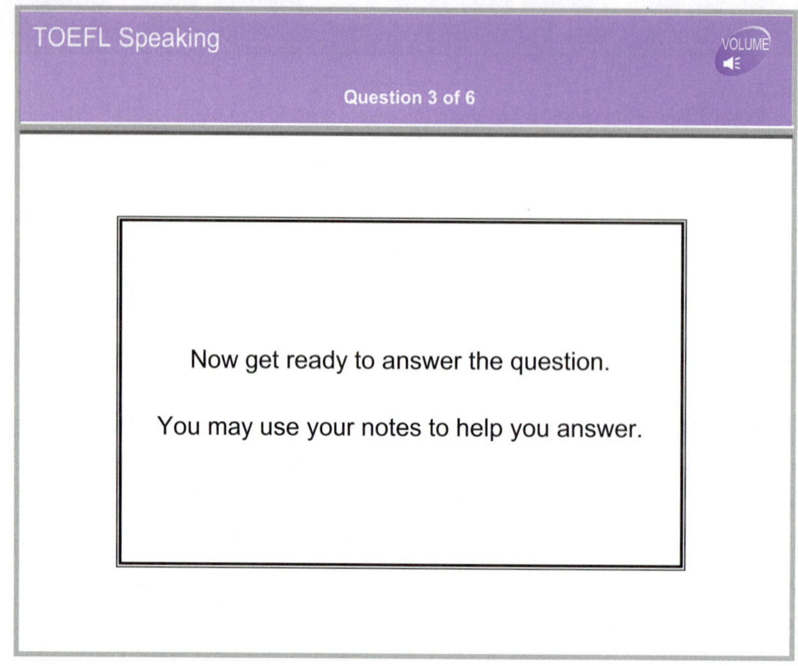
TOEFL Speaking
VOLUME
Question 3 of 6
Now get ready to answer the question.
You may use your notes to help you answer.

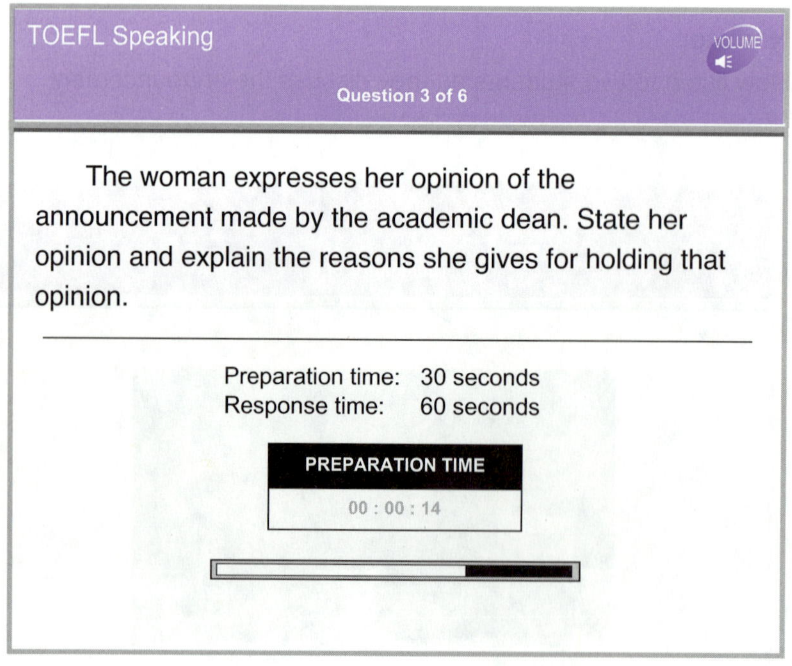
TOEFL Speaking
VOLUME
Question 3 of 6
The woman expresses her opinion of the announcement made by the academic dean. State her opinion and explain the reasons she gives for holding that opinion.
Preparation time: 30 seconds
Response time: 60 seconds
PREPARATION TIME
00 : 00 : 14

Narrator

You may begin speaking after the beep. *[2 secs beep]*

(아래 줄에 말할 내용을 영어로 써 보세요. 한 번 써 본 문장은 Speaking이 한결 쉽습니다!)

Note-taking

W:
大σπ!
for edu. maj°

M: ...
O^T └T✓ time from ed. st.

W:
O^T worth it
◁ Teach than
+class/└ + tang.
b(ê

M: b
〈d~ grad. exam
↓
└T✓ full-t prep.

W: ...
w(w actual ⓔ
O^U conc + quick :
how Y real ĉ

M:
b
∫ inner-c ŝ
└ ρ
x typ ĉ ê
O^T ed. s°/⊥ Study
ê/later

Listening Script

Narrator
Now listen to two students as they discuss the announcement.

Woman
Wow! What a great opportunity! That's the best thing I've heard since I've been an education major.

Man
I don't know ··· it sounds to me like it'll just take time away from our education studies.

Woman
I think it'll be worth it. It'll help us get ready for teaching in the real world much better than our education studies would. Plus, what we learn in class will be more tangible because of the hands-on experience.

Man
But we've got that tough graduation exam to study for, and it's hard enough without reducing our prep time ··· it's really gonna take full-time preparation if we want to do well on it.

Woman
I'm not sure that's true. When you work in the actual teaching environment, you can grasp the concepts you're learning about in class more quickly and understand how to apply them later in a real classroom.

Man
Yeah, but if you had to work in an inner-city school, it would be dangerous and not like a typical classroom experience. I think education students should just focus on studying. The field experience can come later.

Note-taking

큰 소리로 읽으며 Speaking 연습을 해봅시다!

• to **take time away from**

⇨ …에서 벗어나 시간을 내다
'공부에서 벗어나 (쉴) 시간을 내다' 'take time away from one's study'. 한가지 일에 지나치게 몰두하지 말고 '쉴 시간을 좀 갖는다'는 의미를 간결하게 담을 수 있는 편리한 표현이다.

• **hands-on** experience

⇨ 직접 경험
물론 direct experience라고도 할 수 있지만, hands-on을 사용하면 직접 참여해 얻는 경험이라는 점을 더 생동감 있게 살려줄 수 있다.

Practice 5

Make-up Classes during Spring Break

Narrator

Please listen carefully.

TOEFL Speaking

VOLUME

Question 3 of 6

Narrator

The University is planning to hold make-up classes. Read the announcement about the new measure from the president of the University. You will have 45 seconds to read the announcement. Begin reading now.

Note-taking

TOEFL Speaking

HELP ? BACK NEXT

Question 3 of 6

HIDE TIME 00:00:32

Reading Time: 45 seconds

Announcement from the University President

Due to the fact that a number of university classes had to be cancelled this year because of the snow, the university will offer make-up classes during spring break. These make-up classes will be compulsory for all students. I trust that the seniors, especially, will profit from the classes since they have a required minimum number of class hours and credits to meet for graduation. I apologize for the lack of a spring break, but the school is compelled to take this action to meet academic standards. It will also prepare you for your life after graduation.

Narrator

Now listen to two students as they discuss the announcement.

TOEFL Speaking

VOLUME

Question 3 of 6

Note-taking

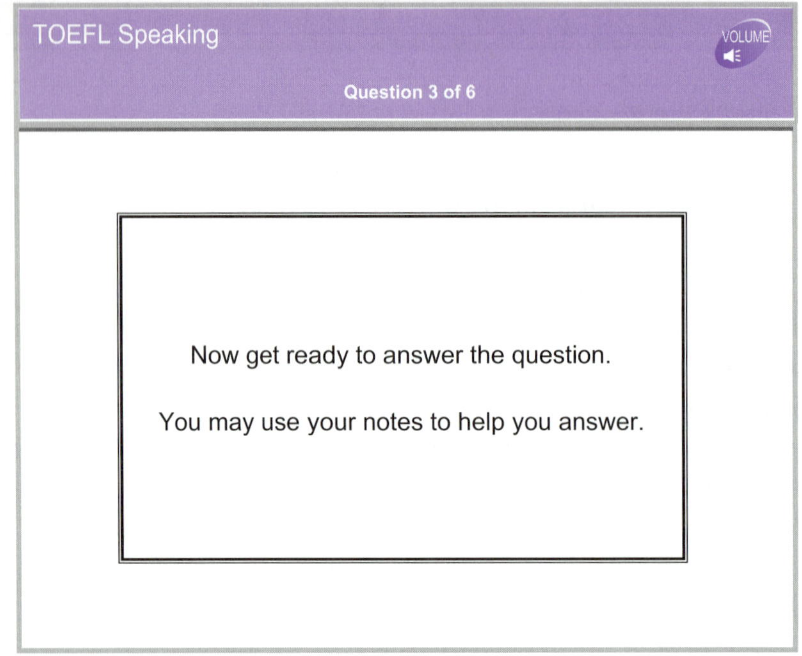
TOEFL Speaking
VOLUME
Question 3 of 6
Now get ready to answer the question.
You may use your notes to help you answer.

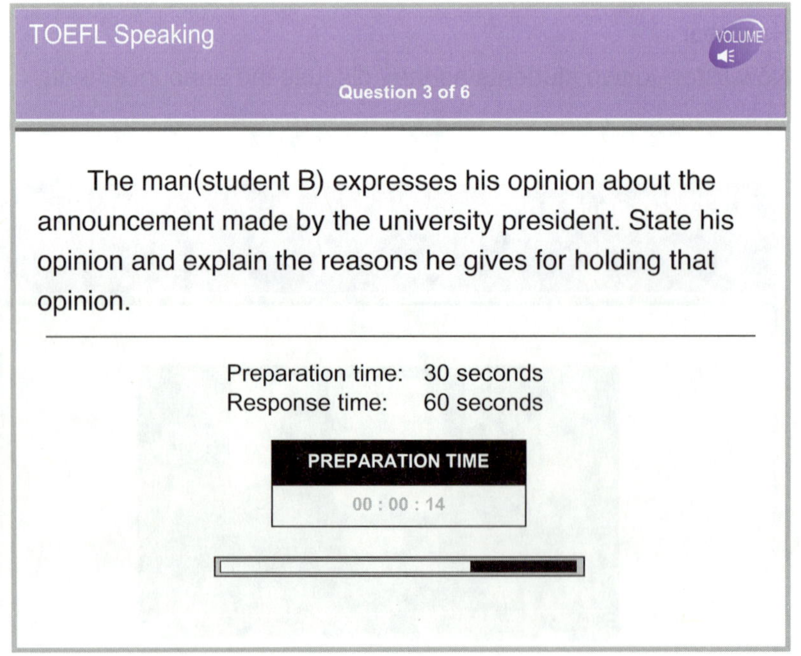
TOEFL Speaking
VOLUME
Question 3 of 6
The man(student B) expresses his opinion about the announcement made by the university president. State his opinion and explain the reasons he gives for holding that opinion.
Preparation time: 30 seconds
Response time: 60 seconds
PREPARATION TIME
00 : 00 : 14

Narrator

You may begin speaking after the beep. *[2 secs beep]*

(아래 줄에 말할 내용을 영어로 써 보세요. 한 번 써 본 문장은 Speaking이 한결 쉽습니다!)

Note-taking

A: make-up
tickets for spr
y?

B: x
for me
adv.
concerned class x b (snow
N + class
final

A:
b x spr break
trip
f event
planned in
short notice !

B:
x Plan
b (N g gr >↑ av
law s
t~
N g prep. / + GPA

Listening Script

Narrator

Now listen to two students as they discuss the announcement.

Student A (woman)

I'm really against this required make-up thing. I already had tickets reserved for spring break, and I was going to go traveling with my family. Don't you hate it, Jack?

Student B (man)

No, Sally, but I can understand why you do. For me, the make-up classes are an advantage. I've been concerned about all the classes we missed because of the snow, and I think I definitely need the extra classes so I can get ready for the final exams.

Student A

Hey, I can see that they need to make up the classes somewhere, but not during spring break. This trip I was going to go on is an annual family event … a tradition … and it's planned almost half a year in advance every year. I can't believe the school told us about this on such short notice.

Student B

Gee, I'm glad I don't really have any big plans for spring break. I'm actually happy about the make-up classes, because I need to get good grades this year to improve my grade point average. I plan to go to law school, and the competition to get in is tough … I'm gonna need good preparation and a high GPA.

Note-taking

큰 소리로 읽으며 Speaking 연습을 해봅시다!

• to be **concerned about**

⇨ …에 대해 걱정하다
concern이란 동사는 뒤에 오는 전치사에 따라 의미가 달라진다. About이 붙으면 '걱정하다'가 되지만 with가 오면 '관련이 있다'의 의미를 갖게 된다. '걱정하다'란 말을 할 때 to be worried about과 함께 예문처럼 concerned about을 사용하여 표현을 다양하게 구사하는 습관을 길러보자!

• to **get ready for**

⇨ …에 대비, 준비하다
'준비하다' 하면 흔히 **prepare**란 동사만 떠올리게 되는데 구어 표현으로 **get ready for**를 알아두면 표현이 다양해진다. 간단하고 쓰임이 유용한 **handy expression**이다.

Practice 6

Lab Report Extension

Narrator

Please listen carefully.

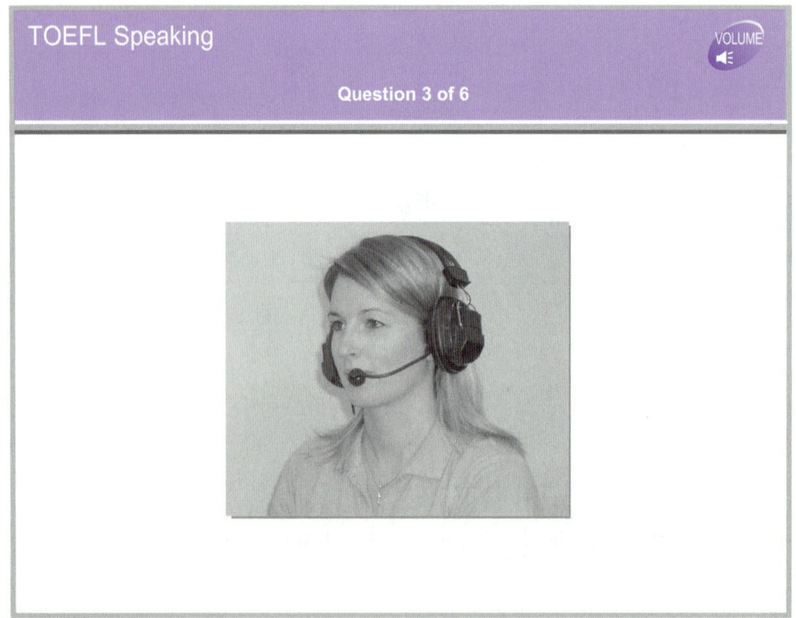

Narrator

The professor is planning to extend the deadlines for the lab report. Read the announcement about the extension from the science professor. You will have 45 seconds to read the announcement. Begin reading now.

TOEFL Speaking

HELP ? BACK NEXT

Question 3 of 6

HIDE TIME 00 : 00 : 32

Reading Time: 45 seconds

Announcement from the Science Professor

I'm going to extend the deadline by two weeks for the lab report that was originally going to be due next class. I think that you students may need the extra time to prepare the report, especially since the experiment you need to base it on is very time-consuming all by itself. I made this decision after hearing the progress status of students who came to my office asking for an extension. Since I cannot make an exception by extending the date for only a few students, I decided it would be reasonable to extend it for the entire class.

Note-taking

Narrator

Now listen to two students as they discuss the announcement.

Note-taking

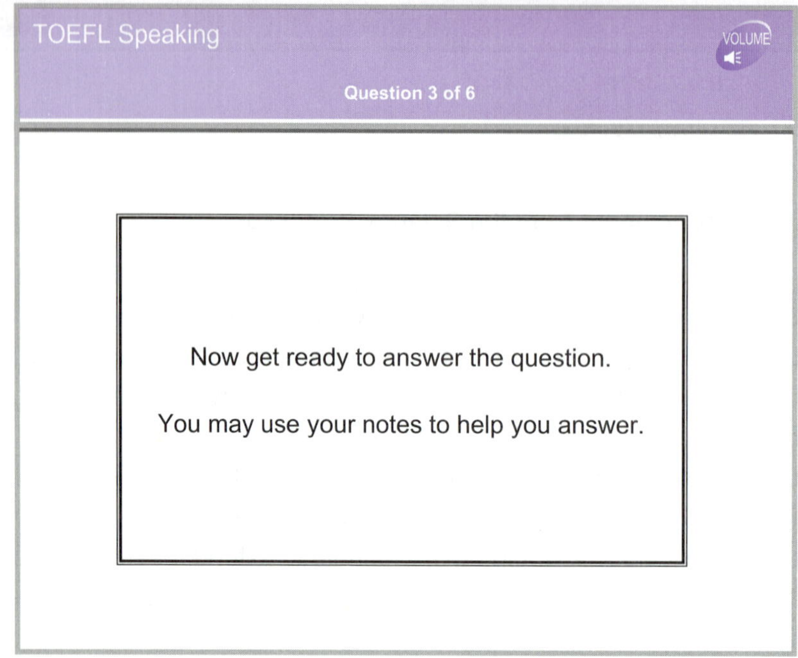
TOEFL Speaking
VOLUME
Question 3 of 6
Now get ready to answer the question.
You may use your notes to help you answer.

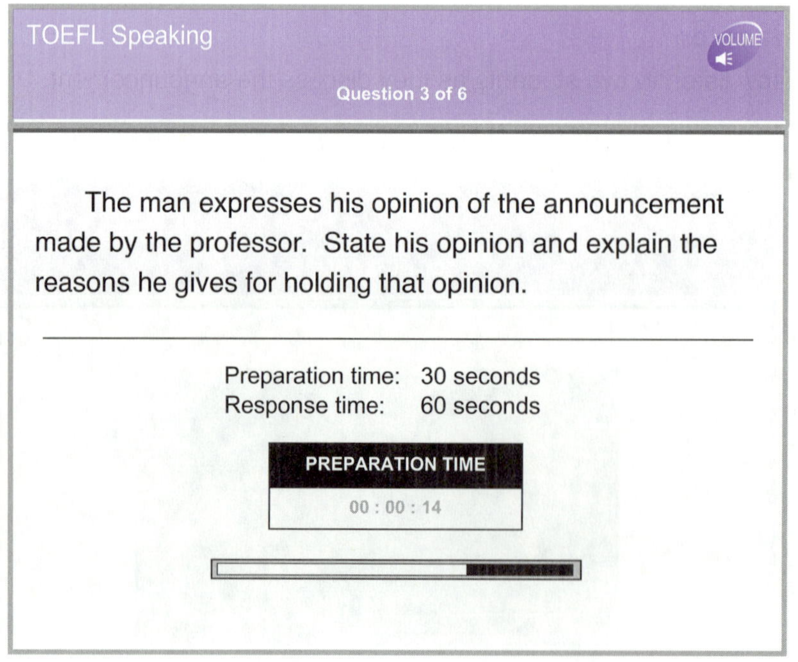
TOEFL Speaking
VOLUME
Question 3 of 6
The man expresses his opinion of the announcement made by the professor. State his opinion and explain the reasons he gives for holding that opinion.
Preparation time: 30 seconds
Response time: 60 seconds
PREPARATION TIME
00 : 00 : 14

Narrator

You may begin speaking after the beep. *[2 secs beep]*

(아래 줄에 말할 내용을 영어로 써 보세요. 한 번 써 본 문장은 Speaking이 한결 쉽습니다!)

Note-taking

M:
N extens.lab rep.
W exp.
↓
+ time

W:
x
assign. > rep class
> O^S calc. quiz

M:
+ time
+ R

力:
Ask for ✱
p°/ 力: x
decent
all

W:
x quiz
O^T
p°/Sh- prop.due date

Listing Script

Narrator

Now listen to two students as they discuss the announcement.

Man

Whoa, that's fabulous! I really needed the extension for my lab report. Right now I'm working on the experiment in the lab, and it's taking much longer than I thought it would.

Woman

Oh, yeah? Well, I'm not happy about it. I finished the whole assignment so I could submit the report next class. I would really rather just hand it in so I can focus on studying for the calculus quiz I have next week.

Man

I'm still happy about it. I can take my time finishing the experiment now, and I'll be able to read more than I could have … actually, I probably would have been the next student to ask for an extension, and the prof probably wouldn't have given it to me personally. It was very decent of him to apply it to all of us. Since yours is finished, can't you just set it aside and study for your quiz anyway?

Woman

I'll have trouble concentrating on the quiz with this still hanging over my head. In my opinion, the professor should have announced the proper due date to begin with.

Note-taking

큰 소리로 읽으며 Speaking 연습을 해봅시다!

- to **hand in** a report

⇨ 보고서를 제출하다
'제출하다'는 submit에 더해 hand in이 많이 사용된다. turn in도 같이 사용하면 같은 표현의 반복을 피할 수 있어 좋다.

- to **concentrate / focus on**

⇨ …에 집중, 전념하다
'공부에 전념하다', '어떤 분야에 초점을 맞추다'와 같은 말을 할 때 예문의 두 표현을 쓰면 된다. 이때 뒤에 따라오는 전치사 on도 같이 챙겨두어야 한다.

Practice 7

Student Council Election

Narrator

Please listen carefully.

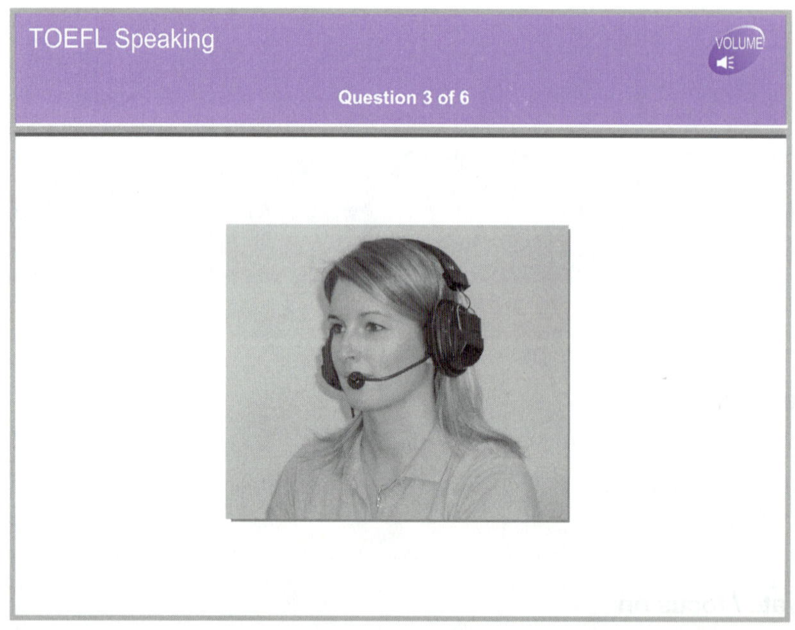

Narrator

The Student Council of the University is planning to hold the student council election. Read the announcement about the election from the Student Council. You will have 45 seconds to read the announcement. Begin reading now.

TOEFL Speaking

Question 3 of 6

HIDE TIME 00 : 00 : 32

Reading Time: 45 seconds

Announcement from the Student Council

The student council election will take place tomorrow in the student center. This election will be held for the election of both the president of the student council and the regular student council representatives. All students registered at the university are invited to come and cast their votes. In order to be admitted to vote, students will be required to present their student IDs. This will ensure that they are registered at the university, are students rather than employees, and that each student can only vote once. The election will take place from 9:00 a.m. to 5:00 p.m. and will stop on time.

Note-taking

Narrator

Now listen to two students as they discuss the announcement.

TOEFL Speaking

Question 3 of 6

Note-taking

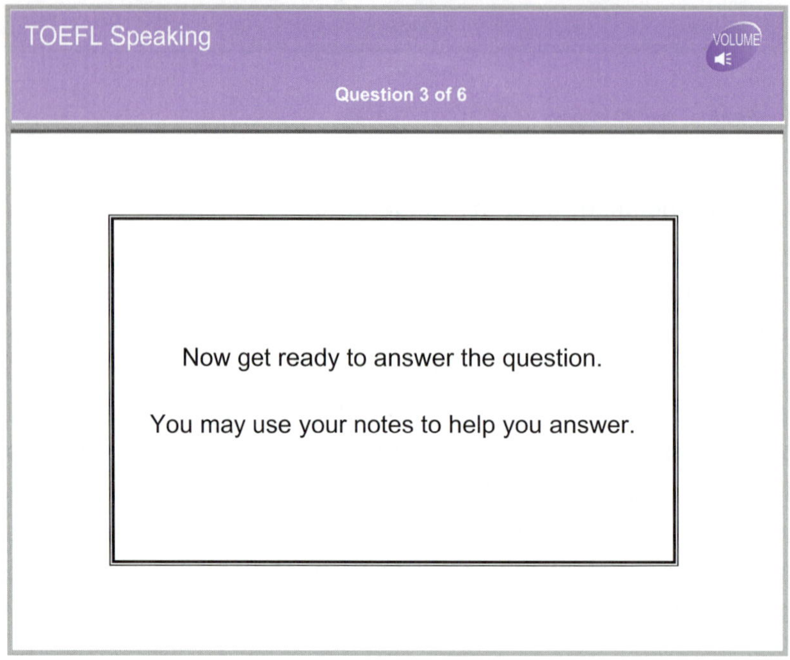
TOEFL Speaking
VOLUME
Question 3 of 6
Now get ready to answer the question.
You may use your notes to help you answer.

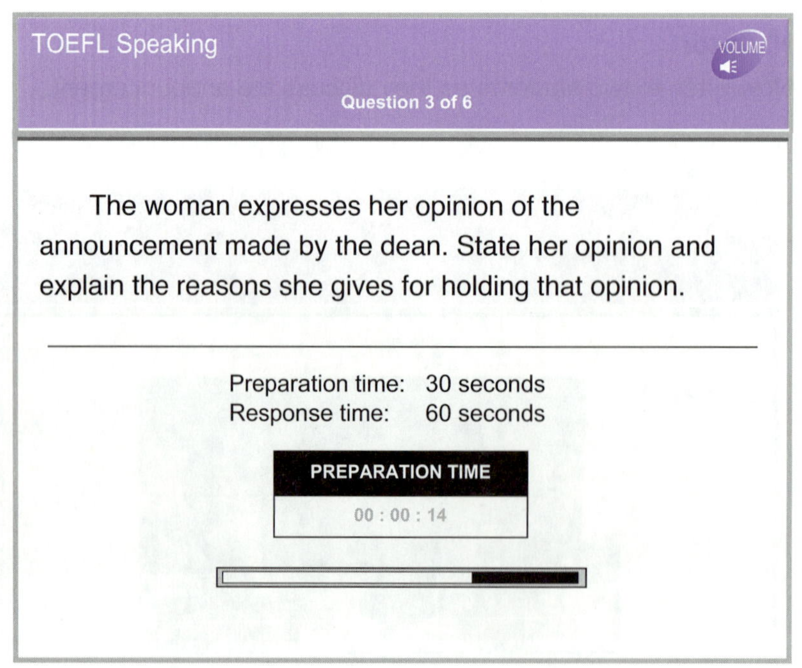
TOEFL Speaking
VOLUME
Question 3 of 6
The woman expresses her opinion of the announcement made by the dean. State her opinion and explain the reasons she gives for holding that opinion.
Preparation time: 30 seconds
Response time: 60 seconds
PREPARATION TIME
00 : 00 : 14

Narrator

You may begin speaking after the beep. *[2 secs beep]*

(아래 줄에 말할 내용을 영어로 써 보세요. 한 번 써 본 문장은 Speaking이 한결 쉽습니다!)

Note-taking

W:
L → s°ĉ > vote
♡ cand° phil d̂
↓
L g̊ s°h

M:
y/O^{K} ?

W: x
b R article (he/Wr

M: x excited
x vote

W: x O^{B}!

M:
x O^{K} cand°
x care b (x O^{T} ĉ/ do much
x O accomp.
L → l̂ib

W:
a: Vote b (∴ s°/
∫x û/ カ: O^{T}
D all
ĉ activ/ Y s°
ĉ/ L x eff.

Listening Script

Narrator
Now listen to two students as they discuss the announcement.

Woman
Well … I'll be going to the student center tomorrow to cast my vote. I really like the candidate from the philosophy department; he would make a good student council president.

Man
Do you know him?

Woman
Not in person, but I once read an article he wrote for the university newspaper, and it was outstanding.

Man
Well, as for me, I am not as excited about this as you are. In fact, I've never even voted for anyone on the council.

Woman
That's hard to believe!

Man
Frankly, I don't know even who the candidates are, and I don't care, because I don't really think there's much the council can do for the students. I've never heard of their accomplishing anything substantial. I'm just going to go to the library instead.

Woman
No kidding! Gee … I've always voted for the student council elections because I think it's important for the students to show interest in the council. If we don't, the university might get the idea that they can make all the decisions for us and that we won't care. The activities of the student council affect the daily lives of all the students at the university, really. The only thing that could make the student council ineffective is if the students don't support it; then the council's work won't carry much weight.

Note-taking

큰 소리로 읽으며 Speaking 연습을 해봅시다!

• to be **excited about**

⇨ …에 들떠 있다, 흥분하다
과거 분사와 현재 분사가 각기 다른 의미의 형용사가 되는 표현들에 조심할 필요가 있다. '내가 어떠한 상태이다'는 주로 다음과 같이 과거 분사를 사용한다. I'm tired, bored, exhausted, interested. 반면, '어떤 기분을 자아내다'는 현재 분사로 처리한다: it's tiring, boring, exhausting, interesting, etc. 예문의 **excited**도 이와 마찬가지이다.

e.g.
The student is excited about the coming field trip.
학생은 다가오는 견학에 들떠 있다.
The coming field trip will be quite exciting.
다가오는 견학은 상당히 신날 것이다.

• to **affect**

⇨ …에 영향을 주다
종종 '영향'이란 뜻의 명사 effect를 동사로 잘 못 사용하는 경우가 있다. '…에 영향을 주다'는 affect나 influence로 표현해야 한다. 이때 두 동사 모두 타동사여서 뒤에 전치사 없이 바로 목적어를 넣는다.

Practice 8

Review Session

Narrator

Please listen carefully.

TOEFL Speaking

VOLUME

Question 3 of 6

Narrator

The professor is planning to be absent from class on Wednesday. Read the announcement about Wednesday class from the president. You will have 45 seconds to read the announcement. Begin reading now.

Note-taking

TOEFL Speaking

Question 3 of 6

HIDE TIME 00 : 00 : 32

Reading Time: 45 seconds

Announcement from the Professor

I'll be away next Friday to attend a conference in Seattle. I'll miss the Wednesday class, which is the last class prior to your final exam. So in place of that class, you'll have a review session with my assistant, Mr. Green, about the topics covered in class for the final. The review session is optional, so attendance will not be taken. However, I would advise you all to take advantage of the session to prepare. I'll also miss class on Friday, the actual exam day, but the exam will be administered in my absence by Mr. Green.

Narrator

Now listen to two students as they discuss the announcement.

Note-taking

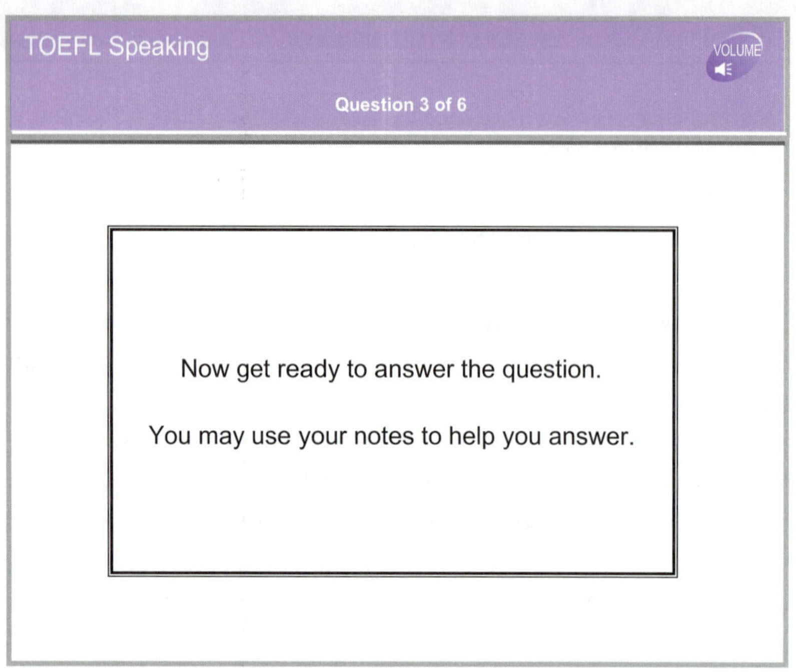
TOEFL Speaking
VOLUME
Question 3 of 6
Now get ready to answer the question.
You may use your notes to help you answer.

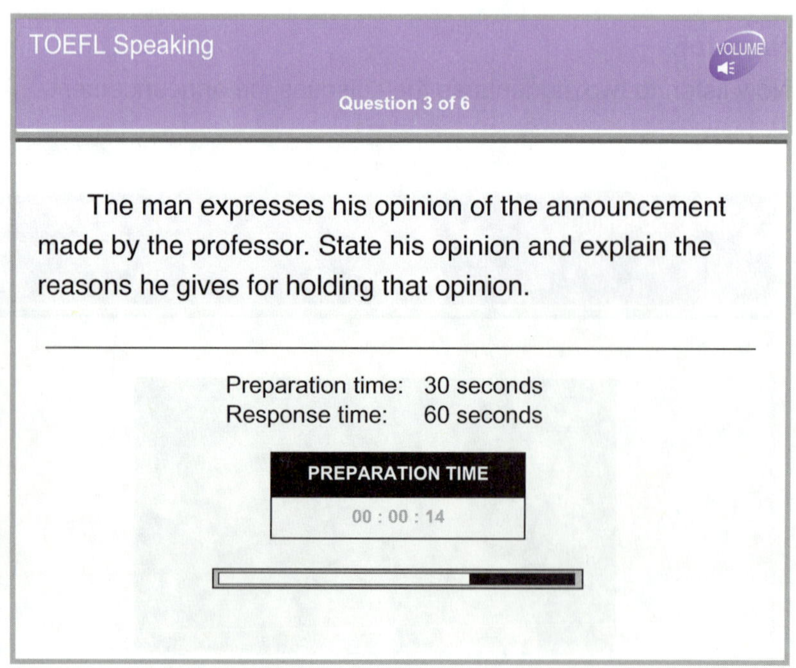
TOEFL Speaking
VOLUME
Question 3 of 6
The man expresses his opinion of the announcement made by the professor. State his opinion and explain the reasons he gives for holding that opinion.
Preparation time: 30 seconds
Response time: 60 seconds
PREPARATION TIME
00 : 00 : 14

Narrator

You may begin speaking after the beep. *[2 secs beep]*

(아래 줄에 말할 내용을 영어로 써 보세요. 한 번 써 본 문장은 Speaking이 한결 쉽습니다!)

Note-taking

A:
x → rev sess
♡ O^s h > - time

B:
O^T
a°/ė gr s°
↓
O^K points > final
alone
we/ mat entire sem

A:
b
x♡ gr s° as p°
+
x used to Rev group

B: ✓
b
♡ Rev class
> area N

Listening Script

Narrator

Now listen to two students as they discuss the announcement.

Student A (man)

Alice, I'm not going to come to the review session. I prefer to study at home alone and save the commuting time.

Student B (woman)

Really, Ian? I think the session will be helpful. The assistant is an excellent graduate student, and he's well versed in the topics we've covered throughout the semester. I think he'll know what points we need to focus on to review effectively for the final, whereas … if we had to do it on our own, we'd be looking at all the class material for the entire semester.

Student A

Yeah, but I still don't like the idea of having a graduate student as our professor for the review session. We should be getting our review from the professor himself. Besides, I'm not used to reviewing for a test in a group … I'm more of a loner when it comes to studying.

Student B

I can understand how you feel, but I still prefer having the review session in class. That way, I'll know which areas I have to study further later. I'd rather have some pointers so I can concentrate in depth on the areas I'll need the most.

Note-taking

큰 소리로 읽으며 Speaking 연습을 해봅시다!

• to be **well versed in**

⇨ …에 정통하다, …을 잘 알고 있다.
'무엇을 잘 하다, 알고 있다'란 말을 할 때 흔히 to be good at만 사용한다. 예문처럼 to be well versed in을 익혀두면 표현이 풍부해진다. 단, 뒤에 오는 전치사 in까지 챙겨 사용해야 한다.

• when it comes to

⇨ …에 있어서, 관해서
한 단어처럼 익혀두면 말할 때나 글 쓸 때 요긴하게 사용할 수 있는 표현이다. 가령 '통계학에 있어서는 그를 능가할 사람이 없다'고 때 'Nobody can beat him when it comes to statistics.'로 처리하면 자연스럽다. 이때 to는 전치사여서 뒤에 오는 동사는 반드시 동명사로 처리해야 한다는 점 잊지 말자.

e.g.
I'm more of a loner when it comes **to** study**ing**.
공부에 있어서는 나는 혼자 하는 편이다.

Total iBT TOEFL *Speaking : 4*

Read-Listen-Speak Type B

Introduction

읽고-듣고-말하기 통합형 Type B

읽기-듣기-말하기 통합형 Type B는 Type A보다 더 어렵다. 먼저 주어지는 Reading 지문이 단순한 발표문이 아니라 대학 교재의 일부이다. Biology, Science, Geology, Arts 등 다양한 학문 분야의 주제가 약 100단어 정도의 읽기 지문으로 제시된다. 이어서 읽은 내용에 관련된 일인 강의(Monologue Lecture)를 약 90초(220단어) 동안 들려 준다. 들려 주는 내용이 대화가 아니라 일인 강의라는 점, 또 내용이 학술적이라는 점에서 Type B는 더 어렵게 느껴질 것이다. 더구나 읽기 지문은 한 학술 개념을 설명하고 그와 관련된 2개의 하부 조건이나 개념을 담고 있어서 내용 파악이 쉽지 않다. 들려 주는 강의에서는 이 2개의 하부 조건이나 개념에 해당되는 구체적인 예들이 언급된다. 문제는 들려 주는 강의에서 언급된 예가 읽기 지문의 내용에 어떻게 연결되는지를 요약해서 설명할 것을 요구한다. 결국 iBT TOEFL Speaking 4번째 문제는 내용이 제법 복잡한 읽기와 듣기 내용을 모두 깊이 있게 이해하고 이를 연계해서 답변해야 좋은 점수를 받을 수 있게 구성되어 있다.

Type B의 읽기 지문은 45초 안에 읽어야 하는데, 이때 중요 개념을 노트해 두어야 답변 준비 시간을 절약할 수 있다. 이 문제의 전형적인 출제 방식은 다음 예를 통해 쉽게 이해할 수 있다. 읽기 지문에서는 야생동물의 가축화에 대해 간단하게 설명한 다음, 가축화에 적합한 야생동물이 갖고 있어야 하는 2가지 조건으로 서식지에 대한 집착 여부와 무리 내의 위계 질서 존재 여부가 제시된다. 이어서 들려 주는 강의에서 교수는 말과 영양의 사례를 들어 말이 가축화에 성공한 반면 영양은 왜 실패했는지를 설명한다. 질문은 다음과 같이 주어진다.

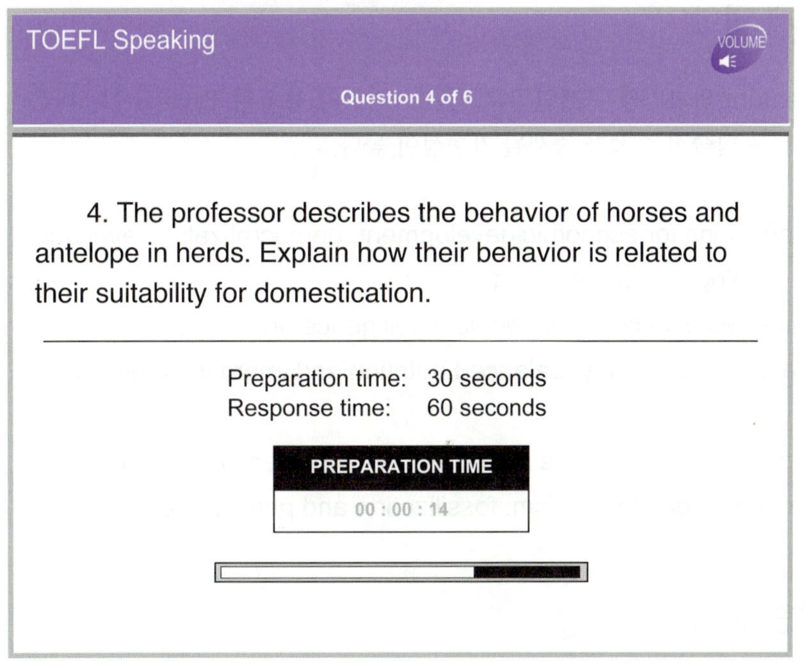

이 문제에 제대로 답변하기 위해서는 읽기와 듣기 자료의 내용을 잘 이해하고 체계적으로 Note-taking을 할 수 있어야 한다. 답변이 구체적이면 구체적일수록 높은 점수를 받을 수 있는 만큼 Note-taking으로 적은 세부 사항들이 답변에 결정적인 도움을 줄 것이다. 여기에 더해 읽기 지문을 노트할 때도 중심 개념을 Synopsis 형태로 정리해 두어야 한다.

Animal domestication: meaning

Conditions for domestication _______ Territorial

______ Hierarchical social structure

이런 식으로 읽은 내용을 정리하면 듣기에 제공되는 사례와의 연관관계를 아주 쉽게 파악할 수 있다.

출제 경향

Speaking의 4번째 문제인 읽기-듣기-말하기 통합형 Type B에는 다음과 같은 학술적 주제가 출제될 가능성이 높다.

- Conditions for economic development: democratization level and technological development
- Qualities of successful people: intelligence and diligence
- Factors in longevity: balanced nutrition and improved medical service
- Conditions for effective advertisements: content and medium
- Preservation of organism: fossilization and petrification

학습 순서

앞서 설명한 것처럼 큰 개념에 종속된 2개의 하부 조건이나 개념이 읽기 지문으로 제시되고 그 하부 개념에 해당되는 구체적인 사례가 들려 주는 강의에서 제공된다. Total iBT TOEFL Speaking은 효과적인 학습을 위해 다음과 같은 순서로 읽기-듣기-말하기 통합형 Type B를 훈련하도록 했다.

1. 정리하며 읽기: 제시된 약 100단어 길이의 읽기 지문을 Synopsis 형태의 체계적인 노트로 정리하면서 45초 동안 속도감 있게 읽는다.

Narrator

Now read the passage about effective advertisement. You have 45 seconds to read the passage. Begin reading now.

TOEFL Speaking

HELP ? BACK NEXT

Question 4 of 6

HIDE TIME 00 : 00 : 32

Reading Time: 45 seconds

Effective Advertisements

In today' s market, where new products are constantly released, advertisement is playing a more influential role than ever for successful business. Creating captivating ads that can not only capture prospective customers' attention but also lead them into purchasing the product is not an easy task. Two major factors need to be considered to make effective, catchy advertisements. First, the content of the ad is crucial in captivating people' s attention. The visual impact is an important ingredient of today' s advertisement. Equally important is, however, the adequate medium through which the ad meets potential customers. With the development of technology, there are many more choices of media than ever. When these two elements are harmoniously combined, the advertisement can yield the expected result: increase in sales.

2. **Note-taking하며 듣기: 읽기 지문에서 제시된 개념에 해당되는 사례가 담겨 있는 90초(약 220단어) 정도 길이의 강의를 Note-taking 공간에 정리하면서 듣는다. 전문적인 Note-taking 기법에 대한 설명은 본 교재의 부록인 Total Note-taking에 상세히 제공되어 있다.**

Narrator

Now listen to part of a lecture on this topic in a marketing class.

Note-taking 공간

3. **모범 Note-taking 확인:** Listening 강연을 다 들은 다음 듣기 대본과 모범 Note-taking을 옆에 놓고 자신의 Note-taking을 살펴 보면서 실수들을 분석한다:

Listening Script	모범 Note-taking
From the reading assignment you' ve probably learned about the major elements of a successful advertisement. Today uh··· we are going to talk about two cases that clearly demonstrate the validity of the theory you learned in the textbook. Well···	y/카 약 ! elem v · ad t cases (◎ valid of th

4. **답변 작성:** 문제가 제시되며 이에 대해 60초(약 120단어) 길이의 답변을 영작한다. Speaking과 Writing은 서로 밀접하게 연계되어 있기 때문에 곧바로 Speaking으로 답변하기 보다 먼저 Writing으로 생각을 정리하는 연습을 하면 좋다. 이를 통해 말하기가 훨씬 편해지는 것은 물론 새로운 표현을 구사할 수 있는 기초 체력까지 다져진다.

Please begin speaking after the beep.*[2 secs beep]*

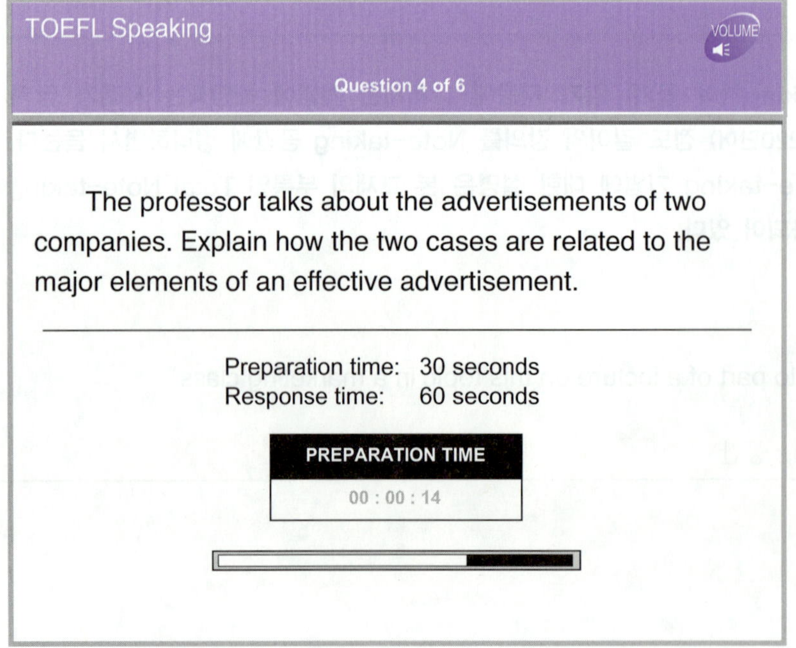

(아래 줄에 말할 내용을 영어로 써 보세요. 한 번 써 본 문장은 Speaking이 한결 쉽습니다!)

5. **답변 녹음 및 모범 답안 확인: 답지에 있는 Sample Answer와 자신이 쓴 답변을 비교 분석하면서 자신의 답변을 수정 보안한다. 수정된 최종 답변을 60초간 녹음한 뒤 들어본다. 거듭 강조하지만 녹음을 해야 긴장감 있게 말하기 훈련을 할 수 있다. 녹음한 내용은 반드시 다시 들으면서 표현, 내용, 발음을 체크한다. 마지막으로 테이프를 들으며 원어민의 모범답변을 shadowing함으로써 말하는 속도(fluency)와 발음을 동시에 개선할 수 있다.**

Sample Answer

An effective advertisement must have a combination of adequate content and medium. The cell phone ad for Samsung is a good case in point. Its simple text message and eye-catching colors of the visual image were effective for its medium. In a subway station, people do not have time or the intention to read long messages. Rather, they are bound to be attracted to powerful, colorful images. The company has cleverly used these characteristics of the medium to develop an effective advertisement. The M Company, on the other hand, provides a contrasting example. Despite much investment in making and posting its ad, it failed to captivate people' s attention. That' s largely because of the wrong choice of the content and the medium. Its ad would have been more effective, if it had been posted on magazines, instead of on the walls of subway stations. As the two cases show, creating an effective advertisement is not an easy task.

효과적인 광고를 위해서는 적절한 내용과 매체가 조화를 이루어야 한다. 삼성의 핸드폰 광고가 좋은 사례이다. 간단한 내용과 눈에 띄는 색깔은 이 광고를 게시한 장소를 감안할 때 매우 효과적이었다. 지하철 역에서는, 사람들이 대체로 긴 내용을 읽을 시간도 마음도 없다. 자세한 내용보다는 오히려 강력하고 화려한 이미지에 끌리기 쉽다. 삼성은 지하철이라는 장소의 특성을 잘 파악해 효과적인 광고를 만드는 데 성공했다. 한편 M사의 광고는 그 반대라고 할 수 있다. 광고 제작에 막대한 투자를 했음에도 불구하고 사람들의 주목을 끄는 데는 실패했다. 이는 무엇보다 광고의 내용과 매체를 잘못 선택했기 때문이다. M사의 광고가 지하철 역보다 잡지에 실렸더라면 더 큰 효과를 거두었을 것이다. 이 두 가지 사례가 보여주듯이, 효과적인 광고를 만드는 것은 쉬운 일이 아니다.

Total iBT TOEFL Speaking : 4

Read-Listen-Speak Type B

Practice 1

Successful entrepreneurs

Narrator
Please listen carefully.

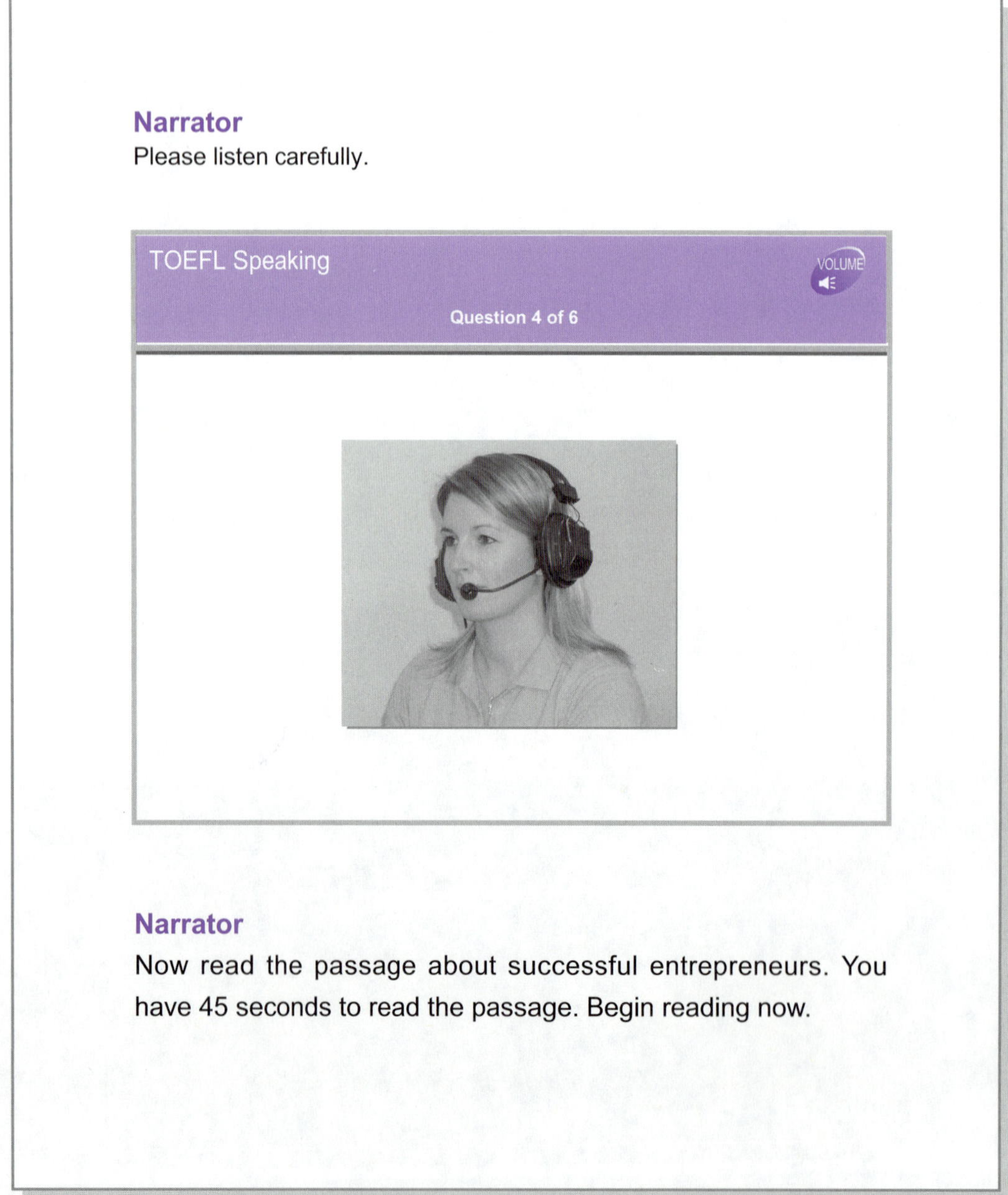

Narrator
Now read the passage about successful entrepreneurs. You have 45 seconds to read the passage. Begin reading now.

Reading Time: 45 seconds

Successful Entrepreneurs

According to statistics, more than 100 thousand people become millionaires each year in the United States alone. Most of them are self-made entrepreneurs. However, becoming a successful businessman is not an easy task. There are some inborn and acquired qualities that are needed to become successful in your business venture.

While the innate qualities are the parts of your personality you are born with, the acquired ones are developed over time. Common sense, self-confidence, and creativity are some of the innate characteristics, while specialized knowledge of the field and skills to lead and learn belong to the developed traits. Although most successful entrepreneurs possess the two types of qualities, there are some cases where the acquired characteristics compensate for the lack of innate qualities.

Note-taking

Narrator

Now listen to part of a lecture on this topic in a business management class. *[2 secs beep]*

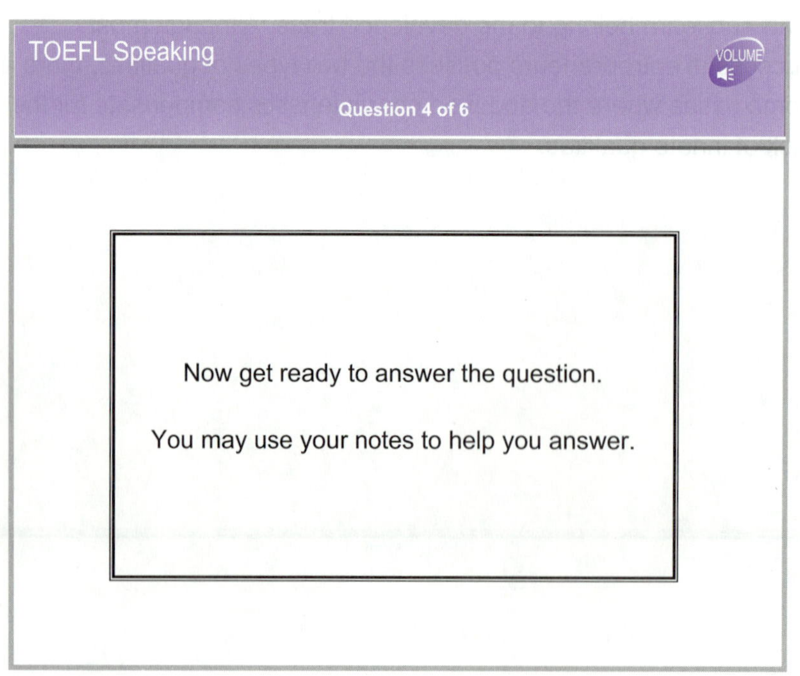

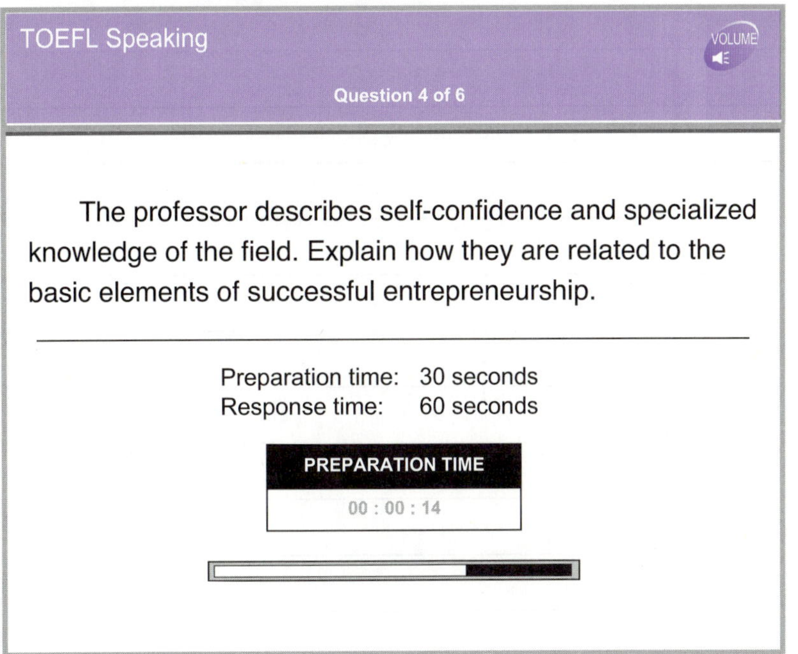

Narrator

You may begin speaking after the beep. *[2 secs beep]*

(아래 줄에 말할 내용을 영어로 써 보세요. 한 번 써 본 문장은 Speaking이 한결 쉽습니다!)

Listening Script

Narrator

Now listen to part of a lecture on this topic in a business management class.

Professor

Well, most of you are probably here because you are interested in working for a big company or want to build your own business after graduation. In either case, it is important to know that there are certain qualities for successful entrepreneurs. Some say that most of these characteristics are something that you are born with, so they're impossible to acquire no matter how hard you try. Ummm … if we talk about such traits as common sense, creativity, and self-confidence, it may be true. Self-confidence, for example, is a key entrepreneurial component for success. It is easy to become demoralized or frustrated if you lack self-confidence. Hmm … self-confidence is basically about how you feel about your abilities. A successful businessman believes in his own abilities. This belief is what makes him explore uncharted territories and make difficult choices. Yeah, it is true that self-confidence is a personal trait that either you have or you don't. Some may argue with this, though.

But … there is the other category of essential qualities for successful entrepreneurship. Specialized knowledge of your field, for example, constitutes the acquired qualities that can be developed through training over time. About half of all home-based start-ups are, in fact, launched by people who knew how to use the knowledge they gained from their previous work experience. Such expertise allowed them to develop a particular niche area, in which they could excel. Unlike the innate qualities, this is something that any prospective businessman can develop, if they set their heart on it.

Note-taking

力: W 大c biz

char / born

x A

c. sense, c, conf → true
eg. conf > V
Frust x conf
how feel A
V. biz / OB A
new terr
d~ D

b
eg.
Kn / d tr
50% ↦
niche
any biz / d

Practice 2

Species for Aquariums

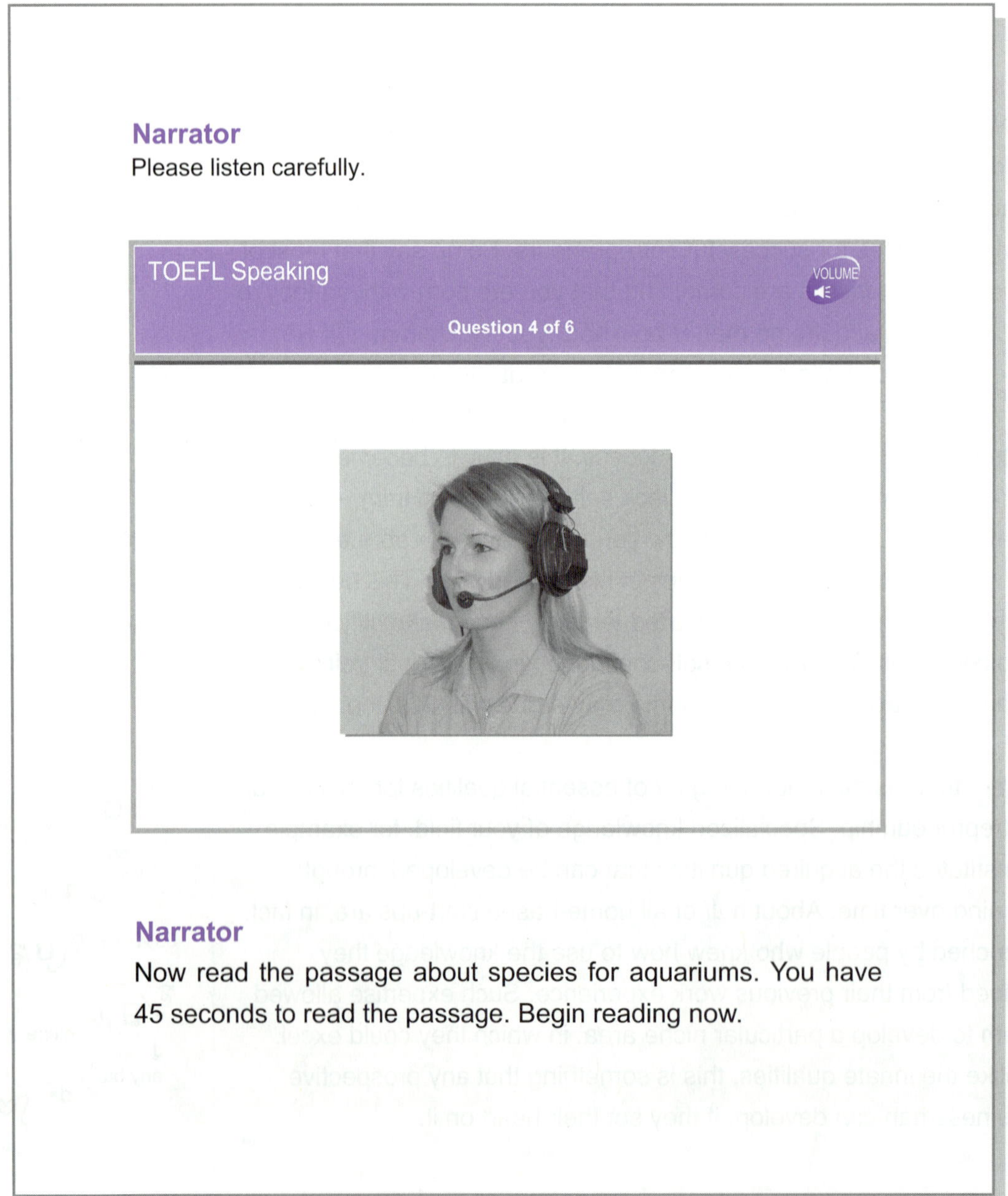

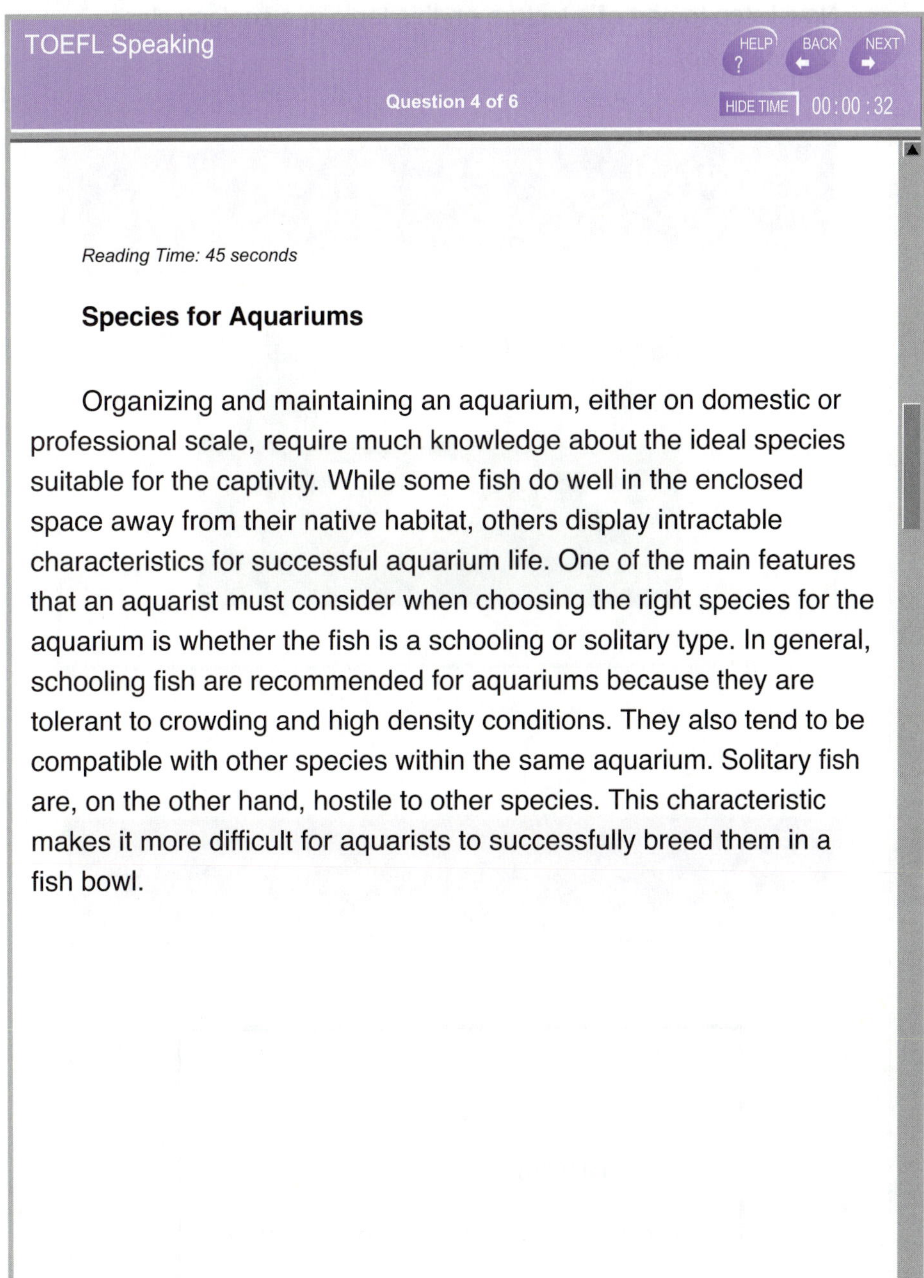

Reading Time: 45 seconds

Species for Aquariums

Organizing and maintaining an aquarium, either on domestic or professional scale, require much knowledge about the ideal species suitable for the captivity. While some fish do well in the enclosed space away from their native habitat, others display intractable characteristics for successful aquarium life. One of the main features that an aquarist must consider when choosing the right species for the aquarium is whether the fish is a schooling or solitary type. In general, schooling fish are recommended for aquariums because they are tolerant to crowding and high density conditions. They also tend to be compatible with other species within the same aquarium. Solitary fish are, on the other hand, hostile to other species. This characteristic makes it more difficult for aquarists to successfully breed them in a fish bowl.

Note-taking

Narrator

Now listen to part of a lecture on this topic in a zoology class.
[2 secs beep]

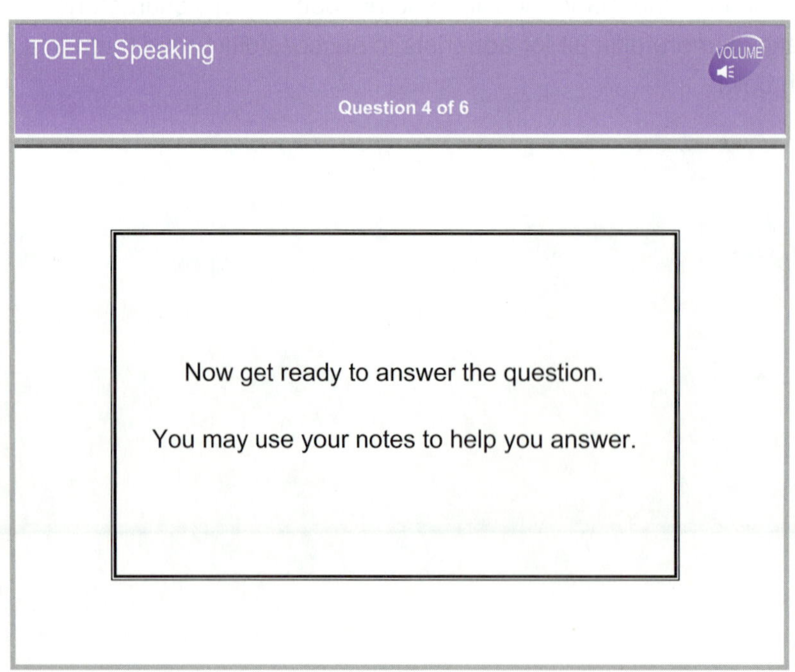

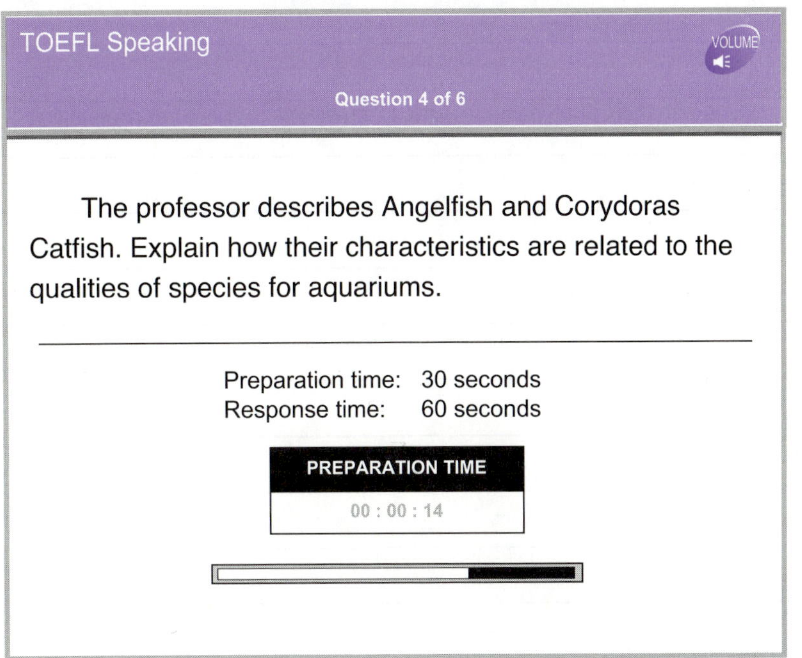

Narrator

You may begin speaking after the beep. *[2 secs beep]*

(아래 줄에 말할 내용을 영어로 써 보세요. 한 번 써 본 문장은 Speaking이 한결 쉽습니다!)

Listening Script

Narrator
Now listen to part of a lecture on this topic in a zoology class.

Professor
Hmmm ··· apparently we tend to think that fish make good pets because they don't require much attention. But those who have a fish bowl will surely disagree with this. As we learned in our last class, there are certain kinds of fish that are not suitable for enclosed space with other fish. For example, for the most part Angelfish can be real bullies. Umm ··· being very territorial and aggressive, these fish will particularly fight even with species of their own kind and sex as well as other non-related fish. Most Angelfish live a solitary life. Therefore, they do best when kept singly, one to an aquarium. But we know that we want to have more than one fish in our fish bowl or a large aquarium. Unless you're an expert aquarist, Angelfish are not so recommendable.

Corydoras Catfish, on the other hand, are a typical schooling fish easy to breed in a fish bowl. Even novice aquarists can take good care of them without much trouble. Since it's a schooling fish, they do better if there are several of their own species present for them to interact with. A minimum of six of each of the schooling fish is recommended. Corydoras Catfish are not as hostile to other species as Angelfish are. So you can safely put them in a fish bowl along with other species.

Note-taking

we / O^T fish / g pet b (x N
b (f bowl / x
f (x suit
eg.
Angelf / bullies
↓ / terr aggr
Fight w / = spc sex
/ solitary
∴
x Recom.

Corydoras Catf / easy
b (schooling f
do better 2act
min 6 / Recom^d
/ x hostile
∴ = b

Practice 3

Longevity

Narrator

Please listen carefully.

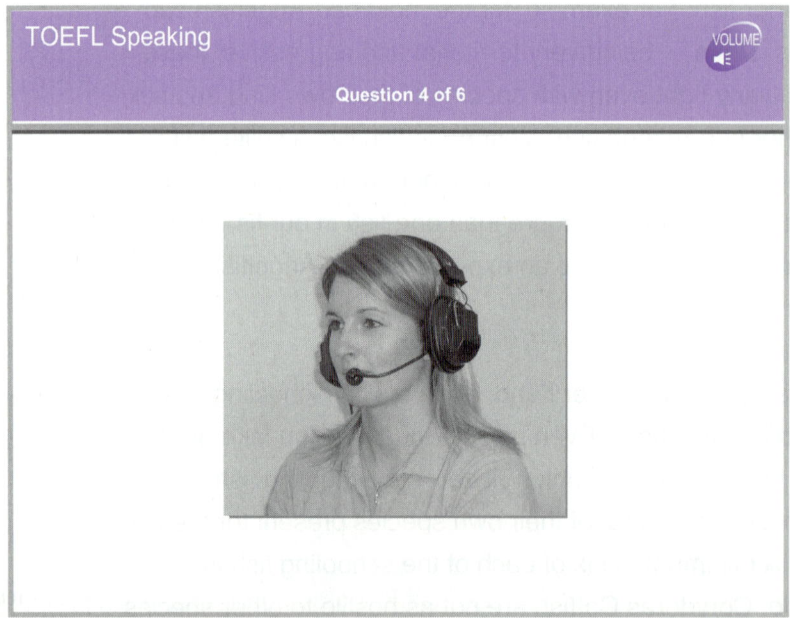

Narrator

Now read the passage about longevity. You have 45 seconds to read the passage. Begin reading now.

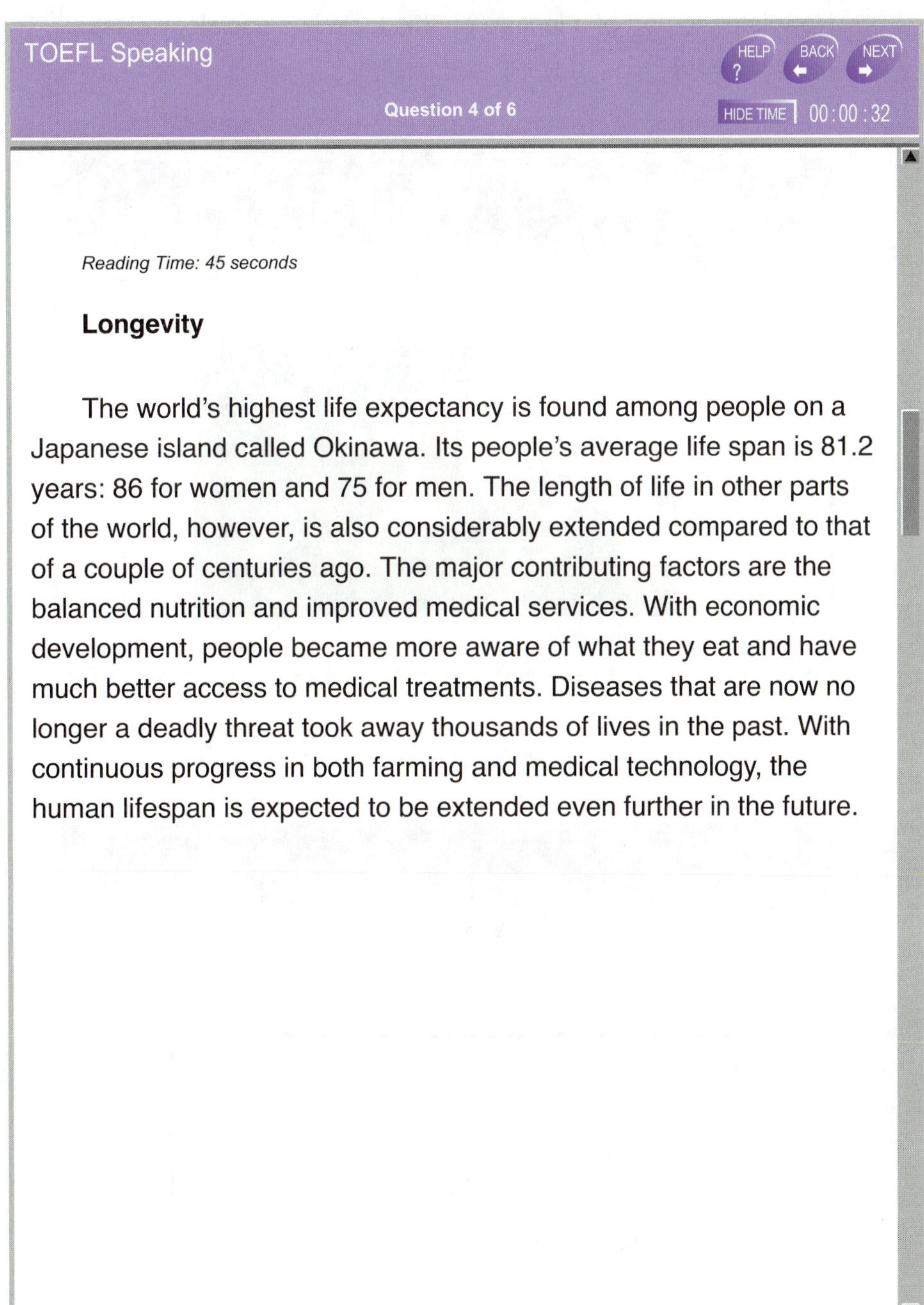

TOEFL Speaking

HELP ? BACK NEXT

Question 4 of 6

HIDE TIME 00 : 00 : 32

Reading Time: 45 seconds

Longevity

The world's highest life expectancy is found among people on a Japanese island called Okinawa. Its people's average life span is 81.2 years: 86 for women and 75 for men. The length of life in other parts of the world, however, is also considerably extended compared to that of a couple of centuries ago. The major contributing factors are the balanced nutrition and improved medical services. With economic development, people became more aware of what they eat and have much better access to medical treatments. Diseases that are now no longer a deadly threat took away thousands of lives in the past. With continuous progress in both farming and medical technology, the human lifespan is expected to be extended even further in the future.

Note-taking

Narrator

Now listen to part of a lecture on this topic in a sociology class.
[2 secs beep]

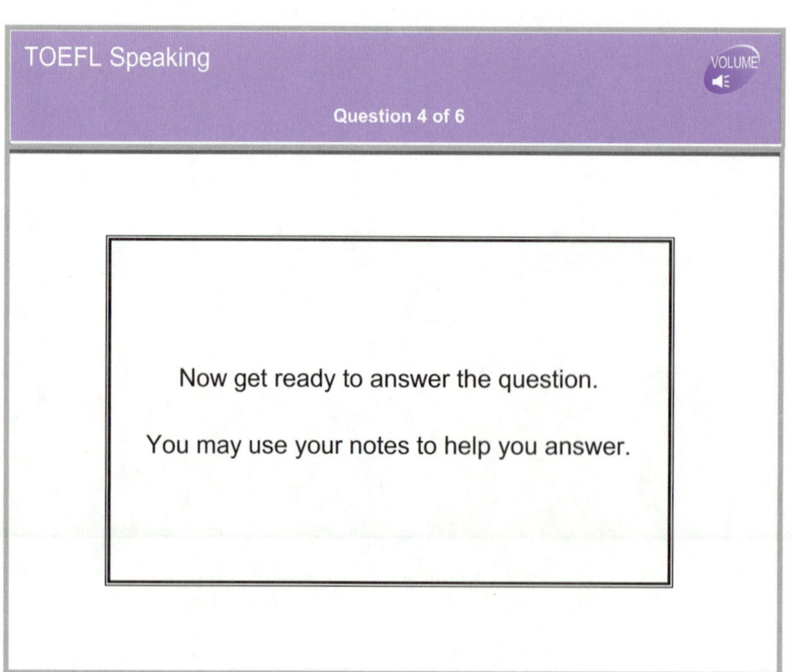

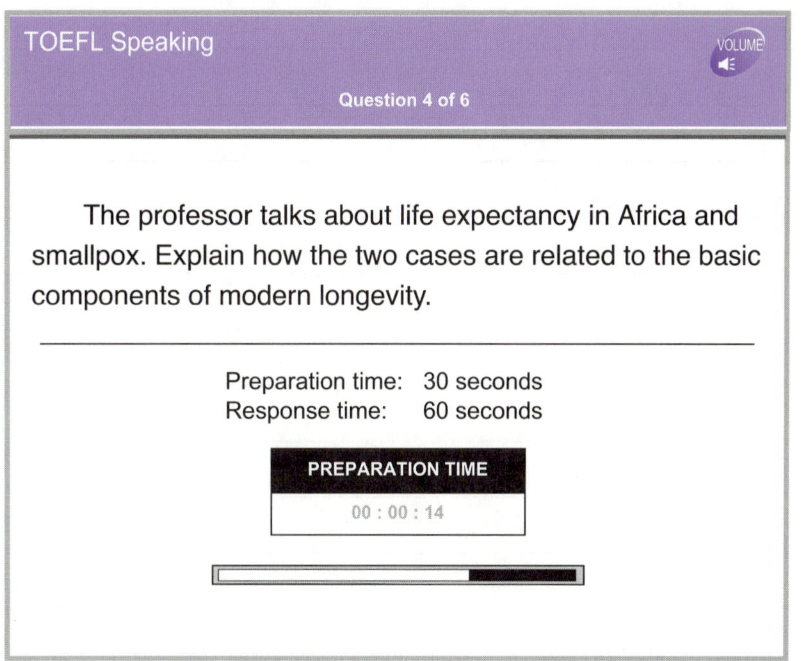

Narrator

You may begin speaking after the beep. *[2 secs beep]*

(아래 줄에 말할 내용을 영어로 써 보세요. 한 번 써 본 문장은 Speaking이 한결 쉽습니다!)

Listening Script

Narrator

Now listen to part of a lecture on this topic in a sociology class.

Professor

Well, we said that the longest average lifespan is found on a Japanese island called Okinawa. But, if you consider the life expectancy of most advanced countries, you'll see that people live much longer and healthier than in the past. However, this social phenomenon is not prevalent in poor parts of the world, such as Africa. In some countries of this continent, umm … an average man can now expect to live only 39 years, down from 65 years in the past. This significant decrease in life span is a contrasting example to the ever-increasing life expectancy in the developed nations. The massive starvation resulting from continuous bad harvests is one of the major causes of such slashes in life expectancy. I am sure most of you have seen heart-breaking pictures of children dying of hunger. It's hard to imagine such a thing is happening in the world, where many are struggling with obesity.

Hmmm … but in general we can say that human life expectancy is extended, at least in the part of the world where we live. Alongside the steady supply of balanced nutrition, we can talk about improved medical services. I am sure that you've read or heard about the devastating effect of smallpox, for example. Though now it has become a rare disease, thanks to the vaccination, it literally wiped out a whole village in the past. This once deadly disease is one of many that dramatically reduced human life expectancy.

Note-taking

long av lifespan / Okinawa
+ long healthy
x (= Af)
av 39y (65)
Starvation bad harv
cause
ch of hunger
to O
nut
↑ med serv.
Smallpox
rare vaccina
whole

Practice 4

Economic development

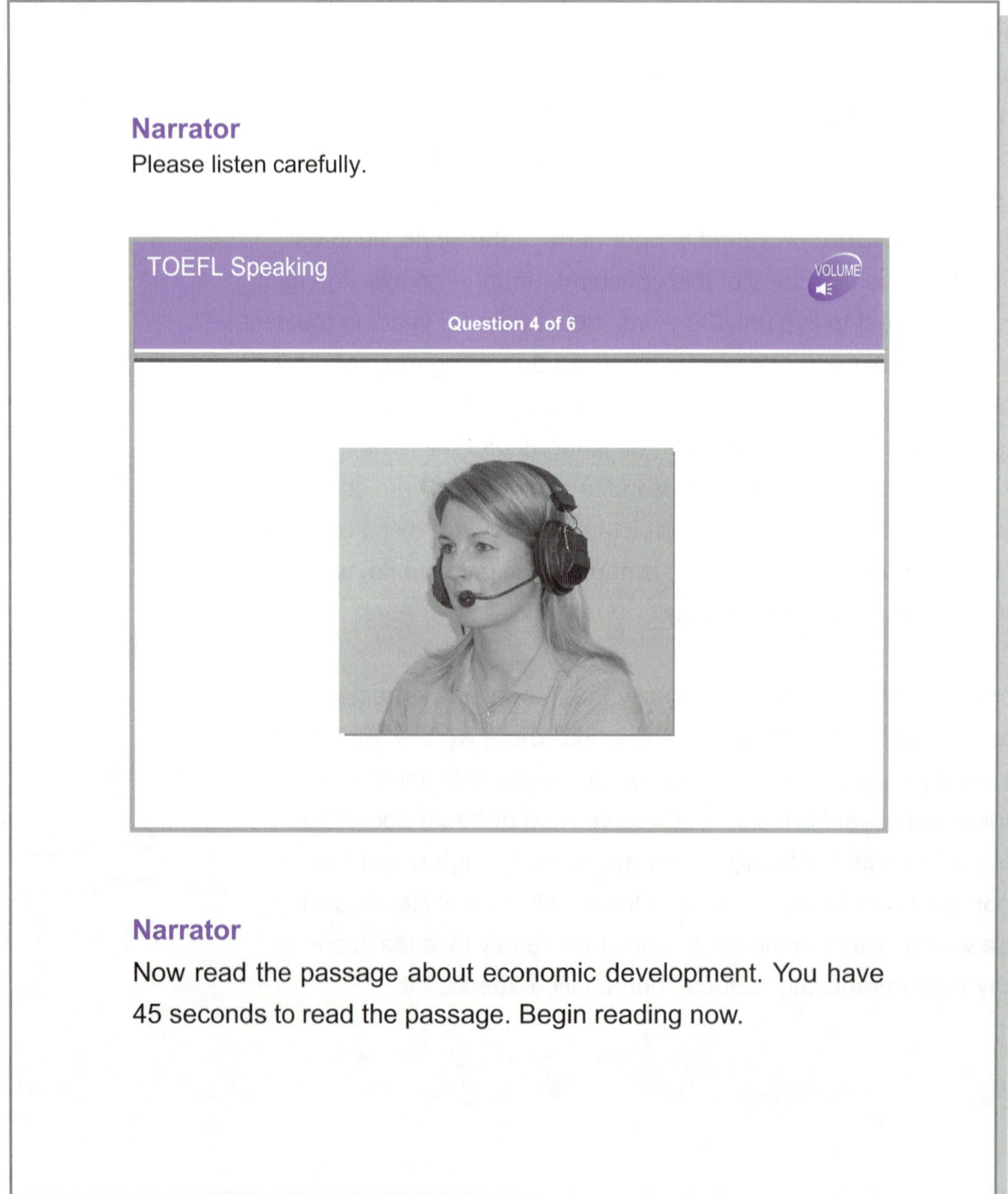

Narrator

Please listen carefully.

Narrator

Now read the passage about economic development. You have 45 seconds to read the passage. Begin reading now.

TOEFL Speaking

HELP ? BACK NEXT

Question 4 of 6

HIDE TIME 00 : 00 : 32

Reading Time: 45 seconds

Economic development

Now that the industrial age is giving its way to the information era, nations are more eager than ever to achieve a higher economic development not to be left behind the fast-changing world. There are many conditions that should be met to realize a sustainable economic development. The degree of its democratization is one of them. In the Information Era, in particular, where the free flow of information and knowledge is crucial for the economy, countries with dictatorial or authoritarian governments are very unlikely to lay the needed foundation for solid economic growth. The level of technological development is another important element of today's economic development. The technological competitiveness of a country is vital to its success in the global market.

Note-taking

Narrator

Now listen to part of a lecture on this topic in an economy class.
[2 secs beep]

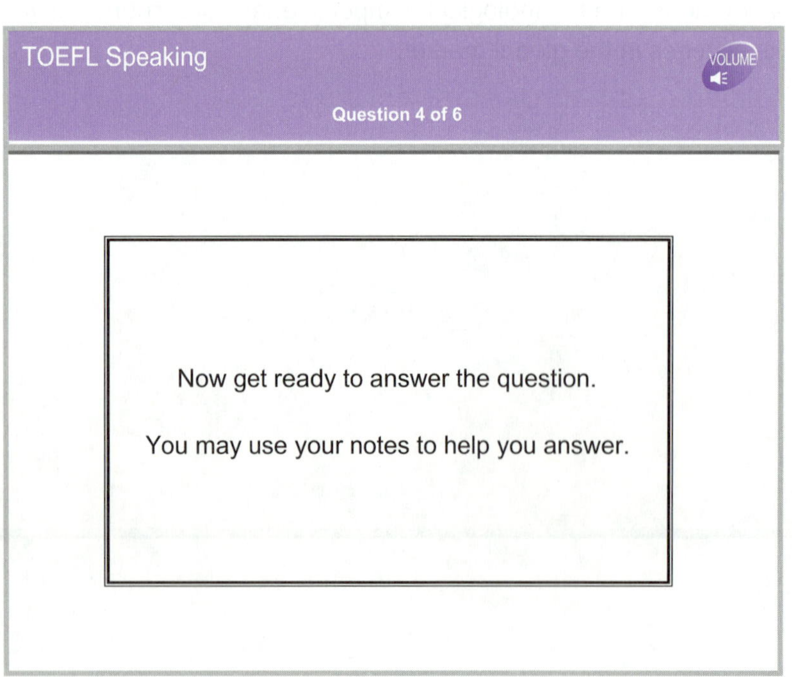

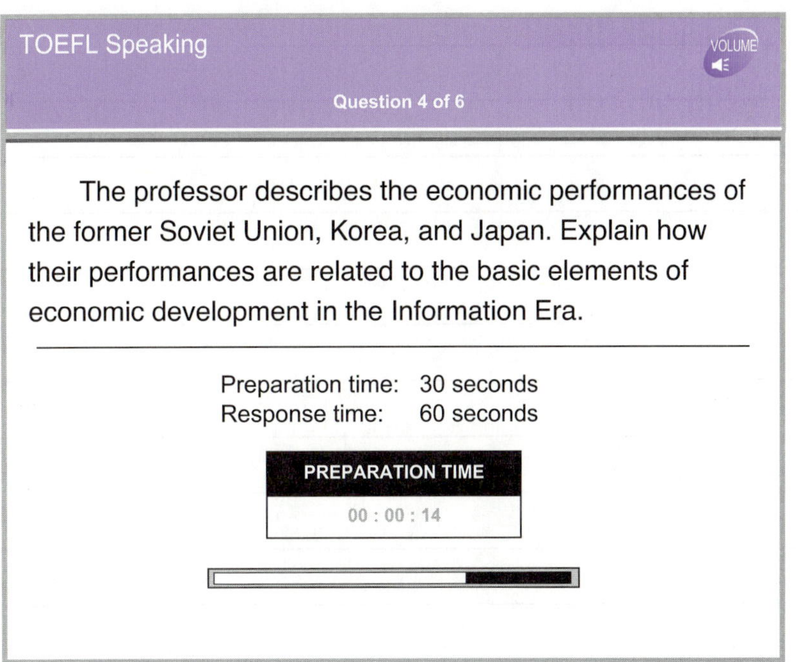

Narrator

You may begin speaking after the beep. *[2 secs beep]*

(아래 줄에 말할 내용을 영어로 써 보세요. 한 번 써 본 문장은 Speaking이 한결 쉽습니다!)

Listening Script

Narrator

Now listen to part of a lecture on this topic in a economy class.

Professor

So we've been talking about the conditions for economic development in the Information Era. Umm … in particular we were interested in the effects the level of democratization and technological development have on a country's economy. For example … the countries in the former Soviet Union are good cases in point to illustrate how the level of democratization affects the economic development of a country. In those countries, most blessed with abundant natural resources, the flow of information, including the media, was controlled by the central government. This deterred the free exchange of ideas among people. And we know that in the Information Era, ideas and knowledge are important ingredients of the economy.

The other factor influencing today's economy is … technological development. Well, countries like Korea and Japan achieved outstanding economic development despite their lack of natural resources. The engine behind such growth was their taking full advantage of their almost only resource: the human resource. The two countries focused on technological development. Their strong competitiveness in cutting-edge industries such as the IT sector is a result of their constant efforts to sharpen up their technology. In an era where the intangible assets such as knowledge, information, … and technology play a decisive role in the economic survival of a country, the two countries are expected to record even higher and more sound economic performances in the coming years.

Note-taking

" Cond of ec d [O] era "
Sp :
eff
d
T d ec
eg. → SU □s
n res
OF [O] / by g
↓
→ f of
[O] era /Kn /! for ec

\+ factor / T d
K + Jap / + ec d (x n res.
↓
b(full adv of
T d
\+ C in IT /
\> ↑ T
w(intang. asset /! ec
E→d ec perf.

Practice 5

Photosynthesis

Narrator

Please listen carefully.

TOEFL Speaking

Question 4 of 6

Narrator

Now read the passage about Photosynthesis. You have 45 seconds to read the passage. Begin reading now.

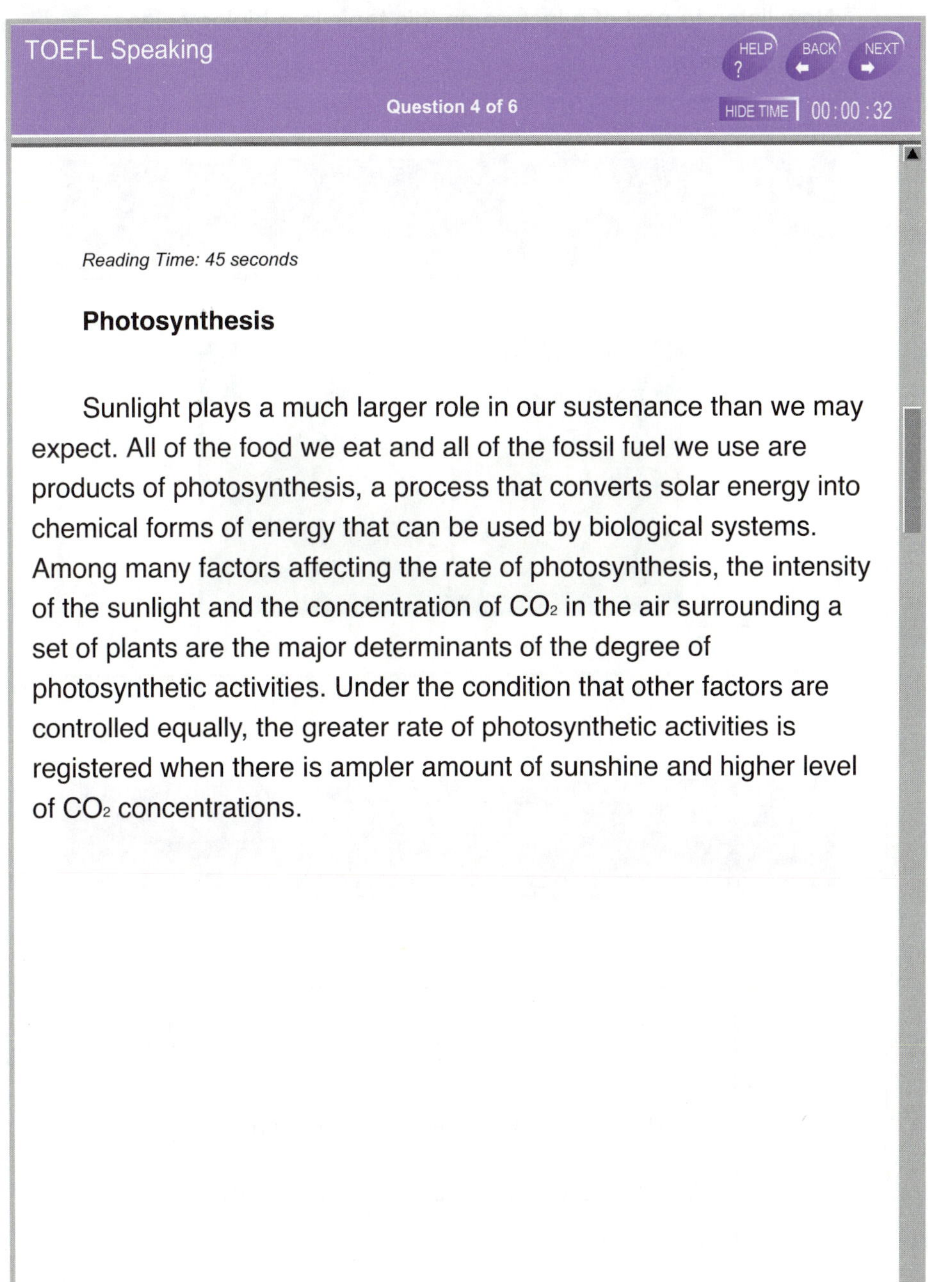

Reading Time: 45 seconds

Photosynthesis

Sunlight plays a much larger role in our sustenance than we may expect. All of the food we eat and all of the fossil fuel we use are products of photosynthesis, a process that converts solar energy into chemical forms of energy that can be used by biological systems. Among many factors affecting the rate of photosynthesis, the intensity of the sunlight and the concentration of CO_2 in the air surrounding a set of plants are the major determinants of the degree of photosynthetic activities. Under the condition that other factors are controlled equally, the greater rate of photosynthetic activities is registered when there is ampler amount of sunshine and higher level of CO_2 concentrations.

Note-taking

Narrator

Now listen to part of a lecture on this topic in a biology class.
[2 secs beep]

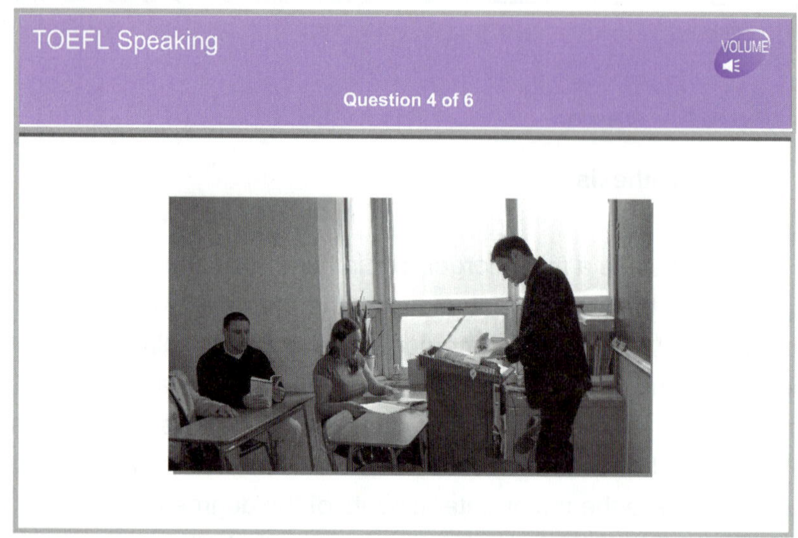

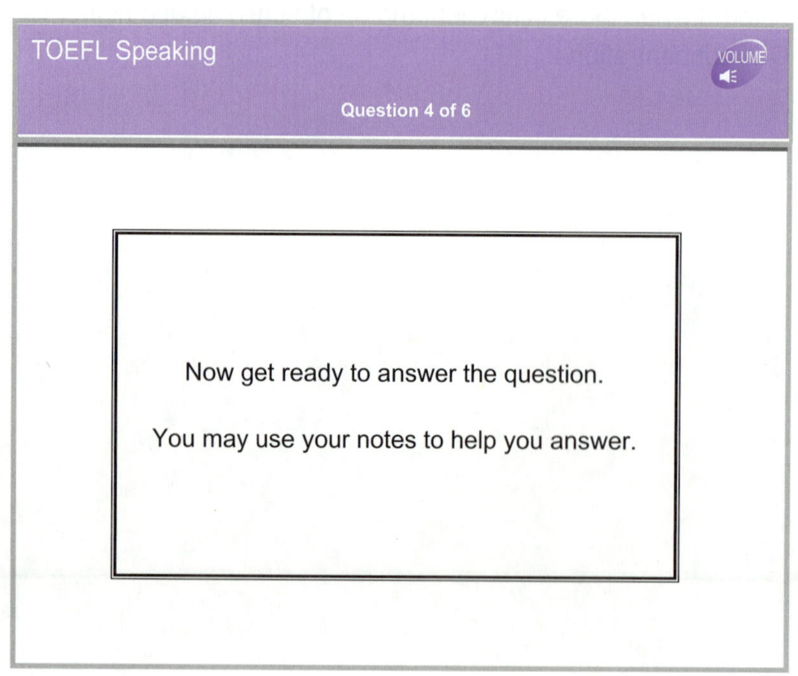

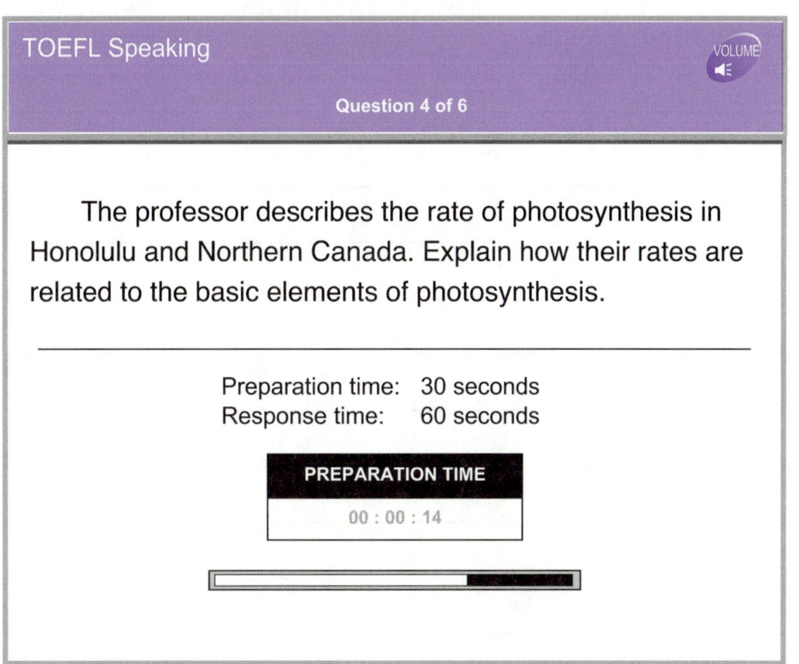

Narrator

You may begin speaking after the beep. *[2 secs beep]*

(아래 줄에 말할 내용을 영어로 써 보세요. 한 번 써 본 문장은 Speaking이 한결 쉽습니다!)

Listening Script

Narrator

Now listen to part of a lecture on this topic in a biology class.

Professor

In our last class, we learned about the basic factors affecting the rate of photosynthesis. I'm sure by now most of you are familiar with the process and the importance of photosynthesis itself. So, I don't think I need to go over its definition and importance today. Instead, umm … we'll talk about two particular regions and how the rate of the photosynthesis of the trees in each of them is affected by the main determinants we talked about in class. Well … we said the intensity of the sunlight and the level of CO_2 concentration greatly influence the speed of photosynthesis. This is exemplified in the rate at which trees in Honolulu, a city with plenty of sunshine throughout the year, give off oxygen. Thanks to the high concentration of CO_2 as well as intense sunlight, the photosynthesis of the trees in this Hawaiian city occurs faster than that of trees in places away from urban centers. The trees in the remote mountain areas of Northern Canada, for example, give off less oxygen than those in Honolulu. Less oxygen means slower photosynthesis. Probably you already know the reason. Yes, it's because of the amount of sunlight and CO_2 available there. We said that the amount of trapped light energy and the amount of carbon dioxide available affect the rate of photosynthesis. In other words, the cold climate and the rural environment with low CO_2 levels in Northern Canada slow down the speed of photosynthesis.

Note-taking

"b factors (Y% of photosynth …"

2''
how *% of ↑/Y by m determ.

intens. S / Co2 / Y * speed

eg. → Honolulu

b (+Co2, S

* of ↑/+ fast than x urban ◎

eg.

↑ n.Can/p< − oxygen
↓
slow *

reason?
b (amt of light e, Co2
↓ / Y*%

i.e.
(cold clim, − Co2 / Slow *

Practice 6

Qualities of a good spouse

Narrator

Please listen carefully.

TOEFL Speaking

VOLUME

Question 4 of 6

Narrator

Now read the passage about qualities of a good spouse. You have 45 seconds to read the passage. Begin reading now.

TOEFL Speaking

HELP ? BACK NEXT

Question 4 of 6

HIDE TIME 00:00:32

Reading Time: 45 seconds

Qualities of a Good Spouse

Despite the increasing cases of divorce, marriage still remains a prevalent social institution in the United States. A successful marital life is, in large part, based on the careful choice of a spouse. Although young people think that marriage simply results from passionate love, we tend to look for certain qualities in our prospective spouse. There are many qualities of a good spouse. Yet, the physical appearance and the financial capacity are often cited as the most essential criteria. Although these qualities alone do not ensure successful marriage life, studies have shown that they constitute important criteria in our choice of life-time partners.

Note-taking

Narrator

Now listen to part of a lecture on this topic in a sociology class.
[2 secs beep]

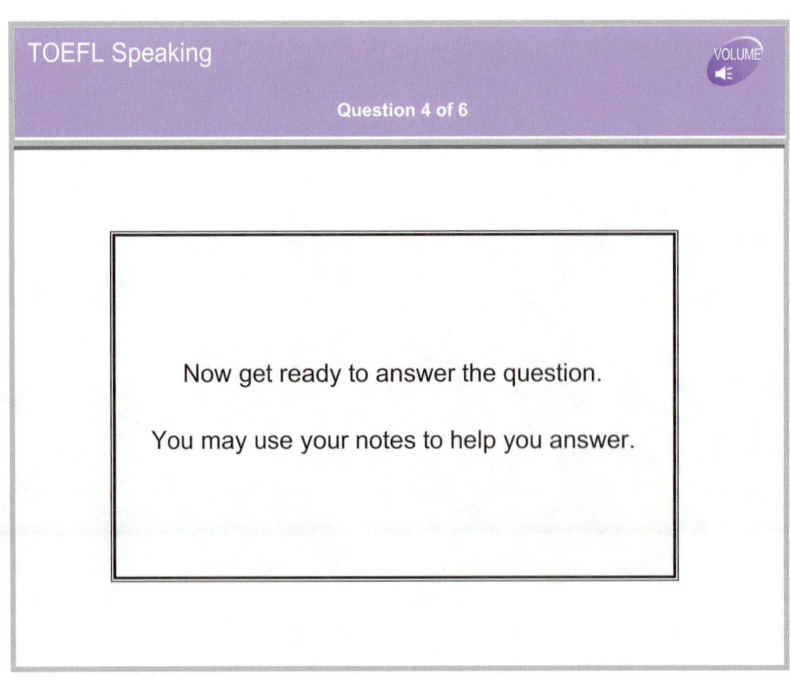

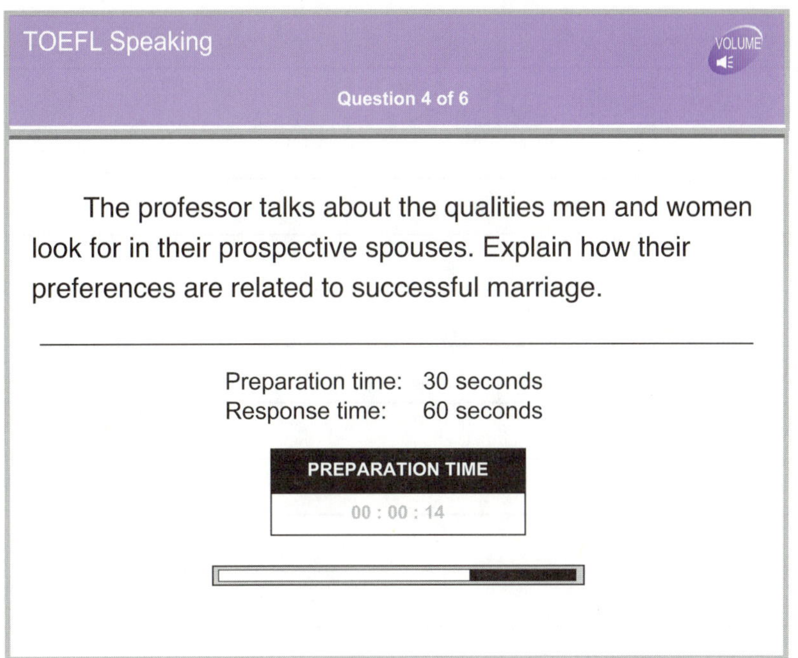

Narrator

You may begin speaking after the beep. *[2 secs beep]*

(아래 줄에 말할 내용을 영어로 써 보세요. 한 번 써 본 문장은 Speaking이 한결 쉽습니다!)

Listening Script

Note-taking

Narrator

Now listen to part of a lecture on this topic in a sociology class.

Professor

Umm … I bet most of you find this week's topic quite interesting and relevant to you. Though nowadays many stay single, marriage is something that most of us want to do when we think we have found the right person. The question is how do you know that the person is going to be the ideal spouse? Knowingly or unknowingly, we have a set of criteria in choosing our partners. What is interesting is that … there seems to be a gender difference when it comes to the qualities of a good spouse. Men, for instance, are known to give more importance to … the physical appearance of their prospective wife. Though it may sound as overgeneralization, studies have shown that males look for physically pleasant partners. Some evolutionists even relate this preference to the strong instinctive desire for the reproduction of species latent in men. They say that the so-called beautiful women tend to have better symmetry in their body. This symmetry is, according to them, a symbol of health, which is important for reproduction.

single
marriage right
how ideal ?
we criteria
gender ≠
eg.
men phys. app
St
pref >Rep
beau.
sym
health
>Rep

You may wonder what about women? Well, a survey conducted by Yale university a couple of years ago confirmed the common belief that …women tend to value the financial capacity of their prospective husband more than any other quality. I know some of you may disagree with this. But it seems that in general women look for economic stability when they choose their partners. Though there are many divorces these days, marriage is a life-time commitment. The evolutionists argue that the female preference is also deeply related to women's instinct to secure the protection of their offspring.

survey
fin. C
g: ec. S
div
life-t commitm
pref inst. > off

Practice 7

Preservation of organism

Narrator

Please listen carefully.

TOEFL Speaking

VOLUME

Question 4 of 6

Narrator

Now read the passage about preservation of organism. You have 45 seconds to read the passage. Begin reading now.

TOEFL Speaking

HELP ? BACK NEXT

Question 4 of 6

HIDE TIME 00 : 00 : 32

Reading Time: 45 seconds

Preservation of Organism

Since no organic material can remain unchanged for millions of years, the only pieces of the past that survived to be looked upon by human eyes are hardened forms that preserved the original organism. Scientists can learn a lot about past life by studying these pieces. There are many ways of preservation. Depending on the various conditions, some organisms are fossilized, while others petrified. However, in both cases, the conditions have to be exactly right for the process to take place. Otherwise, the organism simply turns into dust leaving no trace for today's scientists to study its original form. Given the value of the study of these preserved life forms, taphonomy, the study of the process of fossilization in particular, plays an important role in unraveling the mysteries of the creatures that existed millions of years ago.

Note-taking

Narrator

Now listen to part of a lecture on this topic in a geology class.
[2 secs beep.

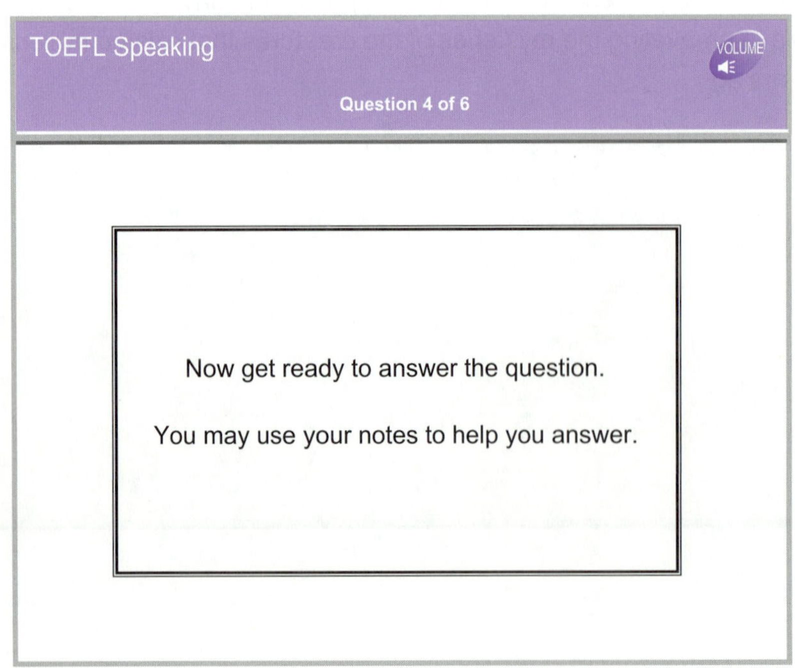

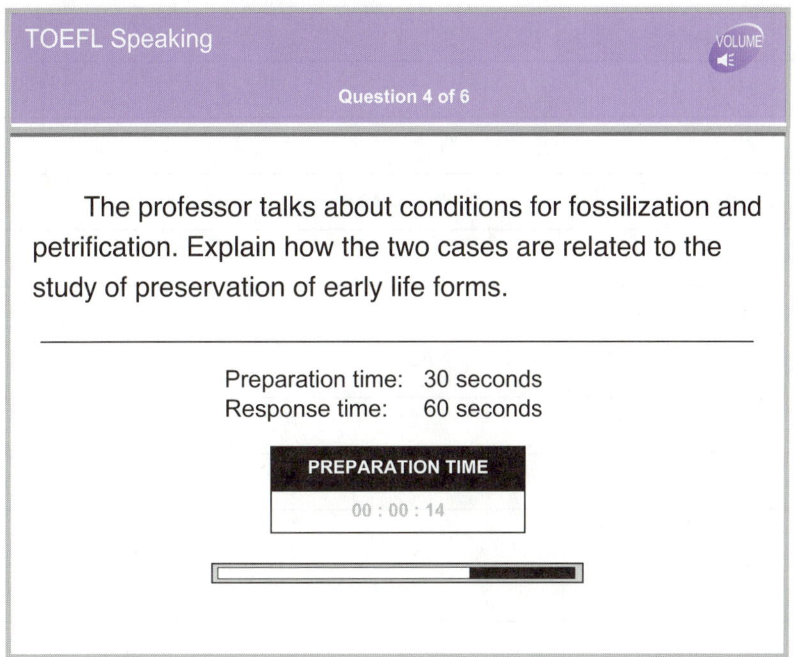

Narrator

You may begin speaking after the beep. *[2 secs beep]*

(아래 줄에 말할 내용을 영어로 써 보세요. 한 번 써 본 문장은 Speaking이 한결 쉽습니다!)

Listening Script

Narrator

Now listen to part of a lecture on this topic in a geology class.

Professor

Well … we said that studying earlier life forms is mostly based on the examination of fossilized or petrified organisms. But very few things form fossils because conditions have to be right. Not all parts of the organism are preserved. Only the hard parts such as teeth, claws, shells, and bones can become fossilized. Then you may wonder what exactly are the right conditions for fossilization? Well … First of all, fossils only occur in sedimentary rock, no others. Let's say the bones of a dinosaur are left very near a river, undisturbed long enough … for the wind to blow sand and sediments on top of them. Over the years, and I mean thousands of years, the sediments slowly pile up over the top of the bones, until they are buried far underneath the ground. The land on top has to be covered in water so the underground pressure gets larger. Umm … while this is going on, the minerals in the bones get replaced with the minerals in the sand, thus turning the bone into solid rock buried deep below the surface, incased in sedimentary rocks.

Petrification, on the other hand, takes place when dead logs are washed into a river and buried in the sand. Water with alkaline and dissolved silica goes down through the sediments, and contacts the logs. The logs decay, releasing … carbon dioxide, which is dissolved in the water. Very slowly, the cellulose of the wood is replaced, molecule by molecule, by silica. Eventually, the wood becomes petrified. Depending on the existence of other minerals, the petrified wood may contain some pretty colors as well.

Note-taking

O^s life / Fs^d org°
b th / fs b(cond / ✓
only p / fs
✓ cond?
1° sed·rock
eg.
bone of d° / river
sand + sed /
→ bones /
land / wat
↑ underg. press.
min bone / min sand
∴ / rock / sed·rock

2° w (dead log / river
sand
wat / → sed + log
log / R Co2
↓
diss wat
cellulose / silica
wood / fs

Practice 8

Immigration

Narrator

Please listen carefully.

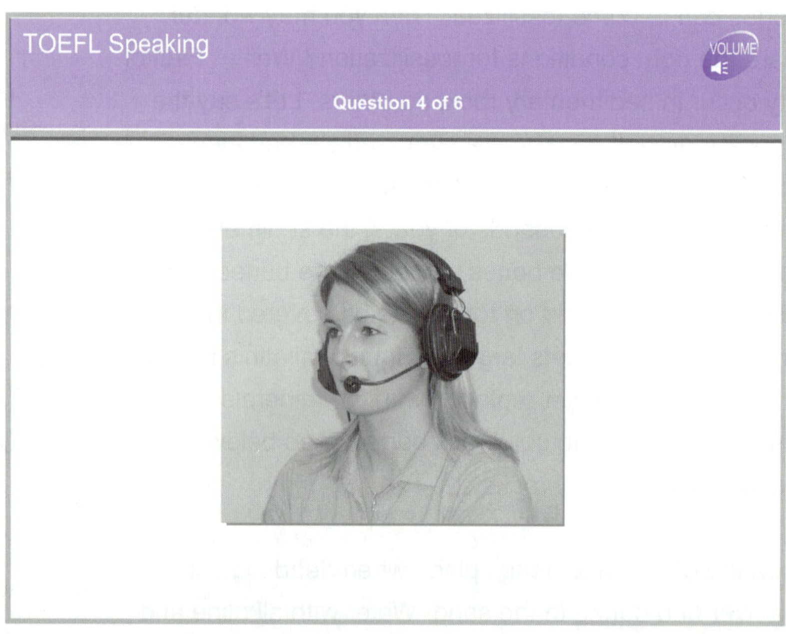

Narrator

Now read the passage about reasons for immigration. You have 45 seconds to read the passage. Begin reading now.

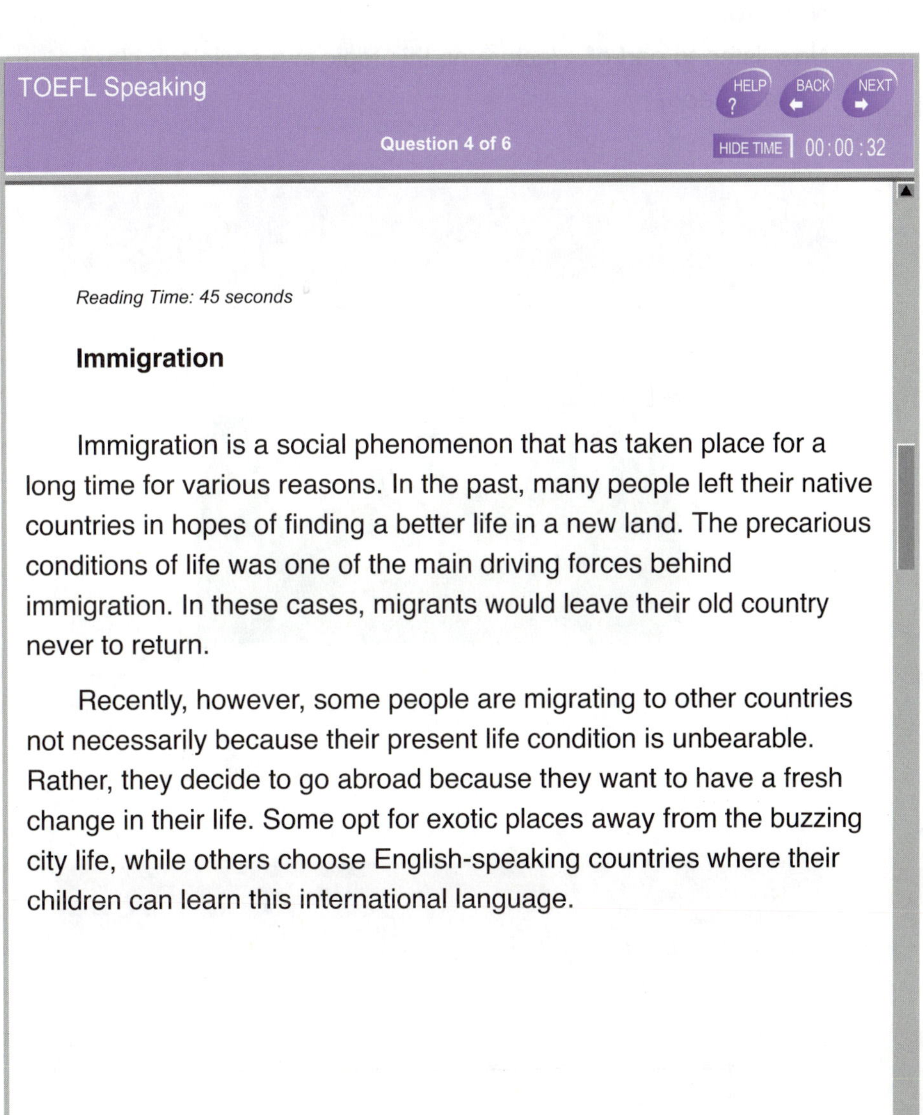

TOEFL Speaking

HELP ? BACK NEXT

Question 4 of 6

HIDE TIME 00 : 00 : 32

Reading Time: 45 seconds

Immigration

Immigration is a social phenomenon that has taken place for a long time for various reasons. In the past, many people left their native countries in hopes of finding a better life in a new land. The precarious conditions of life was one of the main driving forces behind immigration. In these cases, migrants would leave their old country never to return.

Recently, however, some people are migrating to other countries not necessarily because their present life condition is unbearable. Rather, they decide to go abroad because they want to have a fresh change in their life. Some opt for exotic places away from the buzzing city life, while others choose English-speaking countries where their children can learn this international language.

Note-taking

Narrator

Now listen to part of a lecture on this topic in a sociology class.
[2 secs beep]

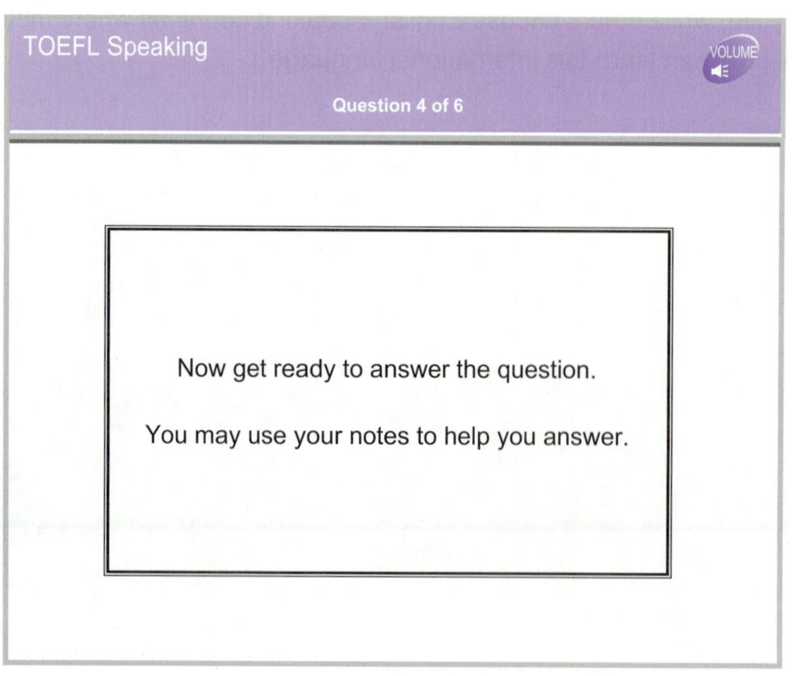

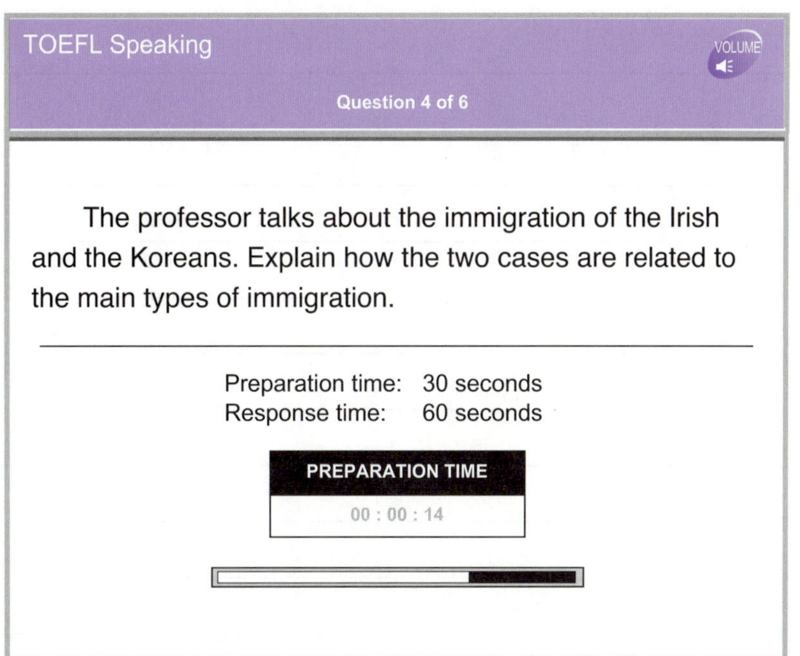

Narrator

You may begin speaking after the beep. *[2 secs beep]*

(아래 줄에 말할 내용을 영어로 써 보세요. 한 번 써 본 문장은 Speaking이 한결 쉽습니다!)

Listening Script

Narrator

Now listen to part of a lecture on this topic in a sociology class.

Professor

Okay, last class we discussed some of the main reasons for immigration. Umm … we said that in the past people left their home country largely for economic reasons. The harsh life was what impelled them to depart. The Irish immigration in the mid 1800s is a good case in point. You've probably heard about the devastating effects of the Irish famine or, better known as Potato famine, around that time. The incident took as many as millions of lives from hunger and disease, and changed the social and cultural structure of Ireland in profound ways. The Famine was one of the strongest forces that spurred waves of immigration into the US. Back then, the emigration was a kind of once-in-a-life-time adventure. It was like uprooting the family background and transplanting it into a totally foreign soil. This concept of immigration is changing these days, however.

Among some Asian countries like Korea, people decide to emigrate not because they have an economically harsh life or such life-threatening incidents as the potato famine. Hmm instead, they go abroad to look for a change in their busy lives or a better educational environment. Many families in Korea, for example, leave for English-speaking countries like the US, Canada, and Australia to expose their children to a setting more conducive to English acquisition. Another unique aspect of this type of immigration is that most of those who emigrate think that they can return to their homeland whenever they want. That's quite a different perspective.

Note-taking

"m reas of Im"

b (ec → harsh life

Irish * 1800 → eg.

eff Irish fam

↓ Potato fam

mill

∽ soc/cul

fam./m reason → US

*/ advent

↓

= f backg → foreign

b

conc. */∽

As

x b (ec d~

>∽ life

+ edu

K → English

> ch Eng.

w

↓

≠ persp.

Total iBT TOEFL Speaking : 5

Listen-Speak Type A

Introduction

듣고-말하기 통합형 Type A

Speaking 5번과 6번 문제는 먼저 듣기를 한 다음 들은 내용에 대해 60초 동안 말을 하는 듣기-말하기 통합형 문제이다. Reading 지문이 없이 Listening 자료만 듣고 답변하기 때문에 Speaking 3과 4보다 간단해 보인다. 하지만 주제를 파악하는 데 읽기 자료의 도움을 받을 수 없다는 점에서 듣기가 약한 학생에게는 오히려 더 어려울 수 있다.

Speaking 5번 문제는 주로 대학 캠퍼스에 관련된 주제가 나온다. 먼저 약 90초 길이의 대화를 들려 준다. 대화에 등장하는 두 명의 화자 중에 한 사람이 다른 사람이 직면한 문제에 대해 두 개의 대안을 제시한다. 말하기 과제는 화자가 처한 문제를 먼저 설명한 다음, 제시된 두 가지 대안 중 하나를 선택하고 그에 대한 이유를 설명하는 것이다.

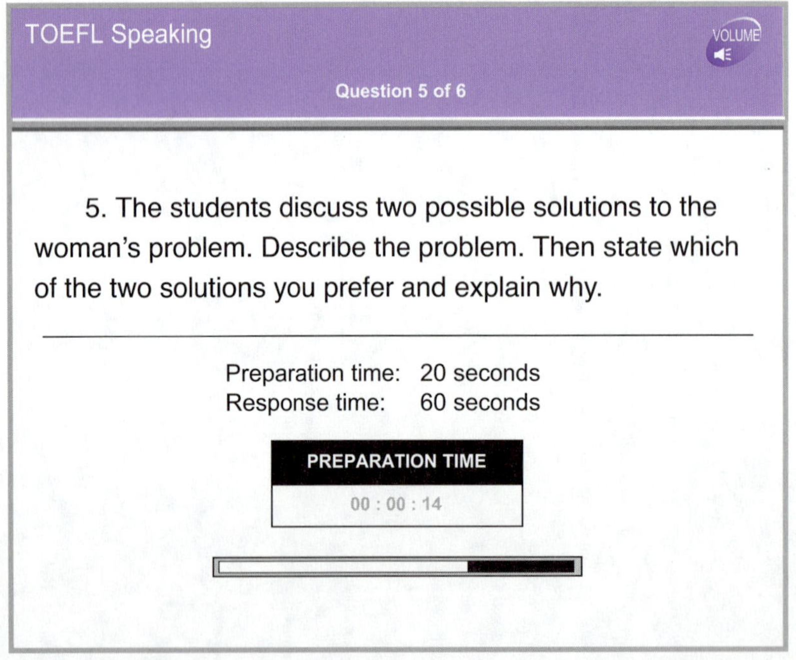

이 문제는 응시자가 대화의 요지를 이해하는 정도를 평가하고 응시자가 자신의 선택에 대해 얼마나 설득력 있게 말할 수 있는지도 측정한다. 따라서 듣기와 말하기 실력을 모두 갖추고 있어야만 높은 점수를 받을 수 있다.
앞서 언급했듯이 통합형 말하기 문제에서는 Note-taking 실력이 결정적인 역할을 한다.

Note-taking을 잘 하면 대화 내용을 고도로 집중해서 듣게 되고 노트를 바탕으로 편안하게 답변할 수 있기 때문이다. 더구나 듣기-말하기 통합형 Type A에서는 준비 시간이 20초밖에 없고 답변은 60초 동안이나 해야 하기 때문에 그 어떤 Speaking 문제에서 보다 간결하게 정리된 Note-taking이 절대적으로 필요하다. Note-taking을 할 때는 말 내용 옆에 그 말을 한 사람도 약자로 표시해 두어야 한다.

출제 경향

대학 캠퍼스와 관련된 상황을 바탕으로 제시되는 iBT TOEFL Speaking 5번 문제는 다음과 같은 주제가 출제된다.

- 학생 숙소
- 등록금 인상
- 도서관에서 자료 찾기
- 구내 식당의 식사 품질 또는 가격
- 시험 준비 및 스트레스

학습 순서

1. Note-taking하며 대화 듣기: 90초(약 220단어) 동안 이어지는 두 사람 사이의 대화를 듣는다. 어투나 난이도에 있어 CBT TOEFL의 Casual Conversation과 매우 흡사하다. 단, 한 화자가 직면한 문제를 설명한 다음 그에 대해 두 가지 해결 방안이 제시되는 점이 다르다. 대화를 들으면서 주어진 공란에 반드시 Note-taking을 한다.

Please Listen Carefully.

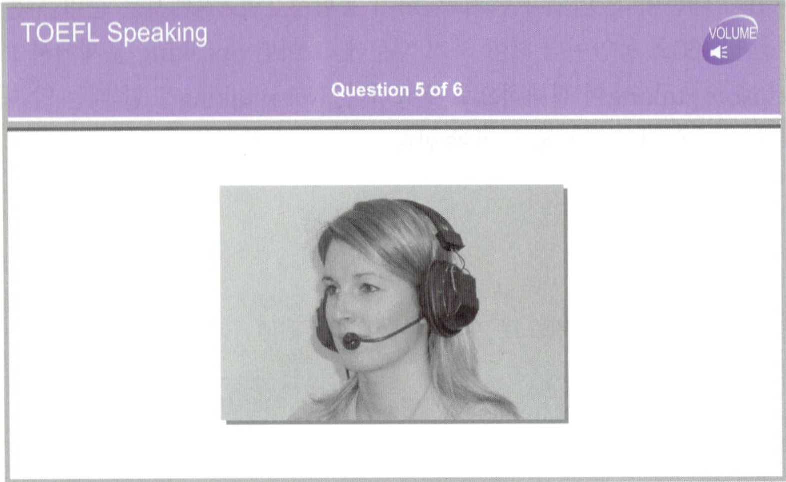

Narrator

Now listen to a conversation between two students.

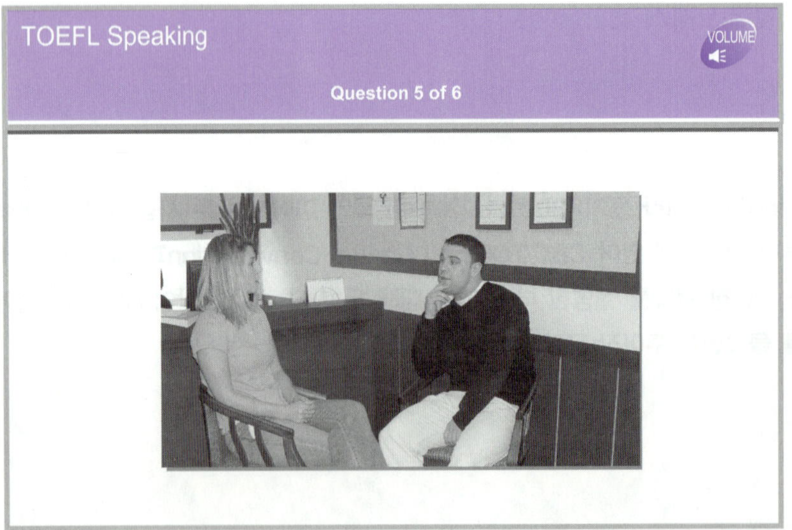

Note-taking

2. 모범 Note-taking 확인: Listening Script를 보면서 자신의 내용 이해 정도를 확인하고 모범 Note-taking과 자신의 것을 비교하면서 수정 · 보완할 부분들을 확인한다. 이런 과정을 여러 번 거치면서 전문적이고 효율적인 Note-taking 기법을 터득하게 된다.

Listening Script	모범 Note-taking
Male Student I miss riding my bike to school. This heavy snow we' re having makes it impossible for me to ride now, and I' ve been having to walk instead.	I/Miss bike → ŝ b(≉snow ㄴ
Female Student Is it a long walk for you? Where do you live?	long ? wh y/L ?
Male Student I live in off-campus housing, and it' s far away from the university. It' s bad enough having to walk, but with all the snow, it' s a miserable commute for me.	off-ĉ → far û b(snow ≈ commute
Female Student How come you' re living off-campus? I thought you were still living in the dorm.	O L d̂
Male Student Well, actually, I moved out of the dorm awhile back. I found a very cheap townhouse that I could share with two roommates. It' s a terrific place; we all love it. The only drawback is the commuting distance.	d̂ I/ $-ĥ(⋈ 2 all/♡ x commute

Speaking 5의 대화에 사용되는 어휘는 그리 어렵지 않다. 대본을 읽어 보면 대부분 평이한 일상적인 대화에 나올 법한 단어로 구성되어 있는 것을 알 수 있다. 물론 눈으로는 쉬워도 귀로 들으면 생소하게 느껴진다면 문제다. 그럴 경우에는 꾸준한 받아쓰기(Dictation) 훈련을 통해 다양한 단어를 귀로 접해 보아야 한다.

3. 답변 작성: 말하기 과제가 주어진다. 들려 준 대화에서 제기된 문제를 설명한 다음 그에 대한 해결 방안을 선택하고 선택에 대한 이유를 설명해야 한다. 여기서 바로 말하기로 들어가기 보다는 자신의 답변을 약 120단어 길이로 영작해 보는 것이 좋다. 이러한 Mini Essay 작성을 통해 다양한 영어 표현을 익히는 동시에 논리적으로 생각을 정리하는 훈련도 하게 된다:

TOEFL Speaking

VOLUME

Question 5 of 6

5. The female student offered two possible solutions to the male student's problem. Describe the problem. Then state which of the two solutions you prefer and why.

Preparation time: 20 seconds
Response time: 60 seconds

PREPARATION TIME

00 : 00 : 14

(아래 줄에 말할 내용을 영어로 써 보세요. 한 번 써 본 문장은 Speaking이 한결 쉽습니다!)

4. 답변 녹음 및 모범답안 확인: 자신이 작성한 답변을 답지에 주어진 Sample Answer와 비교해 본다. 물론 의견이 다를 수는 있지만 문제에 대한 설명 부분은 참고가 많이 될 것이다. 또한 선택을 어떤 근거를 들어 뒷받침하는지도 배울 수 있다. 마지막으로 테이프를 들으며 원어민의 모범답변을 shadowing하면서 말하는 속도(fluency)와 발음을 개선한다.

Sample Answer

The problem is that the student lives in off-campus housing far away from the university. And because of the heavy snow, he can no longer use his bike to commute to school. The female student suggested that he either take the bus or work out a carpool agreement with his roommates. I would prefer to carpool, because taking the bus means being confined to the bus schedule. Since one of the students owns a car, it would be possible to schedule rides when needed. It' s true that there might be times when the student would need to go to campus early or stay between classes, but the same could be said of the bus option, and it could not be varied. With roommates, if he really needed a ride, he could work something out with them. I think the carpooling offers more flexibility as well as the enjoyment of riding with friends instead of strangers.

남학생의 문제는 대학에서 멀리 떨어진 곳에 산다는 것이다. 그리고 폭설로 인해, 더 이상 자전거를 타고 학교에 올 수 없다는 것이다. 여학생은 버스를 타거나 룸메이트들과 카풀을 해 보라고 제안한다. 나는 카풀이 더 낫다고 생각한다. 왜냐면 버스를 타려면 버스 운행 시간표에 의존해야 하기 때문이다. 룸메이트 중 한 명이 차가 있으니까, 필요할 때 차를 이용할 수 있을 것이다. 남학생이 학교에 좀더 일찍 가거나 수업과 수업 사이에 좀 기다려야 하는 것은 사실이지만, 그건 버스를 탈 때에도 마찬가지다. 문제 해결이 정말 절실하다면, 분명 룸메이트들과 어떻게든 대책을 찾을 수 있을 것이다. 나는 카풀이 모르는 사람들이 아닌 친구들과 함께 가는 즐거움을 선사할 뿐만 아니라 더 편리하다고 생각한다.

Sample Answer는 60초 동안 말할 수 있는 내용보다 더 길다. 학생들이 더 많은 내용을 참고할 수 있도록 하기 위해서이다. 일단, 자신의 답과 모범 답안을 비교해 마음 속으로 생각과 표현을 정리한 다음 초시계로 60초를 설정하고 최종 답변을 녹음한다. 실제 시험 환경에 대비해야 하기 때문에 처음에 말이 잘못 나왔더라도 중간에 녹음을 중단하지 말고 계속 말을 이어가는 훈련을 해야 한다. "연습은 실전같이"라는 말은 여기에도 그대로 적용된다. 녹음한 내용은 반드시 다시 들으면서 자신의 발음과 말 속도, 표현 등을 점검한다. Total iBT TOEFL Speaking을 공부한 다음에는 본 교재 CD에 수록된 Actual Test를 통해 실제 시험 환경과 같은 조건에서 훈련할 수 있다.

Total iBT TOEFL Speaking : 5

Listen-Speak Type A

Note-taking

Practice 1

Campus Housing Dilemma

Narrator

Please listen carefully.

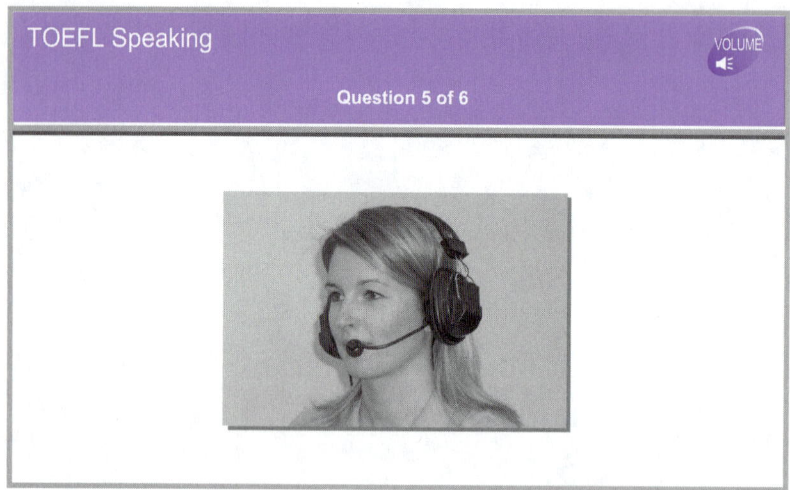

Narrator

Now listen to part of a conversation between two students.

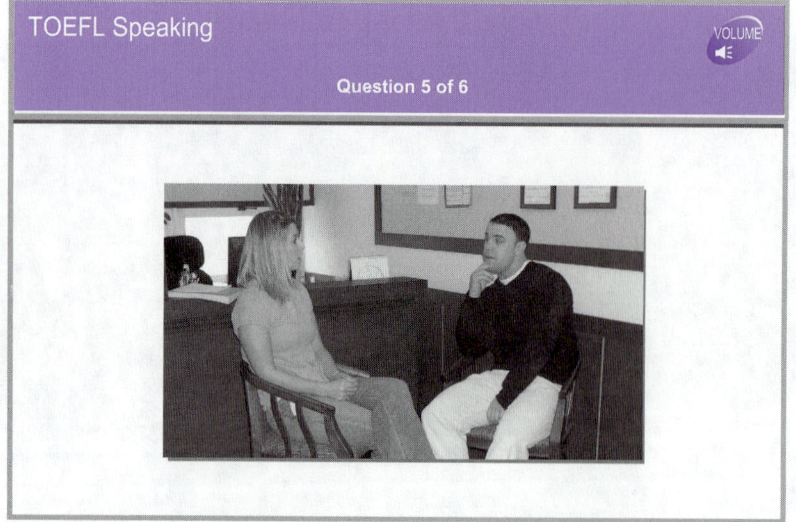

Note-taking

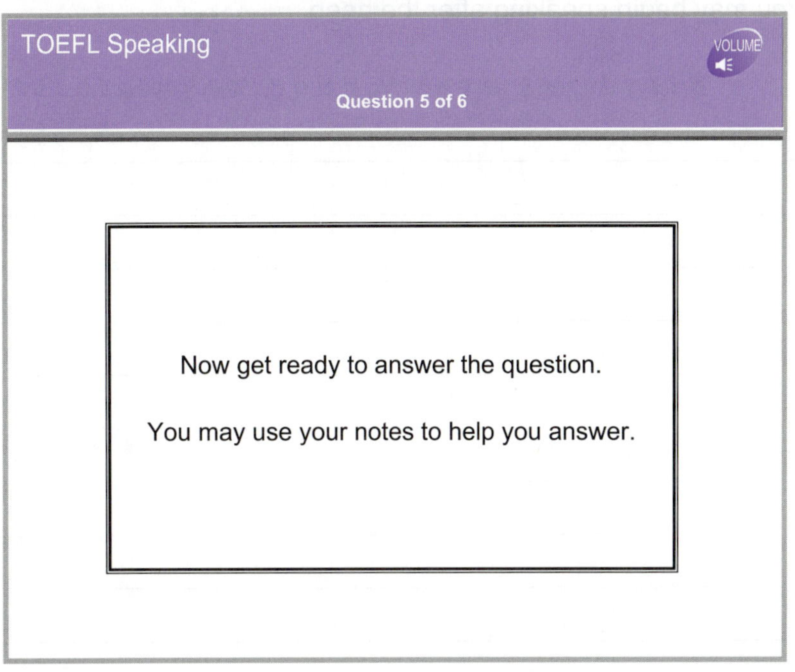
TOEFL Speaking
VOLUME
Question 5 of 6
Now get ready to answer the question.
You may use your notes to help you answer.

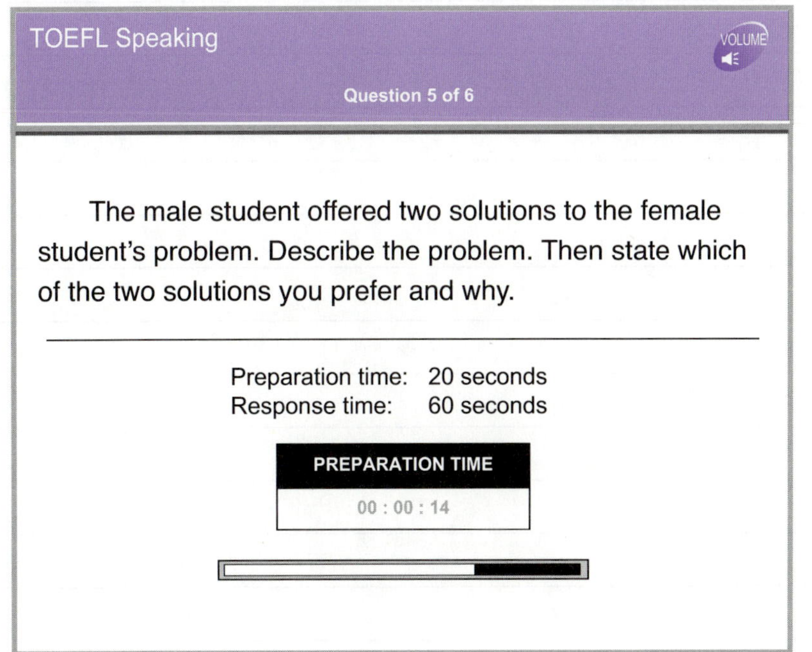
TOEFL Speaking
VOLUME
Question 5 of 6
The male student offered two solutions to the female student's problem. Describe the problem. Then state which of the two solutions you prefer and why.
Preparation time: 20 seconds
Response time: 60 seconds
PREPARATION TIME
00 : 00 : 14

Narrator

You may begin speaking after the beep. *[2 secs beep]*

(아래 줄에 말할 내용을 영어로 써 보세요. 한 번 써 본 문장은 Speaking이 한결 쉽습니다!)

Listening Script

Female Student
I'm trying to figure out what to do about my housing.

Male Student
What about it?

Female Student
I'm living in a two-bedroom apartment with a roommate who is graduating this semester. So I have to decide whether to find a new roommate and stay in the apartment or move into the dormitory.

Male Student
Well, on- and off-campus housing each have advantages and disadvantages of their own. I'm living in an on-campus dormitory, but I lived in an off-campus apartment with two roommates for two years before moving into the dorm.

Female Student
So what do you think would be the better choice for me?

Male Student
Okay, the dorm is very close to the school, so I save a lot of commuting time living there. Since all my classrooms are within walking distance, I don't have to rush in the morning or worry about traffic congestion. Since I can walk, I don't need the car, either.

Female Student
This is all sounding very good …

Male Student
Right. And since I don't need the car, that saves me money. I don't need to pay for parking or other car-related costs like gasoline and insurance. If I want, I can ride my bike instead of walking, too. And either way, I'm getting exercise every day.

Female Student
Gee, that sounds so good that I can't imagine why anyone would want to live off-campus.

Note-taking

F: / O ĥ

M: ?

F: L 2-b â room° (grad
∴ D new / M→ dorm

M: each / adv / disadv.
I / on-camp d̂
b L off-c â 2yr

F: wt better?

M: d̂ / ŝ → – time
X Rush
X Worry traffic
X N car

F: ✓

M: b (X N car → –$
X parking gasol / insur
✓bike
X walk
↓
exerc

F: ġ /
why / L off-c?

Note-taking

M:
力: b($
d̂/x $-
g: + $+ than ĥ(⋈ room°

F: ✓

M:
+ cooking
b(x cook d̂
/Eat ŝ caf.
△♀/d̂↗ b(♡ cook

F: ✓
Th
/LO^T/ D

Male Student

It's probably because of the cost. The on-campus dorm isn't cheap, and in many cases it's more expensive than off-campus housing shared among roommates.

Female Student

Well, that's true; that's a good point.

Male Student

And then there's the cooking. Since you can't cook in the dorm, you have to eat at the school cafeteria most of the time. Some people left the dorm because they wanted to live in an apartment where they can cook whenever they want.

Female Student

Those are all very good insights. I really appreciate all of your help. I'll give this some more thought and decide what I want to do.

큰 소리로 읽으며 Speaking 연습을 해봅시다!

- to **figure out** something

⇨ 알아내다, 이해하다
'이해하다' 로 대개 understand만 쓰게 되는데, 예문처럼 figure out도 병해해서 사용하면 표현이 다채로워진다. figure out은 '이해하다' 외에도 '알아내다, (문제)를 풀어내다' 등의 의미로도 사용된다.

- that **saves** me money

⇨ 그것은 나에게 돈을 절약하게 해준다
'절약하다' 하면 save까지는 쉽게 떠올릴 수 있는데 막상 문장으로 만들 때 실수를 하는 경우가 많다. save는 cost 동사처럼 4형식으로 사용되며, 주로 무생물 주어를 받는 경우가 많다.

e.g.
The plan will **save** you much time and money.
그 계획은 너에게 많은 시간과 돈을 절약해 줄 것이다.
The project will **cost** you 400 dollars.
그 프로젝트는 너에게 400 달러가 들것이다.

Note-taking

Practice 2

Exam-stress Management

Narrator

Please listen carefully.

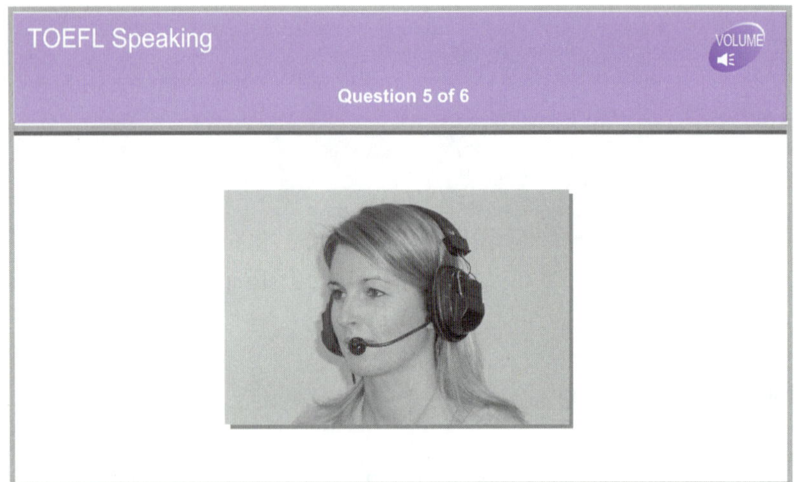

Narrator

Now listen to part of a conversation between two students.

Note-taking

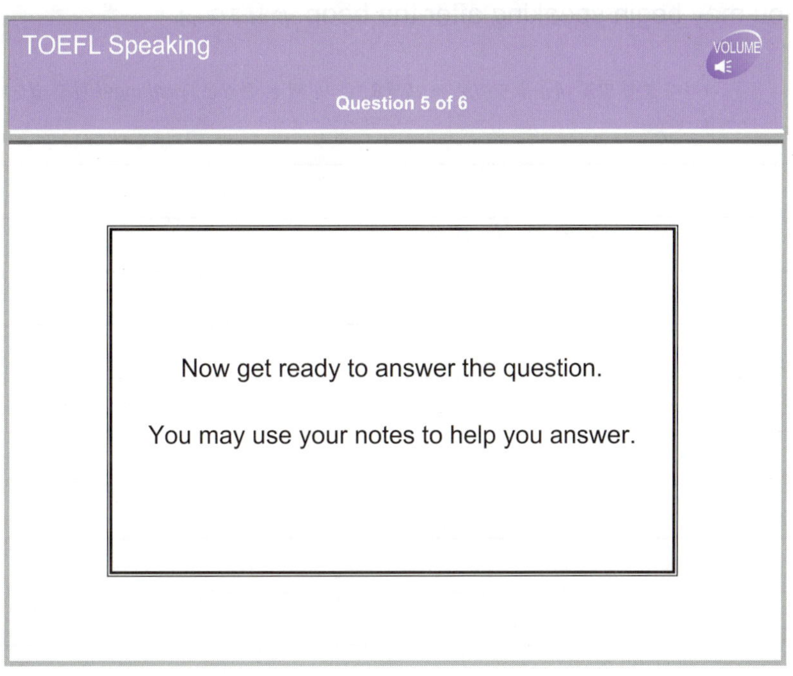
TOEFL Speaking
VOLUME
Question 5 of 6
Now get ready to answer the question.
You may use your notes to help you answer.

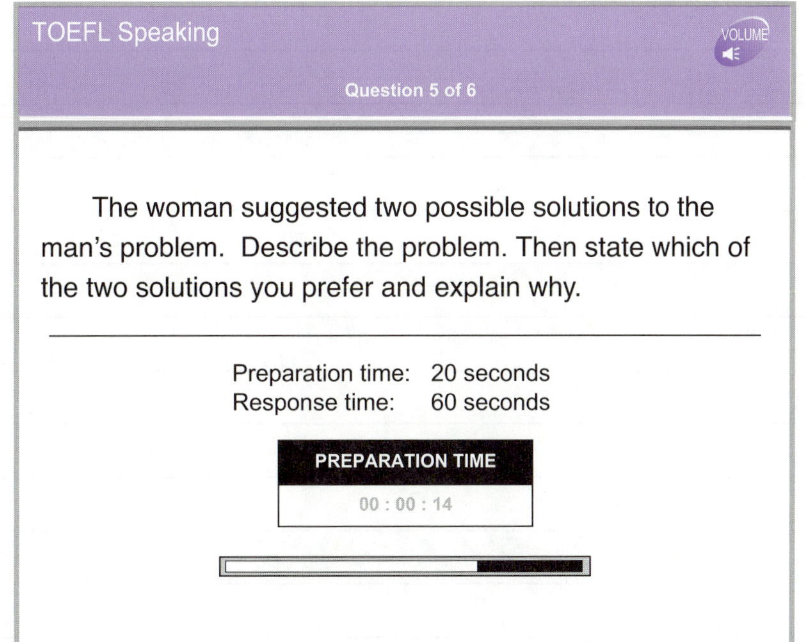
TOEFL Speaking
VOLUME
Question 5 of 6
The woman suggested two possible solutions to the man's problem. Describe the problem. Then state which of the two solutions you prefer and explain why.
Preparation time: 20 seconds
Response time: 60 seconds
PREPARATION TIME
00 : 00 : 14

Narrator

You may begin speaking after the beep. *[2 secs beep]*

(아래 줄에 말할 내용을 영어로 써 보세요. 한 번 써 본 문장은 Speaking이 한결 쉽습니다!)

Listening Script

Woman

Hi there. I haven't seen you lately. How are you doing?

Man

Hi, it's good to see you. Actually, I'm not doing that well.

Woman

What do you mean? Why not?

Man

I have an advanced statistics final next week, and I'm not prepared for it at all. I'm afraid I'm going to fail it.

Woman

Oh, I'm sure you'll do fine. We all feel like that sometimes.

Man

I wish I agreed with you. I'm worried sick about it. I think about it all the time, and I can't sleep. I've lost my appetite too.

Woman

Wow! It is really bothering you, then!

Man

Yes it is, and I'm about at my wit's end. I'm way behind, and there's just too much material for me to cover and remember in that amount of time.

Woman

I can sympathize with you, because I took the same course last semester, and it was challenging for me too. It sounds like you're too nervous to concentrate on studying. Why don't you get outside and participate in some sports to get your mind off the exam? Then you'd feel like eating and getting some rest.

Man

That suggestion sounds ideal, but I can't do it because all my other friends are studying for finals and don't have time to play.

Note-taking

W: how are y?

M: x well

W: why?

M: ‹ ad+ Stat final w
x Prep.
/L x V

W: all / Feel =

M: / Worried
OT a:
x Sleep
x appetite

W: bothering y !

M: ✓
mat
x time

W: T = sem
d~
y/ too nerv
why not
↓ △ sports?
y/L ♡ Eat
Rest

M: x b (f°/os
x ‹ time to play

Note-taking

W: notes?
textb / too thick 1 w
notes / short to the point

M: …

W: O^T O^U m conc → conf
p°/カ: Deal w/points (← class
b (- time
O^T notes / realistic

M: O^T
N do sth > x anxiety

Woman
Then why don't you review the notes you took in class instead? The textbook is too thick to read through in one week, but the notes will be much shorter. They'll also go straight to the points the professor emphasized in class.

Man
Well …

Woman
Besides, I think that by understanding the main concepts dealt with in class, you'll feel more confident reviewing the textbook. The professor will very likely deal primarily with the points he emphasized in class, anyway. Given the time constraints, I think going over the notes is a very realistic option.

Man
I'll have to give that some thought. Maybe you're right. I know one thing for sure — I need to do something to get out of this anxiety attack.

큰 소리로 읽으며 Speaking 연습을 해봅시다!

• to **sympathize with** a person

⇨ 어떤 사람의 입장에 동감하다 / 심정을 이해하다
대화 상대방의 입장이나 마음을 이해한다는 의미로 사용하면 딱 맞는 표현이다. 함께 오는 전치사 with도 꼭 챙겨 익혀둔다.

e.g.
I can **sympathize with** you. I know how hard it is.
난 네 심정을 이해할 수 있어. 그게 얼마나 힘든지 알거든.

• to **get one's mind off** something

⇨ 어떤 일로부터 머리를 식히다, 잠시 잊다.
'몰두하던 일로부터 머리를 식히다, 잠시 휴식을 취하다, 딴 생각을 하다' 등의 의미로 사용할 수 있다.

e.g.
Why don't you get outside and participate in some sports to **get your mind off** the exam?
밖에 나가서 스포츠 활동을 하면서 시험으로부터 머리를 식히는 게 어떠니?

Note-taking

Practice 3

Finding Material in the Library

Narrator

Please listen carefully.

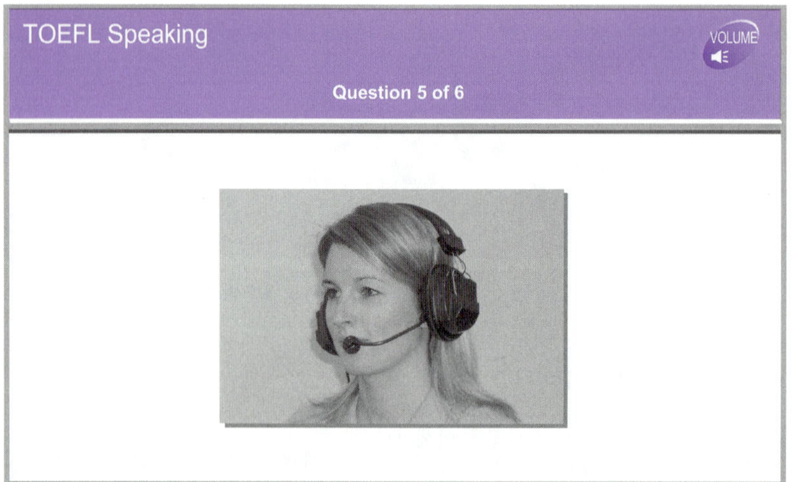

Narrator

Now listen to part of a conversation between a librarian and a student.

Note-taking

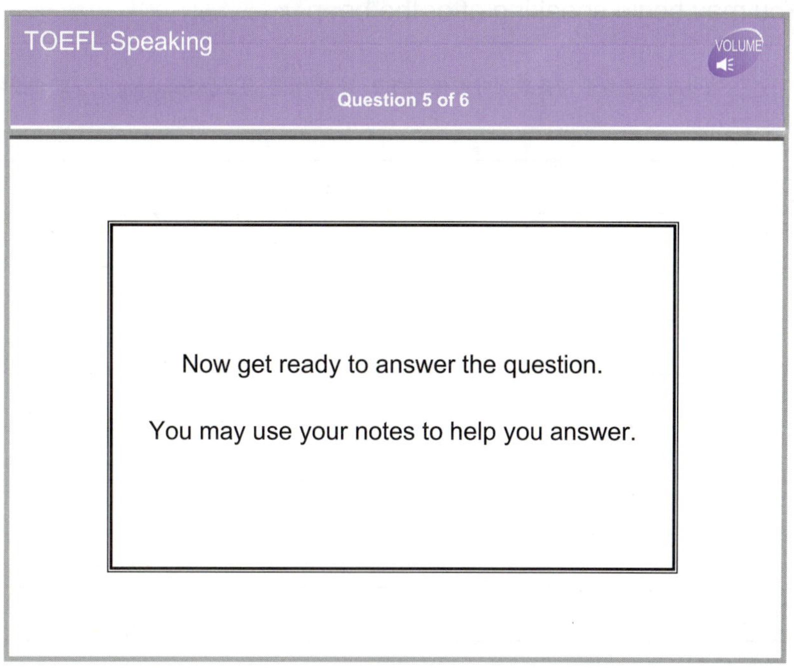
TOEFL Speaking
VOLUME
Question 5 of 6
Now get ready to answer the question.
You may use your notes to help you answer.

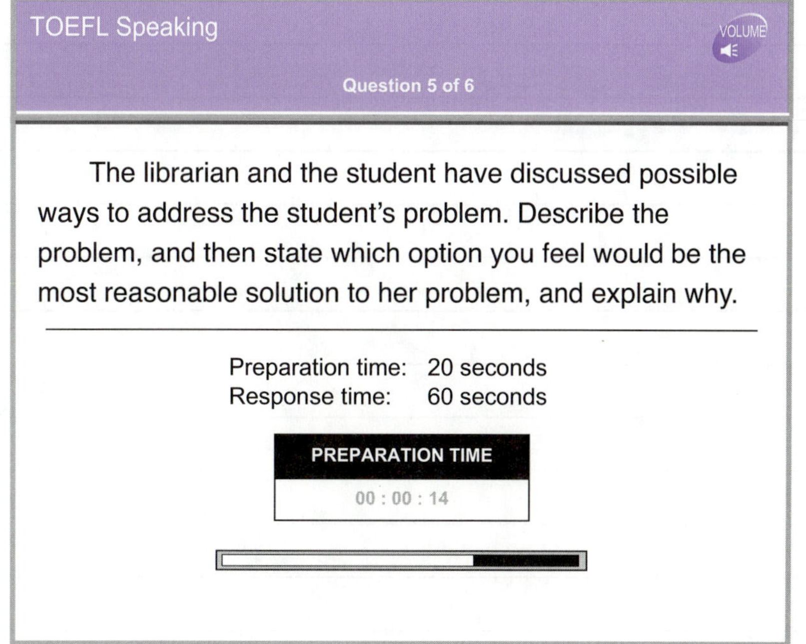
TOEFL Speaking
VOLUME
Question 5 of 6
The librarian and the student have discussed possible ways to address the student's problem. Describe the problem, and then state which option you feel would be the most reasonable solution to her problem, and explain why.
Preparation time: 20 seconds
Response time: 60 seconds
PREPARATION TIME
00 : 00 : 14

Narrator

You may begin speaking after the beep. *[2 secs beep]*

(아래 줄에 말할 내용을 영어로 써 보세요. 한 번 써 본 문장은 Speaking이 한결 쉽습니다!)

Listening Script

Student
Hello. I wonder if you could help me.

Librarian
I'd be glad to. What can I do for you?

Student
I have to write a term paper about the influence of urbanization on the modern lifestyle.

Librarian
So you need some books on that topic?

Student
Yes. I found some books on urbanization in the main library, but I was told that the sociology library has more specialized materials. I just don't have a clue where to look first. Can you tell me where to start?

Librarian
Yes, the sociology library does have a large collection of specialized books on social topics. Your topic is too broad, though. You need to narrow it down to make the search for material easier.

Student
I'm not sure how to do that. Can't I just look for information on the broad topic?

Librarian
You could, but you'll have to look in lots of places to find it all. The library has more than just books and journals; it also has newspapers on microfilm, CD ROMs of old magazines, online full-text databases of hundreds of professional journals …

Student
Okay, I get the idea. You convinced me — I have to narrow down my topic. What's the best way to do that?

Note-taking

S: y/ ?

L: wt?

S: / Wr "urbn mod lifestyle"

L: y/N books?

S: ✓ m lib.
b Soc lib / + Sp. mat.
where ↦ ?

L: ✓ b top / too broad
y/N Narrow > + easy

S: x OK how
x broad top?

L: b p
lib / book
journal
newsp
CD
mag
datab etc

S: ✓ best ?

Note-taking

L: urb^{n} Y mod
b spec
eg. urb^{n} + Y T→ sys
or compare rural urb

Librarian

Well, what you want to do is come up with a topic that includes the influence of urbanization on the modern lifestyle, but with a specific focus. You could write on urbanization and its effects on the mass transportation system, for example. Or maybe you could do a comparison between the rural and urban lifestyles.

S: ✓
→ Narrow top
↓
> mat

Student

Oh, okay … I get it. I'm going to go back to the dorm and work on narrowing down my topic. Then I'll come back and get help with the search for appropriate materials.

L: ✓ w(
datab
+ Spec top → +
+ quick/easy > R

Librarian

That's a good idea. When you come back, we can help you do some searches of the databases. With your more specific topic, you'll get much more useful information, and it will be quicker and easier to retrieve.

S: Th
now O^{K} how P→

Student

Thanks for your help. I have a much better idea now of how to proceed. I'll see you in a little bit after I have my topic defined.

알짜표현

큰 소리로 읽으며 Speaking 연습을 해봅시다!

• I **don't have a clue** on something.

⇨ 어떤 것에 대해 전혀 감이 없다, 모른다.
물론 'I don't understand it at all'도 되지만 예문처럼 clue란 단어를 넣어 표현해도 자연스럽다.

• to **narrow down** a topic

⇨ 어떤 주제의 폭을 줄여 더 구체화하다
'막연하거나 일반적인 주제를 구체화해 그 범위를 줄이다'란 의미로 사용된다. 토플에 자주 등장하는 표현 중 하나로 익혀둘 필요가 있다.

• to **come up with** (an idea, a plan)

⇨ (생각, 계획을) 떠올리다, 생각해내다
to devise란 표현도 있지만, 대화에서는 come up with를 더 많이 쓴다.

Note-taking

Practice 4

Noise Problem in the teaching assistant office

Narrator

Please listen carefully.

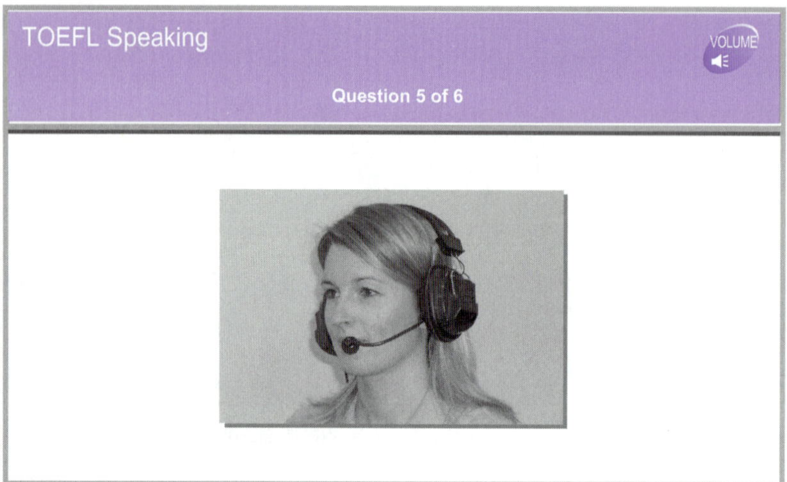

Narrator

Now listen to part of a conversation between two teaching assistants.

Note-taking

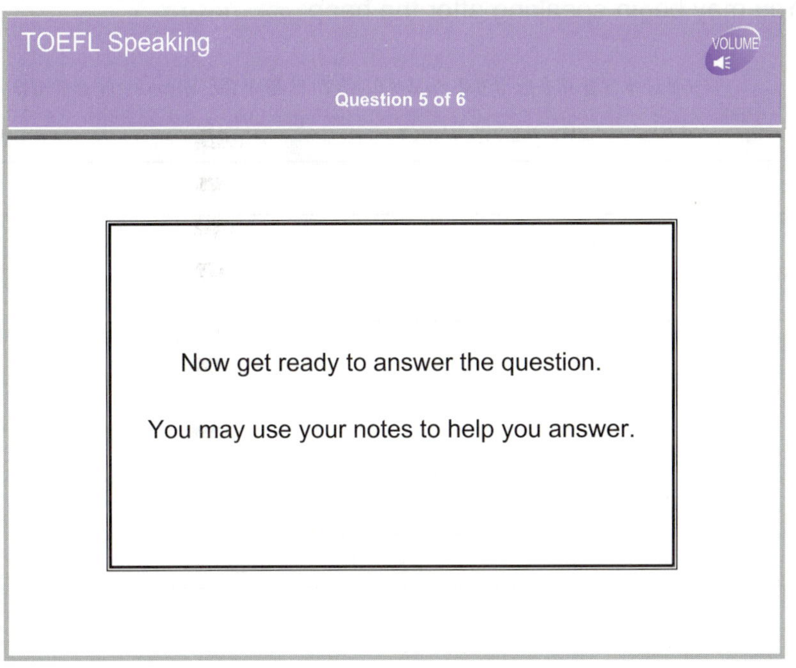
TOEFL Speaking
VOLUME
Question 5 of 6
Now get ready to answer the question.
You may use your notes to help you answer.

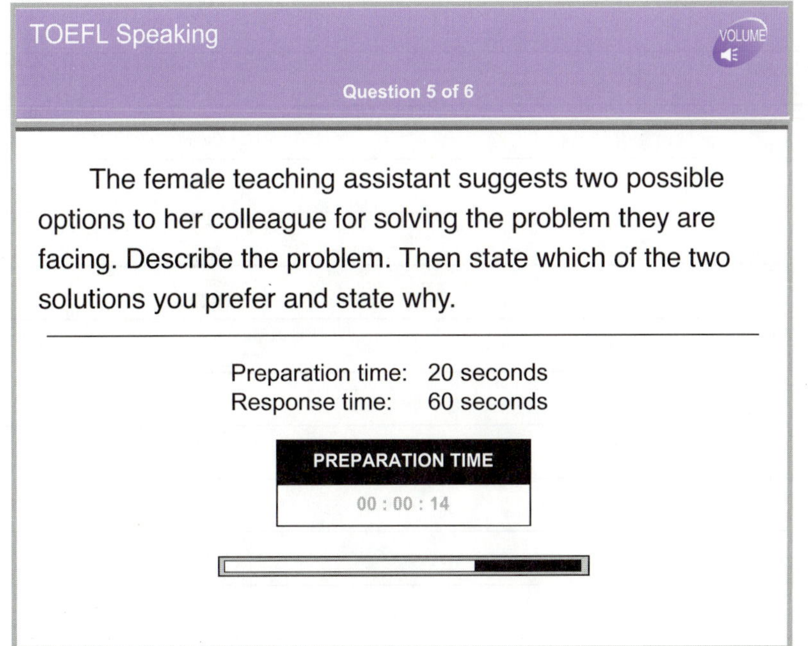
TOEFL Speaking
VOLUME
Question 5 of 6
The female teaching assistant suggests two possible options to her colleague for solving the problem they are facing. Describe the problem. Then state which of the two solutions you prefer and state why.
Preparation time: 20 seconds
Response time: 60 seconds
PREPARATION TIME
00 : 00 : 14

Narrator

You may begin speaking after the beep. *[2 secs beep]*

(아래 줄에 말할 내용을 영어로 써 보세요. 한 번 써 본 문장은 Speaking이 한결 쉽습니다!)

Listening Script

Teaching Assistant A
Hey, are you having trouble concentrating on your work in the teaching assistants' office?

Teaching Assistant B
Sometimes — why do you ask?

Teaching Assistant A
Well, ever since they put the new TA, John, here in our office with us, I've been annoyed by all the noise and commotion we have in here now.

Teaching Assistant B
You mean the students dropping by to see him?

Teaching Assistant A
Yes, the continual visits by students every day. It's so noisy that I can't do my class preparation anymore. I mean, I understand that consulting with students is important for them, but all this noise and disturbance is really stressing me out.

Teaching Assistant B
I agree with you that the commotion is out of hand. Five of us share the office, so in order for all of us to focus on our jobs as TAs, we have to have silence.

Teaching Assistant A
I'm glad you agree. I don't have any idea what we can do to resolve the problem, though, do you?

Teaching Assistant B
Actually, I do have an idea for you. Why don't you talk to John about the situation and ask him to meet the students somewhere else? There are plenty of other meeting places on campus, like the cafeteria, the student center lounge, and the lobbies of the various dormitories.

Teaching Assistant A
Hmm … that might be a good idea.

Note-taking

A: y/t~ W TA ô ?

B: s: why?

A: ↦ new TA, John
noise / commotion

B: s° (Drop by) him?

A: ✓
so noisy
x prep
O ... s°/!
b noise dist / Stress

B: ✓
5/⋈ ô
∴ > job
we/N silence

A: ✓
how Resolve p~ ?

B: why not w/John
Ask ⋈ s° ≠ p̂ ?
↓
caf
s° ĉ
lobby

A: 力: ġ

Note-taking

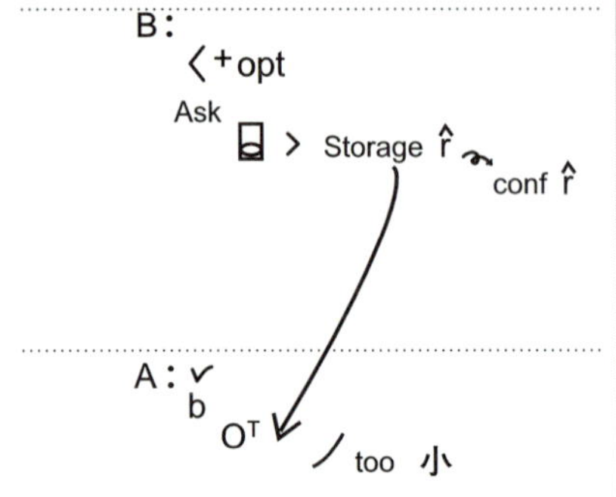

B:
= cramped b stuff
x old cab → nice
why not
TAs
?

A:
now

Teaching Assistant B
And you know … while I think of it … there's another option for you too. You could ask for permission to fix up the storage room next to the teaching assistants' office and turn it into a conference room for teaching assistants and their students.

Teaching Assistant A
I like that idea, but I think the storage room might be too small for that.

Teaching Assistant B
It does look rather cramped at the moment, but that's just because there is too much stuff stored in it. If you remove the old cabinet, I think it would make a nice meeting room. Why don't we talk to the other TAs about it and see if they can help us do the work?

Teaching Assistant A
Sounds like a plan. I'll start talking to them right away.

큰 소리로 읽으며 Speaking 연습을 해봅시다!

• to **drop by**

⇨ 방문하다, 들르다
'방문하다' 를 to visit으로 흔히 처리하는데 drop by, stop by도 같이 익혀두면 표현이 다양해 진다.

• **out of hand**

⇨ 통제 밖의, 제어 불능인
어떤 상황이나 여건이 걷잡을 수 없다는 말을 할 때 사용하면 딱 맞는 표현이다. 더해서 out of control이란 동의어도 같이 익혀두자.

e.g.
The situation is out of hand.
상황은 걷잡을 수 없는 지경이다.

Note-taking

Practice 5

Rent Deduction

Narrator

Please listen carefully.

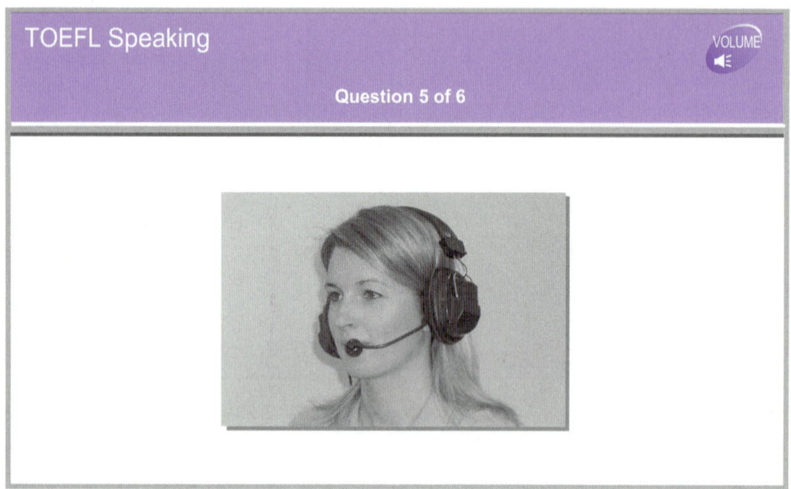

Narrator

Now listen to part of a conversation between two students.

Note-taking

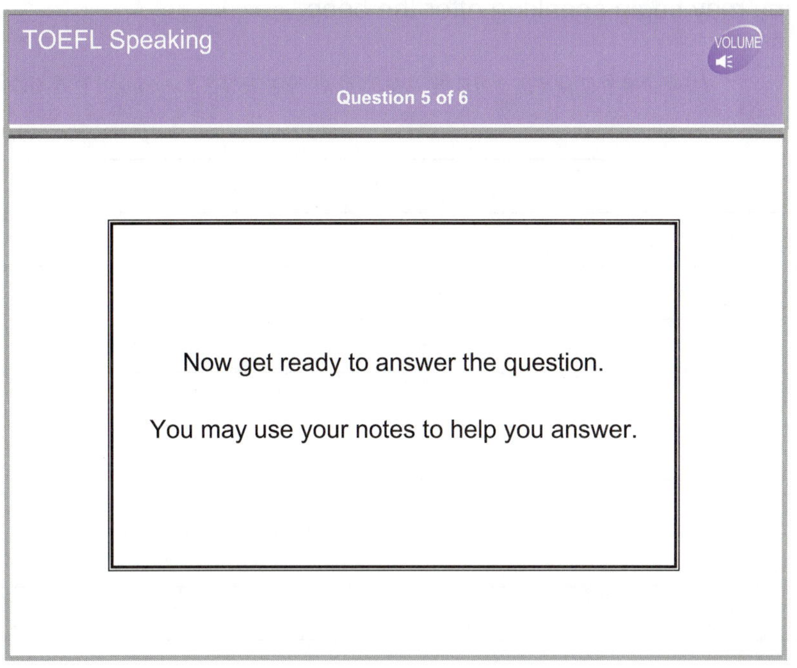
TOEFL Speaking
VOLUME
Question 5 of 6
Now get ready to answer the question.
You may use your notes to help you answer.

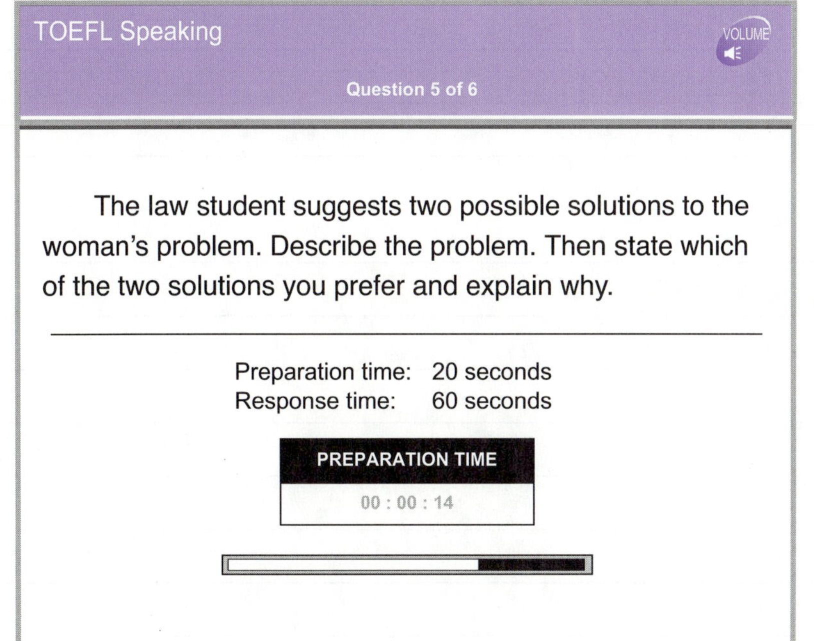
TOEFL Speaking
VOLUME
Question 5 of 6
The law student suggests two possible solutions to the woman's problem. Describe the problem. Then state which of the two solutions you prefer and explain why.
Preparation time: 20 seconds
Response time: 60 seconds
PREPARATION TIME
00 : 00 : 14

Narrator

You may begin speaking after the beep. *[2 secs beep]*

(아래 줄에 말할 내용을 영어로 써 보세요. 한 번 써 본 문장은 Speaking이 한결 쉽습니다!)

Listening Script

Female Student
Have you ever had a problem with your landlord?

Male Student
No, not really … why, are you having a problem with yours?

Female Student
Yes, as a matter of fact, my roommate and I are having big problems with ours.

Male Student
Tell me what's going on. Maybe I can help.

Female Student
Well, a couple of weeks ago, our washing machine broke down. We reported it to the landlord, but he never returned our calls. Finally, with the laundry piling up, we got desperate and had the machine fixed at our own expense.

Male Student
Didn't the landlord reimburse you for the repairs?

Female Student
No. In fact, he's trying to evict us now.

Male Student
No way!

Female Student
Yes. Since we had to pay for the repairs ourselves, we deducted the amount of the repairs from our rent payment. Now the landlord has called and is threatening to have us evicted for not paying the full rent.

Male Student
Well, I just happen to be a law student, and I think you have a couple of options here. I think your landlord is being unfair with you. You could talk to the campus housing office about the situation. Since they control both on- and off-campus housing, you might get some help from them.

Note-taking

F: y/ p~ w/ land° ?

M: x
why?

F: r°, I/ p~

M: Wt?

F: wash mach/Broke
we/ land° → x call
laundry/ → Fix at own $→

M: land°/x Reimb ?

F: x
he/ Evict

M: ^^ !

F: ✓
D– amt rep from rent
land°/ Evict

M: / law s°
y/ opt
1/OT land° x fair
y/ ĥ ô
↓

Note-taking

F: ġ ᛘ

M: +opt
y/Exp why x full rent
⟨receipt?

F: ✓

M: ⊘
to land°
力: O^u reasonable
力: 大 misund.

F: ġ ᛘ
r°
Th

Female Student
Oh, that's a good idea; I hadn't thought of that.

Male Student
You have another option too. You could take your roommate for a meeting with the landlord and explain why you didn't pay the full rent. Do you still have the receipt for the repairs?

Female Student
Yes, we kept it.

Male Student
Good, then you can take that with you and show it to the landlord. Maybe he'll understand that what you did was reasonable under the circumstances. This may all be a big misunderstanding. He may have been mistaken about your intentions and the reason for the deduction.

Female Student
Those are both great ideas. I'll talk them over with my roommate, and I'm sure she'll be as grateful for your help as I am.

Male Student
Glad I could help.

큰 소리로 읽으며 Speaking 연습을 해봅시다!

• **on- and off-campus housing**

⇨ 대학 교내외 주택
주로 **on-campus housing**하면 dorm(기숙사)같은 학교 내 주택을 의미하며 **off-campus housing**은 학교 밖에 있는 주택을 뜻한다. 미국 대학에 있는 housing director는 on-campus housing은 물론 off-campus housing 문제까지도 담당하는 경우가 많다.

• to **be mistaken about** something

⇨ 어떤 것에 대해 잘 못 알고 있다, 착각하고 있다.
흔히 mistake는 명사 형태로 많이 사용되지만 예문의 경우 수동의 동사로 사용되어 '무엇을 오해하고 있다, 착각하고 있다, 잘못 알고 있다' 의 뜻을 갖는다. 뒤에 오는 전치사 about도 같이 익혀두면 요긴하게 쓸 수 있다.

Note-taking

Practice 6

Cafeteria Food

Narrator

Please listen carefully.

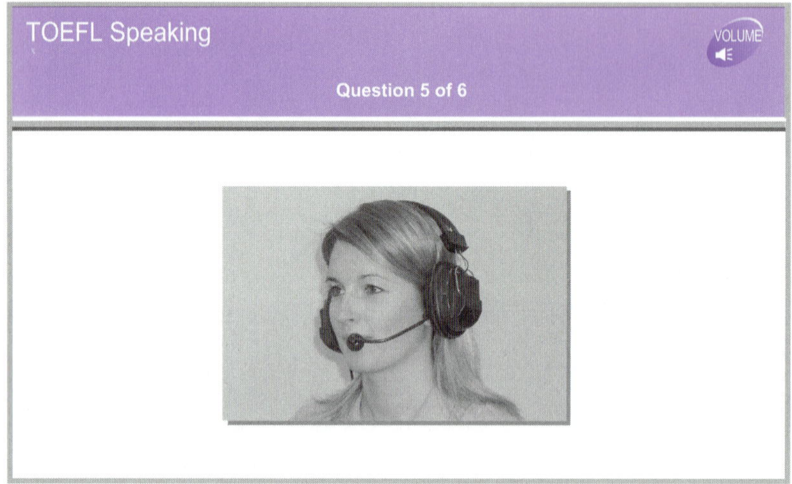

Narrator

Now listen to part of a conversation between two students.

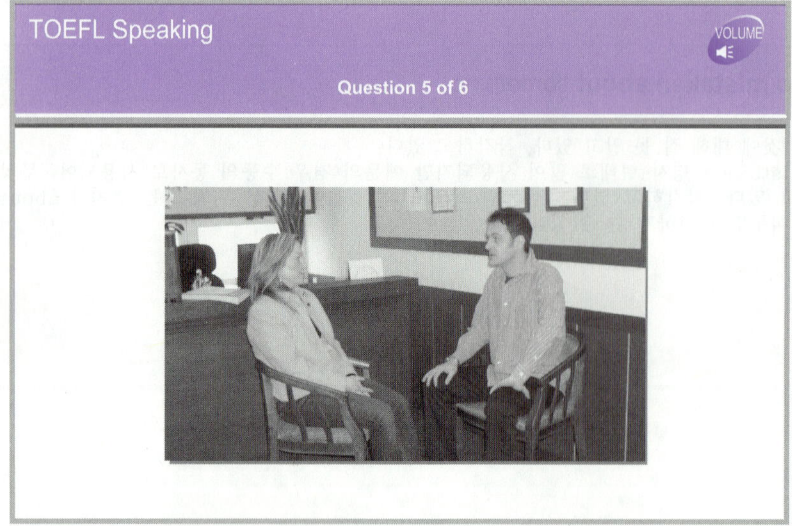

Note-taking

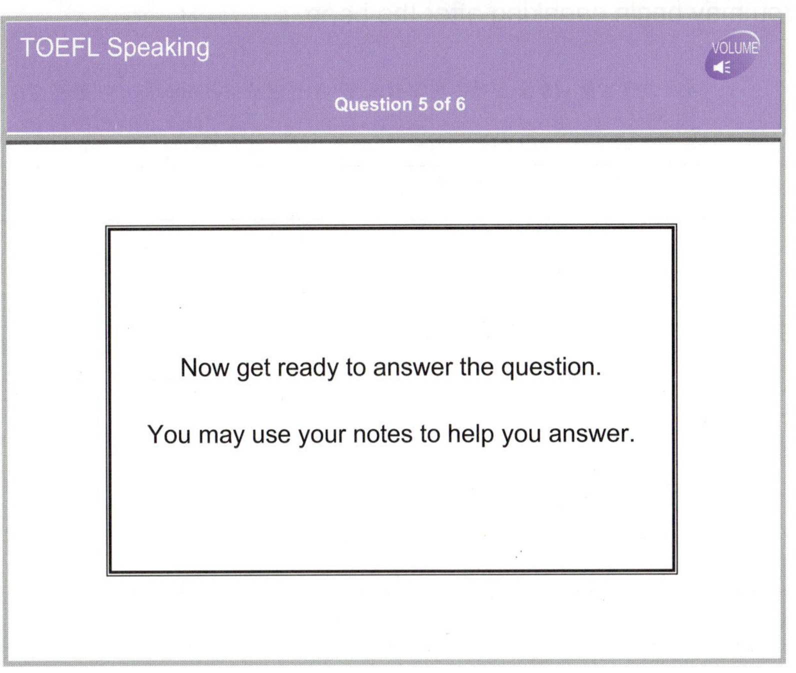
TOEFL Speaking
VOLUME
Question 5 of 6
Now get ready to answer the question.
You may use your notes to help you answer.

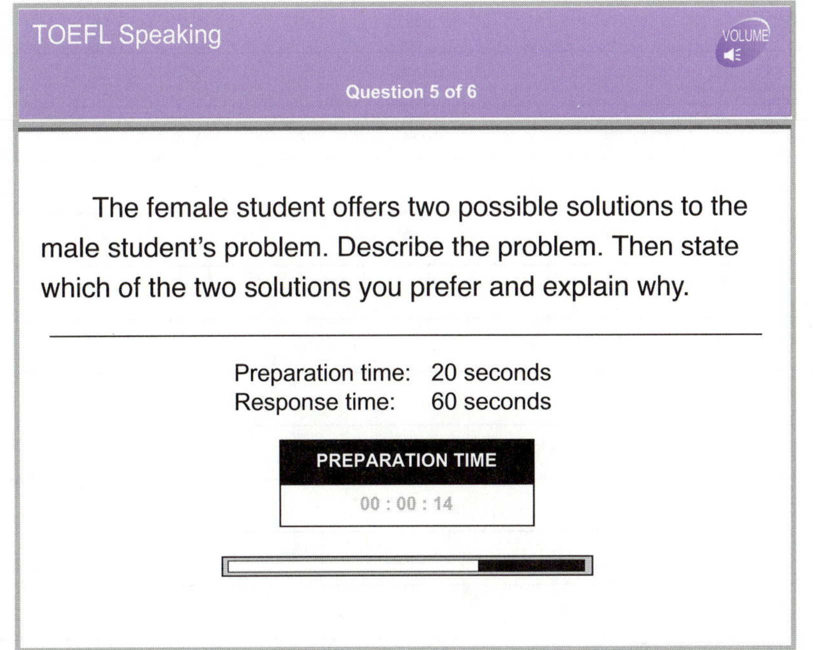
TOEFL Speaking
VOLUME
Question 5 of 6
The female student offers two possible solutions to the male student's problem. Describe the problem. Then state which of the two solutions you prefer and explain why.
Preparation time: 20 seconds
Response time: 60 seconds
PREPARATION TIME
00 : 00 : 14

Narrator

You may begin speaking after the beep. *[2 secs beep]*

(아래 줄에 말할 내용을 영어로 써 보세요. 한 번 써 본 문장은 Speaking이 한결 쉽습니다!)

Listening Script

Male Student
Boy, this cafeteria food is lousy! In fact, it's getting worse every day. I can't stand it anymore. I don't know where I'm going to eat, because it's the closest eatery, but I have to find somewhere else.

Female Student
I agree. It's the worst food I've ever had. I've been cooking my own lunches because of it. I just stop by the grocery on my way home every day and buy the ingredients for the next day's lunch.

Male Student
Like what? I wouldn't have any idea what to cook.

Female Student
I usually get some roasted turkey, lettuce, and tomatoes to make a sandwich for lunch. It's time-consuming, but I'm used to it now. And it's great not having to eat the cafeteria food.

Male Student
That sounds good, but isn't it more expensive?

Female Student
No, not really. It actually saves me money, because the dorm food program is expensive, and I'm not always at the dorm at mealtimes, so some of the expense is wasted money. When I cook for myself, I buy food only when I need it, and I can economize when money is tight.

Male Student
Making your own food is a good solution for you, but I live on campus, and I would have to go all the way off campus to buy the ingredients. Besides, I'm not a very good cook. I'm not sure I'd want to eat my own food.

Female Student
Well then, in that case, you might want to try the deli in front of the university. You would have to walk a little bit, but the food there is famous for being tasty and healthy. There's a large variety of hot and cold sandwiches, and the prices are reasonable.

Note-taking

M: caf / lousy !
I / → x Stand
x O[K] where Eat

F: ✓ worst food
/ cook
→ ĝ > B✓ ing. d̂ lunch

M: Wt?

F: u: turkey, lett, tom > sandw
+ time
b ☺ X Eat caf

M: $+ ?

F: x −$ b (d̂ food prog / $
↓
x a : d̂
w (cook
B✓ food w (N

M: b
/ L ĉ → off ĉ > B✓ ing
+ x ġ cook

F: then deli.
y / walk
b food / tasty healthy
★ hot/cold sand
$ / reas.

Note-taking

M:
ġ opt
/♡ walk
x 1h > cook
+O^s w(f/ prep
∴ x lost time

Male Student

That sounds like a good option for me. I like being able to just walk in and order the food and have it served within a few minutes instead of spending an hour cooking it. Plus, I can study while the food is being prepared, so there's no lost time. Works for me.

큰 소리로 읽으며 Speaking 연습을 해봅시다!

• **on** one's **way to**

⇨ (어떤 장소)로 가는 길에
앞에 어떤 전치사를 쓰느냐에 따라 의미가 많이 달라질 수 있다. 예문처럼 on을 쓰면 '가는 길에' 가 되지만 in을 쓰면 '가로 막는, 방해하는' 의 의미가 된다.

e.g.
You are in my way!
너는 내게 방해가 되고 있어!

• **money is tight**

⇨ 돈이 넉넉하지 않다.
'tight budget, 빠듯한 예산' 이란 표현으로도 쓰이고, 예문처럼 money를 넣어 사용하는 경우도 많다.

Note-taking

Practice 7

Rewriting a report

Narrator

Please listen carefully.

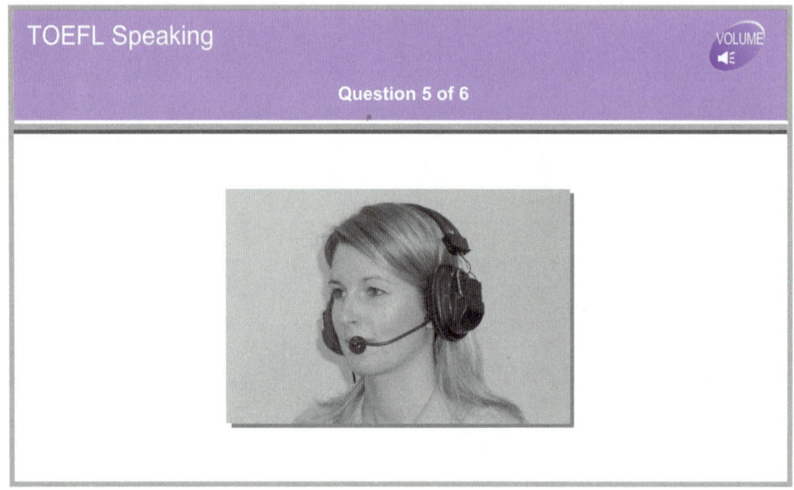

Narrator

Now listen to part of a conversation between two students.

Note-taking

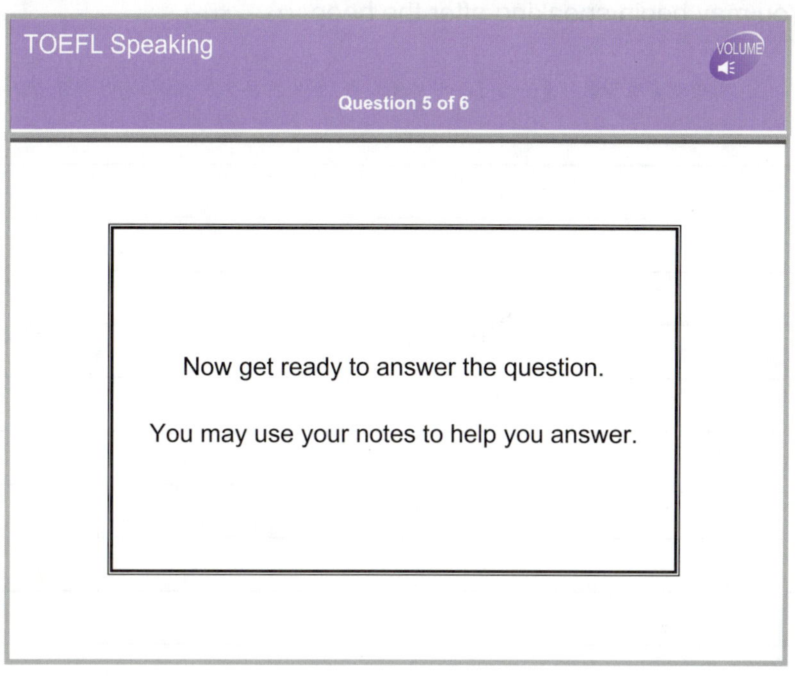
TOEFL Speaking
VOLUME
Question 5 of 6
Now get ready to answer the question.
You may use your notes to help you answer.

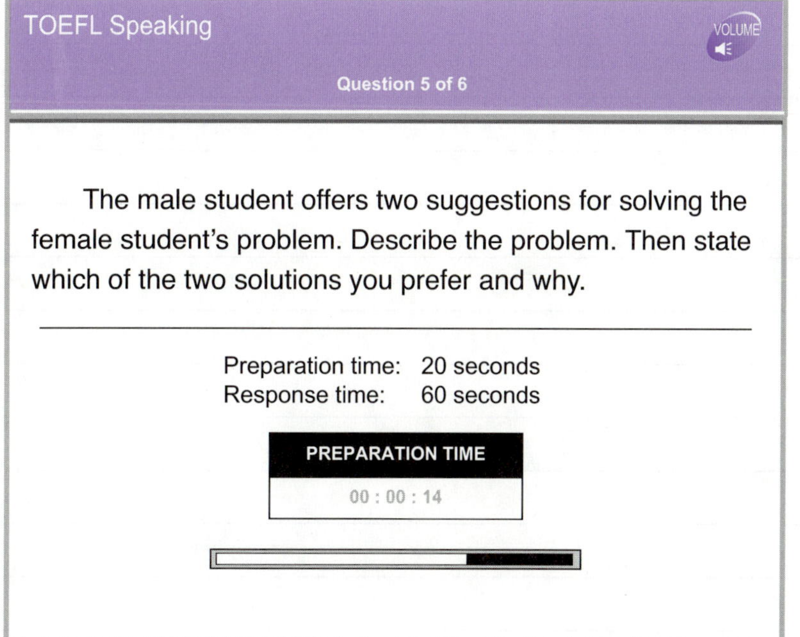
TOEFL Speaking
VOLUME
Question 5 of 6
The male student offers two suggestions for solving the female student's problem. Describe the problem. Then state which of the two solutions you prefer and why.
Preparation time: 20 seconds
Response time: 60 seconds
PREPARATION TIME
00 : 00 : 14

Narrator

You may begin speaking after the beep. *[2 secs beep]*

(아래 줄에 말할 내용을 영어로 써 보세요. 한 번 써 본 문장은 Speaking이 한결 쉽습니다!)

Listening Script

Female Student
I've got a problem with my Western history grade.

Male Student
What kind of problem?

Female Student
I submitted a report last month, and when I finally got it yesterday, it was a C- ··· much lower than I expected.

Male Student
That sounds disappointing.

Female Student
It is. I need at least a B+.

Male Student
So do you know why the professor gave you such a low grade?

Female Student
Professor Simpson says he wanted an in-depth interpretation of the facts presented rather than a simple review of information that has already been covered in the class and the textbook. And he wants me to rewrite the paper for next week. I don't know what to do now.

Male Student
You know, I took the same course last semester. Professor Simpson is very demanding when it comes to reports, so when I wrote my report, I focused on the analysis instead of just presenting the facts as I found them. I got a good grade on the report that way.

Female Student
How do you think I can get a good grade on mine?

Male Student
Actually, rather than rewrite your report, you could find a new topic and get related facts from the new angle for a more focused report.

Note-taking

F: W. His gr.

M: ?

F: rep → C-

M: dissap.

F: N B+

M: why low gr?

F: in-d interp. x review of class textb rewr

M: sem demanding 分 → grade

F: how gr?

M: new top ↓ new angle rep

Note-taking

F: how ⌕ facts?

M: y/G✓ ⊲ lib°
I/ =

F: b
♡ K↔ top
+ 1w/x long time
> rch

M: ÷ categ
Choose 2 (+◙
2 categ
分 +deep:

F: ✓

M: ✓
rep/x t: new

F: ✓
Th

Female Student
How would I go about finding the facts?

Male Student
You could get help from the librarian on that; that's what I did for my report, and it really helped.

Female Student
The thing is, though, I'd like to keep the topic I already have … I like it. Besides, a week is not enough time for me to do all the research again from scratch.

Male Student
Then you could divide your facts into broad categories and choose the two categories that you have the most information about. Just focus on those two categories and analyze them more deeply than before.

Female Student
That could work.

Male Student
Yes. Except the report won't look totally new.

Female Student
I know. I'll see what I can do with the report. Thank you.

큰 소리로 읽으며 Speaking 연습을 해봅시다!

- **demanding**

⇨ 많은 것을 요구하는, 까다로운
demand는 '수요'란 명사로 많이 사용되는데 demanding으로 바꾸면 '까다로운'이란 형용사가 된다. 토플에서는 a demanding professor/ course (과제물을 많이 내주는) 까다로운 교수나 강의란 표현으로 많이 사용된다.

- **from scratch**

⇨ 처음부터
물론 'from the beginning'이라고 해도 되지만 from scratch란 표현을 사용하면 세련된 느낌을 줄 수 있다.

e.g.
I don't have enough time to do all the research again **from scratch**.
모든 연구를 처음부터 다시 할 시간이 없어.

Note-taking

Practice 8

Rising Tuition Cost

Narrator

Please listen carefully.

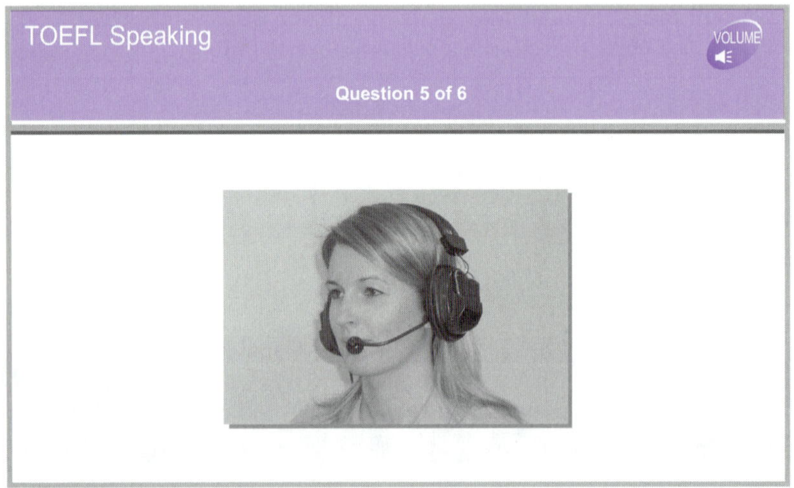

Narrator

Now listen to part of a conversation between two students.

Note-taking

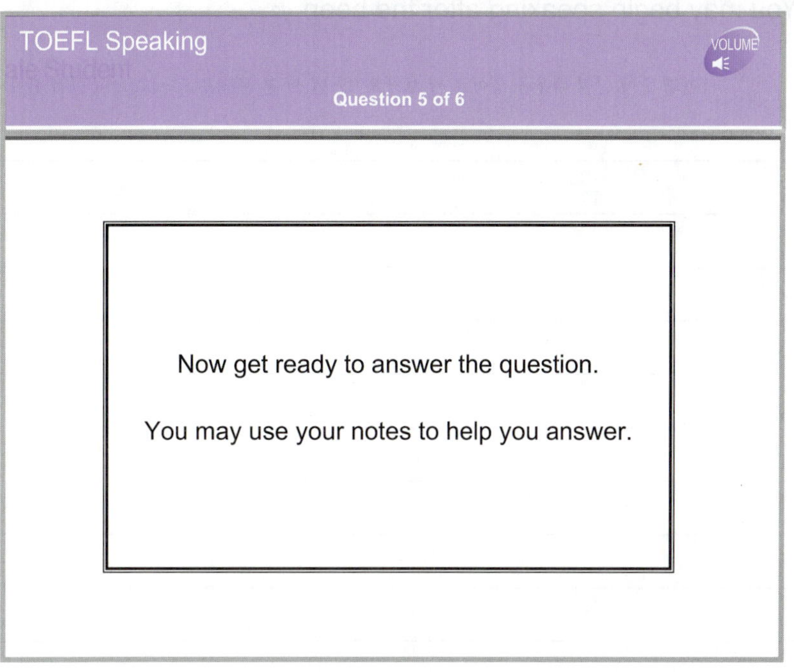
TOEFL Speaking
VOLUME
Question 5 of 6
Now get ready to answer the question.
You may use your notes to help you answer.

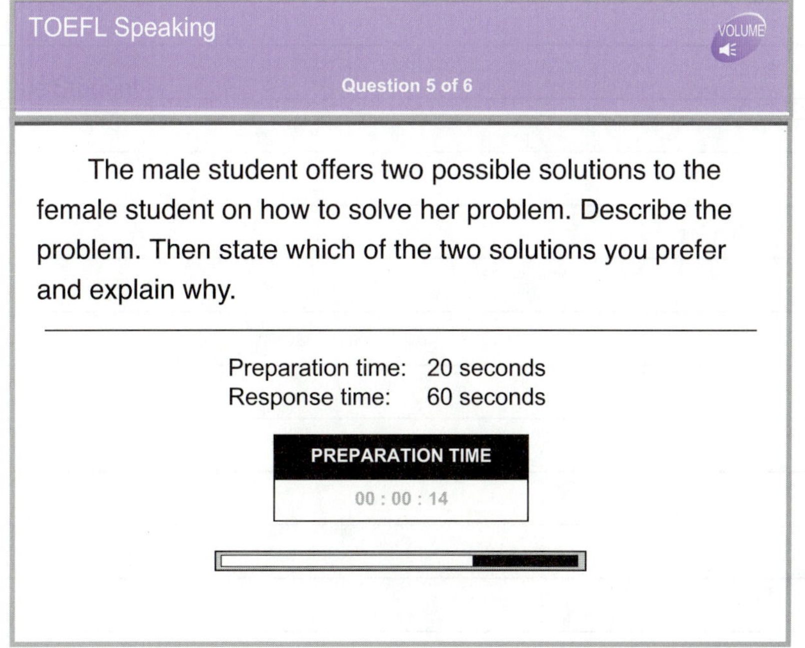
TOEFL Speaking
VOLUME
Question 5 of 6
The male student offers two possible solutions to the female student on how to solve her problem. Describe the problem. Then state which of the two solutions you prefer and explain why.
Preparation time: 20 seconds
Response time: 60 seconds
PREPARATION TIME
00 : 00 : 14

Narrator

You may begin speaking after the beep. *[2 secs beep]*

(아래 줄에 말할 내용을 영어로 써 보세요. 한 번 써 본 문장은 Speaking이 한결 쉽습니다!)

Listening Script

Female Student
Did you realize that our tuition here went up 30% last semester? The cost is outrageous!

Male Student
Yeah, I know — it's awful. It's putting a terrible financial burden on me.

Female Student
Me too! And the university has announced another 15% increase this semester. Our tuition is soon going to cost nearly 50% more than it did last year, and there's no end in sight.

Male Student
I really thought that the university would find a way to keep costs down better than this. They're rising so fast that it's hard to stay on top of them.

Female Student
I know. I can't afford the new tuition. I might have to stop my studies for a while and save up some money before I can continue.

Male Student
What I'm doing is taking some classes at the local community college. It's a lot less expensive there, and I can get the credits transferred over to my degree program here.

Female Student
Really! I'm surprised to hear you say that. What about the quality of the classes?

Male Student
The quality is comparable to here because many of the professors who teach there are the same ones who teach here; they go there in their spare time.

Female Student
And you're transferring your credits?

Note-taking

F: tuition ↑ 30% sem !

M: ✓ 大 fin burden

F: ✓ û + 15% sem soon +50% than yr

M: û ↓ costs ↑ so fast

F: ✓ x Afford new t 力: → save $

M: T △ class com ĉ −$ credit → deg. prog.

F: Q?

M: = here =p°

F: T→ credit?

Note-taking

M: ✓
+ Save ₩ $

F: b
♡ O[s] here w/ class°

M: + ≡ → ⍴ on-ĉ job > ↓ fin.sit.
/ ad ṁ lîb

F: position?

M: c°/w lib
pay dec
hours flex
y/ ASK him

F: Th

Male Student
Yes, and it's saving me a lot of money.

Female Student
That might work for me too. But I really enjoy studying here and want to stay here with my classmates.

Male Student
You could save the money another way. Why don't you find an on-campus job to ease your financial situation? I saw an ad for a part-timer posted in the school bulletin at the main library last week.

Female Student
Do you know anything about the position?

Male Student
Actually, one of my colleagues is working at the library, and he heard that the pay was decent and the working hours are flexible enough to accommodate his classes. You could ask him about the position if you're interested in it.

Female Student
Thanks! Give me his name and I'll talk to him about it.

큰 소리로 읽으며 Speaking 연습을 해봅시다!

• there is **no end in sight**

⇨ 끝이 보이지 않는다.
어떤 상황이 한없이 계속될 것 같을 때 쓰면 좋은 표현이다. It's going to last forever란 동의 표현과 함께 익혀두자.

• to **afford**

⇨ 감당할 수 있다, 형편이 된다.
비용이나 시간에 있어 '감당할 수 있다'란 표현은 토플에 자주 등장한다. 이때 to afford를 사용하면 좋다. 단 타동사이므로 바로 뒤에 목적어를 넣는다.

e.g.
I can't afford a new car now.
나는 지금 새 차를 살 형편이 아니다.

Total iBT TOEFL *Speaking : 6*

Listen-Speak Type B

Introduction

듣기-말하기 통합형 Type B

이 문제에서는 먼저 약 120초 간의 긴 강의(Lecture)를 들은 다음 20초 동안 준비해서 60초 간 답변을 해야 한다. 강의에는 학술 용어나 개념은 물론 그에 대한 상세한 예도 주어진다. 듣기 자료가 대화가 아닌 강의 형식이라는 점과 Speaking에 포함된 LC 자료 중 길이가 가장 길다는 점에서 아주 어려운 문제이다. 다른 Speaking 문제와 마찬가지로 체계적인 Note-taking을 통해 들려 주는 강의 내용을 정리해야 한다. 강의에서 교수가 제시한 개념과 예가 어떤 관계인지를 묻거나 강의에서 나온 개념을 주어진 예를 이용해 구체적으로 설명하는 문제가 대부분이다.

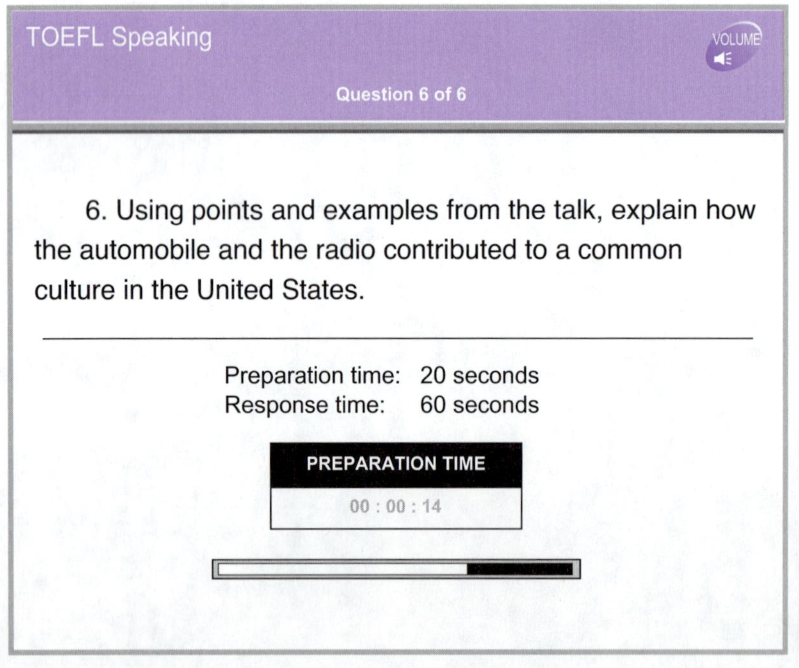

준비 시간은 Speaking 5와 마찬가지로 20초이며 답변 시간은 60초이다. 위 예시 문제에 주어진 강의에서 교수는 미국에서 공통적인 문화가 형성되는 과정에 대해 설명한 후 자동차와 라디오가 이에 어떻게 기여했는지를 이야기한다. Note-taking할 때 교수 강의의 주요 개념과 제시되는 예들 사이의 관계를 표시해 두어야 한다. 이 문제는 논리적인 요약을 요구하기 때문에 핵심 개념과 제시된 예들 사이의 관계를 언급해야 좋은 점수를 기대할 수 있다. 물론 논리가 다소 부족하더라도 침묵을 지키는 것보다는 60초 동안 Note-taking 내용을 보고 계속 말을 해야만 의미있는 점수를 받을 수 있다. iBT Speaking에 관한 한 침묵은 금물이다!

출제 경향

Speaking 6에는 다양한 학술적 주제를 다루는 듣기 자료가 등장한다. CBT TOEFL의 Lecture와 유사하다.

-냉동 기술의 발달과 식생활의 변화
-미국의 도시 발달과 발달 요인
-두뇌 발달과 손의 사용
-선사시대 수렵활동과 일부 동물의 멸종 사이의 관계

듣기-말하기 통합형 Type B인 Speaking 6에 대처하기 위해서는 Listening을 할 때 들려 주는 내용과 마음 속으로 대화를 나누는 습관을 길러야 한다. '왜 이런 말을 하고 있는가', '그래서 어떻다는 것인가', '왜 이런 예를 드는 걸까' 등의 질문을 스스로에게 던지면서 Note-taking을 하면 수동적으로 들을 때보다 훨씬 더 논리적으로 내용을 파악할 수 있다.

학습 순서

1. Note-taking하며 대화 듣기: 나레이터가 강의에 대한 소개를 한 다음 약 120초 (280단어) 길이의 강의(Lecture)를 들려 준다. Listening을 하면서 주어진 공간에 Note-taking을 한다.

Narrator

Please Listen Carefully.

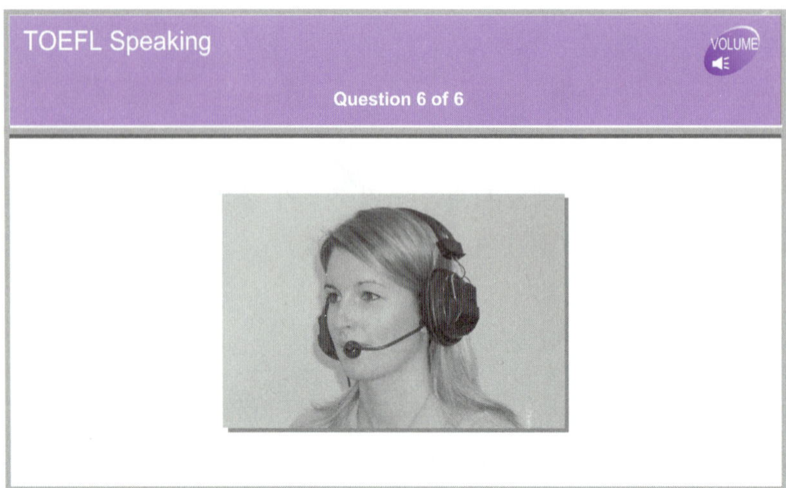

Narrator

You may begin to prepare your response after the beep.

[2 secs beep]

Narrator

Now listen to part of a talk in a paleontology class.

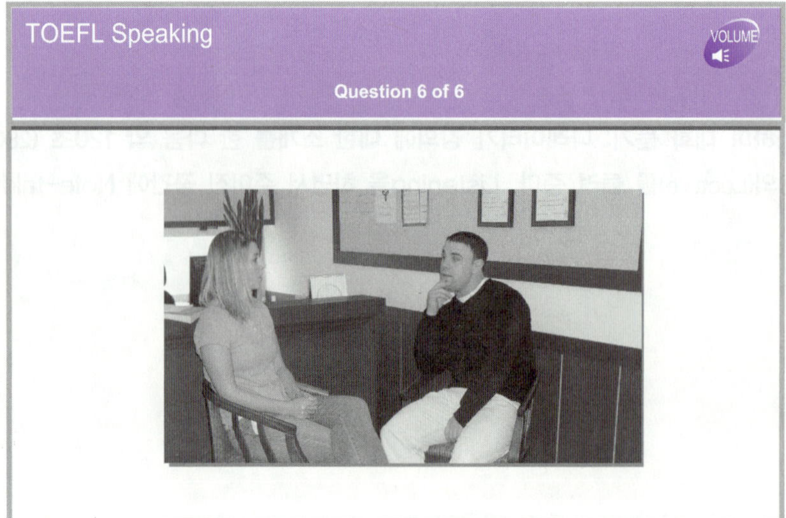

Note-taking

2. 모범Note-taking 확인: Listening Script를 보면서 자신의 내용 이해 정도를 확인하고 모범 Note-taking과 자신의 것을 비교해 수정 · 보완할 부분들을 찾는다. 이런 과정을 여러 번 거치면서 체계적인 Note-taking 기법을 체득할 수 있게 된다. Note-taking 기법에 대한 상세한 설명은 본 교재의 부록 Total Note-taking에 실려 있다.

Listening Script	모범 Note-taking
Professor	
Okay, so we' ve already talked about how many prehistoric people lived by being hunters and gatherers. Of course, some of the game animals included very large species, and they provided the major components of human diets. Now, there' s a big controversy over that. There was a sudden disappearance of many species of large animals at the end of the Pleistocene	prehis 인/ h° g° game an°/O 大 spc (diet < controv. spc / X Pleistocene

epoch. Most paleontologists believe that abrupt changes in the climate caused the mass extinctions. But others believe that prehistoric people drove those species to extinction through over-hunting. This is called the "Pleistocene Overkill Hypothesis." Those paleontologists cite a big coincidence as their proof — prehistoric peoples in North and South America arrived at the same time that mammoths, bison, and other large mammals became extinct. These scientists believe that humans might have driven other species to extinction long before the dawn of history.

Pal°/O^B b(∞ in clim

b
△/O^B b(+ hunt → "overkill
hypoth"

/ろ proof → ♀ N/S Am/→
= time
(大 mamal/x

Speaking 6의 듣기 자료는 교수의 Lecture이기 때문에 다소 어렵게 느껴질 수 있다. 듣기 대본을 확인 할 때 직독직해(sight translation)를 하면서 내용을 속도감 있게 파악한다. 처음 접하는 어휘는 자신만의 단어장에 정리하면서 익히도록 한다. 본 교재를 다 공부한 다음에는 교재 CD에 실린 Actual Test를 실전환경에서 풀어본다. www.totalenglish.co.kr에서는 추가적인 iBT TOEFL 모의 시험을 보고 점수와 Feedback까지 받아 볼 수 있다.

3. 답변 작성: 들려 준 강의 주제와 제시된 예를 연결해 설명해야 하는 말하기 과제가 주어진다. 이때 곧바로 Speaking으로 답변하기 보다는 120단어 길이의 Mini-Essay를 작성해 자신의 입장을 정리해 본다. 여러 번 강조했듯이 Writing과 Speaking은 상호보완적인 Output 훈련이기 때문에, 들은 내용을 차분하게 글로 정리하면 능동적인 Speaking 준비를 할 수 있다.

Please begin speaking after the beep.*[2 secs beep]*

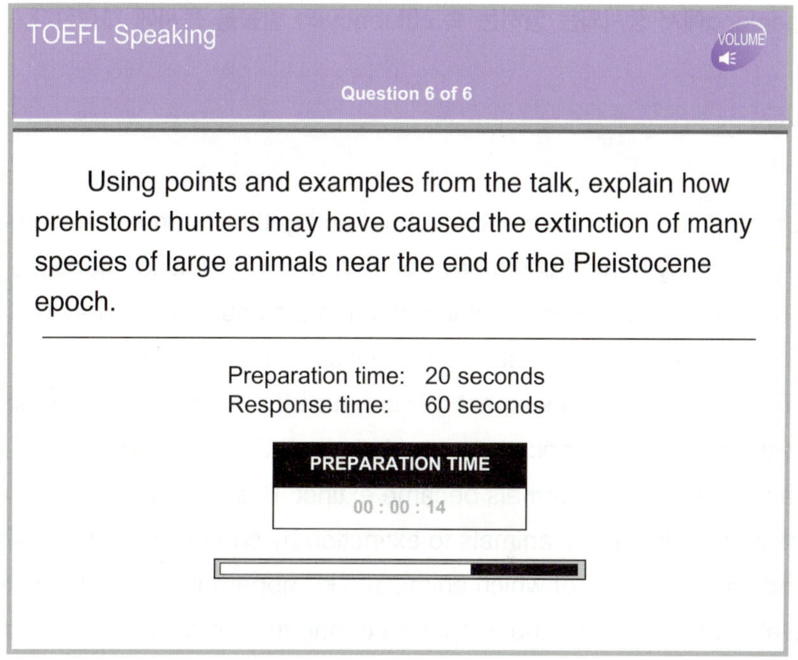

(아래 줄에 말할 내용을 영어로 써 보세요. 한 번 써 본 문장은 Speaking이 한결 쉽습니다!)

4. **답변 녹음 및 모범답안 확인: 자신이 영작한 답변을 답지에 제공된 Sample Answer와 비교해 본다. 그런 뒤 테이프를 들으며 원어민의 모범답변을 shadowing함으로써 iBT TOEFL Speaking에서 중시되는 말하는 속도(fluency)와 발음을 동시에 개선한다.**

Sample Answer

Prehistoric people lived on what they could hunt and gather. Some of the large species of animals they hunted could have been driven to extinction because of prehistoric hunting practices. For one thing, the hunters could have overkilled some of the species that they ate the most; this was called the "Pleistocene Overkill Hypothesis." Scientists suspect this because the arrival of prehistoric people in North and South America happened at about the same time that mammoths and other large mammals became extinct. Besides over-hunting, early man could also have driven the animals to extinction by competing with them for the same food. Man' s choice of which animals to kill apparently had a big effect on the survival or extinction of various species during that time. Just hunting one species more than another was probably enough to cause the extinction of certain animals.

선사시대 사람들은 수렵과 채집으로 먹고 살았다. 이들이 사냥한 몇몇 대형 동물들은 당시의 사냥 활동으로 인해 멸종되었을지도 모른다. 먼저, 수렵인들은 자신들이 가장 많이 먹는 동물들을 과도하게 사냥했을 가능성이 있다. 이를 "홍적세 과다사냥 가설"이라고 부른다. 과학자들이 이러한 가설을 믿는 이유는, 선사시대 사람들이 북미와 남미에 도착한 시기가 매머드 등 대형 동물들이 멸종된 시기와 맞물리기 때문이다. 과다사냥 외에도, 선사시대 사람들은 같은 먹이를 두고 동물들과 경쟁함으로써, 이들 동물들을 멸종에 이르게 했을지도 모른다. 또한 인간의 수렵동물 선택도 여러 동물 종의 생존 혹은 멸종에 커다란 영향을 미친 것으로 보인다. 그저 어느 특정 동물을 더 많이 사냥함으로써, 그 동물들의 멸종을 야기할 수 있기 때문이다.

본 교재의 Sample Answer에는 언제나 60초 이상의 분량이 들어있어서 이 중 일부를 선택해 자신의 답변과 통합해 최종 답변을 준비할 수 했다. 최종 답변은 초시계를 60초로 설정한 다음 실제 시험이라고 생각하면서 녹음한다. 녹음한 내용은 반드시 다시 들으면서 발음, 표현, 말하기 속도를 비판적으로 분석 · 수정해 나가야 한다.

Total iBT **TOEFL** *Speaking : 6*

Listen-Speak Type B

Note-taking

Practice 1

History
Refrigeration and Dietary Changes in the U.S.

Narrator

Please listen carefully.

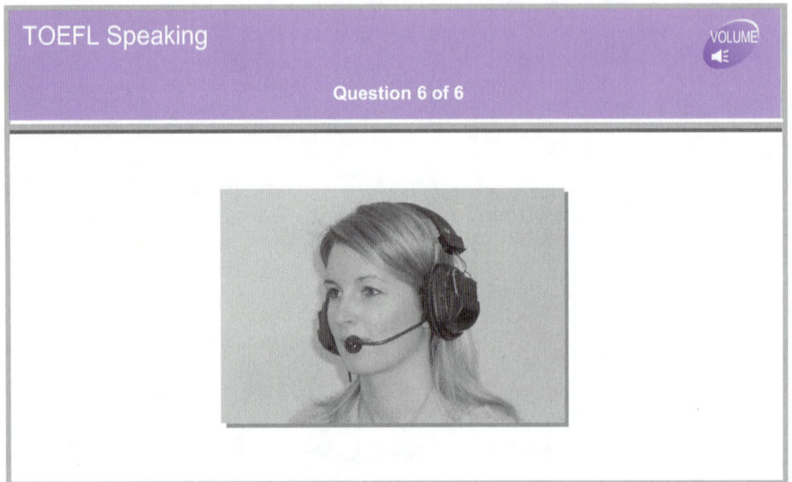

Narrator

Now listen to part of a talk in a history class.

Note-taking

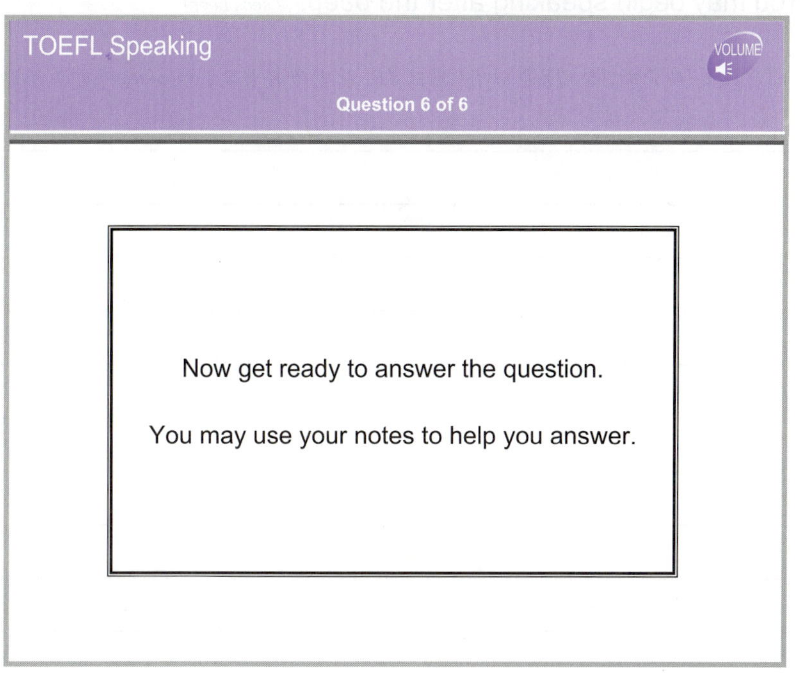
TOEFL Speaking
VOLUME
Question 6 of 6
Now get ready to answer the question.
You may use your notes to help you answer.

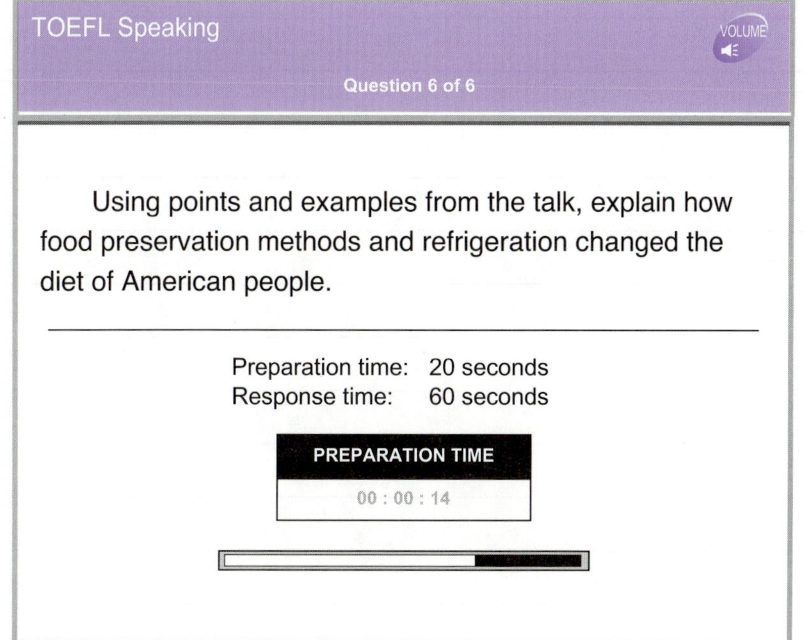
TOEFL Speaking
VOLUME
Question 6 of 6
Using points and examples from the talk, explain how food preservation methods and refrigeration changed the diet of American people.
Preparation time: 20 seconds
Response time: 60 seconds
PREPARATION TIME
00 : 00 : 14

Narrator

You may begin speaking after the beep. *[2 secs beep]*

(아래 줄에 말할 내용을 영어로 써 보세요. 한 번 써 본 문장은 Speaking이 한결 쉽습니다!)

Listening Script

Professor

Before the mid-nineteenth century, people in the United States only ate foods in season. They had ways of preserving meat for a short time — things like drying the meat and making jerky out of it. Well, they could also smoke the meat to preserve it, and there was also a method of salting it that worked. But there was not much fresh meat back then ··· and not much fresh milk, either.

In the 1850's, an American named Gail Borden came up with a way of condensing to preserve milk. Because of that invention, canned goods and condensed milk became more common during the next decade. But it was still hard to keep a large enough supply available, because the cans had to be made by hand. However, there was a breakthrough by 1880, because inventors had developed machines that stamped and soldered the metal to mass-produce cans from tinplate. All of a sudden, all kinds of food could be preserved ··· and then, of course, it could also be bought at any time of the year — in season or out of season.

Now, there were other trends and inventions that helped vary the daily American diet, too. Farmers raised more produce. And then railroad refrigerator cars made it possible to ship perishables great distances and preserve them longer. So by the 1890's, northerners could enjoy fresh strawberries and other fruits and vegetables out of season. People had iceboxes at home, and ice was delivered for them from commercial ice plants. Those were replaced by the mechanized refrigerator in the 1920's and 1930's.

So food preservation and refrigeration improved the American diet. Almost everyone had a more varied diet by this time. Some people did continue to eat mostly foods that were high in starches, and not everyone could afford meat. But many families finally able to get fruits, vegetables, and dairy products that had not been available out of season before then.

Note-taking

19C US°/food in season
/P→ short t
+ smoke
salt
b x fr meat / milk

1850s
G.B /cond
b(
can goods
cond.milk /+ common
b
x 大 b(can / by hand
1880
inv°/ mach > mass P<
all f /C- P→, B a:

/Am diet
f°/+ prod
rail ref / perish ⟶
P→ longer
iceb
ice/
mech ref 20s. 30s

∴
f P→
Ref /↑ Am diet
/C→ eat + starch
x all /Afford meat
b
G food a:

Note-taking

Practice 2

Sociology
Child Development

Narrator

Please listen carefully.

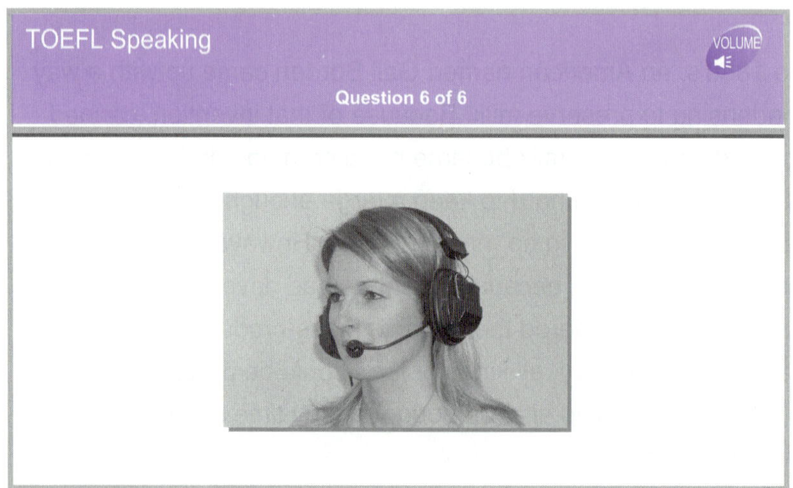

Narrator

Now listen to part of a talk in a sociology class.

Note-taking

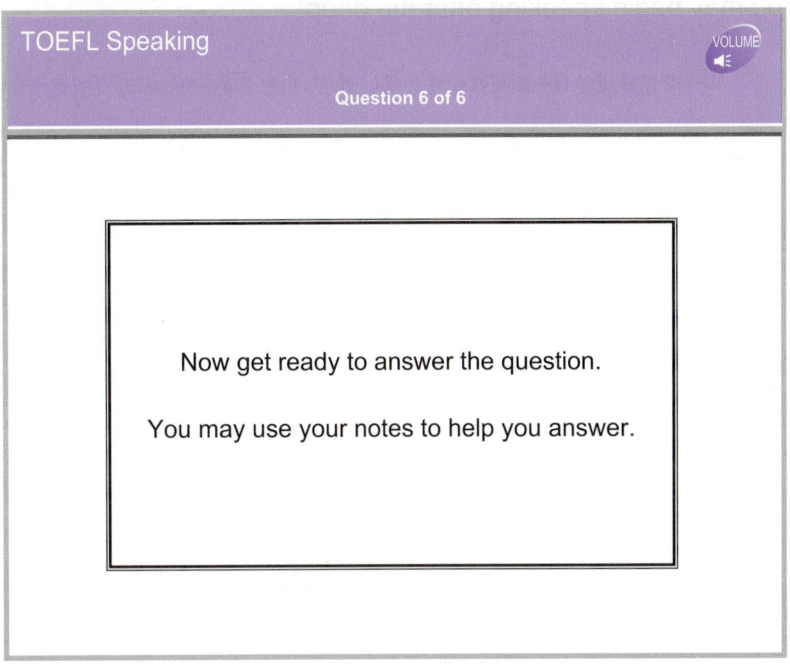
TOEFL Speaking
VOLUME
Question 6 of 6
Now get ready to answer the question.
You may use your notes to help you answer.

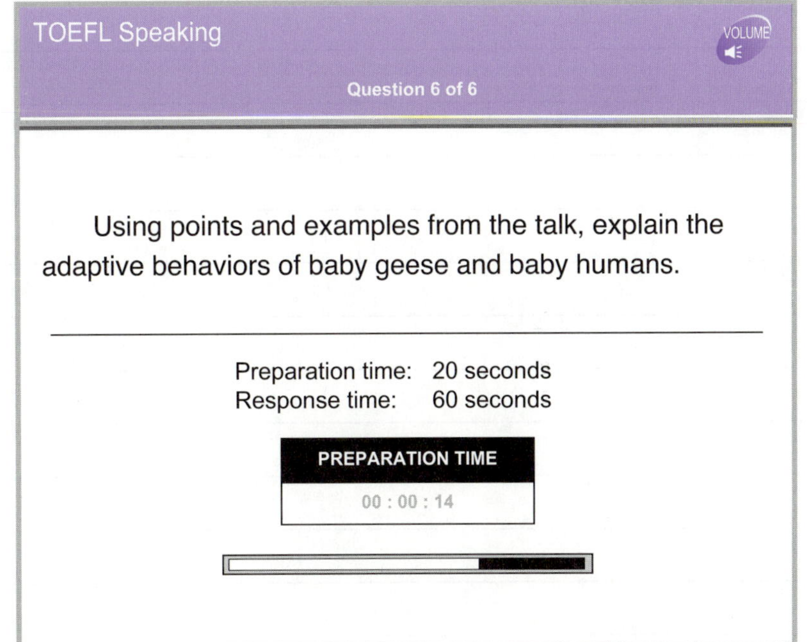
TOEFL Speaking
VOLUME
Question 6 of 6
Using points and examples from the talk, explain the adaptive behaviors of baby geese and baby humans.
Preparation time: 20 seconds
Response time: 60 seconds
PREPARATION TIME
00 : 00 : 14

Narrator

You may begin speaking after the beep. *[2 secs beep]*

(아래 줄에 말할 내용을 영어로 써 보세요. 한 번 써 본 문장은 Speaking이 한결 쉽습니다!)

Listening Script

Professor

Ethology is the study of survival-type behavior — it's also called adaptive behavior — behavior that is fitted to the environment — and the way it has evolved. Back in the 1960's, researches started applying ethological theory to research on children, but it has become even more useful today. We can look back to the work of Darwin to see where ethology came from … and then to two modern zoologists — Konrad Lorenz and Niko Tinbergen.

Lorenz and Tinbergen watched different animal species in their natural habitats and saw behavior patterns that help survival. The most well-known of these is imprinting — that's where baby geese begin imprinting on their mother — following her around to be fed and protected from danger. Imprinting only takes place very early and within a short, restricted time frame. If the mother goose is not there during that time, but something that looks like her is, the baby goslings may imprint on it instead.

Observations of imprinting led to a concept that is widely used in child development: the critical period. This refers to a limited time span where the child is biologically ready to pick up certain adaptive behaviors … but he still needs the support of an interesting environment. Many researchers did studies to see if children have to learn complex thinking and social behaviors during restricted time periods … like the baby geese. For example, if children have no adequate food … or they are not stimulated enough physically or socially during the early years of life … will their intelligence be permanently damaged? Inspired by observations of imprinting, John Bowlby, a British psychoanalyst, applied ethological theory to the relationship of a baby and its parents. He argued that babies' behaviors like smiling and crying are built-in social signals that encourage the parents to care for and relate to the baby. By keeping parents near, these behaviors ensure that the baby will be fed and protected from danger. Future studies in the field will hopefully reveal more tangible results of early childhood upbringing and child intelligence development.

Note-taking

Ethology / adap beh, how e↗

60s
rch°/* rch on ch° → use t
Darwin
2 zoo° : K.Lorenz/N.Tinb

≠ an° h
beh
↓
well-K / imprinting (baby geese
/ early
short time
m° x
b° / imp sth else
↓

Conc " critical period "
/ time (ch° / ready > adap beh
b N of

rch° / O^s ch° / O comp. th soc.beh
x
intellig / ?
J.B /* th
R² b° p°
smiling
crying / sign > p° / care
↓
fed
d
St / + upb
intell d↗

Note-taking

Practice 3

Paleontology
Hunting and Prehistoric Extinction

Narrator

Please listen carefully.

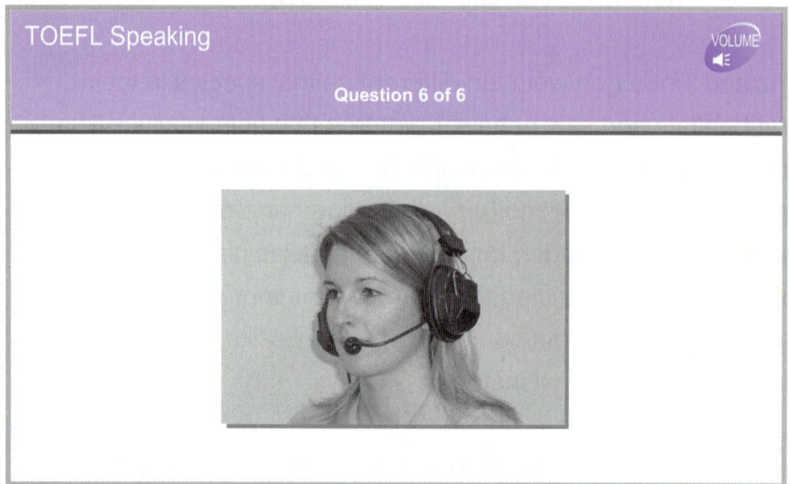

Narrator

Now listen to part of a talk in a paleontology class.

Note-taking

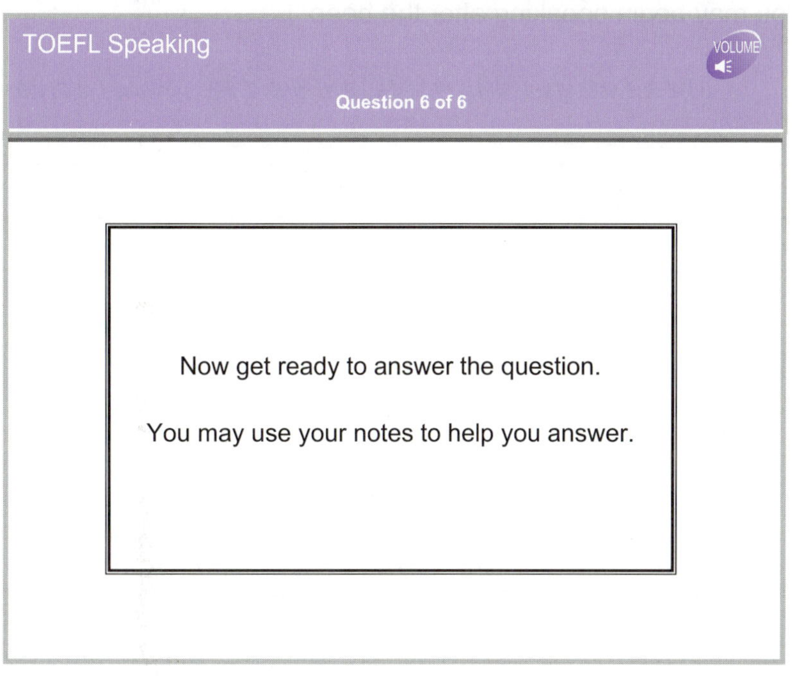
TOEFL Speaking
VOLUME
Question 6 of 6
Now get ready to answer the question.
You may use your notes to help you answer.

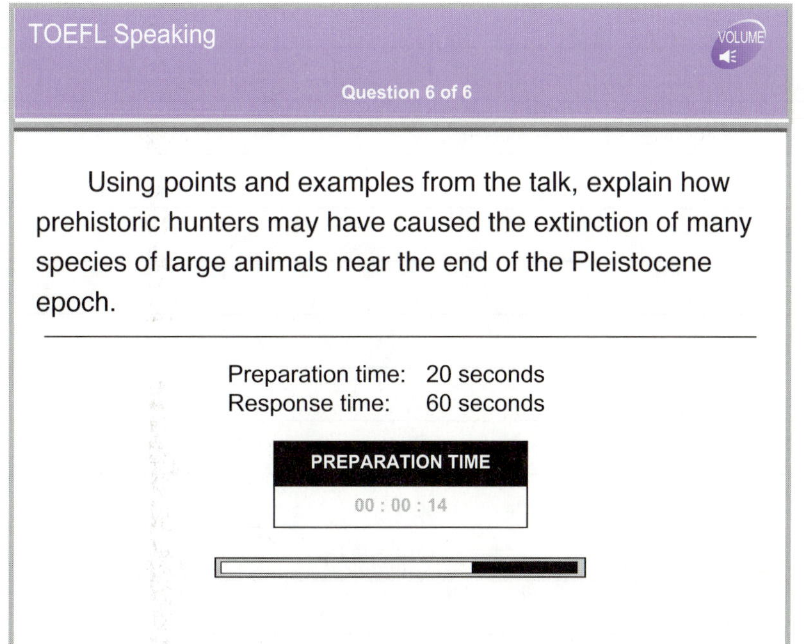
TOEFL Speaking
VOLUME
Question 6 of 6
Using points and examples from the talk, explain how prehistoric hunters may have caused the extinction of many species of large animals near the end of the Pleistocene epoch.
Preparation time: 20 seconds
Response time: 60 seconds
PREPARATION TIME
00 : 00 : 14

Narrator

You may begin speaking after the beep. *[2 secs beep]*

(아래 줄에 말할 내용을 영어로 써 보세요. 한 번 써 본 문장은 Speaking이 한결 쉽습니다!)

Listening Script

Professor

Okay, so we've already talked about how many prehistoric people lived as hunters and gatherers. Of course, some of the game animals included very large species, and they provided the major components of human diets. Now, there's a big controversy over that. There was a sudden disappearance of many species of large animals at the end of the Pleistocene epoch. Most paleontologists believe that abrupt changes in the climate caused the mass extinctions. But others believe that prehistoric people drove those species to extinction through over-hunting. This is called the "Pleistocene Overkill Hypothesis". Those paleontologists cite a big coincidence as their proof — prehistoric peoples in North and South America arrived at the same time that mammoths, bison, and other large mammals became extinct. These scientists believe that humans might have driven other species to extinction long before the dawn of history.

Besides over-hunting, there were other ways that the early hunter-gatherers could have contributed to Pleistocene extinctions, too. One of them was direct competition. The hunters and the animals were competing for the same food. That may have caused the extinction of large meat-eating mammals like the saber-toothed cats. Hunters could also have caused imbalances between competing species of game animals by hunting one species more than another. Or they might have taken too many of one age group over another, which would create a different kind of imbalance. You know ··· any imbalance in nature can have dramatic consequences. Or it might be that these animals simply couldn't compete with the increasingly sophisticated hunting skills of Pleistocene people. So human hunters may have played an indirect role in Pleistocene extinctions by hunting one species more than another.

Note-taking

preh h° g°
game an° 大 spc diet
controv
spc/x Pleist

pal°/OB b clim

b
OB b + hunt → overkill hypoth

proof → N/S Am = time
大 m°/x

+ pleist.extinc.
1° dir c×
h°/an°/c× = food

+ h°/力: by 1 spc +
+ 1 age +

any /大
or 力:
an°/x c× + soph hunt
∴
/力: Pleist extinc.

Note-taking

Practice 4

U.S. History
City Development Los Angeles

Narrator

Please listen carefully.

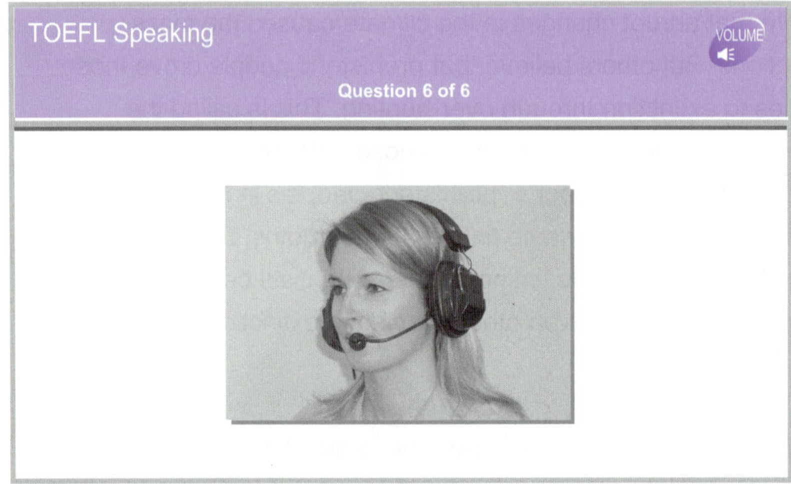

Narrator

Now listen to part of a talk in an American history class.

Note-taking

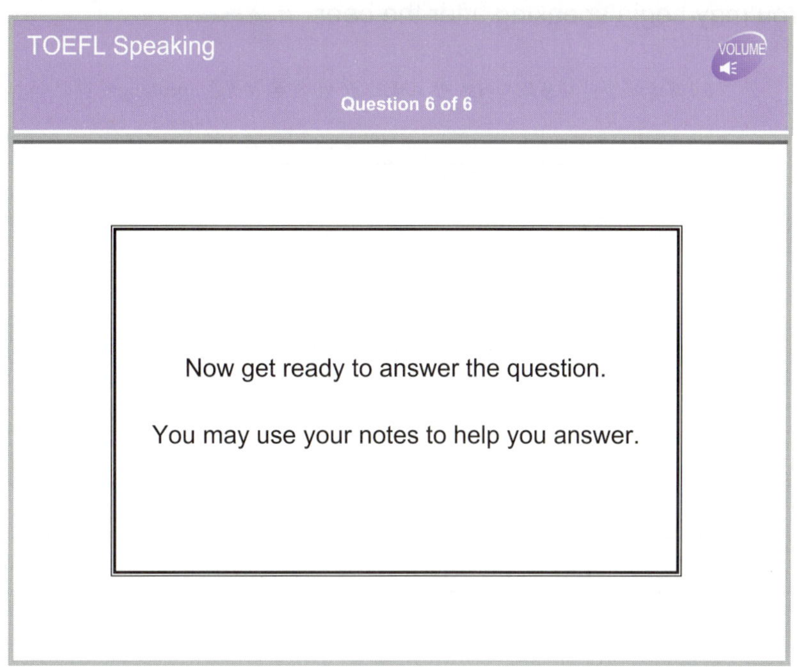
TOEFL Speaking
VOLUME
Question 6 of 6
Now get ready to answer the question.
You may use your notes to help you answer.

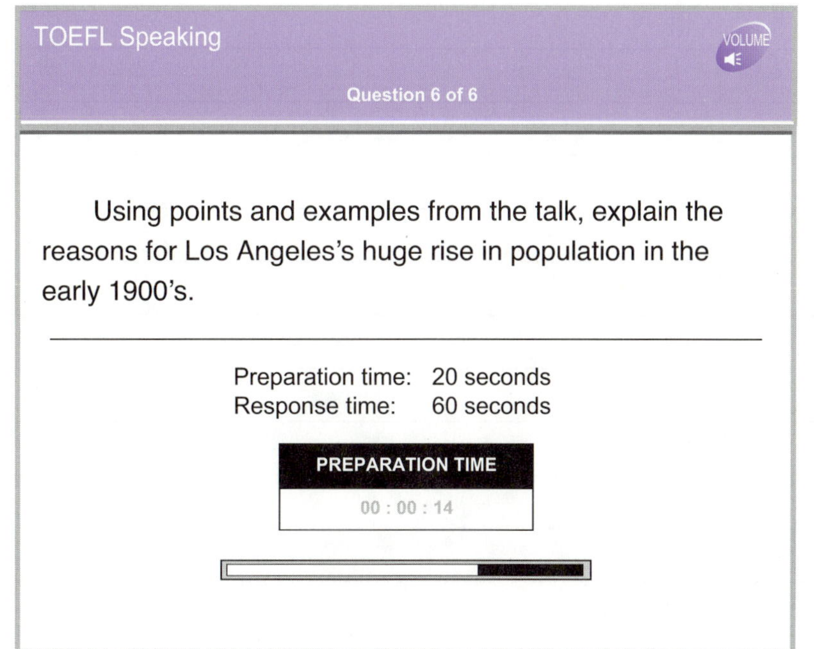
TOEFL Speaking
VOLUME
Question 6 of 6
Using points and examples from the talk, explain the reasons for Los Angeles's huge rise in population in the early 1900's.
Preparation time: 20 seconds
Response time: 60 seconds
PREPARATION TIME
00 : 00 : 14

Narrator

You may begin speaking after the beep. *[2 secs beep]*

(아래 줄에 말할 내용을 영어로 써 보세요. 한 번 써 본 문장은 Speaking이 한결 쉽습니다!)

Listening Script

Professor

U.S. city development has been truly phenomenal. In 1900, the United States had only three cities with more than a million residents: New York, Chicago, and Philadelphia. By 1930, it had ten giant metropolises. The newer ones grew tremendously, and this showed how the economy had basically changed.

Los Angeles — which started out with 114,000 people in 1900 — had a spectacular rise in population in the early decades of the 20th century. By 1930, it had increased 1,400 percent to 1,596,000 residents. There were several reasons for this dramatic rise in population. First, city founders had a 225-mile aqueduct built in 1913 to tap the water of the Owens River for irrigation. Next, the city had a superb natural harbor and excellent railroad connections. Then, since the climate made it possible to shoot motion pictures year-round, Hollywood became a motion picture industry center. Hollywood not only employed lots of people, it also showed people the good life in southern California via movie screens all around the country. But the most important industry that powered the growth of Los Angeles was directly linked to the automobile. Petroleum was needed to fuel gasoline engines, so the southern California oil fields were opened. That's what made Los Angeles North America's greatest refining center.

Los Angeles also became a product of the auto age by its layout. It was a city without a real center, and its sprawling layout — ever heard of "urban sprawl"? — made it necessary for most people to own cars. The bus system couldn't handle the decentralized city layout, so it just stopped being used. Los Angeles stretched across the desert landscape over an area of 400 square miles. Approximately 800,000 cars were registered in Los Angeles County in 1930, one per 2.7 residents. Some visitors hated the urban sprawl, but floods of migrants were attracted to the freedom and mobility of the city.

Note-taking

US city d/ō
1900 → 3 w/+ 1 m : Ny, Ch, Ph
1930 → 10
new cities / 大:
ec /

LA/↑ pop° '20c
1930 ↑ 1400%
reason
1° aqued > irrigate
2° ⓝ harbor, rail
3° b(clim
Hollyw/ film ⓞ
↓
jobs
g life S.Calif.
b
LA/ auto
↓
N petrol
∴ oil field/ → ref ⓞ

+ layout
LA/spr → /N car
bus sys/x handle

800000 cars 1930
↓
1 per 2.7
mig°/ fr mob LA

Note-taking

Practice 5

Psychology
Voice and Personality

Narrator

Please listen carefully.

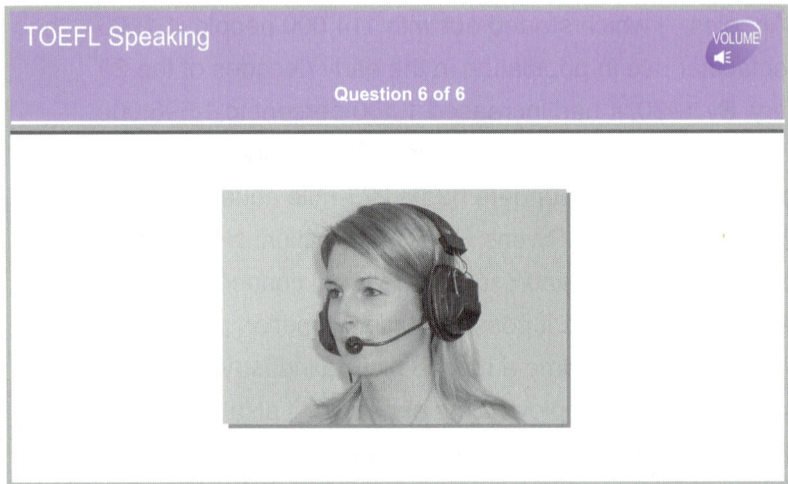

Narrator

Now listen to part of a talk in a psychology class.

Note-taking

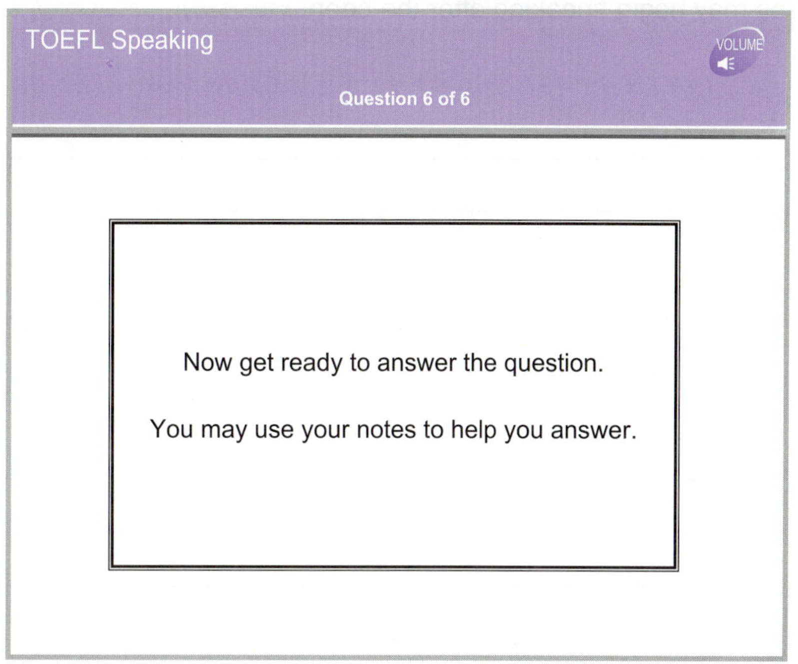
TOEFL Speaking
VOLUME
Question 6 of 6
Now get ready to answer the question.
You may use your notes to help you answer.

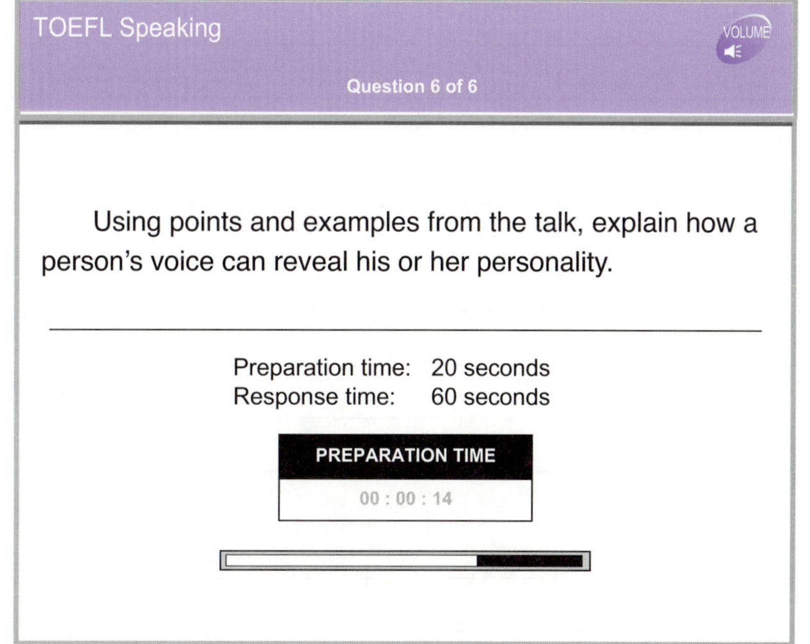
TOEFL Speaking
VOLUME
Question 6 of 6
Using points and examples from the talk, explain how a person's voice can reveal his or her personality.
Preparation time: 20 seconds
Response time: 60 seconds
PREPARATION TIME
00 : 00 : 14

Narrator

You may begin speaking after the beep. *[2 secs beep]*

(아래 줄에 말할 내용을 영어로 써 보세요. 한 번 써 본 문장은 Speaking이 한결 쉽습니다!)

Listening Script

Note-taking

Professor

Now, to begin with, I want to tell you about the voice characteristics that reveal the personality of the speaker. First, there's the broad area of communication. And, um, that includes three things; now, write these down: using language to impart information, communicating with a group or a person, and specialized communication through performance.

voice char (pers
1° Cm /
- U lang >
- Cm w/ gr /
- Sp · Cm perf

Well, one way that a person conveys thoughts and ideas is through a choice of words. And another way is through tone of voice — pleasant or unpleasant, for example. Anything in the sound of a voice that reveals how a person feels, like speech rhythms … those can be flowing and regular or uneven and hesitant … or the pitch and melody … can convey thoughts and ideas. When a person is speaking in front of a group, the tone might indicate unsureness … even fright. And when the person is speaking to someone one-on-one, the tone may reflect ideas and feelings that go beyond the words chosen … or even, in fact, the tone may be the opposite of the words that are chosen. And of course, in that case, you would believe the tone of voice rather than the words, because it would be a more reliable indicator of how the person really feels.

th words
tone / sound / rhyth
↓
how / Feel

gr tone / unsure
fright

w (1 to 1
tone / +/⟷ word
↓
+ reliable

A person's emotional health is evident in the voice, too. When the person speaks, you will either hear the free and melodic sounds of a happy person or the constricted and harsh sound of an angry person. If the person is depressed, his voice will sound dull and lethargic.

emot. health
f/melod →
harsh →
dep
voice / dull / leth

Note-taking

Practice 6

U.S. History
Industrialization in the U.S.

Narrator

Please listen carefully.

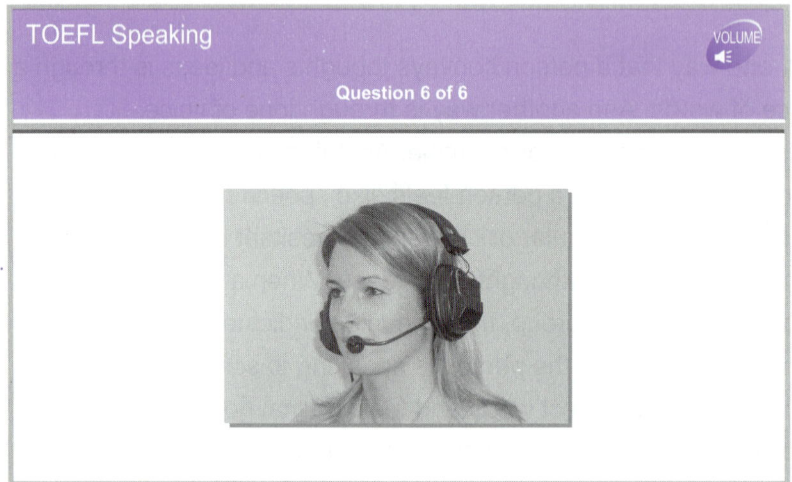

Narrator

Now listen to part of a talk in an American history class.

Note-taking

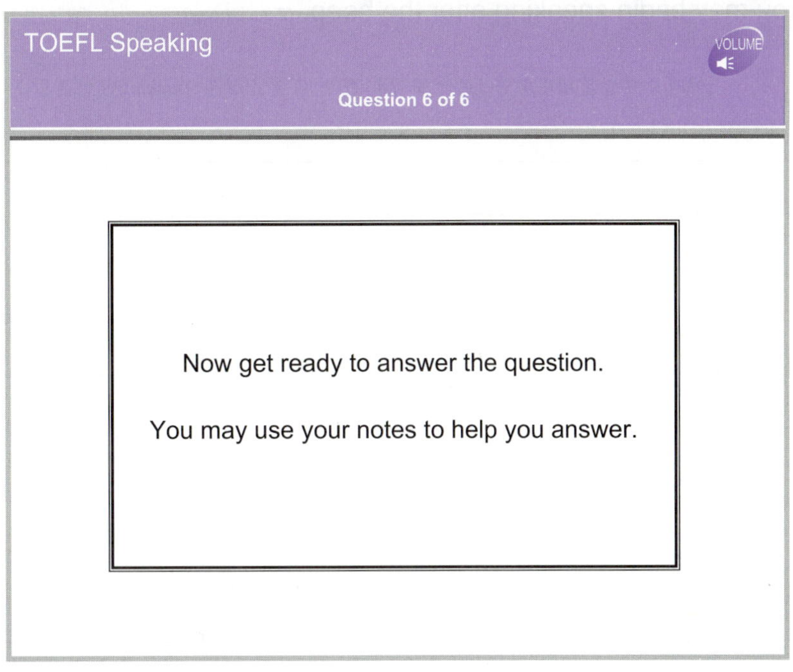
TOEFL Speaking
VOLUME
Question 6 of 6
Now get ready to answer the question.
You may use your notes to help you answer.

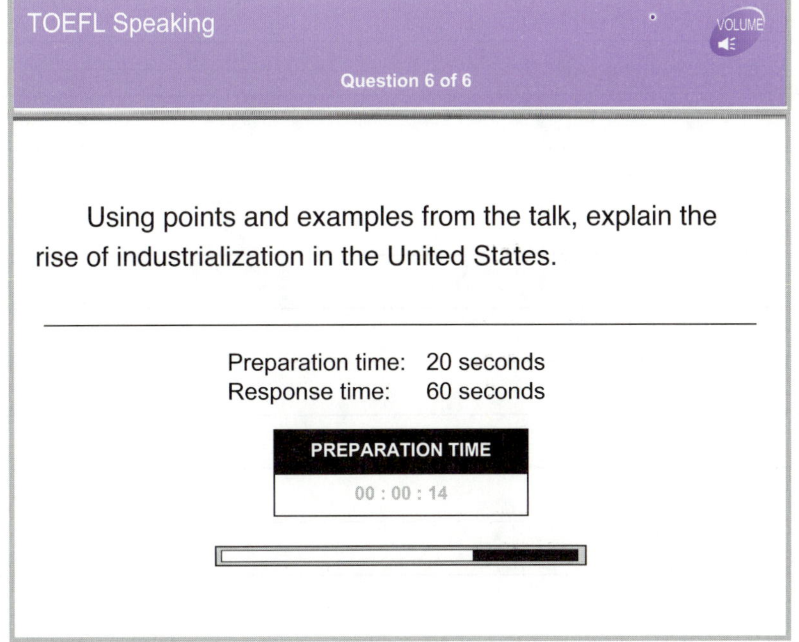
TOEFL Speaking
VOLUME
Question 6 of 6
Using points and examples from the talk, explain the rise of industrialization in the United States.
Preparation time: 20 seconds
Response time: 60 seconds
PREPARATION TIME
00 : 00 : 14

Narrator

You may begin speaking after the beep. *[2 secs beep]*

(아래 줄에 말할 내용을 영어로 써 보세요. 한 번 써 본 문장은 Speaking이 한결 쉽습니다!)

Listening Script

Professor

This probably sounds like a lot, but in the early 1800's, over 80 percent of the United States labor force were farmers. There was basically no sophisticated technology or machinery. People who lived in cities — if they weren't directly involved in trade — mostly had small cottage industries that made handcrafted goods. Others processed meats or produced other needed goods. Artisans like blacksmiths and candle makers worked at home in their houses or barns, usually with the help of family members or apprentices.

There was probably no single phenomenon that brought more widespread … and lasting … change to United States society than the rise of industrialization. Now, there were several factors that industrial growth hinged on. The first was that industry needed an abundance of natural resources … especially these five: coal, iron ore, water, petroleum, and timber. These were all readily available on the North American continent. The second was that factories needed a large supply of labor. Between the 1870's and the First World War … that was from 1914 to 1918, if you remember … about 23 million immigrants streamed to the United States. They settled in cities and went to work in factories and mines. And they also helped build the big network of canals and railroads that crisscrossed the continent. Those canals and railroads linked important trade centers that were critical to industrial growth.

Okay, so factories gave people a rest from the backbreaking work and financial unpredictability they were used to with farming. Poor people who were disillusioned with farm life were drawn to the cities by the promise of steady employment. Of course, along with steady employment came other benefits, like regular paychecks, better access to goods and services … and even more social opportunities. Others were pushed there when their labor became too cheap or expendable because of new technologies like steel plows … those allowed one farmhand to do the work of several.

Note-taking

1800s + 80% US
x Soph mach
city 小 cottage handc goods
meat, etc
f or appr

大 US Soc
factors
1° N res : coal, iron, wat, pet, timber
有 NAm
2° f N labor
1870 – 1° ww
23m im → US
f / m
canals / rail
trade

f rest W
fin unpred.
city Promise emp
bf
Soc

labor $ b

Note-taking

Practice 7

Education
Schooling vs. Education

Narrator

Please listen carefully.

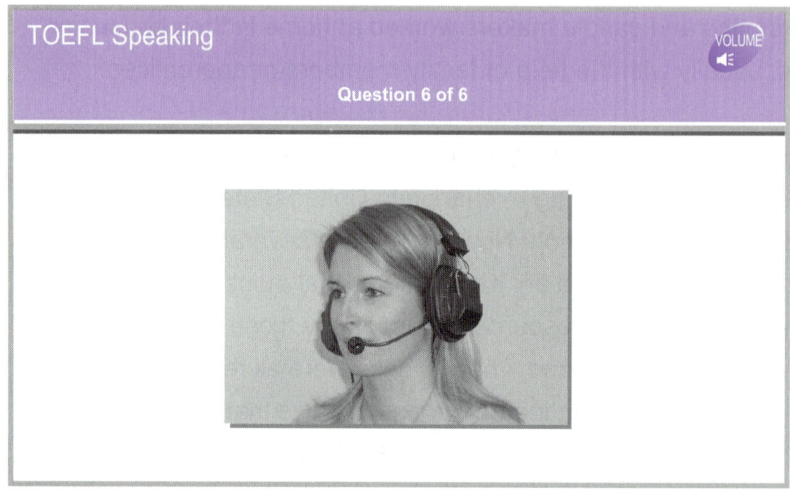

Narrator

Now listen to part of a talk in an education class.

Note-taking

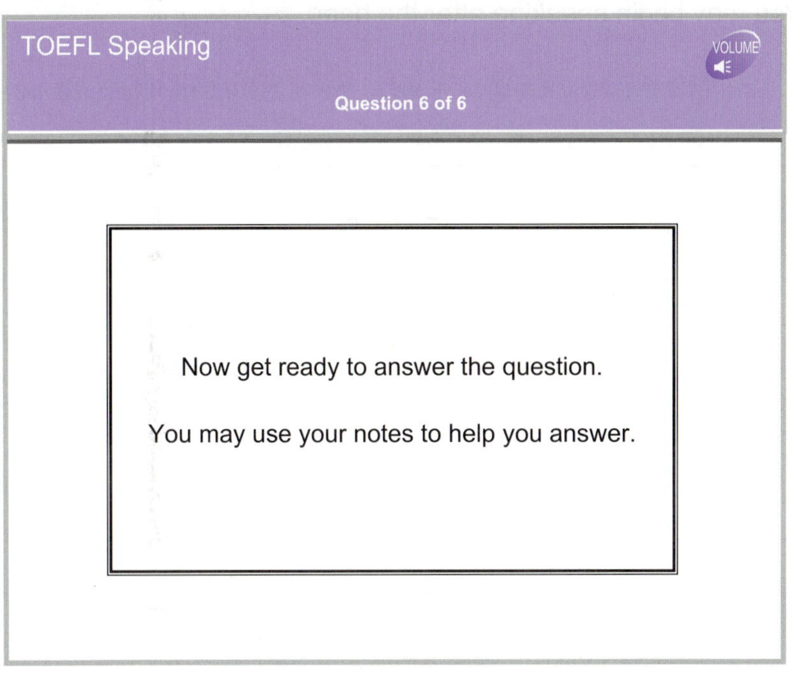
TOEFL Speaking
VOLUME
Question 6 of 6
Now get ready to answer the question.
You may use your notes to help you answer.

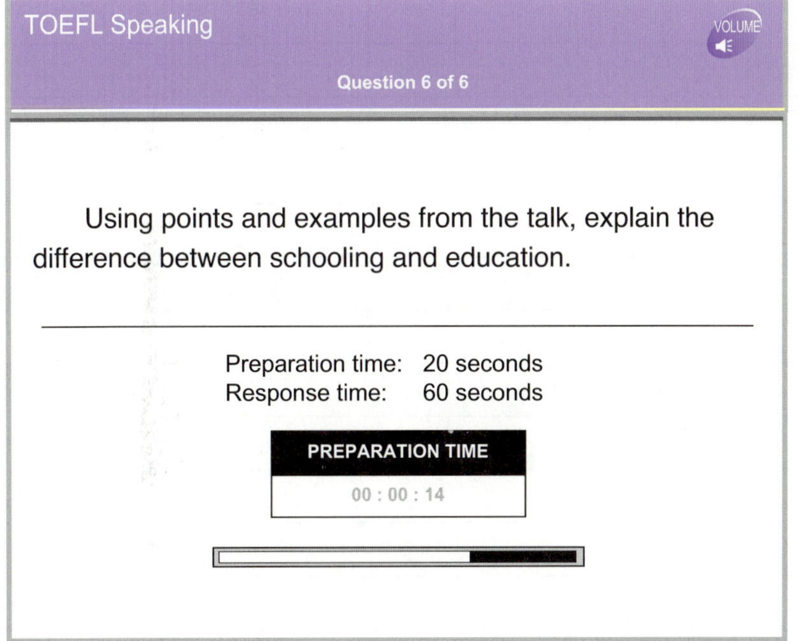
TOEFL Speaking
VOLUME
Question 6 of 6
Using points and examples from the talk, explain the difference between schooling and education.
Preparation time: 20 seconds
Response time: 60 seconds
PREPARATION TIME
00 : 00 : 14

Narrator

You may begin speaking after the beep. *[2 secs beep]*

(아래 줄에 말할 내용을 영어로 써 보세요. 한 번 써 본 문장은 Speaking이 한결 쉽습니다!)

Listening Script

Professor

People in the United States tend to believe that school is where you go to get an education. However, someone has rightly said that today's children interrupt their education to go to school. The distinction between schooling and education that this remark implies is very important.

There's a big difference between schooling and education. Education is much more open-ended than schooling … and more all-inclusive, too. Education really knows no bounds. It not only includes the formal learning that takes place in schools but also the whole universe of informal learning experiences. The "teachers" in education can be anyone from a respected grandparent to the people on the radio who debate politics … from a child to a distinguished scientist. Schooling has a certain predictability to it, but education quite often produces surprises. Even a chance conversation with a stranger may lead a person to discover something new and unexpected. You could really say that people are engaged in education from infancy on. So education is a very broad, inclusive term. It includes chance conversations, or the discovery — when trying to free a trapped piece of toast — of how a toaster works. It could include anything at all that you learn or discover. And it's a lifelong process that starts long before your first day of school and should be a part of your entire life.

Now, schooling, on the other hand, is a specific and formal process. Its general pattern doesn't vary much from one setting to the next. Look at all the things in schooling that are the same — everywhere in a country, children arrive at school at about the same time, take assigned seats, are taught by an adult, use similar textbooks, do homework, and take exams. They learn little slices of reality, from the alphabet to the workings of the government, and they don't go outside the bounds of the subject being taught. There are definite conditions surrounding the formal schooling process.

Note-taking

US/OB Ŝ/ edu
b schooling ≠ edu

Edu/+ open-ended
all-inc
x bound

✓ formal learning Ŝ
✓ informal

t°/ grandp°
radio
ch°
sc°

Sch/pred.
b edu/x

edu/broad
chance conv.
toaster W

life-long P (↦ Ŝ

sch/spec formal P
gen patt/x ∞
eg.
ch°/→ Ŝ = t
seats
t°→ adult
= textb
hw
exam

<def cond.

Note-taking

Practice 8

Biology
Right-handed People

Narrator

Please listen carefully.

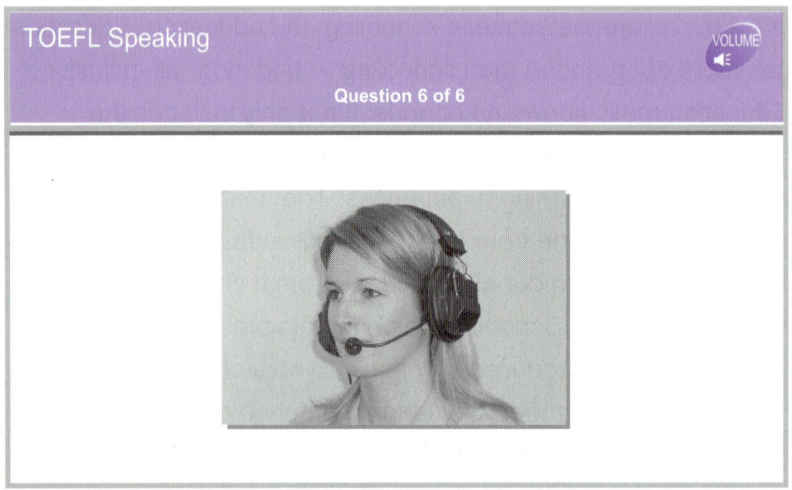

Narrator

Now listen to part of a talk in a biology class.

Note-taking

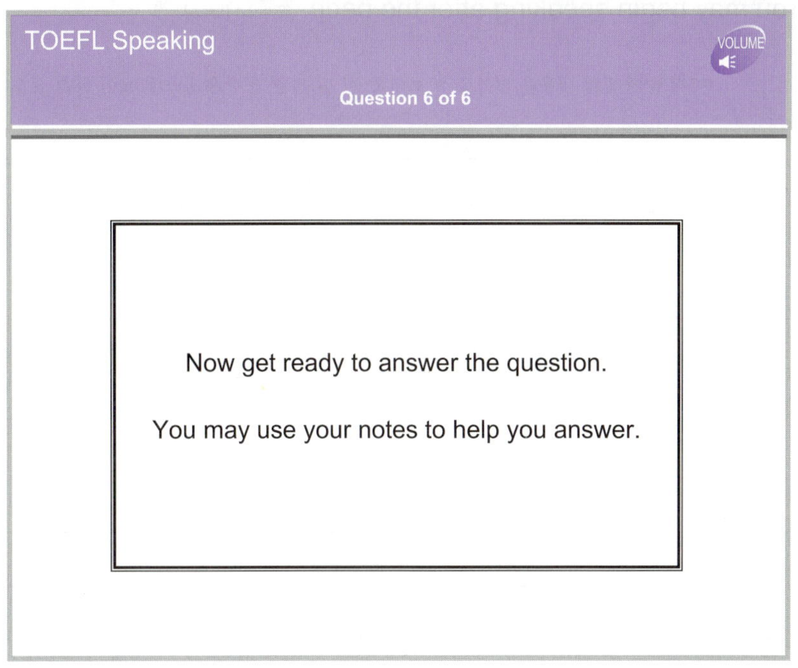
TOEFL Speaking
VOLUME
Question 6 of 6
Now get ready to answer the question.
You may use your notes to help you answer.

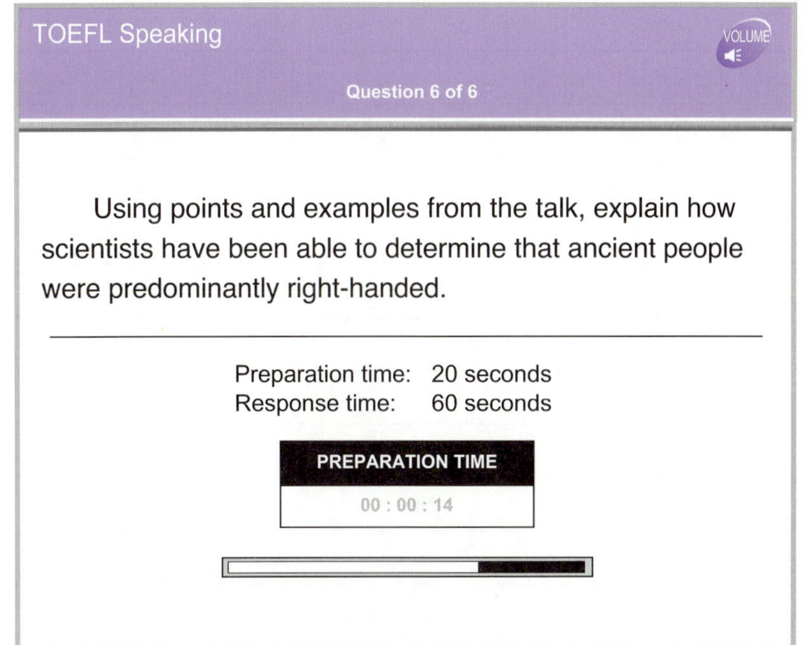
TOEFL Speaking
VOLUME
Question 6 of 6
Using points and examples from the talk, explain how scientists have been able to determine that ancient people were predominantly right-handed.
Preparation time: 20 seconds
Response time: 60 seconds
PREPARATION TIME
00 : 00 : 14

Note-taking

Narrator

You may begin speaking after the beep. *[2 secs beep]*

(아래 줄에 말할 내용을 영어로 써 보세요. 한 번 써 본 문장은 Speaking이 한결 쉽습니다!)

Listening Script

Professor

Now, you probably already know that most people are right-handed. How many of you are right-handed; let's see a show of hands. Almost all of you. That's about the norm.

We can look at anthropological evidence from 1.4 million years ago and see that early cavemen were right-handed too. I can tell by the way you're looking at me that you don't think we have any way of knowing that, but we do. The way anthropologists determined this was to look at the patterns on the stone used in tool-making. Tools flaked with a clockwise motion indicated a right-handed tool-maker, and those flaked with a counter-clockwise motion indicated a left-handed toolmaker.

If you look at archeological records from thousands of years ago, you'll find the same thing. Even cavemen were mostly all right-handed. For example, CroMagnon cave paintings 27,000 years old commonly show outlines of human hands. Now, you probably traced your own hand when you were a child, so you know how this is done. You place the hand you don't use much against the paper and trace around it with the hand you use all the time. That's what they did too. And with few exceptions, left hands of CroMagnons are displayed on cave walls. That tells us the drawings were done by right-handers.

Even scratches found on fossil human teeth back this up. Ancient humans would hold meat in their teeth to cut it, and where the knives slipped and left scratches on their teeth, the direction of the knife stroke showed they were right-handed.

Alright, class. So whichever hand you use to write with, be sure to write out all the answers to your lesson for tomorrow, and I'll see you then.

Note-taking

⊿♀/right-hand

'♀/ too
<Ξ > O[K]

anth°/ stone (U[d] > tool

tool/Flaked clock-wise → *
counter- // → left

arch · rec/⊘ =
cave°/ ⊿ : *

eg. CroM painting/⊘ outline hand
↓
put hand (x U paper
↓
trace w/ hand (a:U
↓/⊘ left hand

scratch teeth/too
â ♀/Hold meat w/ teeth
Cut w/ knife
Ξ stroke/⊘ *

✓

Total iBT TOEFL Speaking

Actual Test

Useful advice

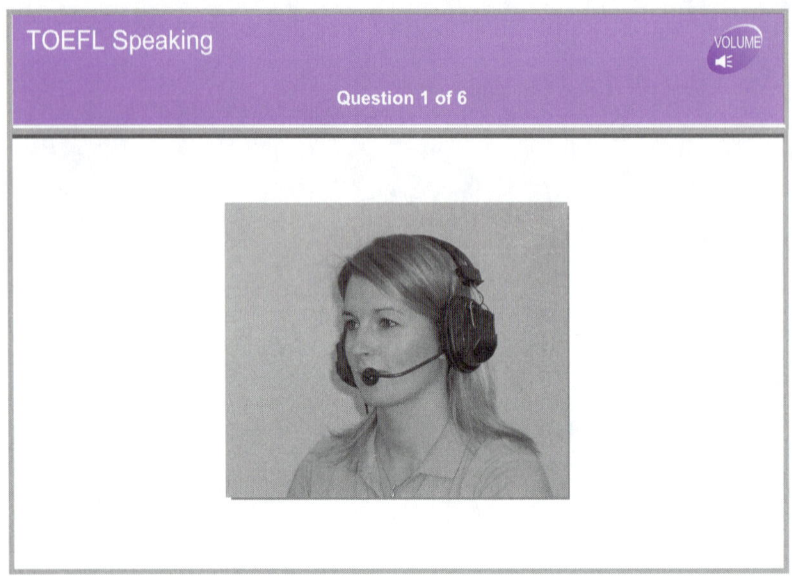

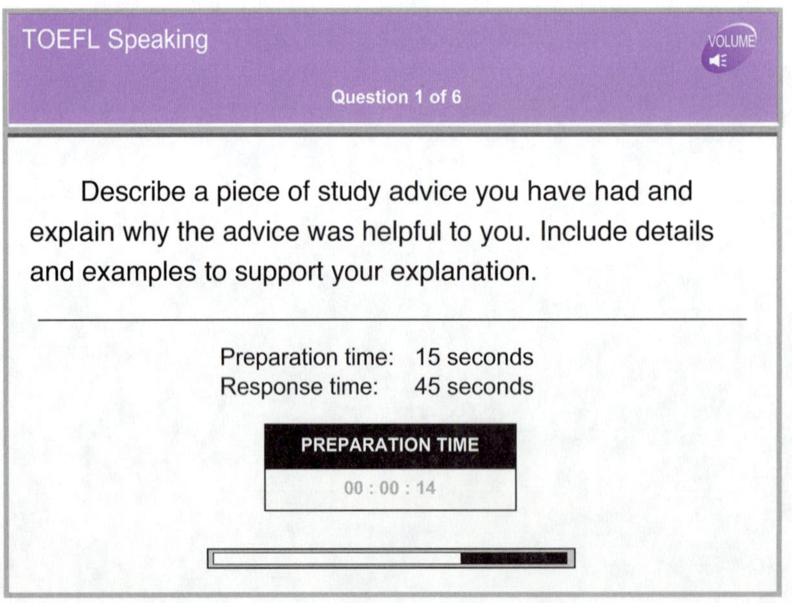

TOEFL Speaking
VOLUME
Question 1 of 6
Describe a piece of study advice you have had and explain why the advice was helpful to you. Include details and examples to support your explanation.
Preparation time: 15 seconds
Response time: 45 seconds
PREPARATION TIME
00 : 00 : 14

Pro vs. cons of computer

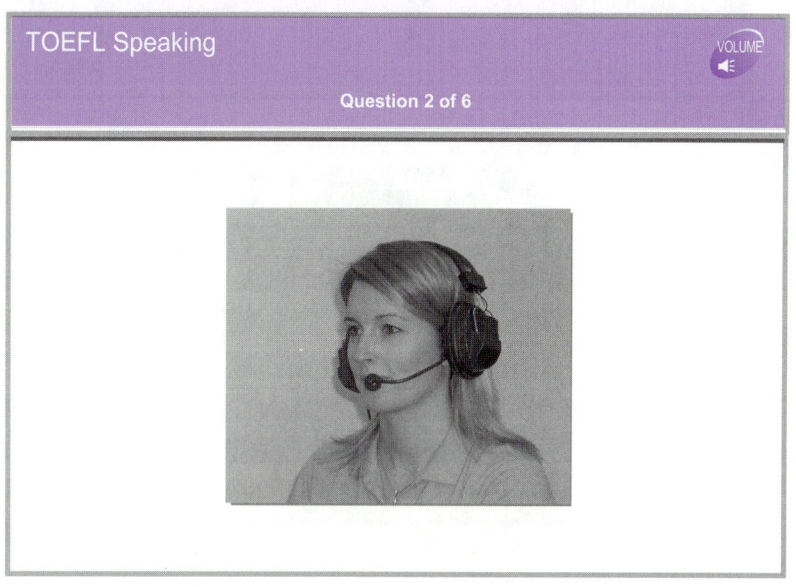

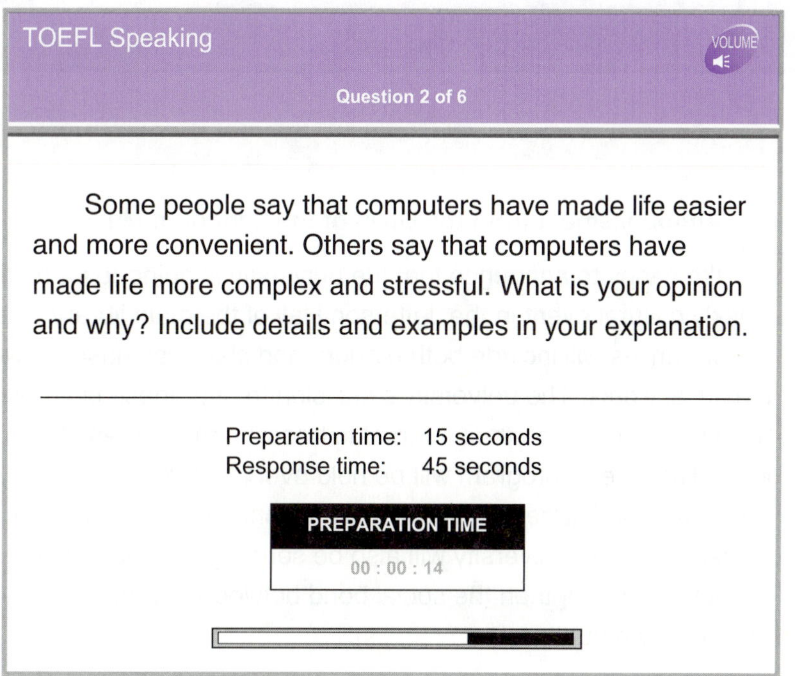

TOEFL Speaking
VOLUME
Question 2 of 6
Some people say that computers have made life easier and more convenient. Others say that computers have made life more complex and stressful. What is your opinion and why? Include details and examples in your explanation.
Preparation time: 15 seconds
Response time: 45 seconds
PREPARATION TIME
00 : 00 : 14

University cultural event

Reading Time: 45 seconds

Announcement from the Dean of the School of Music

I'm happy to announce that the university is going to be holding a weekly cultural event in the Jefferson Hall of the main library. The performances will include both modern and classical music as well as theatrical works. The university's decision to offer these cultural events was based on their interest in boosting the students' cultural level. The weekly program will be held every Saturday evening, and it will be free of charge for the students as long as they bring their student IDs. The university will also be sending invitations to the local residents to strengthen the social bond between the university and the local community.

Note-taking

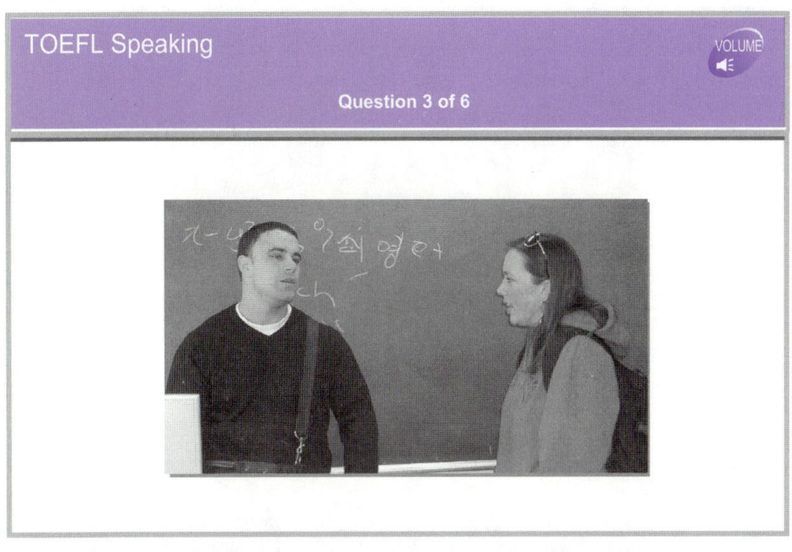
TOEFL Speaking
VOLUME
Question 3 of 6

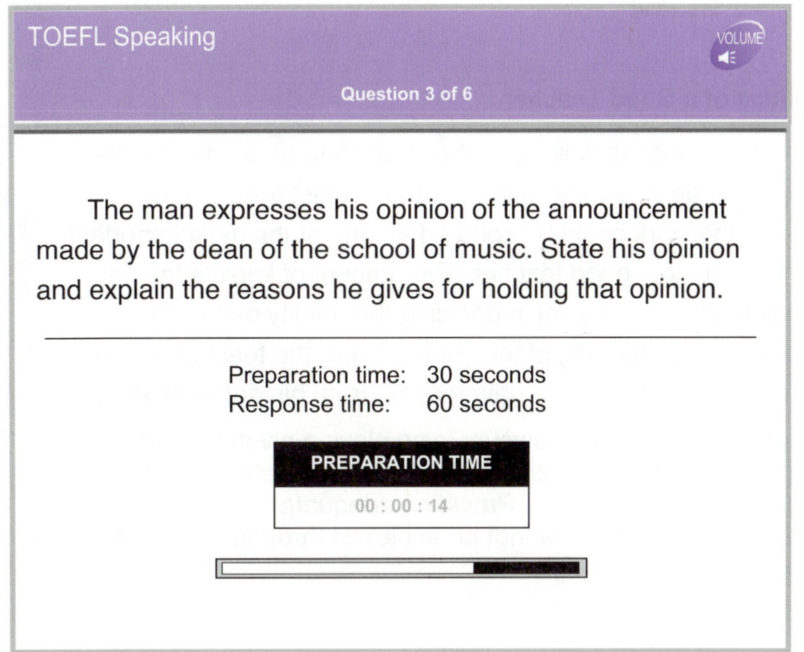
TOEFL Speaking
VOLUME
Question 3 of 6
The man expresses his opinion of the announcement made by the dean of the school of music. State his opinion and explain the reasons he gives for holding that opinion.
Preparation time: 30 seconds
Response time: 60 seconds
PREPARATION TIME
00 : 00 : 14

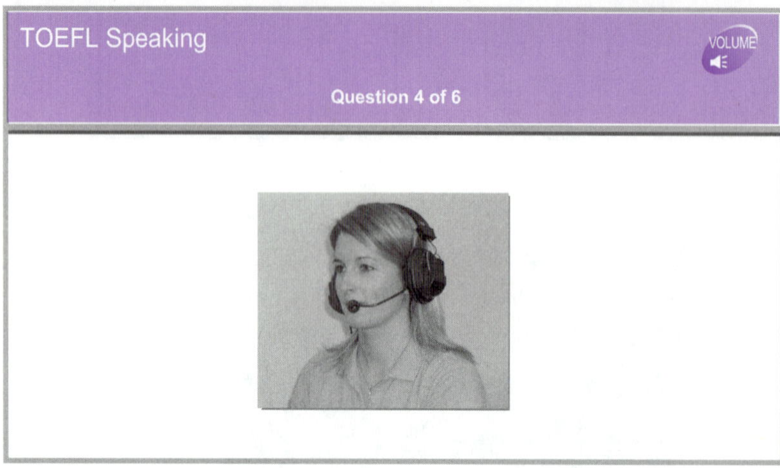

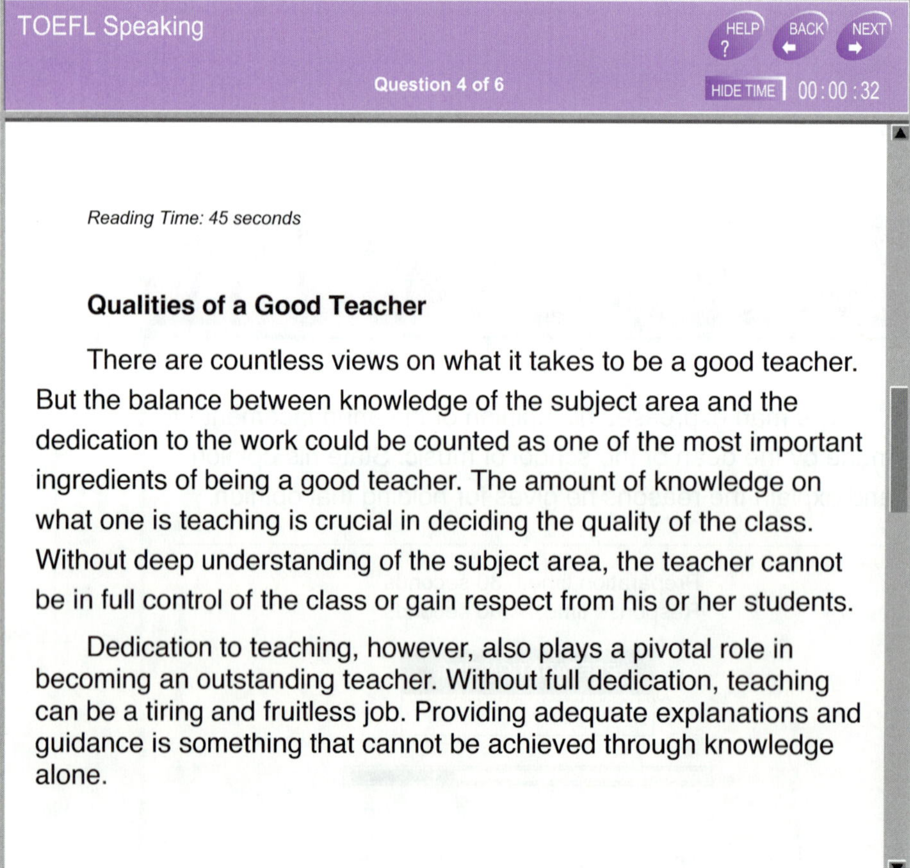

Reading Time: 45 seconds

Qualities of a Good Teacher

There are countless views on what it takes to be a good teacher. But the balance between knowledge of the subject area and the dedication to the work could be counted as one of the most important ingredients of being a good teacher. The amount of knowledge on what one is teaching is crucial in deciding the quality of the class. Without deep understanding of the subject area, the teacher cannot be in full control of the class or gain respect from his or her students.

Dedication to teaching, however, also plays a pivotal role in becoming an outstanding teacher. Without full dedication, teaching can be a tiring and fruitless job. Providing adequate explanations and guidance is something that cannot be achieved through knowledge alone.

Note-taking

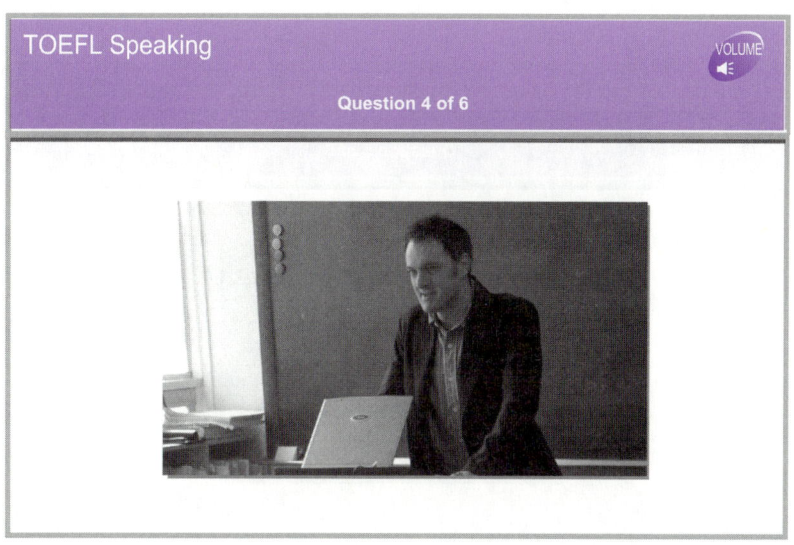
TOEFL Speaking
VOLUME
Question 4 of 6

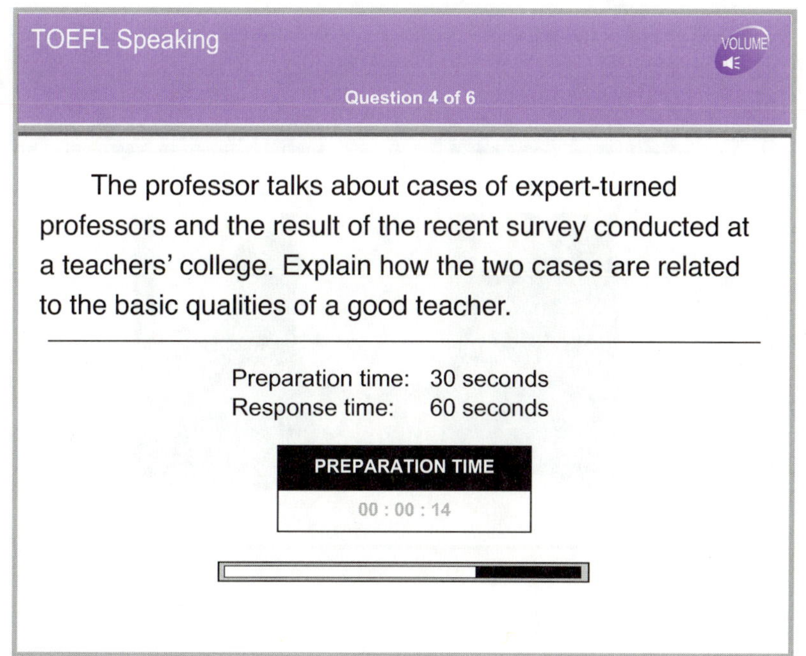
TOEFL Speaking
VOLUME
Question 4 of 6
The professor talks about cases of expert-turned professors and the result of the recent survey conducted at a teachers' college. Explain how the two cases are related to the basic qualities of a good teacher.
Preparation time: 30 seconds
Response time: 60 seconds
PREPARATION TIME
00 : 00 : 14

Physical education class

Note-taking

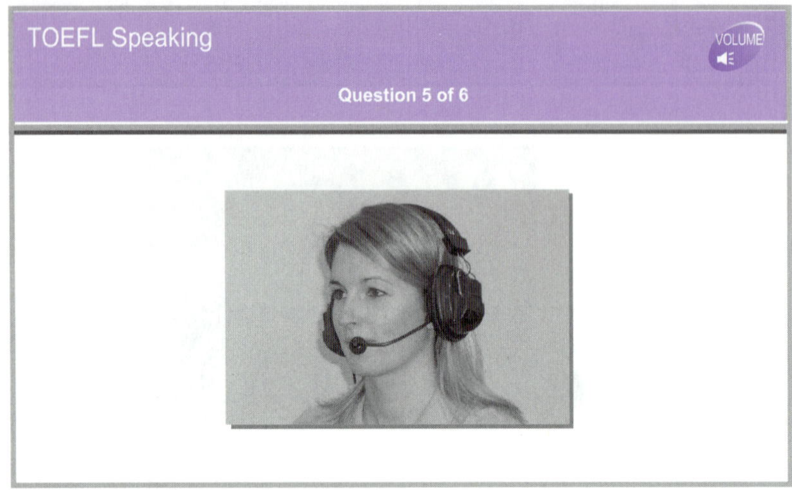

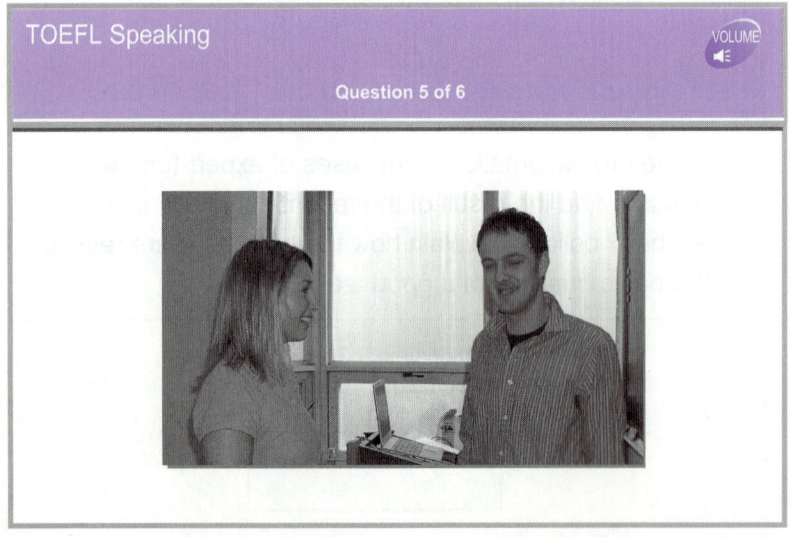

Note-taking

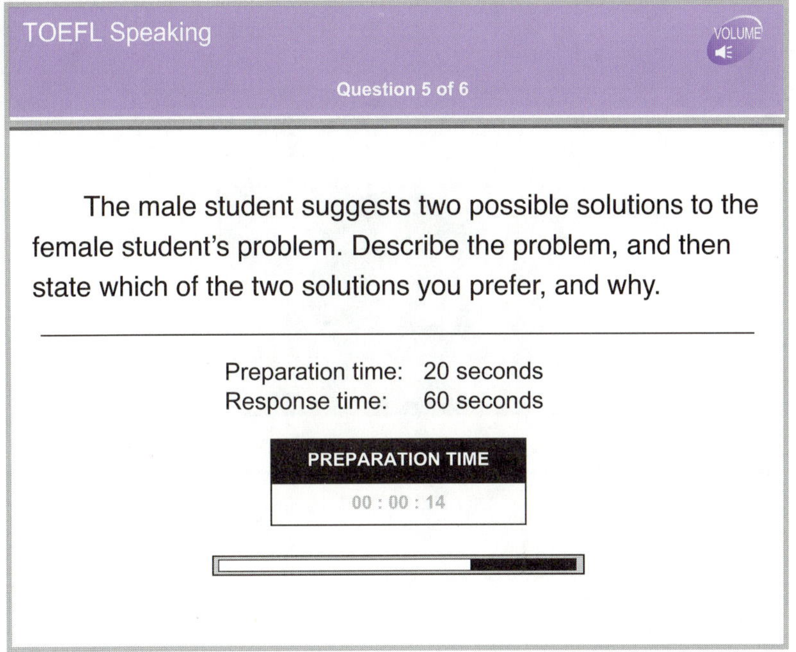
TOEFL Speaking
VOLUME
Question 5 of 6
The male student suggests two possible solutions to the female student's problem. Describe the problem, and then state which of the two solutions you prefer, and why.
Preparation time: 20 seconds
Response time: 60 seconds
PREPARATION TIME
00 : 00 : 14

Science : organically grown foods

Note-taking

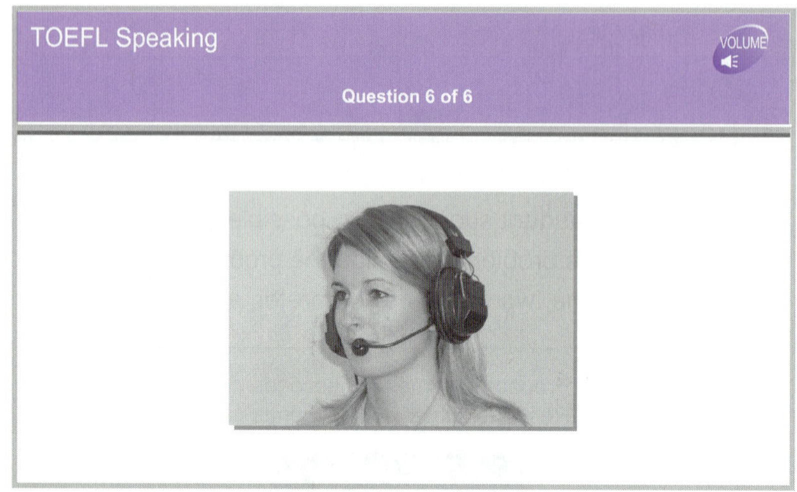

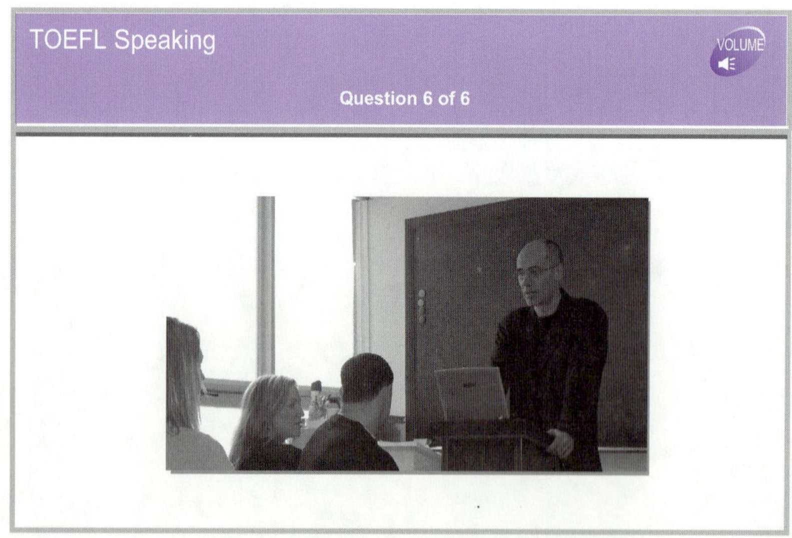

Note-taking

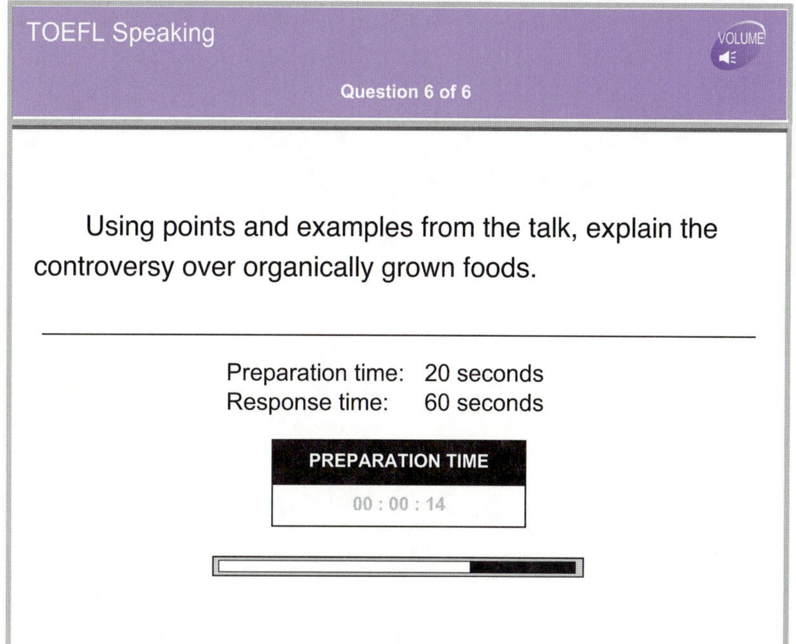
TOEFL Speaking
VOLUME
Question 6 of 6
Using points and examples from the talk, explain the controversy over organically grown foods.
Preparation time: 20 seconds
Response time: 60 seconds
PREPARATION TIME
00 : 00 : 14

• Diagnostic Test
• Actual Test
영국·호주식 발음 추가
• CD+부록

TOTAL ENGLISH

해설집

TOTAL iBT TOEFL®

Total Note-taking System
동영상강좌 + 별책부록 무료제공
세계 최초 저작권 등록

이을기 • 채미영 박사 공저

Speaking

• 정밀분석 실전문제 최다 수록
• 서울대, 외대동시통역대학원, Walden Univ. 영어교육학 박사의 역작
• Boston College 이중언어교육 권위자 Ph. D Professor Maria Brisk 추천

LNB PRESS
LNBPRESS.com

이 을 기

- 서울대 졸업
- 외대 동시 통역 대학원 한영과
- Boston University Law School 수학
- 포항제철 사장 전담 통역
- TOTAL ENGLISH 대표
- 저서 토플 기초공사 Listening
  토플 기초공사 Writing
  Total iBT 토플 Reading
  Total iBT 토플 Listening
  Total iBT 토플 Speaking
  Total iBT 토플 Writing
  Total iBT 토플 Vocabulary

채 미 영

- 서울대 졸업
- 외대 동시 통역 대학원 한영과
- Boston University 교육학 박사 과정 수학
  (Bilingual Education 전공)
- Walden University 영어 교육학 박사
  (박사 논문: A content-based ESL instructional method for Korean students)
- TOTAL ENGLISH 원장
- 저서 토플 기초공사 Listening
  토플 기초공사 Writing
  Total iBT 토플 Reading
  Total iBT 토플 Listening
  Total iBT 토플 Speaking
  Total iBT 토플 Writing
  Total iBT 토플 Vocabulary

추천의 말

보스턴 칼리지 린치 교육대학원
마리아 브리스크 박사

Congratulation
Message

This book skillfully combines both the author' s theoretical knowledge of English as a Foreign Language Education and practical expertise of an experienced EFL teacher. The systematic approach to test preparation found in this book should be extremely helpful to EFL learners preparing to take the new generation of iBT TOEFL test.

Maria Estela Brisk Ph.D Professor
Lynch School of Education Boston College

Speaking Answers

Speaking Answers

Diagnostic Test

Diagnostic Test

Speaking 1

유용한 학교시설

Basic Expression

Warming up

Vocabulary Brainstorming

- 도서관 library
- 기숙사 dormitory
- 교내 숙소 on-campus housing
- 학교 밖 숙소 off-campus housing
- 학교 주거 사무소 campus housing office
- 체육관 gym
- 편의시설 convenience facilities

Basic Expressions

❶ 내 생각에는 몇 가지 이유로 도서관은 우리 학교에서 가장 중요하고 유용한 시설이다.

연구 내 생각에는 in my opinion / I think that / my opinion is that … 등으로 처리할 수 있다.
몇 가지 이유 for a couple of reasons, for a few reasons
유용한 useful, helpful
시설 facility

❷ 이는 학생들에게 수업을 준비할 수 있는 공간과 자료를 제공한다.

연구 A는 B에게 C를 제공한다 A provides B with C / A gives B C 또는 A offers B C 등으로 다양하게 말 할 수 있다. *e.g.* He provided me with much assistance. 그는 나에게 많은 도움을 제공했다.
공간 room / space

❸ 최신 디지털 기술을 갖춘 도서관은 막강한 연구 도구로서의 기능을 한다.

연구 …를 갖춘 equipped with …
최신 디지털 기술 the latest digital technology
…로서의 기능을 하다 serve as … / works as …

❹ 육체적 건강이 학생들의 학업에 얼마나 많은 영향을 주는지를 고려해서, 나는 학교 체육관이 가장 중요한 시설 중 하나라고 믿는다.

연구 A를 고려하다, 감안하다 take into account A / consider A
영향을 주다 affect / influence
육체적 건강 physical health
학업 academic performance
체육관 gym

❺ 캠퍼스에서 멀리 떨어져 사는 이들에게 기숙사는 유용하고 중요한 시설이다.

 …에서 멀리 떨어져 far away from …
…하는 이들에게 for those (people / students) who …
기숙사 dormitory
중요한 important, crucial, essential, vital 등으로 다양하게 말해 보는 습관을 길러 두자.

1. In my opinion, the library is the most important and useful facility in our school for a couple of reasons.
2. It provides students with room and materials to prepare for classes.
3. A library equipped with the latest digital technology serves as a powerful research tool.
4. Taking into account how much physical health affects students' academic performance, I believe that the school gym is one of the most crucial facilities.
5. For those living far away from campus, a dormitory is the most useful and essential facility.

Question

유용하다고 여기는 학교 시설에 대해 묘사하시오. 그 시설이 당신과 학교에 왜 중요한지 세부 내용과 사례를 들어 답변하시오.

Sample Answer

In my opinion, the library is the most important and useful facility in our school. It has all the books and other materials we need to prepare for classes. Without such a facility, it would be almost impossible for us to find the information for our term papers, for example. A library has not only books and printed materials, but also has digital sources such as the Internet, CD ROMs, and so on. In many cases, it is easier to retrieve the needed information from digital sources than from printed materials. With a click of the mouse, we can get relevant articles quickly. I heard that digital equipment and sources are very expensive. But considering how helpful they are, it is important that the school invest much money in them. Because of the crucial role of the library in our study, I think it is the most useful and essential facility for our school.

Translation

내 생각에는 도서관이 우리 학교에서 가장 중요하고 유용한 시설이다. 도서관에는 우리의 수업준비에 필요한 모든 책과 자료가 있다. 이러한 시설이 없다면, 기말 리포트 작성에 필요한 정보를 찾기란 거의 불가능할 것이다. 도서관에는 책과 인쇄된 자료만 있는 것이 아니다. 여기에는 인터넷, CD ROM, 마이크로필름 등 디지털 자료도 있다. 인쇄된 자료보다 디지털 자료에서 정보를 찾는 게 더 쉬울 때도 많다. 마우스를 한번만 클릭하면 필요한 자료를 빠르게 찾을 수 있기 때문이다. 디지털 장비와 자료는 매우 비싸다고 들었다. 하지만 그러한 것들이 얼마나 유용한지를 생각 해보면, 학교에서 투자를 많이 해야 할 필요가 있다. 도서관이 우리의 공부에 매우 중요한 역할을 하기 때문에, 나는 도서관이 우리 학교에서 가장 유용하고 필수적인 시설이라고 생각한다.

Speaking 2

같은 날씨와 다른 날씨

Basic Expression

Warming up

Key Ideas

Changeable weather (변하는 날씨)
-한국은 4계절이 뚜렷하다.
-삶이 단조롭지 않다
-시간 흐르는 것을 자연을 통해 느낄 수 있다.

The same weather (같은 날씨)
-시간 흐르는 것을 느낄 수 없다.
-일년 내내 덥거나 춥다면 생활이 힘들다.

Vocabulary Brainstorming

- 온화한 날씨 mild weather
- 혹독한 기후 harsh climate
- 변화 무쌍한 changeable
- 예측 가능한 predictable
- 한결같은 날씨 constant weather
- 극단적인 날씨 extreme weather
- 가을 fall / autumn
- 비가 오는 기후 rainy climate
- 우기 / 장마 rainy / monsoon season
- 따뜻한 햇볕 warm sunshine

Basic Expressions

❶ 나는 기후에 변화가 있는 곳에 살기를 선호한다.

연구 선호하다 prefer, would like to choose / opt for
…에 변화 change in …

❷ 한국은 봄, 여름, 가을, 겨울의 뚜렷한 4계절을 갖고 있다.

연구 뚜렷한 distinct

❸ 일년 내내 똑같은 기후가 있는 곳에 사는 것은 매우 단조롭고 지루할 것이다.

연구 단조로운 monotonous
지루한 boring. 이때 bored로 쓰지 않도록 조심한다. *cf.* 힘들게 만드는 tiring 지친 tired
똑 같은 the same
일년 내내 the year round, throughout the year
이 문장은 가주어 it를 넣어 만들면 짜임새가 있다
would be … to live …

❹ 변화하는 나무의 색깔에서 시간이 얼마나 빨리 흐르고 있는지 알 수 있다.

연구 A에서 B를 알다 tell B from A
얼마나 …한지 how +형용사 또는 부사
시간이 흐르다 time flies / passes by
변화하는 changing, changeable

❺ 봄은 다채로운 꽃을 가져 오고, 가을은 아름다운 단풍을 가져 온다.

연구 다채로운 colorful
단풍 autumn leaves

❻ 많은 사람들은 안정적인 기후가 있는 곳에 사는 것을 꿈꾼다.

연구 ~ 하는 것을 꿈꾸다 dream of + ~ing
안정적인 stable
기후 climate

❼ 일년 내내 더우면, 생활이 너무 짜증나고 피곤할 것이다.

연구 일년 내내 all year round, throughout the year
짜증나게 하는 annoying 여기도 annoyed (짜증이 난)로 쓰면 안 된다.
피곤하게 하는 tiring

1. I prefer to live in a place where there are changes in the weather.
2. Korea has four distinct seasons: spring, summer, fall, and winter.
3. It would be very monotonous and boring to live in an area with the same weather all year round.
4. We can tell how fast time is flying from the changing tree colors.
5. Spring brings colorful flowers, and fall brings beautiful autumn leaves.
6. Many people dream of living in a place with a stable climate.
7. If the weather is hot throughout the year, life will be too annoying and tiring.

Question

어떤 사람들은 일 년 내내 날씨가 같은 곳에 살기를 선호한다. 반면, 다른 이들은 기후가 여러 차례 변하는 곳에 사는 것을 좋아한다. 당신은 어떤 쪽을 왜 좋아하는가? 구체적인 내용과 사례를 포함해 설명하시오.

Sample Answer

I prefer to live in a place where there are changes in weather. Here in Korea, we have four distinct seasons. Though summer and winter may be a little harsh, spring and fall are very mild. Since I was born and brought up in Korea, it's hard for me to imagine a place where the weather is the same all year round. It would be too monotonous and boring. I will lose track of time, if I have only summer throughout the year. In Korea, I can see that seasons are changing just by looking at the different colors of the trees. The light green in spring gives me energy to make a fresh start, while the brown color in fall makes me reflect upon what I have done in the year. I'm happy to live in my country where there are four different seasons.

Translation

나는 날씨가 변하는 곳에서 사는 것을 선호한다. 이곳 한국에는 사계절이 있다. 여름과 겨울에는 날씨가 다소 가혹할 수는 있지만, 봄과 가을에는 날씨가 매우 온화하다. 나는 한국에서 태어나 자랐기 때문에, 일년 내내 날씨가 똑같은 곳은 상상하기 힘들다. 너무나도 단조롭고 지루할 것 같다. 일년 내내 여름이라면 세월이 어떻게 흐르는지 모를 것 같다. 한국에서는 나무의 색이 변하는 것만 봐도 계절이 바뀌는 것을 알 수 있다. 봄의 연두색은 새롭게 시작할 수 있는 힘을 주고, 가을의 갈색은 내가 한 해 동안 어떻게 살았는지 되돌아볼 수 있게 해 준다. 한국처럼 사계절이 뚜렷한 곳에서 살고 있어 행복하다.

Speaking 3

신규 학과 개설

Reading Translation

대학교의 발표

우리 대학에서는 내년에 사회경제학과를 개설할 것이다. 이 학과는 사회학이나 경제학에 대한 기본적인 지식이 있는 학생들만을 대상으로 할 것이다. 사회경제학과 수업은 경제학 건물 복도 맞은편에 있는 Mercer Hall의 232번 강의실에서 진행될 것이다. 학생수가 많은 전통적인 사회학이나 경제학과는 달리, 이 신규학과는 스무 명의 학생만을 받을 것이다. 사회경제학 및 이와 함께 제공되는 여러 수업에 대해 더 자세한 정보를 알고 싶은 학생들은 온라인 강의 소개 책자를 참고하라.

Listening Script

Narrator

Now listen to two students as they discuss the announcement.

Woman

It makes no sense to me that they're offering a separate major for socio-economics when there are already majors in sociology and economics. This is only going to create confusion when I have to choose my major.

Man

Really? I think it'll make my choice of major easier … I'm interested in the social aspects of economic theories, and I've been torn between the two subjects. Currently I'm taking a lot of sociology courses even though I'm an economics major. It's been hard to adjust my sociology class time in this schedule because of all the conflicts.

Woman

Well … that might be great for you, but I think the university should have increased the variety of courses within the economics department rather than introducing a new major.

Man

I think socio-economics is actually a very nice interdisciplinary major that will appeal to students like me who are interested in aspects of both sociology and economics. Anyone interested in the more human aspects of economics … issues like poverty and homelessness, for example … will find the new major very attractive.

Listening Translation

여자

이미 사회학과 경제학이라는 학과가 있는데, 별도로 사회경제학과를 개설한다는 건 의미가 없는 것 같아. 나중에 전공을 선택할 때 헷갈리기만 할 것 같아.

남자

그래? 난 오히려 전공선택이 더 쉬워질 거라고 생각하는데. 난 경제이론의 사회적인 측면에 대해 관심이 있는데, 그 동안 사회학과 경제학 중에서 어떤 것을 선택해야 할까 고민하고 있었어. 난 경제학 전공학생이기는 하지만 지금은 사회학 수업을 많이 듣고 있는 편이야. 그 동안 시간이 겹치는 게 많아서 사회학 수업시간을 조정하는 데 애를 먹었거든.

여자

그럼 너한테는 잘 된 일이네. 하지만 난 신규 학과를 개설하는 대신 경제학부의 과목을 다양하게 늘렸어야 했다고 생각해.

남자

난 사회경제학이 나처럼 사회학과 경제학 모두에 관심이 있는 학생들에게 호응을 얻을 수 있을 것이라고 생각해. 경제학의 좀더 인간적인 측면 … 빈곤이나 노숙자 문제 같은 거 있잖아… 그런 데에 관심 있는 학생들에게 이 신규학과는 참 매력적일 것 같아.

Question

남자는 대학 측의 발표에 대한 자신의 의견을 말한다. 그의 의견이 무엇인지, 그리고 그렇게 생각하는 이유가 무엇인지 말하시오.

Sample Answer

The man likes the new socio-economics major. He says it will make his choice of major easier. He is an economics major, but he is currently taking both sociology and economics courses and has been struggling between the two. He finds that there are a lot of conflicts between the class times of the two majors, which he thinks the new socio-economics major will resolve. He has found it hard to adjust his class times up to now and is looking forward to having the combined major so that the scheduling problem will be eliminated. He thinks that the new major will give him the best of both majors. He believes that the new socio-economics major is also a nice interdisciplinary compromise for the students interested in the more human side of economics and who are concerned about social issues like poverty and homelessness.

Translation

남자는 새로 개설되는 사회경제학을 마음에 들어 하며, 전공 선택이 더 쉬워질 것이라고 말한다. 그는 경제학 전공학생으로, 현재는 사회학 수업과 경제학 수업을 모두 듣고 있는데, 두 학과의 수업을 듣기 위해 애를 먹고 있었다. 그는 두 학과의 수업시간이 서로 많이 겹친다고 생각하며, 사회경제학의 개설이 이 같은 문제를 해결해 줄 것이라고 생각한다. 지금까지 그는 수업시간을 조정하는 데 어려움을 겪어 왔기 때문에, 사회경제학의 도입으로 그의 수업일정 문제가 해결되기를 기대하고 있다. 그는 이 신규학과가 사회학 그리고 경제학의 가장 좋은 부분만을 제공할 것이라고 생각한다. 그는 또한 사회경제학과는 경제학의 좀더 인간적인 면에 관심이 있고, 빈곤과 노숙자 등 사회문제에 대해 관심이 있는 학생들이 사회학과 경제학을 모두 배울 수 있는 좋은 기회라고 믿는다.

Speaking 4

효과적인 광고: 내용과 매체

Reading Translation

새로운 제품이 끊임없이 쏟아지는 현대 시장에서 광고는 기업의 성공에 그 어느 때보다도 큰 영향력을 미치고 있다. 잠재 고객의 주목을 끌 뿐만 아니라 실제로 고객이 물건을 사도록 만들 만큼 매력적인 광고를 만드는 것은 쉬운 일이 아니다. 이처럼 효과적이고 매력적인 광고를 만들기 위해서는 두 가지 주요 요소를 감안해야 한다. 첫째, 사람들의 이목을 끄는 데 있어 매우 중요한 역할을 하는 광고의 내용이다. 시각적인 효과는 현대 광고의 중요한 부분을 차지한다. 하지만 시각효과 못지않게 중요한 것은 어떤 매체를 통해 광고가 잠재 고객들에게 전달되느냐이다. 기술의 발달로 인해 오늘날 매체에 대한 선택의 폭은 과거 어느 때보다도 넓다. 이 두 가지 요소가 조화를 이룰 때, 그 광고는 매출 증대라는 소기의 목적을 달성할 수 있을 것이다.

Listening Script

Narrator

Now listen to part of a lecture on this topic in a marketing class.

Professor

From the reading assignment you've probably learned about the major elements of a successful advertisement. Today uh ··· we are going to talk about two cases that clearly demonstrate the validity of the theory you learned in the textbook. Well ··· we said that the content of an ad is a crucial component of effective advertising. By content we refer not only to the text message but also the visual and audio impact of the ad. Try for a second to visualize all the posters plastered these days in subway stations. I bet most of you would recall the cellular phone ad for Samsung. Despite its powerful impact on us, if you analyze it, you'll notice that it uses a very simple slogan and contrasting colors. The image of the black cell phone against the white background is very eye-catching.

The other ad that you see a lot recently on the walls of subway stations is the one of M Construction Company. Although it probably spent much more money in making the ads and posting them on the wall, they do not stand out from the rest. What is the problem? Well unlike the simplicity of the other ad, this one has many more text messages in small letters describing the superiority of their apartments and citing renowned architects across the world. The problem lies not only in the layout but also in the choice of the medium. A subway station is a place where people rush to catch their train, thus they don't have the time or the intention to focus on detailed information. If the M Company's ad were in magazines, it would probably have its intended effect.

Listening Translation

교수

아마 여러분은 읽기 과제를 통해 성공적인 광고의 주요 요소가 무엇인지 알게 되었을 것이다. 오늘은 ··· 음 ··· 여러분이 교재에서 배운 이론의 타당성을 분명하게 보여 주는 두 가지 사례에 대해 배워 보겠다. 자 ··· 광고의 내용이 효과적인 광고에 있어 매우 중요한 요소라는 점은 우리가 이미 배웠다. 광고의 내용이란 문자 메시지뿐만 아니라 광고의 시각 및 음악 효과를 의미한다. 요즘 지하철 역에 붙여 있는 광고들을 잠시 떠올려 보아라. 아마 여러분 대부분은 삼성의 핸드폰 광고를 기억할 것이다. 이 광고는 우리에게 매우 강한 인상을 남기지만, 잘 들여다 보면 아주 단순한 문구와 대조적인 색깔을 사용하고 있음을 알 수 있을 것이다. 흰색을 바탕으로 한 검정색 핸드폰의 사진은 우리 시선을 사로잡는다.
최근 지하철 역 벽에서 자주 보게 되는 또 다른 광고는 M 건설회사 광고이다. 아마 그 광고를 만들기 위해 다른 회사들보다 훨씬 더 많은 돈을 쏟아 부었겠지만, 사실 그다지 눈에 띄지는 않는다. 그렇다면 무엇이 문제일까? 글쎄 … 아주 단순한 다른 광고들과는 달리, 이 광고는 작은 글씨로 자사 아파트의 장점을 소개하고 세계의 저명한 건축가들을 인용하는 문자 내용이 훨씬 더 많다. 이 광고는 레이아웃 뿐만 아니라 선택된 매체에도 문제가 있다. 지하철 역에서는 사람들이 지하철을 타러 가기 바쁘기 때문에 자세한 내용을 주의 깊게 읽을 만한 시간이나 마음이 없다. M사의 광고가 잡지에 실린다면, 아마도 소기의 목적을 달성할 수 있을 것이다.

Question

교수는 두 기업의 광고에 대해 말한다. 두 사례가 효과적인 광고의 주요 요인과 어떻게 관련되어 있는지 설명하시오.

Sample Answer

An effective advertisement must have a combination of adequate content and medium. The cell phone ad for Samsung is a good case in point. Its simple text message and eye-catching colors of the visual image were effective for its medium. In a subway station, people do not have time or the intention to read long messages. Rather, they are bound to be attracted to powerful, colorful images. The company has cleverly used these characteristics of the medium to develop an effective advertisement. The M Company, on the other hand, provides a contrasting example. Despite much investment in making and posting its ad, it failed to captivate people's attention. That's largely because of the wrong choice of the content and the medium. Its ad would have been more effective, if it had been posted in magazines, instead of on the walls of subway stations. As the two cases show, creating an effective advertisement is not an easy task.

Translation

효과적인 광고를 위해서는 적절한 내용과 매체가 조화를 이루어야 한다. 삼성의 핸드폰 광고가 좋은 사례이다. 간단한 내용과 눈에 띄는 색깔은 이 광고를 붙인 장소를 감안할 때 매우 효과적이었다. 지하철 역에서는, 사람들이 대체로 긴 내용을 읽을 시간도 마음도 없다. 자세한 내용보다는 오히려 강력하고 화려한 이미지에 끌리기 쉽다. 삼성은 지하철이라는 장소의 특성을 잘 파악해 효과적인 광고를 만드는 데 성공했다. 한편 M사의 광고는 그 반대라고 할 수 있다. 광고 제작에 막대한 투자를 했음에도 불구하고 사람들의 주목을 끄는 데는 실패했다. 이는 무엇보다 광고의 내용과 매체를 잘못 선택했기 때문이다. M사의 광고가 지하철 역보다 잡지에 실렸더라면 더 큰 효과를 거두었을 것이다. 이 두 가지 사례가 보여 주듯이, 효과적인 광고를 만드는 것은 쉬운 일이 아니다.

Speaking 5

학교에 등교하기

Listening Script

Male Student

I miss riding my bike to school. This heavy snow we're having makes it impossible for me to ride now, and I've been having to walk instead.

Female Student

Is it a long walk for you? Where do you live?

Male Student

I live in off-campus housing, and it's far away from the university. It's bad enough having to walk, but with all the snow, it's a miserable commute for me.

Female Student

How come you're living off campus? I thought you were still living in the dorm.

Male Student

Well, actually, I moved out of the dorm awhile back. I found a very cheap townhouse that I could share with two roommates. It's a terrific place; we all love it. The only drawback is the commuting distance.

Female Student

Oh, that's too bad.

Male Student

Yeah. So far, I've been able to use my bike to come to school, but now with the snow, I don't know what to do.

Female Student

Why don't you take the bus? I've heard there are lots of bus routes that go to the university. It would save you time and effort, because walking a long distance is not only very time-consuming but also tiring.

Male Student

I'm not sure if there's a bus stop near my townhouse or not.

Female Student

If there isn't, you could try carpooling instead. Maybe you and your roommates could take turns driving to campus. Since they go to the same university, you could all just use one car and split the gasoline cost among the three of you.

Male Student

As a matter of fact, one of the roommates does own a car, but he's an art major. His class times probably differ from mine. But I think it would definitely be worthwhile to ask him.

Female Student

Even if his class times differ from yours, you could still share the car. The three of you could lay out your individual schedules and then see how often they coincide with one another. Even if you sometimes had to go to campus a little earlier than planned or stay there between classes, I'm sure you could work something out.

Male Student

I'll talk to my roommates about it, and I'll let you know what we came up with. Thanks for the ideas!

Listening Translation

남학생

자전거 타고 학교에 가던 때가 그립다. 요즘에는 눈이 너무 많이 와서 자전거를 탈 수가 없어. 그래서 지금은 그냥 걸어 다니잖아.

여학생

많이 걸어야 하니? 어디 살아?

남학생

학교에서 좀 멀리 떨어져 있는 곳에서 자취해. 걸어 다니는 것도 일인데, 이렇게 눈이 많이 오니까 정말 학교 오는 게 끔찍해.

여학생

자취한다니? 난 네가 아직도 기숙사에서 사는 줄 알았는데.

남학생

사실 얼마 전에 기숙사에서 나왔어. 룸메이트 두 명과 함께 쓸 수 있는 집을 싸게 구했거든. 집이 정말 좋아. 우리 다 마음에 들어 해. 한 가지 단점이 있다면 학교에서 좀 멀다는 거지.

여학생

안타깝다.

남학생

맞아. 지금까지는 자전거를 타고 학교에 올 수 있었는데, 이렇게 눈이 오니까 어떻게 해야 할지 모르겠어.

여학생

버스를 타지 그러니? 대학교까지 오는 버스 노선이 많다고 들었어. 버스를 타면 시간과 체력을 아낄 수 있잖아. 많이 걸어야 하면 시간도 많이 걸릴 뿐 아니라 피곤하기까지 하니까.

남학생

우리 집 근처에 버스 정거장이 있는지 잘 모르겠어.

여학생

버스정거장이 없다면 카풀을 하면 되지. 너하고 네 룸메이트하고 번갈아 가며 학교까지 운전할 수 있잖아. 너희들 다 같은 학교에 다니니까, 차 한 대만 사용하고 기름값을 세 명이 같이 내면 되겠네.

남학생

사실 룸메이트 한 명은 차가 있긴 한데, 미술을 전공하거든. 그 친구 수업시간이 아마 우리 수업시간하고 다를 거야. 그래도 한번 물어 봐야겠다.

여학생

그 친구의 수업시간이 너희 수업시간하고 다르다 할지라도, 차는 같이 타고 다닐 수 있지. 셋이서 각자의 시간표를 보면서 서로 언제 시간이 겹치는지 알아봐. 학교에 좀 일찍 와야 하거나, 수업과 수업 사이에 좀 기다려야 하더라도, 뭔가 해결책이 나올 것 같은데.

남학생

룸메이트들과 한번 얘기해 봐야겠다. 그런 다음에 어떻게 하기로 했는지 말해 줄게. 좋은 제안해 줘서 고마워!

Question

여학생은 남학생의 문제에 대해 두 가지 제안을 한다. 문제가 무엇인지 설명한 다음, 두 가지 방법 중 어떤 것이 더 나을지를 말하고, 그 이유를 드시오.

Sample Answer

The problem is that the student lives in off-campus housing far away from the university. And because of the heavy snow, he can no longer use his bike to commute to school. The female student suggested that he either take the bus or work out a carpool agreement with his roommates. I would prefer to carpool, because taking the bus means being confined to the bus schedule. Since one of the students owns a car, it would be possible to schedule rides when needed. It's true that there might be times when the student would need to go to campus early or stay between classes, but the same could be said of the bus option, and it could not be varied. With roommates, if he really needed a ride, he could work something out with them. I think the carpooling offers more flexibility as well as the enjoyment of riding with friends instead of strangers.

Translation

남학생의 문제는 대학에서 멀리 떨어진 곳에 산다는 것이다. 그리고 폭설로 인해, 더 이상 자전거를 타고 학교에 올 수 없다는 것이다. 여학생은 버스를 타거나 룸메이트들과 카풀을 해 보라고 제안한다. 나는 카풀이 더 낫다고 생각한다. 왜냐면 버스를 타려면 버스 운행 시간표에 의존해야 하기 때문이다. 룸메이트 중 한 명이 차가 있으니까, 필요할 때 차를 이용할 수 있을 것이다. 남학생이 학교에 좀더 일찍 가거나 수업과 수업 사이에 좀 기다려야 하는 것은 사실이지만, 그건 버스를 탈 때에도 마찬가지다. 문제 해결이 정말 절실하다면, 분명 룸메이트들과 어떻게든 대책을 찾을 수 있을 것이다. 나는 카풀이 모르는 사람들이 아닌 친구들과 함께 가는 즐거움을 선사할 뿐만 아니라 더 편리하다고 생각한다.

Speaking 6

사회학
아동의 언어 발달

Listening Script

Narrator

Now listen to part of a talk in a sociology class.

Professor

Babies pay special attention to the speech they hear around them … even long before they can actually speak. In fact, within the first month of their lives, babies' responses to the sound of the human voice are different from their responses to other types of sounds. Babies will stop crying when they hear a person talking, but not when they hear some other sound … like a bell or the sound of a rattle. At first, babies probably only notice the sounds of words that are most emphasized … often at the end of what is said. But by the time they're six or seven weeks old, babies can tell the difference between syllables pronounced with the voice going up or down. Before long, these differences in the emphasis in adults' voices can influence how babies feel and behave. Long before they actually understand the words, babies can sense when an adult is playful or angry, just on the basis of cues like the rate or volume … or the melody … of adult speech.

Now, of course, adults do their best to exaggerate those cues to make it easy for babies to pick up a language. One researcher observed babies with their mothers in six different cultures and found that in all six languages the mothers used simple syntax and short statements … and made nonsense sounds. They also changed certain sounds into baby talk. Other investigators have noticed that when mothers talk to babies that are only a few weeks old, they exaggerate the pitch and loudness of their words … and their intensity. They also hold their vowels longer and emphasize certain words in addition to exaggerating their facial expressions.

Tiny babies can make fairly fine distinctions between speech sounds and other words. So it's clear that they enter the world with the ability to differentiate the things they need to differentiate to learn heard language.

Listening Translation

교수

아기들은 … 말을 하기 훨씬 전부터 … 주위에서 들리는 말에 주의를 기울인다. 사실상, 처음 일 개월 동안 아기들이 사람의 목소리에 대해 보이는 반응은 다른 종류의 소리에 대해 보이는 반응과 다르다. 아기들은 사람이 말하는 것을 들으면 울음을 멈추지만, 종소리나 딸랑이 소리 등 다른 종류의 소리를 들을 때는 그렇지 않는다. 처음에는 가장 강조되는 단어 … 종종 문장의 마지막 단어만을 들을지 모른다. 하지만 6주에서 7주 정도가 된 아기들은 목소리를 높여 발음되는 음절과 목소리를 낮추어 발음되는 음절을 구분할 수 있다. 곧, 어른의 목소리가 다르게 강조되는 것에 따라 아기들이 느끼고 행동하는 것이 달라질 수 있다. 그 단어들의 의미를 이해하기 훨씬 전에, 아기들은 어른의 말하는 속도나 목소리의 크기 … 혹은 멜로디 등 그 말의 특징만으로도 어른이 언제 장난을 치고 있는지 또는 언제 화가 났는지를 감지할 수 있다.

물론 어른들은 아기들이 언어를 쉽게 습득할 수 있도록 이 같은 특징들을 최대한 과장하려 한다. 한 연구자는 여섯 개의 다른 문화권에 속한 아기들과 그 어머니들을 관찰한 결과, 각각 다른 언어를 구사하는 이들 여섯 그룹의 어머니들이 모두 간단하고 짧은 문장을 사용하며 … 의미가 없는 소리를 낸다는 사실을 알게 되었다. 이들은 또한 어떤 소리들을 아기의 말투로 바꾸기도 했다. 다른 연구자들은, 어머니들이 몇 주밖에 되지 않은 아기들에게 말을 할 때, 단어 소리의 높낮이나 크기 … 그리고 강도를 과장한다는 사실을 발견하였다. 어머니들은 또 얼굴표정을 과장되게 짓는 것 외에도 모음을 더 길게 발음하고 특정 단어들을 강조하였다.

작은 아기들은 말소리와 다른 단어들을 꽤 잘 구분할 줄 안다. 이렇듯 아기들이 자신들이 듣는 언어를 배우기 위해 구분해야 할 것을 구분할 줄 아는 능력을 갖고 이 세상에 태어난다는 것은 확실하다.

Question

강의의 요점과 사례를 이용하여, 아기들의 언어습득을 돕기 위해 어른들이 어떻게 말을 하는지 설명하시오.

Sample Answer

There are lots of ways that adults can adapt their speech to help babies pick up the language. One way is by emphasizing certain words, usually at the end of what is said. They can also emphasize certain syllables by making their voices go up and down. And then they can vary certain voice cues. These would be cues like the rate of their speech, its volume, or its melody. Another technique is to exaggerate those same cues. And mothers tend to talk differently to their babies. They simplify their syntax, for one thing. They also use short statements. And even without saying words at all, they make nonsense sounds to their babies. They may exaggerate the pitch, or maybe the loudness of their words. They can also vary the intensity of them. And they exaggerate their facial expressions.

Translation

아기들의 언어습득을 돕기 위해 어른들은 여러 방법으로 자신들의 말하는 방법을 바꾼다. 한 가지 방법은 특정 단어들, 특히 말하는 내용의 마지막에 있는 단어를 강조하는 것이다. 또는 목소리의 높낮이를 조절하여 특정 음절을 강조할 수도 있다. 목소리에 담긴 일부 신호를 바꾸기도 한다. 즉, 말하는 속도, 목소리의 크기, 그리고 멜로디 등을 바꾼다는 것이다. 또 다른 기법은 신호를 과장하는 것이다. 어머니들은 아기들에게 말할 때 평소와는 다르게 말한다. 문장을 단순화시키고 짧게 만든다. 또는 단어를 말하지 않고, 아무런 의미가 없는 소리를 내기도 한다. 목소리의 높낮이를 과장하거나 단어의 소리 크기를 조절하기도 한다. 혹은 단어의 강도를 바꿀 수도 있다. 이외에도 과장된 얼굴표정을 짓기도 한다.

Speaking Answers

Speaking 1~6

Independent Speaking Type A

Speaking 1-1

가장 기억에 남는 책

Basic Expression

1. I have read many books but I don't remember all of them.
2. Though I read many different types of books, I like history books the most.
3. I like the book because it realistically portrays the Korean War.
4. Though I read it because it was a school assignment, I found the book fairly interesting for the following reasons.
5. While other textbooks were too serious and boring, this one was quite readable.

Question

학교에서 읽은 책에 대하여 말하고, 왜 그 책이 기억에 남는지, 구체적인 실례를 들어 설명하시오.

Sample Answer

I have read many books, but it is not so easy to remember one particular book right now. Yet, I think the book by Maslow was the most memorable one to me. It was not a novel but a textbook I had to read for my school. Actually, I read it to complete my school homework but I found the book very interesting. It talks about the different stages of psychological development. I especially liked chapter 11, which describes two types of geniuses. One is the early bloomer type. Many musicians including Mozart and mathematicians would belong to this category. The other type is people who leave masterpieces in the latter parts of their lives. Though I am not a genius, I liked reading the description very much. Frankly, I found some similarities between me and some of the features of great people.

Translation

나는 많은 책을 읽어 봤지만, 기억나는 책 한 권을 지금 딱 꼬집어 말하기란 쉽지 않다. 그래도 Maslow가 쓴 책이 나에게는 가장 인상 깊었던 것 같다. 그 책은 소설이 아니라 학교에서 읽어야 했던 교과서였다. 사실은 학교 과제를 하기 위해 그 책을 읽긴 했지만 매우 흥미로웠다. 그 책은 여러 종류의 인격에 대한 것이었다. 나는 특히 11장이 가장 재미있었는데, 두 종류의 천재에 대한 부분이었다. 하나는 '일찍 피는 천재형 (early boomer)' 이다. 모차르트를 포함한 많은 음악가들과 수학자들이 여기에 해당한다. 또 다른 하나는 보통 말년에 걸작을 남기는 대기만성형 사람들이다. 비록 나 자신이 천재는 아니지만, 천재에 대한 설명을 매우 재미있게 읽었다. 솔직히 말하면 그러한 훌륭한 인물들과 나 사이에 몇 가지 공통점도 발견할 수 있었다.

Speaking 1-2

가장 도움을 많이 주신 교수님

Basic Expression

1. Though I have had many professors, I learned the most from professor Smith.
2. He helped me develop an interest in music.
3. The professor taught me how to look at the world from a wider perspective.
4. He had an outstanding academic background but was always humble.
5. I hope I can be as competent and understanding a person as the professor.

Question

학교에서 배운 교수님에 대해 말하고 왜 그 교수님이 도움이 되었는지, 구체적인 실례를 들어 설명하시오.

Sample Answer

Among all the instructors I have had, I learned the most from professor Lee. He was my history professor when I was a freshman. His course was one of the most popular ones on campus. He was known for his vivid descriptions of historical events and thorough preparation of his lectures. Though I had to do many more assignments than for other history courses, I've never regretted having taken his class. To the contrary, I have always been grateful to him for having taught me how to interpret historical facts. His piercing insights into Asian history enabled me to better understand the present situation of my country. Despite his superb academic background, he was always humble enough to carefully listen to his students. I hope I can be as competent and humble a professional as professor Lee.

Translation

나는 그 동안 배웠던 교수들 중 이 교수님에게서 가장 많은 것을 배웠다. 그 분은 내가 대학교 1학년 때 역사 교수님이셨다. 이 교수님의 수업은 대학에서 가장 인기 많은 수업 중 하나였다. 그 분은 역사적 사건들을 생생하게 묘사하고 수업을 철저하게 준비하는 것으로 유명하셨다. 비록 다른 역사수업에 비해 과제물이 훨씬 더 많긴 했지만, 이 교수님의 수업을 수강한 것을 후회해 본 적이 한번도 없다. 오히려 역사적 사실들을 어떻게 해석해야 하는지 가르쳐 주신 이 교수님께 항상 감사할 따름이다. 아시아 역사에 대한 그의 예리한 통찰력은 나로 하여금 현재 우리나라가 처한 상황을 좀더 잘 이해할 수 있도록 해 주었다. 이 교수님은 화려한 학력에도 불구하고 항상 겸허하게 학생들의 의견에 귀기울이셨다. 나도 이 교수님처럼 실력있고 겸손한 전문가가 될 수 있었으면 좋겠다.

Speaking 1-3

연구과제

Basic Expression

1. I am good at talking people into something that I want them to do.
2. To me group projects are always much more difficult than individual assignments.
3. Through group projects one can learn how to work as a team.
4. Research reports have taught me how to analyze data in a critical manner.
5. From public speeches I had to make for school, I learned how to talk to a large audience.

Question

강의 중에 수행한 연구과제에 대하여 말하고, 그 과정에서 배운 바를, 구체적인 실례를 들어 설명하시오.

Sample Answer

I am not good at working in a group. This personal tendency was developed after a group project I had to do with my classmates for school. It was a term project that replaced the final exam. We had to make a presentation on a given topic as a group of seven people. We spent a really a long time discussing how to present the subject. Even after hours of discussion, we couldn't reach an agreement. Then I learned how difficult it was to make everybody happy. It was a very stressful experience because I had other assignments to do. In the end, I did the whole preparation and distributed the part that each member had to say in the presentation. Frankly, it wasn't a group project. Maybe I did not have an ideal group, but the experience confirmed my preference for individual projects.

Translation

나는 팀으로 일하는 것을 잘 못한다. 이러한 성향은 학교에서 반 친구들과 팀 프로젝트를 한 후에 생겼다. 기말고사 대신에 해야 했던 프로젝트였다. 특정 주제에 대해 일곱 명으로 구성된 팀이 발표를 하는 것이었다. 우리는 주제 발표를 어떻게 할지에 대해 정말 오랫동안 의견을 나누었다. 하지만 몇 시간 동안 이야기를 해 봐도 의견의 일치를 보지 못했다. 그때 난 모든 사람들을 만족시키는 것이 얼마나 어려운 일인지를 알게 되었다. 나는 다른 과제물도 해야 했기 때문에 스트레스를 아주 많이 받았다. 결국 내가 모든 발표준비를 도맡아 한 다음에 다른 팀원들에게 각자 발표해야 하는 부분을 나누어 주었다. 솔직히 그건 팀 프로젝트라고 할 수 없었다. 어쩌면 내가 좋은 팀을 만나지 못했던 것일 수도 있지만, 어쨌든 그 때의 경험은 내가 혼자서 하는 프로젝트를 더 좋아한다는 사실을 확인시켜 주었다.

Speaking 1-4

특별한 시험

Basic Expression

1. During mid terms and finals, I stay up late studying in the school library.
2. Taking a test always means being stuck in my room struggling with books.
3. Though I know it's not a good habit, I usually cram for tests.
4. The higher the grade I aim for an exam, the more stressed out I get during the preparation period.
5. Open-book tests require more than mere reproduction of memorized facts.

Question

학교에서 치른 시험에 대해 말하고 왜 그 시험이 중요했는지, 구체적인 실례를 들어 설명하시오.

Sample Answer

My high-school history teacher once gave us an unusual final in the second semester of the senior year. She announced that we would have an open-book test and that we could use all the books and notes we had. Frankly, I did not study much because I thought I could rely on the materials while taking the test. My expectation was, however, totally shattered. The question the teacher gave us was not about something that we could easily retrieve from the books. I was at a loss and did not know how to cope with the situation. I got very angry at myself for not having prepared more. I should have known that an open book test would require deeper understanding of the subject than ordinary exams. Although I got a poor grade on that test, I learned a valuable lesson for my future study.

Translation

고등학교 때 역사 선생님이 3학년 마지막 학기 기말고사를 특이하게 내신 적이 있다. 선생님께서는 책을 펴 놓고 시험을 볼 것이라고 말씀하시며 모든 책과 노트를 다 사용할 수 있다고 하셨다. 솔직히 난 교재와 자료만 믿고 그다지 열심히 공부하지 않았다. 하지만 나의 기대는 물거품이 되고 말았다. 선생님께서 내 주신 문제는 우리가 책에서 쉽게 찾을 수 있는 것이 아니었다. 나는 너무 당황하여 어찌할 바를 몰랐다. 그리고 좀더 준비하지 않은 나 자신에게 화가 났다. 오픈 북 시험은 평범한 다른 시험들보다 시험범위에 대한 더 깊은 이해를 요구한다는 사실을 알았어야 만 했다. 비록 그 시험에서 좋은 점수를 받지는 못했지만, 향후 학습 태도에 있어 매우 귀중한 교훈을 얻었다.

Speaking 1-5

TV 프로그램

Basic Expression

1. There are many different categories of programs on TV.
2. I usually watch evening soap operas with my mom.
3. I find such informative programs as documentaries much more enjoyable.
4. If you carefully choose the programs, you can actually learn a lot from TV.
5. Though spending too much time in front of the TV is bad, it sometimes helps us eliminate stress coming from our harsh daily life.

Question

시청했던 텔레비전 프로그램에 대하여 말하고 왜 그것이 재미있었는지, 구체적인 실례를 들어 설명하시오.

Sample Answer

The television program that I enjoyed most was a BBC documentary about the battle for survival in the animal kingdom. The program showed animals living in the five continents across the world. What was interesting to me was that all the animals, without exception, had a very hard life, even harder than that of humans. Before watching it, I used to think that we, the human beings, were the only ones competing very hard to be successful. After the program, however, I learned that other animals as well as humans are engaged in such strong competition. I remember a battle between two colonies of ants very vividly. The ants killed even the last enemy member to secure their territory. I always thought that ants were just harmless, hard-working animals. But the program taught me that even such seemingly weak animals have a very strong instinct for survival.

Translation

내가 가장 재미있게 본 TV 프로그램은 동물왕국에서의 생존 싸움을 다룬 BBC의 한 다큐멘터리였다. 이 프로그램은 세계의 다섯 대륙에 사는 동물들을 보여 주었다. 내가 흥미롭게 느꼈던 점은 모든 동물들이 예외 없이 아주 힘들게, 심지어 인간보다 더 힘들게 살아 간다는 사실이었다. 그 프로그램을 보기 전에 나는 오직 인간들만이 성공하기 위해 이렇게 치열하게 경쟁하며 살아 간다고 생각했었다. 하지만 프로그램을 보고 나서는 우리뿐 아니라 동물들 또한 치열한 경쟁을 벌인다는 것을 알게 되었다. 두 개미집단 간의 싸움을 아주 생생하게 기억한다. 개미들은 자신들의 땅을 지키기 위해 상대편 개미를 한 마리도 남기지 않고 죽였다. 나는 개미가 남에게 해 끼치지 않고 부지런한 동물인줄로만 알았었다. 하지만 그 프로그램을 보면서, 겉보기에 힘없어 보이는 동물들조차도 매우 강한 생존본능을 갖고 있다는 사실을 알게 되었다.

Speaking 1-6

기억에 남는 학교친구

Basic Expression

1. Soonee is the most memorable classmate I've ever had.
2. She and I still stay in touch with each other through e-mails.
3. While I am a rather talkative person, my friend is a very silent type.
4. Thanks to her outgoing personality, I learned how to mingle with different types of people.
5. As the proverb "A friend in need is a friend indeed" says, she is a true friend because she is always there to help me.

Question

학교친구에 대하여 말하고, 그 친구가 왜 기억에 남는지, 구체적인 실례를 들어 설명하시오.

Sample Answer

Katherine is the most memorable classmate I have ever had. I met her in an American University classroom. Since it was the first time for me to study in an American university, I was somewhat at a loss. I did not know what to do or where to go after classes. Katherine understood my situation and volunteered to help me. She was not only kind but also a very brilliant student. She helped me with my class preparation as well as getting around the campus and the nearby town. Whenever I had to submit some writings, she kindly proofread what I had written and made the necessary corrections. Thanks to her help, I could adjust myself to the new setting quite easily. I did not expect to find such a nice classmate in a totally foreign environment. Katherine and I became good friends and still stay in touch with each other through e-mails.

Translation

캐서린은 이제까지 내가 사귀어 본 학교 친구 중 가장 기억에 남는 친구이다. 난 그녀를 미국 대학에서 만났다. 미국대학에서 공부하는 게 처음이었기 때문에 나는 좀 당황했었다. 수업이 끝나면 뭘 해야 할지 또는 어딜 가야 할지 몰랐다. 캐서린은 그러한 나의 상황을 이해하고 나를 도와주겠다고 나섰다. 그녀는 친절할 뿐만 아니라 매우 똑똑한 학생이었다. 그녀는 나를 데리고 캠퍼스와 대학 근처에 있는 마을을 돌아다녔을 뿐만 아니라 수업 준비하는 것까지도 도와주었다. 내가 리포트를 제출해야 할 때마다 그녀는 친절하게 내가 쓴 것을 읽고 잘못된 부분을 고쳐주었다. 그녀의 도움 덕분에 나는 꽤 쉽게 새로운 환경에 적응할 수 있었다. 나는 완전히 낯선 환경에서 그녀처럼 좋은 친구를 만날 줄은 몰랐다. 캐서린과 나는 좋은 친구가 되었고 지금도 이메일로 연락을 주고받는다.

Speaking 1-7

나라

Basic Expression

1. Since I love traveling, I visit foreign countries whenever I can.
2. I'm interested in learning how people in other countries live.
3. Rather than exotic places, I prefer to visit neighboring countries with similar cultures.
4. Although the weather was very hot, I hold dear memories of the southern part of Spain.
5. If given a chance, I'd like to visit the country once more.

Question

방문했던 나라에 대하여 말하고 왜 그 나라가 좋았는지, 구체적인 실례를 들어 설명하시오.

Sample Answer

I took a backpacking trip around Europe when I was a sophomore in college. Out of the 10 European countries I visited, I liked Czechoslovakia most. While other renowned countries were modern with familiar stores like McDonald's, Czechoslovakia was the typical image of a European country I had. The street violinists, the old buildings, and the general mood of the country, and of its capital city of Prague, made me feel as though I were in a 19th century movie. The streets were paved with small stones, instead of black asphalt. I could imagine how wagons might have traveled the road in the past. Although I lost my camera and travelers cheques there, I hold dear memories of the country. Another good thing was that the prices of commodities were very low. With little money, I could enjoy delicious meals and buy a lot of souvenirs. If given a chance, I'd like to visit the country once more.

Translation

나는 대학교 2학년 때 유럽 배낭여행을 했다. 그때 방문한 유럽 10개국 중 나는 체코슬로바키아가 가장 마음에 들었다. 다른 유명한 나라들에는 Mc Donald와 같이 낯익은 가게도 있었지만, 체코슬로바키아야말로 내가 상상하던 유럽의 모습을 그대로 간직하고 있었다. 거리의 바이올리니스트, 오래된 건물, 체코슬로바키아 그리고 수도인 프라하의 전반적인 분위기는 내가 마치 19세기 영화 속에 있다는 착각을 불러일으켰다. 길에는 검은 아스팔트 대신 작은 돌들로 깔려 있었다. 나는 짐마차들이 과거에 그 길을 어떻게 다녔을지 상상할 수 있었다. 비록 그 곳에서 카메라와 여행자 수표를 잃어버리긴 했지만, 나는 체코슬로바키아에 대해 좋은 추억을 가지고 있다. 또 하나의 좋은 점은 물가가 굉장히 낮았다는 것이다. 나는 얼마 되지 않는 돈으로 맛있는 음식을 먹고 많은 선물을 살 수 있었다. 기회가 주어진다면 나는 그 나라를 다시 한번 가 보고 싶다.

Speaking 1-8

소모적인 과제

Basic Expression

1. When I was a high-school student, I had to do an assignment that I did not enjoy at all.
2. It consisted of copying 30 pages from a history textbook. I remember we all hated the work.
3. Assignments that require only enumeration of facts without critical thinking are meaningless.
4. Learning things by heart is not the most effective way of learning.
5. Presenting just data without analysis is a very unproductive and wasteful assignment.

Question

수행한 과제에 대하여 말하고, 그것이 왜 그렇게 싫었는지, 구체적인 실례를 들어 설명하시오.

Sample Answer

When I was a high-school student, I had to do an assignment that I did not enjoy at all. It was about finding all the dates and names of the battles that took place in the 1800s. Frankly, I completed the assignment only because I was told to do so. I didn't like it because it consisted only of enumeration of facts without room for critical thinking. Memorizing unconnected facts is meaningless and a waste of time. We can get such facts very easily from the Internet. I thought that the assignment was obsolete in the Information Age. Probably, the professor gave us such a task because he thought that we had to learn the historical facts including such dates and names by heart. Though I spent almost two days doing the assignment, I don't remember any of the names or dates of the battles. Instead, I still think of it as one of the most boring and wasteful assignments I've ever done.

Translation

고등학교 때 나는 정말 재미없는 숙제를 한 적이 있다. 1800년대에 일어난 모든 전투의 날짜와 이름을 찾는 것이었다. 솔직히 그 숙제는 하라고 시켜서 어쩔 수 없이 한 것이었다. 내가 그 숙제를 싫어했던 이유는, 비판적인 사고가 전혀 필요 없고 그저 일련의 사실들을 나열하는 것에 불과했기 때문이다. 서로 상관성 없는 사실들을 외우는 것은 의미도 없고 시간만 낭비하는 것이다. 그러한 사실들은 인터넷에서 쉽게 찾을 수 있다. 나는 그런 숙제가 정보시대에는 맞지 않다고 생각했다. 아마 교수님께서는 전투의 날짜와 이름을 포함한 역사적 사실들을 외워서 공부해야 한다고 생각하셨을지 모른다. 하지만 거의 이틀에 걸쳐 그 숙제를 했음에도 불구하고, 지금 내가 기억하는 전투의 날짜나 이름은 하나도 없다. 아직도 난 그 숙제가 가장 지루하고 쓸데없는 숙제 중 하나였다고 생각한다.

Independent Speaking Type B

Speaking 2-1

시골 대 대도시

Basic Expression

1. It's hard to say which is better.
2. The choice largely depends on one's personal taste.
3. In the countryside, the child can grow up very close to nature.
4. People in the country feel connected to each other.
5. By growing up in a city, a child can enjoy more cultural activities.
6. The urban setting offers more opportunities to participate in diverse extracurricular activities.
7. Since in a city one has to interact with many people, he can meet diverse kinds of people.

Question

어떤 부모들은 아이들이 자라기에 시골이 가장 적합한 곳이라고 믿는다. 다른 부모들은 아이들과 대도시에서 사는 것은 선호한다. 아이들이 자라기에 어느 곳이 더 좋다고 생각하는가? 이유는? 구체적인 예를 들어 설명하시오.

Sample Answer

Both places have their respective advantages and disadvantages. I believe the choice largely depends on one's personal tastes and tendencies. As for me, I would like to have my children grow up in a big city. First of all, a large city offers many cultural activities such as movie theaters, concert halls, and museums. Although being close to nature is good, I think the cultural activities are an important part of our modern life. Since most facilities are in cities, it is easier to provide the kids with more opportunities to participate in extracurricular activities including foreign language education, dance, and art class. Lastly, by growing up in an urban setting, the children will have more people to interact with. This will help them develop better interpersonal skills. All in all, I think cities have much more to offer to today's children than the countryside.

Translation

두 곳 모두 장단점이 있다. 선택은 개인적인 취향에 달려 있다고 생각한다. 나의 경우에는, 내 아이들이 큰 도시에서 자랐으면 좋겠다. 무엇보다 큰 도시에는 극장, 연주회장, 박물관 등 다양한 문화활동의 기회가 있다. 물론 자연과 어우러져 사는 것도 좋지만, 문화활동 또한 현대생활의 중요한 일부라고 생각한다. 또한 대부분의 시설이 도시에 있기 때문에, 아이들에게 외국어, 춤, 미술 등 과외활동에 대한 참여 기회를 제공하기에도 도시가 더 쉽다. 마지막으로, 도시환경에서 자라는 아이들이 더 많은 사람들과 만날 수 있다. 이는 아이들의 대인관계 향상에도 도움이 될 것이다. 결론적으로, 나는 시골보다는 도시가 오늘날의 아이들에게 더 많은 것을 제공해 줄 수 있다고 생각한다.

Speaking 2-2

수업의 강제성과 선택

Basic Expression

1. Even in university, there are still many things one can learn in class.
2. One can benefit from the professor's extensive knowledge of the subject.
3. The professor is the best person to teach students how to interpret facts stated in books.
4. Critical thinking is one of the most important skills we have to master in university.
5. Group presentations and discussions are another benefit of attending classes.
6. For a self-disciplined university student, it is more time-efficient to study alone.
7. Thanks to such distance education as Internet courses, class attendance can be optional.

Question

어떤 사람들은 대학생들이 수업에 필히 출석해야 한다고 믿는다. 다른 사람들은 출석은 선택적이어야 한다고 믿는다. 대학생들에게 어느 정책이 더 좋은지를 말하고, 그 이유를, 구체적인 실례를 들어 설명하시오.

Sample Answer

One might think a college student is mature enough to study on his own. However, I personally think that even at university level, there are still many things one can learn by attending classes. First, he can get the benefit from the professor's extensive knowledge and academic guidance. Although books may state facts, the professor is the best person to teach students how to interpret the facts. Critical thinking through rational interpretation of facts is one of the most important skills we have to master in college. Group presentations and discussions are another advantage of attending classes. By sharing opinions on a topic with his or her classmates, the student can learn to work with different people. This social skill is also crucial for one's future career. The interpersonal relationship is another important asset we can obtain by attending university courses. Given this, I believe that university students should be required to attend classes.

Translation

대학생 정도면 스스로 알아서 공부할 만큼 성숙했다고 생각하기 쉽다. 하지만 개인적으로는 대학에서도 수업을 들음으로써 배울 수 있는 것이 많다고 생각한다. 첫째, 교수의 방대한 지식과 학습 지도의 혜택을 얻을 수 있다. 비록 책에 여러 사실들이 기술되어 있지만, 교수는 학생들이 그 사실들을 제대로 이해할 수 있도록 가르칠 수 있는 적임자이다. 사실의 합리적인 해석을 통한 비판적 사고는 우리가 대학에서 습득해야 하는 가장 중요한 기술 중 하나이다. 그룹 발표 및 토론은 수업의 또 다른 장점이다. 특정 주제에 대해 친구들과 의견을 나눔으로써 다른 사람들과 함께 공부하는 방법을 배울 수 있는 것이다. 이러한 사회성 또한 우리의 미래에 있어 매우 중요하다. 대학수업을 들어서 얻을 수 있는 또 다른 중요한 자산은 대인관계이다. 이러한 점을 고려해 볼 때, 나는 대학생들이 의무적으로 수업에 참석해야 한다고 생각한다.

Speaking 2-3

정착과 이동

Basic Expression

1. There are several advantages to staying in one place instead of moving around.
2. By settling down in one place, one can develop a long-term relationship with the neighbors.
3. This means getting involved in local community activities.
4. Living in one place is less expensive and stressful.
5. Moving would expose me to new people, cultures, and lifestyles.
6. I enjoy living in different locations for a number of reasons.
7. It allows me to have diverse experiences and meet different people.

Question

어떤 사람들은 오로지 한 곳에서만 살아간다. 또 어떤 사람들은 보다 나은 직장, 주거지, 지역사회 심지어 기후를 좇아 몇 차례고 이동을 한다. 어느 방식이 더 좋다고 생각하는지 또 그 이유, 구체적인 실례를 들어 설명하시오.

Sample Answer

Both settling down in one place and moving around from place to place have their respective advantages and disadvantages. As for me, I would like to live in many places while young, so I can experience a variety of people, cultures, and places. When one is young, I believe there is much more to gain by moving around than staying in one place. I may even go to live in other countries in search of new experiences and cultures. I wish I could gather as many diverse experiences as possible when I can afford to move from one place to another. When I get old, however, I'd like to stay in one place and develop long-lasting relationships with my neighbors and local community. I'd like to settle down in a quiet countryside where I can enjoy a peaceful elderly life. Then my house could serve as a cozy, sweet hometown for my children and grandchildren.

Translation

한 곳에 정착하는 것과 이곳저곳 옮겨 다니며 사는 것 모두 장단점이 있다. 나는 새로운 사람들, 새로운 관습, 새로운 장소 등을 경험할 수 있도록 젊을 때에는 여러 곳에서 살아 보고 싶다. 젊은 사람의 경우에는 한 곳에 머무는 것보다 여러 곳을 돌아 다니는 것이 더 얻을 게 많다고 생각한다. 나라면 새로운 경험과 문화를 접하기 위해 심지어 다른 나라에 가서 살 수도 있을 것 같다. 이곳저곳 돌아다닐 수 있는 여건이 될 때 최대한 많은 경험을 할 수 있었으면 좋겠다. 하지만 나이가 들면, 한 곳에 정착하여 그 고장, 그리고 그 곳 사람들과 오래 지속될 수 있는 관계를 맺고 싶다. 나는 노년생활을 평화롭게 보낼 수 있는 조용한 시골에 정착하고 싶다. 그렇게 되면 나의 집은 나의 아이들과 손자손녀들에게 아늑하고 편안한 고향이 되어줄 수 있을 것이다.

Speaking 2-4

아침형 인간과 저녁형 인간

Basic Expression

1. The early lifestyle fits my body rhythm.
2. In addition, I feel better when I follow my early schedule.
3. I can secure early morning hours to do things that I' m interested in.
4. I am much more productive when I get up early than when I get up late.
5. I like to stay up late and work well into the night.
6. Being on a late schedule helps me to feel relaxed and tune with my life.
7. Most of my social activities start in the late afternoon.

Question

어떤 사람들은 아침에 빨리 일어나 일찍부터 일하기를 선호한다. 또 다른 사람들은 늦게 일어나서 밤늦게까지 일하기를 좋아한다. 어느 것이 더 좋은 습관이라고 생각하는지 그 이유를 구체적인 실례를 들어 설명하시오.

Sample Answer

I personally prefer an early schedule because it fits my body rhythm. I usually get up at 6:30 and have about two hours to do the things I want before leaving for school. Since I don' t have any meetings in the early morning, I can study English, for example, and read a book every day. I also heard that, in general, our brain works better in the morning than in the afternoon. So I think my early morning hours are very precious. After I get back from school, I have about four hours before I go to bed at 9 o'clock. During those hours, I work out and surf the Internet. I try to stick to this early schedule every day because when I go to bed late at night, I not only have trouble getting up early the next morning but also have a sharp headache all day long the following day. This tells me that I'm a morning person and that I have to follow this early bird lifestyle.

Translation

나는 개인적으로는 일찍 활동하는 것을 좋아한다. 그게 나의 생체리듬에 맞기 때문이다. 나는 보통 오전 6시 반에 일어나 학교에 가기 전 약 두 시간 정도 내가 하고 싶은 것을 한다. 이른 아침에는 다른 사람과 만날 일이 없기 때문에, 매일 영어를 공부하거나 책을 읽는다. 또 전반적으로 사람의 뇌는 오후보다 오전에 더 잘 돌아간다고 들었다. 그렇기 때문에 나는 이 오전 시간이 매우 소중하다고 생각한다. 학교에 갔다 와서 9시에 잠자리에 들기까지 약 네 시간이 빈다. 이 시간에 나는 운동을 하고 내 웹사이트를 방문한다. 나는 매일 이러한 일정을 지키려고 노력한다. 밤 늦게 잠자리에 들면, 다음날 아침 일찍 일어나지 못할 뿐 아니라 하루 종일 심한 두통에 시달리기 때문이다. 이러한 증세는 내가 아침형 인간이며 이에 맞게 생활해야 한다는 사실을 보여 준다.

Speaking 2-5

익숙한 것과 위험부담이 있는 것

Basic Expression

1. I like to do those things that I am proficient at.
2. Trying something new makes life interesting.
3. It may take some courage to try something you've never done before.
4. Doing the same thing over and over makes our lives boring.
5. Pushing ourselves to do something that we've never done before can lead to personal growth and a higher level of motivation.
6. I'm the type of person who prefers to stick with what I can do well.
7. I like the stability and predictability that come from doing what I can do best.

Question

어떤 사람들은 오로지 잘 할 줄 아는 것만 하기를 좋아한다. 또 다른 사람들은 위험부담이 있지만 새로운 일의 시도를 선호한다. 어떠한 태도를 더 선호하는지, 구체적인 실례를 들어 설명하시오.

Sample Answer

Some may prefer to stick with what they've already mastered. But I personally enjoy taking a risk to learn new things. Besides, in today's world, there are so many things that we have to learn. If I stick with only what I am proficient at, I will be left behind. The computer skill is a good case in point. New technology and gadgets hit the market every day. Unless I keep trying new and different things, I'll soon become almost computer-illiterate. In addition, pushing me to do something that I've never done before can lead to personal growth and a higher level of motivation. I'll develop a challenging spirit, which is an essential element of a successful life in today's world. Risking a little comfort in order to explore new things makes our lives not only successful but also exciting.

Translation

어떤 사람들은 자신이 이미 잘 하는 것만 하는 것을 선호할 수 있다. 하지만 나는 다소 위험부담이 있더라도 새로운 것을 배우는 것을 좋아한다. 게다가 오늘날에는 우리가 배워야 할 것이 너무나도 많다. 만일 내가 잘 하는 것에만 집착한다면, 다른 사람들보다 뒤쳐질 것이다. 컴퓨터 분야가 적절한 예이다. 새로운 기술과 기기들이 매일같이 시장에 쏟아져 나온다. 내가 새로운 것을 계속해서 시도해 보지 않는 한, 나는 머지않아 컴맹이 되어 버릴 것이다. 또한 과거에 해 보지 못했던 것을 시도해 보는 것은 개인의 발전에도 도움이 되고 더 강한 동기부여가 될 수 있다. 이를 통해 나는 도전정신도 키울 것이다. 도전정신이야말로 성공적인 삶의 필수 요건이다. 새로운 것을 추구하기 위해 약간의 편안함을 희생한다면, 성공한 삶 뿐만 아니라 흥미진진한 삶을 살 수 있을 것이다.

Speaking 2-6

재미있는 영화와 진지한 영화

Basic Expression

1. Movies have the power to make you laugh, cry, or think.
2. Amusing movies take my mind off the troubles of the day.
3. When watching a movie, I just want to sit back and relax.
4. Entertaining movies not only put you in a good mood but also relax you.
5. I prefer movies that amuse and entertain me because I can take a break from the rigors of life.
6. Movies that force us to think are much better than amusing ones because they give us important lessons.
7. Thought-provoking movies usually last much longer than just entertaining ones.

Question

관객들을 생각하게 만드는 진지한 영화들이 있다. 또 어떤 영화들은 주로 즐거움과 재미를 목적으로 만들어진다. 어떤 유형의 영화가 더 좋은지, 구체적인 실례를 들어 설명하시오.

Sample Answer

People usually have a preference for one particular type of movie. As for me, I enjoy watching movies that can amuse and entertain me. It's true that serious movies sometimes give us important lessons, but I prefer movies that can make me laugh, so I can take my mind off the troubles of the day. I once saw a serious movie that a friend of mine recommended to me. It was a thought-provoking movie, but I got very bored and tired after watching it. Entertaining movies, on the other hand, make me laugh and put me in a good mood. This is one of the main reasons why I go to the movies. When it comes to watching a movie, I just want to sit back and relax. I want entertainment rather than a lesson from a movie.

Translation

사람들은 보통 특정 장르의 영화를 선호한다. 나는 즐겁고 재미있는 영화를 즐겨 본다. 진지한 영화가 때로는 우리에게 중요한 교훈을 가르치는 것은 사실이다. 하지만 나는 나의 고민거리를 잊을 수 있도록 웃게 만들어 주는 영화를 좋아한다. 한번은 친구가 추천한 진지한 영화 한 편을 본 적이 있다. 여러 생각을 하게 만드는 영화였지만, 보는 내내 지루했고 영화를 다 보고 나니 피곤했다. 반면 재미있는 영화는 나를 웃게 만들고 기분 좋게 만든다. 이것이 바로 내가 영화관을 찾는 이유 중 하나이다. 영화를 볼 때 나는 그저 편안하게 앉아 피로를 풀고 싶다. 내가 영화로부터 원하는 것은 교훈보다는 재미다.

Speaking 2-7

자영업과 직장인의 일

Basic Expression

1. I prefer to work for myself rather than for someone else.
2. I enjoy the independence and freedom of being a business owner.
3. I also value the degree of satisfaction and freedom when choosing a job.
4. I don't have to face any bureaucracy or be overwhelmed with unnecessary paperwork.
5. A business owner has to fill in for employees who called in sick.
6. I prefer the limited responsibility and reasonable working hours of salaried jobs.
7. Heavy burden and long working hours are some of the drawbacks of running one's own business.

Question

어떤 사람들은 자영업을 선호한다. 또 다른 사람들은 회사에서 일하기를 더 좋아한다. 어느 것을 더 선호하는지 구체적인 실례를 들어 설명하시오.

Sample Answer

Everybody wants to work the least and get the most from their work. I'm not an exception to this. But I also value the degree of satisfaction and freedom when choosing a job. Some may think that being self-employed is very risky and stressful. Heavy burdens and long working hours are some of the drawbacks of running one's own business. The income may also be irregular. Still, I prefer to work for myself rather than for someone else. First, I can set my own working principles and schedule. I enjoy the independence and freedom of being a business owner. I don't have to face any bureaucracy or be overwhelmed with unnecessary paperwork. Second, although it is more risky, being self-employed will bring me greater satisfaction. Most importantly, I can choose the kind of business I'd like to run and be good at.

Translation

사람들은 모두 최소한 적게 일하고 일로부터 최대한 많은 것을 얻기 원한다. 나도 예외는 아니다. 하지만 나는 직업을 선택하는 데 있어 그 일이 나에게 줄 수 있는 만족도와 자유를 중요하게 생각하기도 한다. 어떤 사람들은 자영업이 매우 위험하고 신경 쓰이는 일이라고 생각할지도 모른다. 막중한 부담과 긴 근무시간은 자영업의 단점에 속한다. 수입 또한 일정하지 않을 수 있다. 그럼에도 불구하고 나는 다른 사람을 위해 일하는 것보다는 나를 위해 일하는 것이 더 낫다고 생각한다. 먼저, 내가 직접 근무 원칙과 시간을 정할 수 있다. 나는 자영업자의 독립성과 자유가 좋다. 번잡한 절차를 밟을 일도, 불필요한 서류업무에 시달릴 일도 없다. 둘째, 비록 위험부담은 더 크지만, 자영업자로 일하면 일에 대한 만족도가 더 높을 것이다. 무엇보다 중요한 것은 내가 원하고, 또 잘할 수 있는 사업의 종류를 선택할 수 있다는 점이다.

Speaking 2-8

학생복 착용에 대한 찬반

Basic Expression

1. There is more to gain than to lose from a mandatory school uniform policy.
2. It is less expensive to have students wear uniforms to school than to allow them to choose what they want.
3. The uniform can prevent envy and jealousy surrounding stylish clothes.
4. With uniforms, even fashion-conscious high school students can better develop a sense of unity.
5. School uniforms can also encourage students to form friendships based on personality not clothes.
6. Mandatory school uniforms limit students' creativity and individuality.
7. Adolescents should be allowed to express themselves through the clothes they wear.

Question

어느 고등학교는 모든 학생에게 학생복 착용을 요구한다. 반면 다른 학교는 등교 시 학생들이 입을 옷을 정하도록 허락한다. 어느 정책이 더 좋다고 생각하는지, 구체적인 실례를 들어 설명하시오.

Sample Answer

Some claim that mandatory school uniforms limit students' creativity and individuality. They believe that this will, in turn, lead to a monotonous and repetitive society. They have a point but I think we have more to gain than to lose from the school uniform policy. First, uniforms save a lot of money. If students are allowed to wear what they want every day, their parents will have to spend much more money on their wardrobe. Besides, high school students are very fashion-conscious. Another important benefit of school uniforms is that the students will develop a sense of unity and belonging. Since they wear the same thing, they are more likely to feel united regardless of their families' socio-economic differences. The uniform can prevent envy and jealousy surrounding stylish clothes. And it can also encourage students to form friendships based on personality, not clothes.

Translation

어떤 사람들은 교복착용의 의무화가 학생들의 창의력과 개성을 제한한다고 주장한다. 이들은 또 교복착용을 의무화하면 사회가 단조로워질 것이라고 생각한다. 이들의 주장에도 일리는 있다. 하지만 나는 교복착용 의무화 정책으로 잃는 것보다 얻는 것이 더 많다고 생각한다. 첫째, 교복을 입으면 돈이 많이 절약된다. 만일 학생들에게 매일 원하는 옷을 입을 수 있게 한다면, 학부모들은 그만큼 아이들 옷에 많은 돈을 써야 할 것이다. 중고등 학생들은 특히 유행에 매우 민감하다. 교복착용의 또 다른 장점은 학생들에게 동질성과 소속감을 느끼게 해 준다는 점이다. 다른 아이들과 똑같은 옷을 입기 때문에, 학생들은 자기 가족의 사회적 · 경제적 위치에 상관없이 일체감을 느낄 가능성이 더 크다. 교복은 멋진 옷에 대한 시기심과 질투심을 차단할 수 있다. 그리고 학생들이 사람의 옷이 아닌 사람의 인격을 보고 친구를 사귈 수 있도록 해 준다.

Read-Listen-Speak Type A

Speaking 3-1

교내 주차비

Reading Translation

대학 주차사무실의 발표

제한된 교내 주차공간과 학생들의 자동차 증가로 인해, 일주일 주차비가 인상된다. 현행 수준에서 30% 오르는 새 주차요금은 장애인을 제외한 모든 학생과 교수들에게 적용된다. 일 주일 주차요금 외에도, 주말에는 주차비를 추가적으로 받는다. 주말에 요금을 받는 이유는 주말에 주차장 이용 차량이 많아 주차업무를 볼 인력을 추가로 고용해야 하기 때문이다. 새로운 주차관련 정책은 다음달 초부터 시행된다.

Listening Script Translation

남자

말도 안 돼! 나는 학교에 차를 타고 오는데, 그렇지 않아도 주차비가 너무 비쌌다고.

여자

난 주차요금을 왜 올렸는지 이해할 수 있을 것 같아. 사실 합리적인 조치라고 생각해. 셔틀버스를 이용하는 대신 자동차를 타고 다니는 학생들이 너무 많잖아.

남자

그래, 그건 맞는 말이야. 예전에 비해 학교 안에 자동차가 너무 많아, 그렇지만

여자

거봐, 자동차로 꽉 차있어서 이건 학교캠퍼스가 아니라 마치 주차장 같아. 이번 주차요금 인상으로 자동차 수가 좀 줄어들었으면 좋겠어. 그래야 우리가 좀더 쉽게 걸어 다니지.

남자

그런데 난 생물학을 전공하잖아. 가끔은 대학 실험실에서 하고 있는 실험의 진행상황을 점검하기 위해 늦은 저녁에 차를 타고 와야 해. 장애인 학생들뿐만 아니라 생물학 전공학생들도 이번 요금인상에서 제외시켜줘야 한다고 생각해.

여자

무슨 말인지 알겠다. 어쨌든 이번 새로운 조치로 학생들이 통학할 때 대중교통을 더 많이 이용하게 됐으면 좋겠어. 그렇게 하면 학교의 깨끗한 공기와 학습분위기를 보호할 뿐만 아니라, 돈도 절약할 수 있잖아.

Question

여자는 학교 주차 사무실의 발표에 대해 자신의 의견을 말한다. 그녀의 의견이 무엇인지, 그리고 그렇게 생각하는 이유가 무엇인지 말하시오.

Sample Answer

The woman feels that the new 30% weekly parking fee increase ordered by the campus parking office is reasonable. She says that there are too many students parking on campus as it is, and there are so many cars parked there that it makes the campus look more like a parking lot than a campus. She points out that students could use the shuttle bus instead of driving to the campus and parking there, but they don't. Also, she feels that the new measure will encourage students to use public transportation more often for commuting to school. That will save them money as well as protecting the clean air and scholastic atmosphere of the university. She also hopes that the new measure will reduce the number of cars on campus and make it easier for everyone to get around.

Translation

여자는 대학주차사무실에서 내린 일 주일 주차요금 30% 인상 결정이 합리적이라고 생각한다. 그녀는 현재 학교에 차를 주차하는 학생들이 너무 많고, 주차차량이 너무 많아 학교보다는 마치 주차장 같다고 말한다. 그녀는 학생들이 차를 몰고 와 학교에 주차하는 대신 셔틀버스를 이용해도 되지만, 그렇게 하지 않는다고 지적한다. 또한 그녀는 이번 새 조치가 학생들로 하여금 학교에 올 때 대중교통을 더 자주 이용하게 할 것이라고 기대한다. 그렇게 하면, 대학의 깨끗한 공기와 학습분위기를 보호할 뿐만 아니라 돈도 절약될 것이다. 그녀는 또한 이 신규 조치로 교내의 차량 수가 줄어들고 모든 사람들이 더 쉽게 걸어 다닐 수 있게 되기를 희망한다.

Speaking 3-2

휴강

Reading Translation

경영대학원 학장의 발표

경영대학원은 내일 대강당에서 다국적컴퓨터회사 한 곳을 소개할 것이다. 이 회사측은 발표를 한 뒤, 관심 있는 학생들의 취업지원서를 받을 것이다. 학생들이 이번 발표회에 참석할 수 있도록 경영대학원의 모든 수업은 취소된다. 발표회가 끝난 다음 취업면접시험이 있을 예정이니 경영전공학생들은 빠짐없이 참석해야 한다. 이 회사에 취직하고 싶은 학생들은 입사지원서를 지도교수에게 제출하여 오늘 오후 이전에 승인 받아야 한다.

Listening Script Translation

여자

학교에서 이런 발표회를 마련했다니 너무 기뻐! 대기업을 접할 수 있는 아주 좋은 기회가 될 거야. 사실 … 난 항상 다국적기업에서 일하고 싶었거든.

남자

기쁘다니 다행이네. 근데 난 안 기뻐. McGill 교수님 수업시간에 할 그룹발표를 두 주 동안이나 준비해 왔거든!

여자

난, 몰랐네.

남자

응. 근데 다른 날로 연기된 거잖아. 이렇게 급하게 알려주다니 … 믿을 수가 없어. 그리고 이번 발표회가 그 회사에서 일할 생각이 있는 학생들에게는 좋겠지만, 나머지 학생들에게는 시간낭비야. 모든 학생들에게 참석을 강요하는 것은 잘못된 것 같아.

여자

이런 … 발표회에 같이 가자는 말은 꺼내지도 말아야겠네.

남자

아니, 어차피 가야 하는데 뭐. 내일 수업도 다 휴강이잖아. 수업도 취소되고, 또 학생 전원이 참석해야 한다면 … 차라리 여러 회사를 초청해서 취업박람회 같은 것을 했더라면 더 좋았을 텐데.

여자

취업박람회? 좋은 생각이네?

남자

그래. 그랬더라면 모든 학생들에게 더 좋았을 텐데. 사전에 학생들에게 어떤 회사가 발표회를 가졌으면 좋겠는지 물어봤더라면 더더욱 좋았겠고.

Question

남자는 학장의 발표에 대한 자신의 의견을 말한다. 그의 의견이 무엇인지, 그리고 그렇게 생각하는 이유가 무엇인지 말하시오.

Sample Answer

The man is upset about the announcement because it means that the group presentation he has been preparing for the past two weeks will be postponed. He feels the university should have given the students much more notice before canceling classes. He is also outraged because students are being required to attend the presentation. Although he acknowledges that it will be nice for the students who are interested in working for that particular company, it will be a waste of time for the other students like himself who are not interested. He would rather have had the university invite several companies to make presentations, and just make a job fair out of it. Or, he suggests that it would have been even better to allow the students to select what companies they would like to see making presentations.

Translation

남자는 학장의 발표에 기분이 나쁘다. 지난 두 주 동안 준비해 온 그룹발표가 연기되었기 때문이다. 그는 수업이 취소된다는 소식을 대학 측에서 훨씬 더 미리 알려줬어야 한다고 생각한다. 모든 학생들이 이번 발표회에 참석해야 한다는 것에 대해서도 화가 났다. 이번 발표회가 그 회사에서 일할 마음이 있는 학생들에게는 좋은 기회일 것이라는 점은 인정하지만, 그를 포함해 그 회사에 관심이 없는 나머지 학생들에게는 그저 시간낭비일 뿐이라고 생각한다. 차라리 더 많은 기업들을 참가시켜 취업박람회 형태로 진행했더라면 더 좋았을 것이라고 생각한다. 또는 발표회 참가 기업들을 학생들이 사전에 선택할 수 있게 해줬더라면 더더욱 좋았을 것이라고 생각한다.

Speaking 3-3

기말리포트

Reading Translation

역사학 교수의 발표

기말 리포트 일정을 좀 바꾸려고 한다. 여러분은 기말고사를 보는 대신, 중간고사 이후 수업에서 다룬 주제에 대해 기말 리포트를 써야 한다. 리포트 길이는 다섯 장이어야 하고, 제출일은 두 주 후이다. 리포트의 구성에 대해 말하자면, 모든 주제를 처음 두 장에서 다루고, 나머지 세 장에는 하나의 주제를 선택하여 그 주제에 초점을 맞춰 써야 한다. 여러분이 선택한 주제에 대해서는 별도로 조사하여 내용을 보충해야 한다. 그런 다음에 결론을 쓴다. 여러분은 졸업반 학생들이니만큼, 철저하고 독창적인 리포트를 기대해본다.

Listening Script Translation

학생A(남자)

난 기말고사 대신 리포트를 써야 한다는 건 별로야. 난 기말고사를 봤으면 좋겠어. 기말고사가 원래 수업을 마무리하는 전통적인 방법이잖아. 난 기말고사를 보는 게 더 편한데.

학생B(여자)

난 괜찮은 생각이라고 생각하는데. 리포트가 기말고사보다 더 많이 생각하게 하고, 수업시간에 배운 요점들을 정리하는 데 도움이 되는 것 같아.

학생A

그래, 하지만 리포트를 쓰려면 시험을 보는 것보다 더 많은 시간을 쏟아야 하잖아.

학생B

그건 맞는 말이야. 그래도 난 대학원 준비를 하는 데는 리포트가 도움이 될 거라고 생각해. 대학원에서는 학기 중에 소논문을 많이 쓰다가 마지막에는 학위논문을 써야 하잖아. 그러니까 기말고사를 보느니 … 시험이라는 게 원래 여러 사실을 암기해서 보는 거라 얼마 있으면 다 잊어먹게 되잖아 … 리포트를 쓰는 게 오히려 나은 거 같아. 리포트를 쓰려면 리포트 주제에 대해 깊이 생각해야 하니까.

학생A

그래, 그렇지만 사실도 중요하지. 우리가 수업시간에 배우는 게 바로 사실이잖아.

학생B

사실들은 언제든지 컴퓨터에서 다시 볼 수 있지만, 깊이 생각할 수 있는 능력은 리포트작성과 같은 연습을 통해서만 습득할 수 있잖아.

Question

여자(학생B)는 교수의 발표에 대한 자신의 의견을 말한다. 그녀의 의견이 무엇인지, 그리고 그렇게 생각하는 이유가 무엇인지 말하시오.

Sample Answer

The woman likes the idea of writing a report instead of taking a final exam. She feels the reports are always more thought-provoking than a final would be, and they help her organize her thoughts on the things she's learned in class. She also feels the report will help her prepare better for graduate school. She knows she'll have to write many theses in graduate school, followed in the end by a dissertation. So she thinks that doing the report will help her retain what she's learned better than just memorizing facts for an exam would. She also thinks that the report will help her think much more deeply about the subject matter. She says that whereas you can always get facts from a computer, deep-thinking skills only come from practicing the way you do when you write a report.

Translation

여자는 기말고사 대신 리포트를 작성해야 한다는 것에 좋아한다. 그녀는 리포트가 기말시험보다 더 많은 생각을 하게 하고, 수업시간에 배운 내용들을 정리하는 데 도움이 된다고 생각한다. 그녀는 또한 리포트 작성이 자신의 대학원 진학 준비에 도움이 될 것이라고 생각한다. 그녀는 대학원에 가면 논문을 많이 써야 하고, 마지막에는 졸업논문을 써야 한다는 것을 안다. 따라서 그녀는 시험을 위해 사실들을 외우는 것보다 리포트를 쓰는 것이 그 동안 배운 내용을 더 잘 기억할 수 있게 할 것이라고 생각한다. 뿐만 아니라, 리포트는 그 주제에 대해 더 깊이 생각할 수 있게 한다고 생각한다. 사실들은 컴퓨터를 통해 언제든지 꺼내볼 수 있지만, 깊이 생각하는 능력은 리포트작성과 같은 연습을 통해서만 얻을 수 있다고 말한다.

Speaking 3-4

교생실습 프로그램

Reading Translation

교무처장의 발표

교육학 전공 학생들을 위한 새로운 교생실습프로그램에 대해 알리고자 한다. 이번 프로그램을 통해 학생들은 실제로 학교에서 교사들을 도우며 일할 수 있다. 이 프로그램의 목적은 졸업 후 교직을 맡을 수 있도록 여러분을 준비시키는 것이며, 학생들은 자신이 가르치려고 준비하고 있는 과목과 성적에 따라 해당 교사에게 배정될 것이다. 교생실습 10시간마다 1학점을 따게 된다. 현재 교생실습 자리가 한정돼 있어, 학생들은 서로 경쟁하게 될 것이다. 교생실습 프로그램에 지원하려는 학생들은 담당 지도교수를 만나야 한다.

Listening Script Translation

여자

와~ 정말 좋은 기회다! 교육학을 전공하기 시작한 이래 들어본 것 중 가장 좋은 소식이야.

남자

글쎄 … 난 오히려 공부할 시간만 뺏길 것 같은데 …

여자

내 생각에는 해볼만할 것 같아. 진짜로 가르칠 준비를 하기 위해서는, 그저 공부만 하는 것보다는 더 도움이 될 것 같은데. 그리고 우리가 수업시간에 배우는 내용을 직접 체험할 수 있잖아.

남자

그래도 어려운 졸업시험도 준비해야 하잖아. 지금도 공부할 시간이 빠듯한데 … 졸업시험 잘 보려면 정말 하루 종일 공부만 해야 할 텐데…

여자

난 그렇게 생각하지 않아. 실제로 아이들을 가르치게 되면, 수업시간에 배우는 개념들을 더 빨리 파악하고, 또 그 개념들을 나중에 진짜 교실에서 어떻게 적용해야 할지 이해할 수 있을 거야.

남자

그렇지만 … 도심공립학교에서 일하게 되면 위험할 테고, 전형적인 교실 경험과 딴판일 텐데. 나는 교육학 학생들이 그저 공부에만 전념해야 한다고 생각해. 현장실습은 나중에 해도 돼.

Question

여자는 교무처장의 발표에 대한 자신의 의견을 말한다. 그녀의 의견이 무엇이고, 그렇게 생각하는 이유가 무엇인지 말하시오.

Sample Answer

The woman feels that the internship program is an excellent opportunity for education majors like her. In fact, she says it is the best opportunity she's heard of since she became an education major. The man argues that the internship will just take time away from their academic studies. Actually he is very worried about the tough graduation exam. But the woman says she feels it will be worth it because the internship will help education students get ready to teach in the real world. They'll actually understand what they do learn in classes better because of the direct, hands-on experiences. She thinks working in a real classroom will be much more effective in helping her grasp the concepts and theories they learn from textbooks. Therefore, she is very excited at the internship program, and she's very likely to apply for it.

Translation

여자는 교생실습 프로그램이 그녀와 같은 교육학 전공학생들에게 있어 매우 좋은 기회라고 생각한다. 사실상, 교육학을 전공한 이래 들어본 것 중 가장 좋은 기회라고 말한다. 남자는 이 교생실습 프로그램이 공부할 시간만 빼앗을 것이라고 주장한다. 그는 어려운 졸업시험 때문에 많이 걱정하고 있다. 하지만 여자는 교생실습이 교육학 학생들에게 실제 세계에서 가르칠 수 있도록 준비시켜주기 때문에 해 볼 만한 것이라고 생각한다. 실제체험을 직접 함으로써 수업시간에 배운 내용을 정확하게 이해할 수 있을 것이다. 그녀는 또한 진짜 교실에서 가르쳐 보는 것이 교재를 통해 배우는 개념들과 이론들을 파악하는 데 더 효과적이라고 생각한다. 따라서 여자는 교생실습 프로그램으로 매우 들떠 있으며, 프로그램에 지원할 가능성이 매우 높다.

Speaking 3-5

봄방학 동안의 보충 수업

Reading Translation

대학 총장의 발표

올해 폭설로 인해 몇 개의 대학수업이 취소된 바 있으므로, 봄방학 동안 보충수업을 할 것이다. 모든 학생들은 이 보충수업에 의무적으로 출석해야 한다. 특히 4학년 학생들은 졸업 이전에 최소한 들어야 하는 수업시간이 있고 또 일정량의 학점을 따야 하므로, 이번 보충수업의 혜택을 받게 될 것이라고 생각한다. 봄방학이 없게 된 점에 대해 사과한다. 하지만, 학교측은 교육기준을 충족하기 위해 이 같은 조치를 취할 수밖에 없다. 봄방학 보충수업은 여러분의 졸업 후의 생활을 준비하는 데도 도움이 될 것이다.

Listening Script Translation

학생A (여자)

난 보충수업에 의무적으로 출석해야 한다는 데 반대야. 난 봄방학에 가족이랑 여행할 계획이었고, 비행기표도 이미 다 예약해 뒀거든. 너도 정말 싫지 않니, 젝?

학생B (남자)

난 좋아, 셀리. 하지만 네가 왜 그렇게 싫어하는지는 알겠어. 나한테는 보충수업을 하는 게 오히려 잘된 일이야. 눈 때문에 못한 수업에 대해 걱정하고 있었거든. 난 기말고사를 준비하려면 이번 보충수업이 정말 필요해.

학생A

언젠가는 보충수업을 해야 한다는 것은 알아. 하지만 하필이면 봄방학에 하다니. 이번에 가기로 한 여행은 우리 가족의 연례행사 같은 거거든 … 전통 같은 거 … 그리고 매년마다 거의 6개월 전에 계획을 짜고 말이야. 봄방학이 코앞에 다가왔는데 이제서야 알려주다니 정말 믿을 수가 없어.

학생B

난 봄방학에 특별한 계획을 세워놓지 않아 다행이다. 사실 난 보충수업을 한다고 해서 기뻐. 평균학점을 올리려면 올해 점수를 잘 받아야 하거든. 난 로스쿨에 가려고 하는데, 거기는 입학경쟁이 치열하잖아. 준비도 정말 많이 해야 하고 평균학점도 높아야 해.

Question

남자(학생B)는 대학 총장의 발표에 대한 자신의 의견을 말한다. 그의 의견이 무엇이고, 그렇게 생각하는 이유가 무엇인지 말하시오.

Sample Answer

Unlike the woman, the man feels that the make-up classes are an advantage for him. He's been concerned about all the classes the students have missed due to the snow anyway, and he feels he really needs the extra classes so he can get ready for the final exams. He doesn't have any special plans for spring break, and he's glad about that since he would have had to cancel them for the make-up classes anyway. Therefore, he's not as disappointed as the woman is about having to give up his vacation. He's more than willing to spend that time going to make-up classes and studying. He's mostly concerned about getting a high GPA so he can get into law school as planned. The competition to get in is tough, so he feels he really has to have good preparation to improve his grades and GPA this year.

Translation

여자와는 달리, 남자는 보충수업이 그에게는 오히려 잘 된 일이라고 생각한다. 그는 눈으로 인해 그 동안 하지 못 했던 수업 때문에 걱정하고 있던 터였고, 또 기말고사에 대비하기 위해서는 이번 보충수업이 정말로 필요하다고 생각한다. 그는 봄방학을 위한 특별한 계획을 세워놓지 않았고, 이에 대해 다행이라고 생각한다. 만약 봄방학 계획이 있었더라면 보충수업 때문에 다 취소해야 했을 것이기 때문이다. 따라서 그는 방학을 포기해야 한다는 점에 대해 여자만큼 실망하지 않았다. 그는 봄방학 동안 보충수업을 듣고 공부하기를 원한다. 무엇보다 그의 계획대로 로스쿨에 진학하려면 높은 평균 학점을 받아야 한다는 점에 대해 걱정하고 있다. 로스쿨 입학경쟁이 치열하기 때문에, 그는 올해 좋은 성적을 받아 평균학점을 높이기 위해 정말 노력을 많이 해야 한다고 생각한다.

Speaking 3-6

실험리포트 제출일 연기

Reading Translation

과학 교수의 발표

당초 다음 수업시간에 제출하기로 되어 있던 실험리포트의 제출일을 두 주 연기하겠다. 특히 리포트를 위해 여러분이 해야 하는 실험 자체에 시간이 많이 소요된 다는 점을 감안할 때, 리포트작성에 시간이 좀더 필요할 것이라고 생각하기 때문이다. 제출일 연기를 요청하러 나를 찾아 온 학생들로부터 진행상황을 들은 뒤에 이 같은 결정을 내린 것이다. 몇몇 학생들에게만 날짜를 연기해 줄 수는 없기 때문에, 모든 학생들에게 똑같이 제출일을 연장해 주기로 한 것이다.

Listening Script Translation

남자

와~ 잘됐다! 나야말로 리포트 작성하는 데 시간이 정말 더 필요했거든. 지금 실험을 하고 있는데, 생각했던 것보다 더 오래 걸리고 있어.

여자

그래? 난 사실 하나도 안 기뻐. 다음 수업시간에 제출하려고 이미 리포트를 다 썼거든. 빨리 제출해 버리고, 다음주에 있을 미적분 시험준비에 전념할 수 있었으면 좋겠어.

남자

그래도 난 좋아. 시간이 좀 있으니, 실험을 끝마치려고 서두르지 않아도 되고, 참고자료도 좀더 많이 읽을 수 있을 것 같아. 그리고 만약 연기가 안 됐다면, 아마 나도 교수님께 제출날짜 연기해 달라고 부탁하러 갔을 거야. 나한테만 그렇게 해 주시지는 않았을 테지만 말이야. 모든 학생들에게 그렇게 해 주시다니 정말 너그러우신 분 같아. 다 끝내놨다면, 넌 그냥 잊어버리고 시험공부 하면 안 돼?

여자

리포트 생각이 머리 속에서 빙빙 도는데 집중이 되겠어? 내 생각에는, 교수님께서 애당초 적당한 제출일을 말씀해 주셨어야 했어.

Question

남자는 교수의 발표에 대한 자신의 의견을 말한다. 그의 의견이 무엇이었는지, 또 그렇게 생각하는 이유는 무엇이었는지 말하시오.

Sample Answer

The man feels that the decision to delay the lab report by two weeks for the entire class is an excellent one. He has already found that the experiment portion of the assignment is taking much longer than he expected it to take. He says he probably would have been the next student to go to the professor asking for an extension anyway, because he wouldn't have been able to finish his experiment and lab report on time. He doesn't think he could have gotten the extension on an individual basis. Since he'll have two more weeks to work on the assignment now, he plans to take his time finishing the experiment and then use the extra time left over to do a lot more reading than he could have done without the extension. He feels it was very decent of the professor to grant the extension.

Translation

남자는 실험보고서의 제출일을 두 주 연기한 것이 훌륭한 결정이었다고 생각한다. 실험 자체가 생각했던 것보다 훨씬 더 오래 걸린다는 사실을 이미 느끼고 있었던 상황이었다. 그는 아마 다음에는 자기가 교수를 찾아가 보고서 제출일 연기를 요청했을 것이라고 말한다. 그 이유는 그가 마감일에 맞춰 실험과 실험보고서를 끝마치지 못했을 것이기 때문이다. 물론 자기 혼자만 보고서를 더 늦게 제출할 수 있었을 것이라고는 생각하지 않는다. 이제 과제물을 하는 데 두 주 간의 시간이 더 생겼으니, 그 시간에 실험을 마치고, 남는 시간에는 참고자료를 좀더 읽을 계획이다. 그는 제출날짜를 연장해 준 교수를 너그러운 사람이라고 생각한다.

Speaking 3-7

학생회 선거

Reading Translation

학생위원회의 발표

학생회 선거가 내일 학생회관에서 치뤄진다. 이번 선거는 학생회 회장과 대표들을 선출하기 위해 실시된다. 재학생이라면 누구나 투표할 수 있다. 투표를 하기 위해서는, 학생증을 제출해야 한다. 그래야 대학에 등록된 학생인지, 대학직원이 아닌 학생인지를 확인할 수 있고, 한 명당 한 번만 투표할 수 있도록 할 수 있다. 선거는 오전 9시부터 오후 5시까지 진행되며, 오후 5시 정각에 종료된다.

Listening Script Translation

여자

난 내일 투표하러 학생회관에 갈 거야. 난 철학과에서 나온 후보가 정말 마음에 들더라. 학생회 회장직을 잘 수행할 것 같아.

남자

그 학생을 아니?

여자

직접은 모르는데, 언젠가 대학신문에 그 학생이 쓴 기사를 읽어 본 적이 있어. 정말 잘 썼던데.

남자

글쎄… 난 학생회 선거에 대해 너만큼 관심이 있지는 않아. 사실, 그 동안 한 번도 학생회 선거에 참여한 적이 없어.

여자

그럴리가!

남자

솔직히, 누가 후보인지도 몰라. 그리고 뭐 관심도 없고. 난 학생회가 학생들을 위해 할 수 있는 일이 그리 많지 않다고 생각하거든. 그 동안 학생회에서 무슨 중요한 일을 했다는 말을 들어 본 적이 없어. 난 그냥 도서관에나 갈래.

여자

정말? 난 학생회 선거에 항상 참여했는데. 난 학생들이 학생회에 대한 관심을 나타내는 것이 중요하다고 생각하거든. 그렇지 않으면, 대학 측에서는 자기네들 마음대로 결정을 내려도 학생들이 상관하지 않는다고 생각할 수도 있잖아. 학생회의 활동은 이 대학에 다니는 모든 학생들의 일상생활에 영향을 미쳐. 학생회가 유명무실해질 수 있게 만드는 것은 학생들의 무관심일 거야. 학생들의 지지가 없이는 학생회의 영향력이 클 수가 없거든.

Question

여자는 학장의 발표에 대한 자신의 의견을 말한다. 그녀의 의견이 무엇인지, 그리고 그렇게 생각하는 이유가 무엇인지 말하시오.

Sample Answer

The woman definitely supports the student council election. She is very excited about one of the candidates for president of the student council, and she plans to vote for him tomorrow in the election at the student center. She read an article he wrote for the school paper once, and it was excellent. Unlike the man, she says she has always voted in the student council elections because she feels it's important for the students to show their support for the student council. Student council activities affect the daily lives of all the students, and she is afraid that if students stop supporting the council, the university will think that the students don't care what decisions are made. She also feels that if the students don't support the student council, the council's activities will no longer carry much weight, either.

Translation

여자는 학생회 선거를 적극 지지한다. 그녀는 학생회 회장 후보 중 한 명에게 큰 관심을 갖고 있고, 내일 학생회관에서 치뤄질 선거에서 그에게 투표할 생각이다. 그녀는 언젠가 그 학생이 대학신문에 쓴 기사를 읽은 적이 있고, 그 기사는 훌륭했다. 남자와는 달리, 여자는 학생회 선거에 항상 참여했다고 말한다. 그 이유는 학생들이 학생회에 대한 관심을 표출하는 것이 중요하다고 생각하기 때문이다. 학생회 활동은 모든 학생들의 일상생활에 영향을 미친다. 또 그녀는 만약 학생들이 학생회를 더 이상 지지하지 않을 경우, 대학 측에서는 어떠한 결정을 내려도 학생들은 상관하지 않는다고 생각할 수도 있다고 한다. 그녀는 또한 만약 학생들이 학생회에 지지를 보내지 않는다면, 학생회의 활동이 큰 영향력을 행사할 수 없을 것이라고도 생각한다.

Speaking 3-8

복습강의

Reading Translation

교수의 발표

난 다음주 금요일에 시애틀에서 열리는 회의에 참석하기 위해 떠난다. 그렇게 되면 기말고사 전에 마지막 수업인 수요일 수업을 못하게 된다. 때문에 그날 수업대신, 여러분은 내 조교인 그린씨와 기말고사에 들어가는 주제에 대한 복습수업을 하게 될 것이다. 복습수업 참여는 의무적이지 않기 때문에, 출석을 부르지는 않을 것이다. 하지만, 기말고사에 대비해 이번 수업을 적극 활용할 것을 권한다. 또 기말고사가 치뤄지는 금요일 수업에도 나는 못 오지만, 그린 씨가 내 대신 시험을 볼 것이다.

Listening Script Translation

학생A (남자)

앨리스, 난 복습수업에 안 올 거야. 왔다갔다 하는 시간에 그냥 집에서 공부하는 게 나을 것 같아.

학생B (여자)

정말, 아이안? 난 그 수업이 도움이 될 거라고 생각하는데. 조교가 훌륭한 대학원학생이고, 우리가 학기 중에 다룬 주제들에 대해서도 아는 게 많아. 기말고사를 효과적으로 준비할 때 어떤 점들에 초점을 맞추어 복습해야 할지 잘 지적해 줄 텐데. 반면, 우리가 혼자 준비해야 한다면, 한 학기 동안 다룬 수업내용을 모두 복습해야 하잖아.

학생A

그래도 대학원생이 복습수업에 조교로 온다는 점이 마음에 안 들어. 교수님께서 직접 해 주셔야지. 게다가 난 시험준비를 위해 단체로 복습하는 것에 익숙하지 않거든. 난 원래 공부는 혼자 하는 편이야.

학생B

무슨 말인지 알겠어. 그래도 난 복습수업이 있는 게 나아. 그래야 나중에 어떤 주제에 대해 더 공부해야 할지 알 수 있지. 무엇을 가장 많이 공부해야 하는지 알려 줄 수 있는 사람이 있으면 좋잖아.

Question

남자는 교수의 발표에 대한 자신의 의견을 말한다. 그의 의견이 무엇인지, 그리고 그렇게 생각하는 이유가 무엇인지 말하시오.

Sample Answer

The man does not want to attend the final exam review session. He prefers to study at home and save the commuting time, probably so he can spend the extra time studying. Furthermore, he doesn't like the idea of having a graduate student act as the professor for the review session. He feels the class should be getting their review from the professor himself. Apparently, he thinks that the help the graduate student can provide is inferior to the help the professor would be able to give. In addition to these reasons, he says he's not used to reviewing for a test as part of a group. Frankly, I don't like reviewing for a test in group because I can't concentrate well. So I can understand why the man does not want to attend the review session with the graduate student.

Translation

남자는 기말고사 복습수업에 가고 싶어하지 않는다. 그는 집에서 공부해, 왔다갔다 하는 시간을 절약하려 한다. 아마 그렇게 하면 남는 시간에 더 많이 공부할 수 있을지 모르기 때문이다. 게다가 그는 대학원생이 복습수업에 조교로 온다는 점을 못마땅하게 생각한다. 그는 교수가 직접 복습수업을 진행해야 한다고 생각한다. 대학원생이 줄 수 있는 도움은 교수가 줄 수 있는 도움에 비해 못 할 것이라고 생각하는 듯 하다. 이러한 이유 외에도, 그는 그룹으로 시험준비를 하는 데 익숙하지 않다고 말한다. 솔직히 말하면, 나도 제대로 집중을 할 수가 없어서 다른 사람들과 함께 복습하는 걸 좋아하지 않는다. 그렇기 때문에 나는 이 남자가 대학원생이 진행하는 복습수업에 참석하고 싶어하지 않는 이유를 알 것 같다.

Read-Listen-Speak Type B

Speaking 4-1

성공한 기업인

Reading Translation

통계에 따르면 미국에서만 매년 십만 명이 넘는 사람들이 백만장자가 된다. 이들 중 대부분은 자수성가한 사람들이다. 하지만 기업인으로서 성공하기란 쉬운 일이 아니다. 사업에 성공하기 위해서는 몇 가지 선천적 그리고 후천적 자질이 필요하다.

선천적인 자질이란 사람이 갖고 태어난 인격의 일부인 반면, 후천적인 자질은 오랜 시간에 걸쳐 습득하게 되는 것을 말한다. 상식, 자신감, 그리고 창의력은 선천적인 특징에 속하며, 어떤 분야에 대한 전문지식과, 통솔하고 배우는 능력은 후천적인 특징에 속한다. 성공한 기업인들은 두 종류의 자질을 두루 갖춘 사람들이지만, 어떤 경우에는 후천적 특징들이 선천적 특징의 부족함을 채워주기도 한다.

Listening Script Translation

교수

여러분 대부분은 아마 졸업 후에 대기업에서 일하거나 사업을 하고 싶어 이 곳에 왔을 것이다. 무엇을 하든지 간에 성공한 사람들에게는 몇 가지 특징이 있다는 사실을 아는 것이 중요하다. 그러한 특징 중 대부분은 타고난 것이기 때문에 노력을 한다고 해서 생기는 것이 아니라고 말하는 사람들도 있다. 음 … 상식, 창의력, 자신감 등의 특징은 그럴 수도 있다. 예를 들어 자신감은 성공적인 기업인의 필수 요소이다. 자신감이 없다면 소심해지거나 좌절하기 쉽다. 음 … 기본적으로 자신감은 우리가 스스로의 능력에 대해 갖고 있는 자세이다. 성공적인 기업인은 자신의 능력을 믿는다. 이 같은 믿음이 바로 그로 하여금 새로운 것에 도전하고 어려운 선택을 할 수 있게 만드는 힘이다. 자신감이란 사람에 따라 있을 수도, 없을 수도 있는 게 사실이다. 물론 이러한 주장에 반박하는 사람들도 있겠지만…

하지만… 성공적인 기업인이 갖추어야 하는 또 다른 종류의 자질이 있다. 예를 들어 해당 분야에 대한 전문지식은 시간을 갖고 훈련하면 얻을 수 있는 후천적 자질에 속한다. 사실상 집에서 시작하는 사업의 절반 정도가 직장경험에서 얻은 지식을 활용한 사람들에 의해 시작되었다. 이 사람들은 그러한 기술을 바탕으로 특정 틈새시장을 공략하여 성공할 수 있었던 것이다. 선천적 자질과는 달리, 이것은 사업을 하려는 사람은 누구나 마음만 먹으면 얻을 수 있는 것이다.

Question

교수는 자신감과 한 분야에 대한 전문 지식을 설명한다. 이들 두자질이 성공적인 기업가 정신의 기본적인 요소와 어떤 관련이 있는지 설명하시오.

Sample Answer

Being a successful businessman is not a simple task. There are two main types of qualities that should be met for you to become a successful entrepreneur. Self-confidence is one of the innate traits that most outstanding business people have. It is about believing in his or her own capacity. This helps him keep his spirits high to march ahead. Otherwise, he may lose the courage needed to become successful in his venture. This quality, however, is something that you're either born with or not. Specialized knowledge of the field, on the other hand, is something that you can develop through training. It's the ability to take advantage of the expertise the person gained in his previous experiences. This will help him develop a niche market and beat his competitors. Successful entrepreneurs usually have both the innate and acquired qualities. But some became successful by making efforts to develop the acquired qualities, despite their lack of natural talents. I believe that constant efforts can make a difference in any field. Successful entrepreneurship is not an exception.

Translation

기업인으로서 성공하기란 쉽지 않다. 우리가 성공적인 기업인이 되기 위해서는 두 종류의 자질을 갖추어야 한다. 자신감은 가장 훌륭한 기업인들이 갖고 있는 선천적 특징 중 하나이다. 자신감이란 자신의 능력을 믿는 것이다. 자신감은 우리가 용기를 갖고 계속 앞을 향해 나아갈 수 있도록 해 준다. 자신감이 없다면, 사업에 성공하기 위해 필요한 용기를 잃게 될 수 있다. 하지만 자신감과 같은 자질은 타고나야 하는 것이다. 반면 특정 분야에 대한 전문지식은 훈련을 통해 습득할 수 있는 것이다. 전문지식이란 과거의 경험을 활용할 수 있는 능력을 말한다. 이는 우리가 틈새시장을 찾아 내어 경쟁자들을 물리칠 수 있도록 해 준다. 성공한 기업인들은 보통 선천적 자질과 후천적 자질 모두를 갖고 있다. 하지만 몇몇 사람들은 선천적인 자질이 없음에도 불구하고 후천적 자질을 기르기 위해 노력함으로써 성공하기도 했다. 나는 어떤 분야에서든 꾸준히 노력만 하면 성공할 수 있다고 믿는다. 사업의 성공도 예외는 아니다.

Speaking 4-2

수족관용 물고기

Reading Translation

가정에서나 전문적으로나 수족관을 만들고 유지하는 데는 수족관에 가장 적합한 물고기 종류가 어떠한 것인지에 대해 많은 지식이 필요하다. 어떤 물고기는 천연서식지가 아닌 밀폐된 공간에서도 잘 지내지만, 어떤 물고기는 성공적인 수족관 생활에 맞지 않는 특징을 보인다. 수족관원이 수족관에 적합한 물고기를 고를 때 고려해야 할 점 중 하나는 그 물고기가 떼를 지어 다니는 물고기인지 혼자 다니는 물고기인지이다. 보통 떼를 지어 다니는 물고기는 붐비는 환경을 잘 견딜 수 있기 때문에 수족관 생활에 적합하다. 또한 이러한 물고기는 수족관 내에 있는 다른 종의 물고기와도 잘 지내는 편이다. 한편 혼자 다니는 물고기는 다른 물고기에 대해 적대적이다. 이 같은 특징 때문에 수족관원이 어항에서 성공적으로 기르는 데는 어려움이 따른다.

Listening Script Translation

교수

음 … 사람들은 물고기가 신경을 많이 쓰지 않아도 되기 때문에 애완동물로서 적합하다고 생각하는 것 같다. 하지만 어항이 있는 사람이라면 이에 동의하지 않을 것이다. 지난 수업에 배운 것처럼, 어떤 어류는 밀폐된 공간에서 다른 물고기와 생활하기에 적합하지 않다. 예를 들어, 에인젤피시는 다른 물고기를 괴롭히는 것으로 유명하다. 음 … 에인젤피시는 매우 공격적이며, 다른 종의 물고기 뿐만 아니라 자신과 같은 종류 그리고 같은 성의 물고기와도 싸우려 든다. 대부분의 에인젤피시는 군거생활을 하지 않는다. 그렇기 때문에 어항에 혼자 두는 것이 가장 좋다. 하지만 어항이나 커다란 유리탱크에 한 마리 이상의 물고기를 기르고 싶어 하는 사람도 있다. 전문 수족관원이 아닌 사람에게 에인젤피시는 권장할 만 하지 않다.

반면 코리도라스 메기는 군거생활을 하는 대표적인 물고기로 어항에서 기르기가 매우 쉽다. 코리도라스 메기는 경험이 많지 않은 사람도 별 문제 없이 돌볼 수 있다. 코리도라스 메기는 군거생활을 하는 어류이므로, 같은 종의 물고기들과 같이 있을 때 더 잘 지낸다. 최소 여섯 마리가 가장 좋다. 코리도라스 메기는 에인젤피시만큼 다른 종의 어류에 대해 적대적이지 않다. 따라서 같은 어항에 다른 종의 물고기와 함께 길러도 안전하다.

Question

교수는 엔젤피시와 코리도라스 메기에 관해 설명한다. 이들 물고기들의 특징이 수족관의 종들의 성격과 어떤 관계가 있는지 설명하시오.

Sample Answer

An aquarium or a fish bowl is an enclosed space compared to the original habitat of fish either in rivers or sea. Therefore, it is important to consider the characteristics of the fish. Such solitary fish as Angelfish, for example, are not recommended for this purpose. They are quite aggressive and incompatible with other species in the same aquarium. They fight not only with other species but also with species of their own kind and sex. They do well when kept individually. But this is something that you would not do if you had a fish bowl. Corydoras Catfish, on the other hand, are schooling fish easy to take care of. They are compatible with other species as well as with their own kind. Since they are schooling fish, it is better to keep them in group of at least six. Depending on whether the fish is a solitary or a schooling type, the chances of successful fish caring vary. If you are planning to have a fish bowl at home, this is something that you need to know.

Translation

수족관이나 어항은 강이나 바다 등 물고기의 천연서식지에 비하면 밀폐된 공간이다. 따라서 물고기의 특징을 고려하는 것이 중요하다. 예를 들어 에인젤피시와 같이 군거생활을 하지 않는 물고기는 수족관용으로 권장되지 않는다. 에인젤피시는 상당히 공격적이며 같은 수족관에서 다른 종의 물고기와 잘 지내지 못한다. 이 물고기는 다른 종의 물고기뿐만 아니라 자신과 같은 종 그리고 같은 성의 물고기와도 싸운다. 에인젤피시는 혼자서 잘 지낸다. 하지만 어항에 물고기 한 마리만 키우려 하는 사람은 없을 것이다. 반면 코리도라스 메기는 군거생활을 하는 물고기로서 관리하기가 쉽다. 이들은 같은 종의 물고기뿐만 아니라 다른 종의 물고기와도 잘 지낸다. 군거생활을 하는 어류이므로 적어도 여섯 마리의 물고기와 함께 두는 것이 좋다. 이렇듯 물고기가 군거생활을 하는 종류인지 그렇지 않은지에 따라 물고기 관리의 성공이 달려 있다. 만일 당신이 어항을 살 계획이라면, 이러한 점을 알아 두어야 한다.

Speaking 4-3

장수

Reading Translation

세계에서 가장 장수하는 사람들은 일본의 오키나와 섬에서 사는 사람들이다. 오키나와 사람의 평균수명은 81.2세로, 여성과 남성이 각각 86세와 75세이다. 하지만 세계 다른 지역에서의 평균수명도 몇백 년 전에 비해 상당히 길어졌다. 주된 이유로는 균형 있는 식생활과 향상된 의료서비스를 들 수 있다. 경제발전이 이루어짐에 따라 먹는 것에 대한 사람들의 인식과 의료서비스에 대한 접근성이 제고되었다. 과거에는 수천 명이 지금은 더 이상 인간에게 치명적이지 않은 질병으로 인해 목숨을 잃었다. 농업 및 의학기술의 지속적인 발달로 인간의 수명은 앞으로 더욱더 연장될 것으로 보인다.

Listening Script Translation

교수

자, 사람의 평균수명이 가장 긴 곳이 일본의 오키나와라고 말했는데, 선진국 대부분에서의 평균수명을 보면 과거에 비해 사람들이 더 오래, 그리고 더 건강하게 살고 있는 것을 알 수 있다. 하지만 이러한 사회적 현상이 아프리카와 같은 빈곤 지역에서는 대세를 이루지 못하고 있다. 아프리카의 몇몇 나라에서는, 음 … 보통 남자의 평균예상수명은 39세로, 과거의 65세보다도 짧다. 이처럼 크게 짧아진 아프리카 사람들의 평균수명은 선진국에서의 갈수록 길어지는 평균수명과는 대조적이다. 계속되는 흉작으로 인한 대량 기아 사태가 그러한 평균수명 단축의 주요 원인 중 하나이다. 여러분도 아마 굶어 죽어 가는 아이들의 가슴아픈 사진을 본 적이 있을 것이다. 많은 사람들이 비만으로 고생하는 이 세상에서 그러한 일이 벌어지고 있다는 사실을 믿기 어렵다. 음 … 하지만 전체적으로는 … 적어도 우리가 살고 있는 지역에서는 인간의 평균수명이 연장되었다고 말할 수 있다. 그 이유로는 균형잡힌 영양의 꾸준한 공급 외에도 의료서비스의 향상을 들 수 있다. 여러분도 천연두 등의 치명적인 결과에 대해 읽거나 들어 봤을 것이다. 예방접종 덕분에 이제는 보기 드문 질병이 되었지만, 과거에는 천연두로 인해 마을 주민 전체가 사망하곤 했다. 한때는 치명적이었던 이 질병이 과거에 인간의 수명을 대폭 단축시켰던 질병 중 하나였다.

Question

교수는 아프리카에서의 기대수명과 천연두에 관해 말한다. 이 둘이 현대 장수의 기본 요소들과 어떤 관계가 있는지 설명하시오.

Sample Answer

Actually there are many factors that contributed to longer life expectancy of human beings, but balanced nutrition and improved medical services are two of the main causes. Nutrition is very important in determining the number of years one can live. This is shown in the case of some African countries. Although people in advanced countries are living longer than before, many Africans are dying younger. The starvation caused by bad harvest is greatly reducing the average life span. This is contrasting to the increasing life expectancy of those living in advanced countries. The medical services also contributes to healthier, longer life. Now smallpox is a thing of the past thanks to the development of its vaccine. But it killed many people, thus shortening the average life span. I think with the development of medical technology, many fatal diseases will be curable, and humans can live much longer than now.

Translation

사실 인간의 평균수명을 연장시키는 요소는 많지만, 그 중 균형잡힌 영양섭취와 향상된 의료서비스가 가장 중요하다. 영양상태는 사람이 몇 년을 살 수 있을지를 결정하는 매우 중요한 요소이다. 이 같은 사실은 몇몇 아프리카 국가의 사례에서도 잘 드러난다. 비록 선진국에 사는 사람들은 과거에 비해 더 오래 살지만, 많은 아프리카 사람들은 오히려 더 일찍 죽고 있다. 흉작으로 인한 기아 현상은 평균수명을 단축시키는 데 큰 역할을 하고 있다. 이는 선진국에서 사는 사람들의 늘어나는 평균수명과 대조를 이룬다. 의료서비스 또한 사람들이 더 오래, 그리고 더 건강하게 사는 데 일조하고 있다. 백신의 발달 덕분에 천연두가 이제는 과거의 병이 되어버렸지만, 옛날에는 많은 사람들의 목숨을 빼앗아가 인간의 평균수명을 단축시켰다. 나는 앞으로도 의학기술의 발달 덕분에 많은 치명적 질병을 치료할 수 있게 되어 사람들이 지금보다 더 오래 살 수 있을 것이라고 생각한다.

Speaking 4-4

경제발전

Reading Translation

산업화 시대가 끝나고 정보화 시대가 도래하자, 각 국가는 급변하는 세상에서 뒤처지지 않기 위해 그 어느 때보다 경제 성장을 달성하기 위해 애쓰고 있다. 지속적 경제성장을 위해 충족해야 할 조건이 많다. 그 중 하나가 민주화이다. 특히 정보와 지식의 자유로운 흐름이 경제에 중요한 영향을 미치는 정보화 시대에서, 독재국가들이 견실한 경제발달에 필요한 토대를 마련하기란 거의 불가능하다. 경제발전에 있어 중요한 또 다른 요소는 기술발달이다. 한 나라의 기술경쟁력은 세계시장에서 성공하는 데 필수적이다.

Listening Script Translation

교수

자, 지금까지 정보화 시대에서 경제발전을 이루기 위해 필요한 조건에 대해 이야기해 봤다. 음 … 특히 민주화와 기술발달이 국가 경제에 미치는 영향에 초점을 맞춰봤다. 일례로 구 소련 국가들은 민주화가 한 나라의 경제발전에 어떠한 영향을 미치는지를 잘 보여주는 사례이다. 대부분 천연자원이 풍부했던 구 소련 국가들에서는 언론을 포함한 정보의 흐름이 중앙정부에 의해 통제되었다. 이는 사람들 간에 의견교환이 자유롭게 이루어지는 것을 막았다. 그런데 우리가 다 알다시피 정보화 시대에서는 아이디어와 지식이 경제의 중요한 요소들이다.

오늘날 경제에 영향을 미치는 또 다른 요소는 … 기술발달이다. 한국과 일본 등의 국가들은 천연자원이 없는데도 불구하고 놀라운 경제발전을 달성했다. 이러한 경제성장이 가능했던 것은 이들이 유일한 자원, 즉 인적자원을 십분 활용했기 때문이다. 이 두 나라는 기술발달에 총력을 기울였다. IT와 같은 최첨단기술에 대한 이들 국가의 경쟁력은 기술력 제고를 위해 꾸준히 노력한 결과이다. 지식, 정보 … 그리고 기술 등 무형자산이 한 국가의 경제적 생존에 결정적인 역할을 하는 시대에서, 한국과 일본은 앞으로 더 빠르고 더 견실한 경제성장을 기록할 것으로 기대된다.

Question

교수는 구 소련, 한국, 일본의 경제적 성과를 설명한다. 이들 국가들의 성과가 정보화 시대의 경제 발전의 기본 요소들과 어떻게 연결되는지 설명하시오.

Sample Answer

The economic failure of the countries in the former Soviet Union clearly demonstrates how the level of democratization influences the economic growth. The limited flow of information, in particular, stood in the way of the economic development in the Information Era. When the government censors the exchange of information, ideas and knowledge cannot turn into profitable assets, which are very important in today's economy. This is shown in the cases of Korea and Japan. Without many natural resources, these two countries managed to be quite successful in the 21st century. They focused on the technological development, which is another important element of economic development. Their strong competitiveness in such sophisticated sectors as IT reflects their efforts in sharpening up the technology. The success stories of Korea and Japan tell us how crucial a role technology plays in today's economy. If a country achieves development in both democracy and technology, it is very likely to have a bright prospect in the coming years.

Translation

구 소련 국가들의 경제파탄은 민주화가 경제성장에 어떠한 영향을 미치는지를 분명하게 보여 준다. 특히 정보흐름에 대한 제한은 정보화 시대에서 경제발전을 이룩하는 데 걸림돌로 작용했다. 정부가 정보의 교환을 통제할 때, 아이디어와 지식은 수익성 있는 자산으로 바뀔 수 없다. 한국과 일본의 사례가 잘 보여주듯이, 이러한 자산은 오늘날의 경제에 있어 매우 중요한 요소이다. 천연자원이 많지 않음에도 불구하고 이들 국가는 21세기에 상당한 경제적 성공을 거두었다. 경제발전에 중요한 또 다른 요소인 기술발달에 초점을 맞췄던 것이다. 이 두 국가가 IT와 같은 최첨단 기술 분야에 보유한 경쟁력은 기술력 제고를 위해 기울인 노력을 반영한다. 한국과 일본의 성공사례는 기술이 오늘날의 경제에 얼마나 중요한 역할을 하는지 우리에게 보여 준다. 민주화와 기술발달을 이루는 나라는 그만큼 향후 전망이 밝다고 할 수 있다.

Speaking 4-5

광합성

Reading Translation

햇빛은 우리의 생존에 있어 우리가 생각하는 것보다 훨씬 더 많은 역할을 한다. 우리가 먹는 모든 음식과 우리가 사용하는 모든 화석연료는 광합성의 결과물이다. 광합성이란 태양 에너지를 생물체가 이용할 수 있는 화학에너지로 바꿔 주는 과정이다. 광합성률에 영향을 미치는 많은 요소 중, 햇빛의 강도와 대기 중 이산화탄소의 농도가 광합성 활동에 결정적인 영향을 미치는 주요 요소들이다. 기타 다른 요소가 똑같은 수준을 유지한다고 가정할 때, 광합성 활동이 가장 활발하게 이루어지는 때는 햇빛 양이 많고 대기 중 이산화탄소의 농도가 높을 때이다.

Listening Script Translation

교수

지난 수업시간에 우리는 광합성률에 영향을 미치는 기본 요소에 대해 배워 보았다. 지금쯤이면 여러분 대부분이 광합성이 어떻게 진행되는지, 그리고 광합성 그 자체의 중요성에 대해 잘 알고 있으리라 믿는다. 그렇기 때문에 오늘은 광합성의 정의와 중요성에 대해 다시 설명하지 않아도 된다고 생각한다. 그 대신 오늘은 음 … 두 지역을 살펴 보고, 이 두 지역에서 자라는 나무의 광합성률이 지난 수업시간에 배운 광합성의 주요 요소에 의해 어떠한 영향을 받는지에 대해 배워 보겠다. 자 … 햇빛의 강도와 대기 중 이산화탄소의 농도가 광합성의 속도에 큰 영향을 미친다는 점은 우리가 이미 배워 알고 있다. 이는 일년 내내 일조량이 많은 도시인 호놀룰루의 나무들이 산소를 만들어 내는 속도를 보면 잘 알 수 있다. 강한 햇빛과 높은 이산화탄소의 농도 덕분에, 이 하와이 도시에서 자라는 나무들의 광합성은 도시중심지에서 멀리 떨어진 곳의 나무들보다 더 빠른 속도로 진행된다.

예를 들어 캐나다 북부의 산악지대에서 자라는 나무들은 호놀룰루에 있는 나무들보다 적은 양의 산소를 만들어 낸다. 산소량이 적다는 것은 광합성이 그만큼 느리게 진행된다는 뜻이다. 아마 여러분은 그 이유를 이미 알고 있을 것이다. 그렇다, 그 곳의 햇빛과 이산화탄소의 양이 적기 때문이다. 빛 에너지와 이산화탄소의 양이 광합성률에 영향을 미친다는 것은 우리가 이미 배운 것이다. 다시 말해, 캐나다 북부지역의 추운 날씨와 낮은 이산화탄소의 농도가 광합성의 속도를 늦추는 것이다.

Question

교수는 호놀룰루와 캐나다 북부 지방에서의 광합성 비율을 설명한다. 이 두 비율이 광합성의 기본 요인들과 어떤 관계가 있는지 설명하시오.

Sample Answer

Photosynthesis is an important process through which trees convert solar energy into chemical energy needed for living creatures on earth. The speed at which trees do this process depends largely on the sunlight intensity and CO_2 concentration level. In places where there is plenty of sunshine and a good level of carbon dioxide, trees give off more oxygen. Honolulu is a good case in point. This Hawaiian city not only has abundant sunshine, but also good CO_2 levels because of the urban activities. Trees take in the CO_2 and change it into oxygen. This is one of the reasons why the CO_2 concentration matters. The photosynthesis of trees in remote mountain areas of Northern Canada, on the other hand, is much slower than that of trees in Honolulu. The cold weather and the lack of CO_2, because it's far away from the city, affect the rate of the process.

Translation

광합성은 나무가 태양에너지를 지구상의 생물체가 필요로 하는 화학에너지로 바꾸어 주는 중요한 과정이다. 나무가 이러한 과정을 진행시키는 속도는 주로 햇빛의 강도와 대기중 이산화탄소의 농도에 달려 있다. 햇빛이 많고 이산화탄소의 농도가 높은 곳에서는 나무들이 더 많은 산소를 만들어 낸다. 호놀룰루가 아주 좋은 예이다. 하와이에 있는 이 도시에서는 일조량이 많을 뿐만 아니라 도시생활로 인해 대기 중 이산화탄소의 농도 또한 높다. 나무는 이산화탄소를 흡수하여 이를 산소로 바꾼다. 이것이 바로 이산화탄소의 농도가 중요한 이유 중 하나이다. 반면 캐나다 북부 산악지역에서 자라는 나무의 광합성은 호놀룰루 나무의 광합성보다 훨씬 더 느리다. 이 곳에는 날씨가 춥고, 도시에서 멀리 떨어져 있어 이산화탄소의 농도도 낮다. 이러한 조건이 광합성의 속도에 영향을 미친다.

Speaking 4-6

좋은 배우자의 조건

Reading Translation

이혼율 상승에도 불구하고, 미국에서 결혼이란 여전히 가장 보편화된 사회제도 중 하나이다. 성공적인 결혼생활은 주로 배우자의 신중한 선택에 달려 있다. 비록 젊은 사람들은 결혼을 열렬한 사랑의 결과라고 생각하기도 하지만, 우리는 보통 미래 배우자가 갖춰야 할 몇 가지 조건을 보게 된다. 좋은 배우자가 되기 위해 필요한 조건은 많다. 하지만 그 중에서도 외모와 경제적 능력이 가장 중요한 조건으로 꼽히곤 한다. 물론 이 두 가지 조건만으로 성공적인 결혼생활이 보장되는 것은 아니지만, 연구결과에 따르면 우리와 평생을 함께 할 파트너를 선택하는 데 있어 매우 중요한 기준이 된다.

Listening Script Translation

교수

음 … 아마 여러분 중 대부분은 이번 주 주제가 흥미롭고 또 피부에 와 닿는 주제라고 생각할 것이다. 오늘날에는 독신으로 사는 사람이 많긴 하지만, 결혼이란 우리 대부분이 이상형을 만났다고 생각할 때 한번쯤 하고 싶어 하는 것이다. 문제는 그 사람이 이상적인 배우자가 될 것인지 어떻게 알 수 있느냐이다. 우리는 배우자를 선택하는 데 있어 알게 모르게 몇 가지 기준을 갖고 있다. 흥미로운 사실은 … 남자가 생각하는 좋은 배우자의 조건과 여자가 생각하는 좋은 배우자의 조건이 다르다는 점이다. 예를 들어 남자들은 … 아내가 될 사람의 외모를 더 중요시하는 것으로 알려 졌다. 지나친 일반화로 들릴 수도 있지만, 연구 결과 남성들은 외모가 매력적인 파트너를 찾는 것으로 나타났다. 일부 진화론자들은 이 같은 성향을 남성 본연의 종족 번식 욕구와 연관짓기까지 한다. 소위 아름다운 여자들은 몸매의 균형이 더 잘 잡히는 편이라는 것이다. 진화론자들에 따르면 이 같은 균형은 생식활동에 중요한 건강의 상징이다.

그렇다면 여자들은 어떻게 생각하는지 궁금해할 것이다. 몇 년 전 예일대에서 실시한 한 여론조사는 여성은 배우자가 될 사람의 경제적 능력을 가장 중요하게 생각한다는 사실을 재확인하였다. 여기에 동의하지 않는 사람도 있겠지만, 일반적으로 여자들은 파트너를 선택할 때 경제적인 안정을 추구하는 것 같다. 비록 요즘 이혼율이 상승하고 있긴 하지만, 결혼은 평생을 함께 하겠다는 약속이다. 진화론자들은 이러한 여성의 성향 또한 자식에 대한 여성의 보호본능과 깊은 연관이 있다고 주장한다.

Question

교수는 남성과 여성이 장래 배우자에게서 찾는 자질들에 관해 이야기 한다. 이들의 선호가 성공적인 결혼과 어떻게 관련되는지 설명하시오.

Sample Answer

It's true that nowadays many tend to think marriage less important because there are many divorced couples. However, this life-time relationship is something that most of us wish to build when we find the right person. While men tend to value physical appearance over other qualities, women look for economic stability in their prospective spouses. Though there could be many exceptions to this, the gender difference in the preference is widely supported by studies. Some scholars studying evolution argue that such differences result from the different needs for reproduction and preservation of the human species. Men look for partners who are healthy enough to bear children. They even claim that the beautiful women tend to have better symmetry in their body. This is a sign of good health. Women, on the other hand, want to secure lasting protection of their offspring. The financial capacity of a man is the means a woman needs to ensure the protection of the children in today's world.

Translation

오늘날에는 높은 이혼율로 인해 많은 사람들이 결혼을 예전만큼 중요하게 생각하지 않는 것은 사실이다. 하지만 우리가 이상형을 만났을 때에는 그 사람과 평생 지속될 수 있는 관계를 맺고 싶어한다. 남성은 다른 조건보다 여성의 외모를 중요하게 생각하는 반면, 여성은 미래 배우자의 경제적 능력을 본다. 비록 예외적인 경우도 많겠지만, 남성과 여성이 보이는 이러한 차이는 연구결과에 의해 뒷받침되고 있다. 진화론을 연구하는 일부 학자들은 이러한 차이가 종족의 번식과 보존에 있어 남녀가 갖는 다른 필요에서 비롯된다고 주장한다. 남성은 아이를 낳을 수 있을 만큼 건강한 파트너를 찾는다. 진화론자들은 심지어 아름다운 여성들이 더 건강의 상징인 대칭적 몸매를 갖고 있다고 주장한다. 반면 여성들은 자식을 지속적으로 보호해 주기를 원한다. 남성의 경제적 능력은 여성이 오늘날 자식을 보호하는 데 필요한 수단인 것이다.

Speaking 4-7

유기체의 보존

Reading Translation

그 어떠한 유기물도 수백만 년이 지나도록 변하지 않을 수는 없다. 때문에 과거의 유기물 중 인간이 관찰할 수 있는 것은 원래의 모습이 보존된 딱딱한 형태의 조각들이다. 과학자들은 이러한 조각들을 연구함으로써 과거 생물체에 대해 많은 것을 알게 된다. 유기물의 보존 방법에는 여러 가지가 있다. 유기체의 상태에 따라 화석화되는 것과 석화되는 것이 있다. 하지만 화석화 작용이나 석화 작용이 일어나기 위해서는 여러 조건들이 그에 알맞은 상태여야 한다. 그렇지 않을 경우, 유기체는 단순한 먼지가 되어 과학자들이 원래의 형태를 연구할 수 있기에 필요한 그 어떠한 흔적도 남기지 않는다. 이 같이 보존된 생물체의 연구가 갖는 가치를 고려할 때, 화석 작용을 연구하는 학문인 화석생성학은 수백만 년 전에 존재했던 생물체에 관한 수수께끼를 푸는데 매우 중요한 역할을 한다.

Listening Script Translation

교수

자 … 과거 생물체에 대한 연구는 화석화 혹은 석화된 유기체의 관찰에 기반을 두고 있다고 했다. 하지만 화석화 작용은 이에 알맞은 조건을 요구하기 때문에 실제로 화석화되는 유기체는 많지 않다. 유기체 전체가 보존되는 것은 아니다. 이빨, 발톱, 등딱지, 뼈 등 딱딱한 부분만 화석화된다. 그렇다면 화석화 작용에 필요한 조건이란 무엇인지 궁금해할 것이다. 글쎄 … 먼저 화석은 퇴적암에서만 생성된다. 공룡의 뼈가 강에서 아주 가까운 곳에 버려지고, 오랜 시간 동안 바람에 의해 모래와 퇴적물이 그 뼈 위를 덮는다고 해 보자. 수천 년이라는 긴 세월이 흐르면서 퇴적물은 서서히 뼈 위에 쌓이고 급기야 그 뼈는 땅 깊숙이 묻히게 된다. 맨 위에 있는 흙은 물로 덮여야 한다. 그래야 땅 밑의 압력이 커지기 때문이다. 음 … 그러는 동안 뼈 속의 미네랄은 모래의 미네랄로 대체되면서 뼈가 딱딱한 돌로 변하게 되고, 이는 퇴적암에 싸여 땅 밑에 묻히게 된다.

한편 석화작용은 죽은 통나무가 강으로 떠내려가 모래에 묻힐 때 발생한다. 용해된 알칼리성 규토는 퇴적물과 섞여 통나무와 접촉한다. 통나무는 부식되어 이산화탄소를 방출하게 되고, 이 이산화탄소는 물에 용해된다. 아주 천천히 나무의 섬유소는 그 분자 하나하나 규토로 대체된다. 결국 나무는 석화된다. 다른 미네랄이 존재하느냐에 따라, 석화된 나무는 아름다운 색채를 띨 수도 있다.

Question

교수는 화석화와 석화의 조건에 관해 이야기 한다. 이들 두 사례가 초기 생명체들의 보존에 관한 연구와 어떤 관계가 있는지 설명하시오.

Sample Answer

The study of early life forms that existed millions of years ago depends on the examination of preserved pieces of organisms. The fossilization and petrification are two major types of organic preservation. For the two processes to take place, however, conditions have to be exactly right. The most important condition for fossilization to occur is the existence of sedimentary rock. The bones of an animal have to be buried in places were sediments can pile up and be covered with water. The underground pressure changes the composition of the bone and turns it into hardened fossils. Petrification is a similar process but it takes place in the water first. The molecules of the decayed log are replaced by silica. Depending on the types of minerals near the log, the petrified wood can become different colors. Both fossils and petrified woods serve as important data for scientists to uncover the mystery of early life forms.

Translation

수백만 년 전에 존재했던 생물체에 대한 연구는 그 생물체의 보존된 부분을 관찰함으로써 이루어진다. 유기물은 주로 화석화와 석화를 통해 보존된다. 하지만 화석화 및 석화 작용이 발생하려면, 그에 알맞은 조건이 조성되어야 한다. 화석화가 발생하기 위해서는 무엇보다 퇴적암이 존재해야 한다. 동물의 뼈는 퇴적물이 쌓여 물로 덮일 수 있는 곳에 묻혀야 한다. 땅속의 압력은 뼈의 구성물을 변화시켜 딱딱한 화석으로 바꾼다. 석화 또한 이와 비슷하지만, 이 과정은 물에서 시작된다. 썩은 통나무의 분자들은 규토로 대체된다. 통나무 주변에 어떠한 미네랄이 있느냐에 따라 석화된 나무는 다른 색을 띨 수 있다. 화석 및 석화 모두 과학자들이 과거 생물체에 관한 수수께끼를 푸는 데 있어 중요한 단서가 된다.

Speaking 4-8

이민

Reading Translation

이민은 여러 가지 이유로 오랫동안 계속되어 온 사회적 현상이다. 과거에는 많은 사람들이 새로운 땅에서 보다 나은 삶을 추구하겠다는 희망으로 고국을 떠났었다. 고달픈 생활이 이민을 결정하게 되는 주요 이유였던 것이다. 이러한 경우, 이민자들은 고향 땅을 떠나 다시는 돌아오지 않곤 했다.

하지만 최근의 이민 경향을 보면, 반드시 현재의 삶이 견디기 힘들 만큼 고달파서 이민을 선택하지는 않는 사람들도 있다. 그보다는 좀더 색다른 삶을 살아보고자 이민을 선택한다. 어떤 이들은 번잡한 도시생활에서 탈피해 이국적인 곳을 선택하는가 하면, 또 어떤 이들은 자녀가 영어를 배울 수 있도록 영어권 국가를 선택한다.

Listening Script Translation

교수

자, 지난 수업시간에는 사람들이 이민을 결정하게 되는 주요 이유에 대해 알아 보았다. 음 … 과거에는 대체로 경제적인 이유로 모국을 떠났다고 했다. 즉 고된 생활 때문에 이민을 떠나게 되었던 것이다. 1800년대 중반에 있었던 아일랜드인들의 이민행렬이 아주 좋은 예이다. 아마 여러분도 감자 흉년으로 더 잘 알려진 당시의 아일랜드 대기근에 대해 들어보았을 것이다. 이 사태로 수백만 명의 사람들이 기아와 질병으로 목숨을 잃었고 아일랜드 사회, 그리고 문화 구조가 뿌리째 뒤흔들렸다. 이 기근 사태는 아일랜드 국민이 미국으로 대거 이민가게 만든 가장 강력한 요인 중 하나였다. 당시 이민은 평생에 한 번밖에 할 수 없는 모험 같은 것이었다. 삶의 터전을 송두리째 뽑아 완전히 낯선 곳에 옮겨 심는 것과 같았다.

하지만 이러한 이민의 개념이 오늘날 서서히 변해 가고 있다. 한국 등 몇몇 아시아 국가에서는 사람들이 감자 흉년과 같이 생명을 위협할 만큼 심각한 경제적 문제 때문에 이민을 결심하지 않는다. 음 … 그보다는 바쁜 생활에 변화를 주기 위해, 혹은 보다 나은 교육환경을 찾아 떠난다. 일례로 많은 한국인들은 자녀들에게 영어 습득에 보다 도움이 되는 환경을 제공해 주기 위해 미국, 캐나다, 호주 등 영어권 국가로 이민을 간다. 이 같은 유형의 이민이 갖는 또 하나의 특징은 이민을 떠나는 사람들이 자신이 원할 때 언제든지 고국으로 돌아올 수 있다고 생각한다는 점이다. 이는 과거의 사고방식과는 상당한 차이점이다.

Question

교수는 아일랜드인과 한국인의 이민에 관해 이야기한다. 이들 두 사례가 이민의 주요 유형과 어떻게 연결되는지 설명하시오.

Sample Answer

The professor talks about the two types of immigration that took place in different times. The Irish immigration into the US happened in the mid 1800s and the main reason was the difficult economic situation of the homeland. The Potato famine wiped out many lives in Ireland around that time and made many people leave the country. Unlike the recent migrants, they did not have any choice. It was a life or death decision for them. This is different from the mentality of recent migrants. Some Koreans leave for an English-speaking country because they want a better English-learning environment. While the Irish took emigration as a permanent move, the Koreans think that they can return to their native country when they want. Of course, not all immigrants fit into these two categories of immigration. But it is interesting to learn that the motives for leaving one's country have changed a lot over time.

Translation

교수는 여러 시대에 걸쳐 있었던 두 가지 유형의 이민에 대해 말한다. 아일랜드인들의 미국 이민은 1800년대 중반에 일어났으며 아일랜드의 어려운 경제적 상황이 주요 원인이었다. 당시의 감자 흉년은 많은 아일랜드인들의 목숨을 앗아갔으며 많은 사람들이 고국을 떠나게 만들었다. 요즘 이민자들과는 달리, 그들에게는 선택의 여지가 없었다. 그들에게는 사활이 걸린 문제였던 것이다. 이는 요즘 이민자들의 사고방식과 매우 다른 것이다. 몇몇 한국사람들은 보다 나은 영어 습득환경을 위해 영어권 국가로 떠난다. 아일랜드인들은 이민을 영구적인 이주로 생각한 반면, 한국인들은 자신이 원한다면 언제든지 고국으로 돌아올 수 있다고 생각한다. 물론 모든 이민자들이 이 두 가지 범주 중 하나에 속하는 것은 아니다. 하지만 흥미로운 사실은 시간이 흐름에 따라 사람들이 고국을 떠나는 이유가 많이 바뀌었다는 것이다.

Listen-Speak Type A

Speaking 5-1

대학 기숙사 문제

Listening Script Translation

여학생

내 주거문제 어떻게 해야 할지 모르겠어.

남학생

뭐가 문젠데?

여학생

올 9월에 졸업하는 룸메이트와 방 2개짜리 아파트에서 살고 있거든. 그래서 룸메이트를 새로 찾아서 계속 이 아파트에서 살지, 기숙사로 옮겨야 할지 결정해야 해.

남학생

글쎄… 대학기숙사 생활과 자취생활 모두 장단점이 있는 것 같아. 난 지금은 대학기숙사에서 살고 있는데, 기숙사에 들어오기 전에는 2년 동안 룸메이트 2명과 자취를 했거든.

여학생

그럼 너는 내가 어떻게 하는 게 좋다고 생각하니?

남학생

우선 기숙사는 학교와 가까우니까 학교에 왔다갔다 하는 시간이 많이 절약되지. 강의실이 대부분 걸어 다닐 수 있는 거리에 있기 때문에, 아침에 서둘러야 할 필요도 없고 차가 막힐까 걱정하지 않아도 돼. 또 걸어 다닐 수 있으니까 차도 필요없고.

여학생

다 장점으로밖에 안 들리는데.

남학생

맞아. 그리고 차가 필요 없으니까 돈도 절약되지. 주차요금이나 기름값, 보험비 등 기타 다른 자동차 유지비가 안 나가잖아. 내가 원하기만 한다면, 걸어 다니는 대신 자전거를 타고 다닐 수도 있고. 걸어 다니든 자전거를 타든, 매일 운동도 되고 말이야.

여학생

야~ 너무 좋은 점만 있으니까 왜 학교 밖에서 살려고들 하는지 모르겠는데?

남학생

아마 비용 때문에 그럴 거야. 대학기숙사가 싼 편은 아니고, 대부분의 경우에는 룸메이트와 비용을 분담하면서 학교 밖에서 사는 것보다 더 비싸거든.

여학생

그건 맞는 말이야.

남학생

또 식사문제도 있잖아. 기숙사에서는 요리를 할 수 없기 때문에, 거의 매일 학교식당에서 먹어야 해. 어떤 학생들은 언제든지 음식을 해 먹을 수 있는 아파트에서 살려고 기숙사를 떠나기도 했어.

여학생

참 좋은 정보들이야. 도와줘서 정말 고마워. 좀더 생각해보고 어떻게 해야 할지 결정해야겠어.

Question

남학생은 여학생의 문제에 대해 두 가지의 해결책을 제안한다. 먼저 무엇이 문제인지 설명한 다음, 두 가지 해결책 중 어떤 것이 더 마음에 드는지 말하고 그 이유를 말하시오.

Sample Answer

The woman lives in a two-bedroom apartment with a student who is about to graduate. Her dilemma is that she does not know whether to find a new roommate to share the rent or move into a university dormitory. The male student gives her the pros and cons of each. First, the dorm is close to the school, eliminates the need for a car, and saves time. Then, the off-campus apartment allows cooking any time and the rent is lower. I would prefer to find a new roommate, because I would like the freedom to cook whenever I want and live a "normal" life. Living off-campus allows one to live as a student when on campus but as an ordinary citizen when at home. This means more freedom. Besides, I can enjoy proximity to all the non-campus facilities, like shopping and a part-time job. This combines the best of both worlds, both student and private citizen.

Translation

여자는 곧 졸업할 룸메이트와 방 2개짜리 아파트에서 살고 있다. 그녀의 고민은 룸메이트를 새로 구해서 월세를 분담해야 할지, 혹은 대학기숙사로 들어 가야 할지에 대한 것이다. 남학생은 이 두 가지 조건에 대한 장단점을 설명한다. 먼저, 기숙사는 학교와 더 가깝고, 자동차가 필요없으며, 시간도 절약된다. 한편, 학교 밖의 아파트에서는 언제든지 요리를 해 먹을 수 있고 월세도 더 싸다. 나라면 룸메이트를 새로 찾아보겠다. 왜냐면 나는 언제든지 자유롭게 밥을 해 먹을 수 있고, "평범한" 생활을 하고 싶기 때문이다. 학교 밖에 살면, 학교 안에서는 학생으로, 집에 가서는 평범한 시민으로 살 수 있다. 이는 더 많은 자유를 의미한다. 뿐만 아니라, 쇼핑을 하거나 아르바이트를 하는 등 학교 밖에 있는 모든 시설과 더 가까워서 좋다. 따라서 두 세계, 즉 학생의 세계와 일반시민의 세계에서 가장 좋은 것들을 누릴 수 있게 된다.

Speaking 5-2

시험 스트레스 관리

Listening Script Translation

여자

안녕. 오랜만이네. 어떻게 지내?

남자

안녕. 만나서 반가워. 사실 난 요즘 그렇게 잘 지내고 있지는 않아.

여자

무슨 말이야? 왜?

남자

다음주에 고급 통계학 기말시험이 있는데, 하나도 준비하지 못 했어. 시험에 떨어질 것 같아.

여자

아니야, 잘 할 거야. 우리 다 가끔씩 그런 기분이 들잖아.

남자

그랬으면 좋겠다. 너무 걱정이 돼. 항상 이 시험 생각만 하고, 잠도 잘 수가 없어. 식욕도 잃었고.

여자

어머! 정말 걱정 많이 되는구나.

남자

응. 정말 어떻게 해야 할지 모르겠어. 너무 뒤쳐져 있고, 앞으로 남은 시간에 하기에는 공부해야 할 양이 너무 많아.

여자

널 이해할 수 있을 것 같아. 나도 지난 학기에 그 수업을 들었는데, 나한테도 정말 어려웠거든. 넌 지금 너무 긴장해서 공부에 집중하지 못하는 것 같아. 좀 나가 운동 좀 하면서, 시험 생각은 잠시 안 하는 게 어때? 그렇게 하면 식욕도 생기고 쉬고 싶기도 할 거야.

남자

좋은 생각이지만, 그럴 수가 없어. 다른 친구들은 다 시험공부하고 있고, 또 놀 시간도 없어.

여자

그렇다면 수업시간에 받아 적은 필기내용을 복습해 보지 그러니? 교재는 일 주일 안에 읽기에는 너무 두껍지만, 필기노트는 더 짧잖아. 교수님께서 수업시간에 강조하신 요점만 정리해 두었을 테고.

남자

글쎄…

여자

게다가, 수업시간에 다룬 주요 개념들을 먼저 이해하면 교재 내용을 공부하는 데 자신감이 더 생길 것 같아. 교수님께서는 아마도 수업시간에 강조하신 내용을 가장 중요하게 생각하실 거야. 시간이 많지 않으니까, 필기내용을 복습하는 게 가장 현실적인 방법이라고 생각해.

남자

좀 생각해 봐야겠다. 네 말이 맞을지도 몰라. 한 가지 확실한 것은 이 불안감에서 헤어나오기 위해 뭔가 해야 한다는 거야.

Question

여자는 남자의 문제에 대해 두 가지의 해결책을 제안한다. 무엇인 문제인지 설명한 다음, 두 가지 방법 중 어떤 것이 더 나은지를 말하고, 그 이유를 말하시오.

Sample Answer

The man's problem is that he has a statistics final in one week, and he is not prepared for it. Because of his lack of preparation, he is afraid he'll fail it, and he's having an anxiety attack over that. He can't eat or sleep and doesn't know what to do to relieve his anxiety. The woman suggests two possible solutions: getting outside to play sports so he can forget about the exam or going over the notes he took in class to begin studying for it. I would select the second option. Since the man's friends are all studying for the exam, he would not be able to play sports anyway. In addition, the woman's advice is sound. The professor is most likely to ask questions based on what he has lectured about in class, so going over the class notes should be good preparation for the exam. As the woman points out, the notes will be shorter and easier to study than the textbook, so by going over them, the man can reduce his study time without compromising the value of it.

Translation

남자의 문제는 일 주일 후에 통계학 시험이 있는데 아직 시험준비를 못 했다는 것이다. 준비를 못 했기 때문에, 그는 시험에 떨어질 것이라고 생각하고, 이 때문에 불안감에 휩싸여 있다. 그는 먹지도, 자지도 못하며, 이 불안감을 줄이기 위해 어떻게 해야 할지 모른다. 여자는 두 가지의 해결책을 제안한다. 하나는 운동하면서 시험 생각을 하지 않는 것이고, 또 하나는 수업시간에 받아 적은 필기내용을 복습하는 것이다. 나는 두 번째 방법을 선택하겠다. 남자의 친구들은 모두 시험공부를 하고 있으므로, 어차피 운동을 할 수 없을 것이다. 게다가, 여자의 말은 타당하다. 교수는 수업시간에 말한 내용을 바탕으로 시험문제를 낼 가능성이 높다. 따라서 수업 필기노트를 복습하는 것이 시험준비에 도움이 될 것이다. 여자가 지적한 바와 같이, 필기노트는 교재보다 공부하기가 더 쉽고 더 짧을 것이다. 때문에 필기노트를 복습함으로써, 남자는 공부시간을 단축하면서도 공부의 질을 희생하지 않아도 될 것이다.

Speaking 5-3

도서관에서 자료 찾기

Listening Script Translation

학생

안녕하세요. 저 좀 도와주실 수 있나요?

사서

그럼요. 뭘 도와드릴까요?

학생

도시화가 현대생활양식에 미치는 영향에 대해 학기말 리포트를 써야 하는데요.

사서

그 주제에 대한 책이 필요한 거군요.

학생

네. 중앙도서관에서 도시화에 관한 책을 몇 권 찾긴 했는데, 이곳 사회학 도서관에 전문서적이 더 많다고 하더군요. 그런데 어디부터 찾아야 할지 모르겠어요. 어디에서 시작해야 하는지 가르쳐 주시겠어요?

사서

네, 사회학 도서관에는 사회주제에 대한 전문서적이 많아요. 그런데 학생의 주제는 너무 광범위한 것 같아요. 자료를 좀 더 쉽게 찾으려면 주제를 좀 좁혀 봐요.

학생

그걸 어떻게 해야 할지 모르겠어요. 그냥 광범위한 주제에 대해 자료를 찾아 보면 안 될까요?

사서

그럴 수도 있긴 하지만, 그런 자료를 찾으려면 엄청 많은 것들을 봐야 해요. 도서관에는 책과 정기간행물만 있는 것이 아니에요. 마이크로필름 신문, 옛날 잡지의 CDROM, 수백가지 학술지의 온라인 데이터베이스…

학생

아… 네, 무슨 말씀인지 알겠어요. 주제를 좁혀보는 수밖에 없다는 말씀이네요. 그럼 어떤 방법이 가장 좋은가요?

사서

글쎄요… 우선 도시화가 현대생활에 끼치는 영향에 대한 주제이면서, 한 가지 측면에 초점을 맞추어야겠지요. 예를 들면, 도시화와 도시화가 대중교통시스템에 미치는 영향에 대해 쓸 수 있겠죠. 혹은 시골과 도시의 생활양식을 비교해 볼 수도 있겠고요.

학생

아… 네. 이제 알겠어요. 기숙사에 가서 주제를 좀 좁혀 봐야겠네요. 그런 다음 돌아와서 필요한 자료를 찾아야 할 때 다시 도움을 청할게요.

사서

좋은 생각이에요. 나중에 다시 오면, 데이터베이스 검색하는 것을 가르쳐 드릴게요. 주제가 좀더 구체적이면, 훨씬 더 유용한 정보를 찾을 수 있을 거에요. 자료를 더 빨리 그리고 더 쉽게 찾을 수도 있고요.

학생

도와주셔서 감사합니다. 이젠 어떻게 해야 할지 알 것 같아요. 그럼 주제를 정한 다음에 다시 뵐게요.

Question

사서와 학생은 학생의 문제를 해결할 방법에 대해 이야기를 나눈다. 우선 무엇이 문제인지 설명한 다음, 어떤 방법이 가장 합리적인 해결책이 될 수 있을지, 그리고 그 이유에 대해 말하시오.

Sample Answer

The student's problem is that he has to write a term paper about the influence of urbanization on the modern lifestyle. He has already looked for books on this topic in the main library but was told that he could find more specific books on it in the sociology library. He asks the librarian for help. The librarian recommends that he narrow down his topic. He suggests two possible topics: either urbanization and its effects on the mass transportation system or a comparison between the rural and urban lifestyles. I would choose the first topic, since it is closer to the topic the professor has asked him to write about. Explaining how urbanization has affected the mass transportation system will allow the student to show how urbanization has influenced the modern lifestyle. Then I would check all the sources mentioned by the librarian to find information on this topic before writing my paper.

Translation

학생의 문제는 도시화가 현대생활양식에 미치는 영향에 대해 학기말 리포트를 써야 한다는 것이다. 그는 이미 이 주제에 관한 책을 중앙도서관에서 찾기는 했지만, 사회학 도서관에 가면 이 주제에 대해 좀더 구체적인 책을 찾을 수 있을 거라는 말을 들었다. 그는 사서에게 도움을 청한다. 사서는 학생에게 주제를 좀 좁혀 보라고 충고한다. 사서는 두 가지의 주제를 제안한다. 하나는 도시화와 도시화가 대중교통시스템에 미치는 영향이고, 또 하나는 시골과 도시의 생활양식을 비교해 보는 것이다. 나라면, 첫번째 주제를 선택하겠다. 교수가 학생에게 리포트 주제로 준 것과 더 가깝기 때문이다. 도시화가 대중교통시스템에 미친 영향을 설명하다 보면, 도시화가 현대생활양식에 어떠한 영향을 끼쳤는지에 대해서도 이해하게 될 것이다. 그런 다음, 리포트를 쓰기 전에 사서가 언급한 모든 출처를 검색해 이 주제에 대한 정보를 찾아 보겠다.

Speaking 5-4

조교실의 소음 문제

Listening Script Translation

조교A

저, 조교 사무실에서는 집중하기가 힘들지 않나요?

조교B

그럴 때도 있죠. 왜 물어보세요?

조교A

존이라고 하는 조교가 우리 조교실로 온 후부터, 조교실이 너무 시끄러워져서 짜증이 나서요.

조교B

그를 만나기 위해 학생들이 많이 찾아 온다는 말인가요?

조교A

네, 매일 끊임없이 학생들이 찾아 와요. 너무 시끄러워서 더 이상 수업준비를 못 하겠어요. 물론 학생들에게 상담해 주는 것이 중요하다는 건 알아요. 그래도 너무 시끄럽고 정신 없어서 진짜 스트레스 많이 받게 되요.

조교B

그 심정 이해하겠어요. 우리는 다섯 명의 조교가 같은 방을 쓰고 있기 때문에, 각자 자기의 일에 집중하려면 주위가 조용해야 해요.

조교A

이해한다니 다행이네요. 도대체 이 문제를 어떻게 해결해야 좋을지 모르겠어요. 혹시 좋은 방법 아시나요?

조교B

좋은 생각이 있긴 해요. 존에게 상황을 설명하고 다른 곳에서 학생들을 만나 달라고 부탁하면 되지 않을까요? 커피숍, 학생회실, 그리고 기숙사 로비 등 학생들을 만날 장소는 많잖아요.

조교A

음… 좋은 생각 같네요.

조교B

아, 그리고 생각해 보니까 좋은 방법이 또 하나 있는데요. 조교실 옆에 있는 창고를 개조해서 조교와 학생이 만날 수 있는 회의실로 만들 수 있도록 허락을 받아보는 건 어때요?

조교A

좋은 생각이기는 하지만, 회의실로 쓰기에는 창고가 너무 좁을 거 같아요.

조교B

지금은 비좁아 보이지만, 그건 그 안에 들어있는 물건이 너무 많기 때문이에요. 낡은 캐비닛만 치워도 좋은 회의실이 될 것 같은데요. 다른 조교들과 한번 얘기해 봐서 좀 도와달라고 하죠.

조교A

괜찮은 생각 같아요. 당장 다른 조교들에게 말해 봐야겠어요.

Question

여조교는 동료조교가 안고 있는 문제에 대해 두 가지 해결방안을 제시한다. 먼저 문제를 설명한 다음, 두 가지 중 어떤 것이 더 괜찮은 방법이라고 생각하는지 말하고, 그렇게 생각하는 이유를 말하시오.

Sample Answer

The teaching assistants' problem is that the new TA, John, creates too much noise by having students drop by the office. So it's hard for them to concentrate on their work. The teaching assistant suggests two options for solving this: either talk to John and ask him to meet the students somewhere else or turn the storage room next to their office into a conference room. I would prefer creating a conference room, because it would be a convenience for all of the other TAs as well as for John. They would be able to just step next door any time they have to have a conference. However, complement the second choice, I think it would also be wise to mention to

John that one of the reasons the room is being created is to avoid the noise created by conducting meetings in the TA office; that way, he would understand that he needs to maintain quiet there regardless of whether he meets with students or not.

Translation

조교들의 문제는 새로 온 조교 존을 만나러 오는 학생들 때문에 조교실이 너무 시끄럽고, 때문에 집중해서 일을 할 수 없다는 것이다. 조교는 이 문제를 해결하기 위해 두 가지의 방법을 제안한다: 하나는 존과 얘기하여 학생들을 다른 곳에서 만나 달라고 부탁하는 것이고, 또 하나는 조교실 옆에 있는 창고를 회의실로 개조하는 것이다. 나는 회의실을 만드는 것이 더 좋은 방안이라고 생각한다. 그렇게 하면 존 뿐만 아니라 다른 조교들에게도 편리하기 때문이다. 회의가 있을 때면 언제든지 몇 발자국만 옮겨 옆방으로 가면 될 것이다. 하지만, 두 번째 방법을 보완하는 차원에서, 회의실을 따로 만드는 이유가 학생들을 만날 때 나는 소리를 방지하기 위한 것이라고 존에게 얘기해 주는 것도 좋을 것 같다. 그렇게 해야, 학생들을 만나든지 안 만나든지 조교실에서는 조용히 해야 한다는 사실을 알게 될 것이다.

Speaking 5-5

월세 삭감

Listening Script Translation

여학생

너는 집주인하고 문제 있어본 적 있니?

남학생

아니… 왜? 너네 집주인하고 문제 있어?

여학생

응, 정확하게 말하자면 나와 내 룸메이트가 우리 집주인하고 문제가 있는 거지.

남학생

무슨 일인지 말해봐. 혹시 내가 도울 수 있는 일일지도 모르잖아.

여학생

몇주 전에 우리 세탁기가 망가졌거든. 그래서 집주인한테 말했는데, 그 이후로 소식이 없어. 결국 빨래감이 쌓여서 어쩔 수 없이 우리 돈으로 세탁기를 수리했지.

남학생

집주인이 수리비 안 줬어?

여학생

응. 사실은 지금 집주인이 우리를 내쫓으려고 해.

남학생

그럴 수 없지!

여학생

수리비를 우리가 부담했기 때문에, 수리비만큼의 금액을 월세에서 뺐거든. 그랬더니 집주인이 전화를 해서 월세를 다 내지 않았으니까 나가라는 거야.

남학생

마침 내가 법대생이니까, 몇가지 해결책을 말해 줄게. 내 생각에는 너희 집주인이 불공평한 거 같아. 대학주거문제 관리사무소에 말해 보도록 해. 주거사무소에서는 캠퍼스 내외 주택 문제를 다 관리하니까, 혹시 도와줄 수 있을지도 몰라.

여학생

좋은 생각이다. 그 생각은 못 했었어.

남학생

또 한가지 방법은 네 룸메이트와 함께 집주인을 찾아 가 왜 월세 전액을 내지 않았는지 설명하는 거야. 수리비 영수증 갖고 있지?

여학생

응. 보관해 놨어.

남학생

잘했어. 그러면 영수증을 갖고 가서 집주인에게 보여줘. 아마 그렇게 하면 너희가 한 일이 합리적이었다는 것을 이해하게 될지도 몰라. 이번 일은 그저 큰 오해에서 비롯된 것일 수도 있어. 집주인은 너희가 월세를 전부 내지 않은 의도를 잘못 알았을지 모르잖아.

여학생

둘 다 좋은 생각이야. 내 룸메이트와 한번 상의해 볼게. 내 룸메이트도 나만큼이나 너에게 고마워할 거야.

남학생

도움이 되었다니 기쁘다.

Question

법대생은 여학생의 문제에 대해 두 가지 해결책을 제안한다. 문제가 무엇인지 설명하고, 그런 다음 두 가지 해결책 중 어떤 것이 더 마음에 드는지, 그리고 그 이유를 말하시오.

Sample Answer

The woman's problem is that she and her roommate deducted the cost of washing machine repairs from their rent. The washing machine was broken for a while and their laundry was piling up. The landlord was angry that they did not pay the full rent anyway and threatened to evict them. Out of the two possible solutions to this problem, I would choose the option of talking to the campus housing office. The office would have the authority to make the landlord comply with their guidelines. It could also force him to accept the reduced rent. The landlord probably already knows the reason for the rent deduction. So, trying to talk to him would not help, and the students have no authority to make him do anything on their own. The campus housing office, on the other hand, might not only make the landlord accept the reduced rent but also replace him with someone more interested in meeting the students' needs.

Translation

여자의 문제는 그녀와 그녀의 룸메이트가 세탁기 수리비를 월세에서 뺐다는 것이다. 세탁기는 고장난 지 꽤 됐고 빨래감은 쌓여만 갔다. 집주인은 이들이 월세 전액을 내지 않았다는 사실에 화가 났고, 그 집에서 쫓아 내겠다고 협박했다. 나라면, 이 문제에 대한 두 가지 해결책 중 대학주거문제 관리사무소에 말해 보는 것을 선택하겠다. 이 사무소는 집주인에게 지침을 준수하도록 지시할 권한이 있다. 또한 세탁기 수리비를 뺀 월세를 받으라고 강요할 수도 있다. 집주인은 아마 월세가 줄어든 이유를 이미 알고 있을 것이다. 때문에 학생이 그와 직접 얘기해 봤자 별 효과가 없을 것이며, 학생들은 그에게 그 무엇도 강요할 권한이 없기 때문이다. 반면, 대학주거문제 관리사무소는 감액된 월세를 받게 할 뿐만 아니라, 학생들의 필요에 더 응할 수 있는 사람으로 집주인을 바꾸어 줄 수도 있다.

Speaking 5-6

구내식당 음식

Listening Script Translation

남학생

이 구내식당 음식 정말 형편없다! 갈수록 더 별로야. 더 이상 참을 수가 없어. 이제 어디서 밥을 먹어야 할지 모르겠네. 여기가 그래도 가장 가까운 간이식당이었잖아. 그래도 다른 곳을 찾아 봐야겠어.

여학생

나도 그렇게 생각해. 내가 먹어 본 것 중 이 곳 음식이 가장 형편없는 것 같아. 그래서 난 요즘 점심을 직접 해 먹고 있잖아. 매일 집에 가는 길에 식품점에 들러 다음날 점심때 해 먹을 재료를 사지.

남학생

보통 뭘 먹는데? 난 뭘 해 먹을지 모르겠어.

여학생

보통 구운 칠면조 고기, 상추, 그리고 토마토를 사서 샌드위치를 만들어 먹어. 시간이 많이 걸리긴 하지만 이젠 익숙해졌어. 그리고 구내식당의 음식을 먹지 않아도 된다는 점이 가장 좋아.

남학생

좋은 생각이다. 근데 돈이 더 들지 않니?

여학생

그렇지도 않아. 오히려 돈이 절약돼. 기숙사의 식사제공프로그램은 비싼데, 난 식사시간에 항상 기숙사에 있는 게 아니기 때문에, 사실 일부 식사비는 낭비하게 되거든. 그런데 내가 직접 밥을 해 먹으면, 내가 필요할 때만 먹을 것을 살 수 있잖아. 돈이 궁할 때는 식사비를 좀 아낄 수도 있지.

남학생

직접 해먹는 게 너한테는 좋은 해결책이지만, 난 대학기숙사에 살기 때문에 재료를 사려면 학교 밖에까지 나가야 해. 게다가 난 요리를 잘 못해. 난 내가 만든 음식은 별로 먹고 싶지 않을 것 같아.

여학생

그렇다면 대학교 앞에 있는 음식점에서 사 먹어 보지 그러니? 좀 걸어야 하긴 하지만, 그곳 음식은 맛있고 영양이 많은 것으로 유명해. 샌드위치 종류도 많고, 가격도 괜찮아.

남학생

좋은 방법 같은데? 한 시간 동안 직접 요리를 하는 것보다, 그냥 어딘가에 들어가서 주문한 후 몇 분 있다가 음식이 나오면 먹고 오는 게 나아. 게다가 음식이 나올 동안에 공부하면 되니까 시간도 버리지 않을 수 있고. 그렇게 해야겠다.

Question

여학생은 남학생이 안고 있는 문제에 대해 두 가지의 해결책을 제시한다. 먼저 무엇이 문제인지 설명한 다음, 두 가지 해결책 중에 어떤 것이 더 좋은지를 말하고, 그 이유를 말하시오.

Sample Answer

The man's problem is that the cafeteria food he has been eating is terrible, and he needs to find somewhere else to eat. The female student suggests either buying and cooking his own meals or stopping at the deli in front of the university for meals. I would prefer cooking my own meals most of the time and stopping at the deli only when stuck on campus between classes. Stopping at the same eatery every day limits your food choices to their menu offerings. But when you cook at home, you can make whatever you want. Also, home cooking is much cheaper than eating out. It's also more comfortable eating at home. You can eat in front of the television if you want. And it's much easier to eat healthy food if you cook for yourself. You can also control the amount of fat and sugar in your diet.

Translation

남학생의 문제는 그가 그 동안 먹어왔던 구내식당의 음식이 형편없어, 밥 먹을 다른 곳을 찾아야 한다는 것이다. 여학생은 음식재료를 사서 직접 해 먹거나, 대학교 앞에 있는 음식점에서 사 먹을 것을 제안한다. 나라면, 대부분은 직접 해 먹고, 가끔 수업 때문에 시간이 없을 때에만 음식점에서 사 먹겠다. 매일 같은 식당에 가면, 그만큼 음식을 선택할 수 있는 여지가 제한된다. 하지만 집에서 요리를 하면, 원하는 것은 무엇이든 해 먹을 수 있다. 또한, 집에서 해먹는 것이 밖에서 사 먹는 것보다 훨씬 더 저렴하다. 집에서 해 먹는 게 더 편하기도 하다. 원한다면 TV 앞에 앉아 먹을 수도 있기 때문이다. 그리고 직접 요리를 해 먹으면 몸에 좋은 음식을 먹는 것이 훨씬 더 쉽다. 게다가 음식에 들어 가는 기름과 설탕량을 조절할 수도 있다.

Speaking 5-7

리포트 재작성

Listening Script Translation

여학생

서양사 점수 때문에 문제가 생겼어.

남학생

어떤 문제?

여학생

지난 달에 제출한 리포트를 어제 받았는데, C-를 받은 거야. 내가 생각했던 것 보다 훨씬 더 낮은 점수야.

남학생

실망했겠구나.

여학생

맞아. 못 해도 B+은 받아야 하는데.

남학생

교수님께서 왜 그렇게 낮은 점수를 주셨는지는 알아?

여학생

심슨 교수님께서는 수업시간에 이미 다루었거나 교재에 나와 있는 내용을 단지 정리해 놓은 게 아니라, 내가 선택한 주제에 대한 심도 있는 분석을 원하셨대. 게다가 다음 주까지 리포트를 다시 쓰라시는 거야. 어떻게 해야 할지 정말 모르겠어.

남학생

나도 지난 학기에 그 수업을 들었잖아. 심슨 교수님은 리포트에 관한 한 매우 엄격하셔. 그래서 난 리포트를 썼을 때, 내가 찾은 사실들을 나열하는 것보다는 그 사실들을 분석하는데 더 초점을 맞췄어. 그렇게 해서 좋은 점수를 받았지.

여학생

나는 어떻게 하면 좋은 점수를 받을 수 있을 것 같니?

남학생

단순히 리포트를 다시 쓰는 대신, 주제를 하나 정해서 그 주제와 관련된 사실들을 새로운 관점에서 분석해 보면, 좀더 초점 있는 리포트가 되지 않을까?

여학생

정보는 어떻게 찾는데?

남학생

그건 사서에게 도움을 받으면 돼. 나도 내 리포트 작성할 때 그렇게 했거든. 정말 도움이
많이 됐어.

여학생

근데 문제는 주제를 바꾸고 싶지 않다는 거야. 마음에 들거든. 게다가 일 주일 안에 조사를 처음부터 다시 하기에는 무리잖아.

남학생

그러면 네가 찾은 사실들을 넓게 분류한 다음, 정보가 가장 많은 범주 두 개를 선택하는 거야. 그 두 범주에만 초점을 맞춰서 예전보다 좀더 심도 있게 분석해 봐.

여학생

그러면 되겠구나.

남학생

그래. 리포트가 완전히 새롭게 바뀌지 않는다는 점이 아쉽지만.

여학생

알아. 어떻게 할지 한번 생각해 볼게. 고마워.

Question

남학생은 여학생의 문제에 대해 두 가지 해결책을 제안한다. 문제가 무엇인지 설명하시오. 그런 다음, 두 가지 해결책 중 어떤 것이 더 마음에 드는지, 그리고 그 이유를 말하시오.

Sample Answer

The woman's problem is that she needs a B+ on her report, but she got a C-. The professor felt she didn't do enough in-depth analysis on it and asked her to rewrite the report. Now she doesn't know how to go about it. The male student made two suggestions. First, she could start from scratch and write a whole new report. Or, she could divide the facts from her existing report into broad categories and just focus on two of them. I would prefer to do the latter. As the female student pointed out, starting the research all over again would take too much time. That's unrealitic. If she uses the existing report, she can use much of her previous research. Also, since she is already familiar with the facts, all she would need to do is doing an analysis and write about that. In other words, half her work is already done.

Translation

여자의 문제는 리포트 점수를 최소한 B+을 받아야 하는데 C-를 받았다는 것이다. 교수는 그녀가 리포트 주제에 대한 심도 있는 분석을 충분히 하지 않았다고 생각했고, 리포트를 다시 쓰라고 했다. 이제 그녀는 어떻게 해야 할지 모른다. 남학생은 두 가지 제안을 했다. 첫째, 처음부터 다시 시작해서 완전히 새로운 리포트를 작성하는 것이다. 또는 기존 리포트에 담긴 사실들을 광범위하게 분류한 뒤, 단 두 범주에만 초점을 맞추는 것이다. 나라면 후자를 선택하겠다. 여학생이 말한 바와 같이, 리포트를 처음부터 다시 시작하려면 시간이 많이 걸릴 것이다. 그건 비현실적이다. 만약 기존 리포트를 활용한다면, 이미 조사한 내용을 사용할 수 있다. 또한 이미 그 주제에 대해 익숙하기 때문에, 그녀는 단지 분석만 해서 분석결과에 대해 쓰기만 하면 될 것이다. 다시 말해, 이미 절반은 완성된 것이다.

Speaking 5-8

등록금 인상

Listening Script Translation

여학생

지난 학기에 등록금이 30% 인상된 거 아니? 좀 지나치다고 생각하지 않니?

남학생

응, 알아. 좀 심하지. 그것 때문에 난 지금 경제적인 부담이 만만치 않아.

여학생

나도 그래! 그리고 학교 측에서 이번 학기에 15%를 더 올린다고 발표했어. 그렇게 되면 등록금이 작년에 비해 거의 50%나 높아지는 거고, 거기서 그칠 것 같지도 않아.

남학생

솔직히 난 학교에서 등록금을 좀 낮출 수 있는 방법을 찾아 볼 줄 알았어. 너무 빨리 올라서 등록금 마련하기가 너무 힘들어.

여학생

알아. 난 새 등록금을 낼 형편이 아니야. 당분간 휴학하고 돈을 좀 모은 후에 복학해야 할 것 같아.

남학생

난 인근 지역 대학에서 수업을 몇 개 듣고 있어. 거긴 훨씬 더 싸고, 받은 학점도 우리 대학에서 인정해 주거든.

여학생

정말? 네가 그런 말을 하다니 뜻밖이다. 그 곳 수업은 어떤데?

남학생

수업 수준은 이 곳하고 비슷해. 거기서 강의하는 교수님들 대부분이 여기서도 강의하시는 분들이거든. 남는 시간에 그 대학에 가서 가르치시는 거야.

여학생

학점도 인정해 준다고?

남학생

응. 그리고 돈도 엄청 절약되고.

여학생

나도 그렇게 할 수 있겠구나. 그래도 난 여기서 공부하는 게 정말 좋고, 이 곳 친구들하고 계속 공부하고 싶은데.

남학생

돈을 아낄 수 있는 또 다른 방법이 있지. 경제적 부담을 덜기 위해 학교에서 할 수 있는 일을 찾아 보지 그러니? 지난 주 중앙도서관에 있는 학교 게시판에서 아르바이트생을 구하는 광고를 봤어.

여학생

혹시 너 그거 어떤지 아니?

남학생

사실 내 학교 친구 중 한 명이 도서관에서 일하고 있는데, 그 친구 말에 따르면 보수도 괜찮고 근무시간도 자유로운 편이라서 수업을 듣는 데 문제가 없대. 네가 관심 있으면 그 친구한테 물어보면 되는데.

여학생

고마워! 그 친구 이름 좀 말해 줘. 그러면 내가 그 친구와 얘기해 볼게.

Question

남학생은 여학생의 문제에 대해 두 가지 해결책을 제안한다. 문제가 무엇인지 설명하시오. 그런 다음, 두 가지 해결책 중 어떤 것이 더 좋다고 생각하는지, 그리고 그 이유를 말하시오.

Sample Answer

The woman is unable to continue her studies at the university because the tuition rates are rising so rapidly. She might have to stop going to school for a while and save up money before she can continue. The man suggests two options to her: studying at a local community college and transferring the credits to the university or getting a part-time job. I would prefer to continue studying at the community college for a few reasons. First, there would be no break in studies that way, and second, working and going to school at the same time is exhausting. It's hard to do your best in school when you are working too. And in addition, by staying on campus but studying elsewhere, the student has the best of both worlds; she can continue her studies but still see her campus friends. So, I think the first solution would work for the female student.

Translation

여자는 빠르게 인상되는 등록금 때문에 대학 공부를 더 이상 할 수 없는 상황에 처했다. 그녀는 당분간 휴학하면서 돈을 모은 후에 다시 복학을 해야 할지도 모른다. 남자는 그녀에게 두 가지 해결책을 제안한다. 하나는 지역대학에서 공부하여, 그 곳에서 받은 학점을 인정 받는 것이고, 또 하나는 아르바이트를 하는 것이다. 나는 지역대학에서 공부하는 게 더 좋다고 생각하며, 여기에는 몇 가지 이유가 있다. 첫째, 그렇게 해야 계속해서 공부를 할 수 있고, 둘째, 공부와 일을 병행하는 것은 매우 힘든 일이다. 일을 하게 되면 공부에 전념하기가 힘들다. 게다가, 캠퍼스에 머무르면서 다른 곳에서 공부를 하면, 계속 공부를 할 수도 있고 대학친구들도 계속 볼 수 있는 등 두 마리 토끼를 잡을 수 있다. 따라서 나는 첫 번째 해결책이 여학생에게는 더 효과적일 것이라고 생각한다.

Listen-Speak Type B

Speaking 6-1

역사
미국의 냉동기술과 식생활 변화

Listening Script Translation

19세기 중반 이전까지 미국인들은 계절음식만을 먹고 살았다. 고기를 건조시켜 육포로 만드는 방법 등 육류를 단기간 저장하는 방법은 있었다. 고기를 훈제하거나 소금에 절여 보존하기도 했다. 하지만 당시에 신선한 고기는 많지 않았고 … 신선한 우유를 마시는 것도 쉽지 않았다.

1850년대, Gail Borden이라는 미국인이 우유를 보존하기 위해 이를 농축하는 방법을 생각해 냈다. 그의 발명으로 인해, 십 년 간 통조림과 가당연유가 더 흔해졌다. 하지만 통조림 깡통을 손으로 만들어야 했기 때문에, 많은 양을 보존하는 것은 여전히 무리였다. 그러다가 1880년경 양철판을 자르고 납땜하여 깡통을 대량생산하는 기계가 개발되면서 큰 발전이 이루어졌다. 어느새 모든 종류의 음식을 보존할 수 있게 되었다… 그리고 물론, 이 식품들을 사시사철 사 먹을 수도 있게 되었다.

자, 이외에도 미국인들의 식생활을 바꾸어 놓은 다른 현상과 발명들도 있었다. 먼저, 농부들의 수확량이 늘어났다. 또 냉동시설이 설치된 기차의 등장으로 썩기 쉬운 식품을 먼 곳까지 운송할 뿐만 아니라 더 오래 보존할 수도 있게 되었다. 1890년대에 이르자, 북부지역주민들은 싱싱한 딸기와 기타 다른 과일과 야채를 철이 지나고서도 먹을 수 있었다. 사람들의 집에는 아이스박스가 있었고, 얼음은 상업얼음공장으로부터 주문하였다. 1920년대와 1930년대 사이, 아이스박스는 냉장고로 대체되었다.

이처럼 식품보존과 식품냉동 기술이 미국인들의 식생활을 개선시켰다. 이 때쯤에는, 거의 모든 사람들이 더 다양한 음식을 먹을 수 있게 되었다. 여전히 전분식품을 먹는 사람들도 있었고, 모두가 고기를 사먹을 형편이 되었던 것도 아니다. 하지만 많은 가족들은 이전에는 철이 아닐 때에는 먹지 못 했던 과일, 야채, 그리고 유제품을 마침내 사시사철 먹을 수 있게 되었다.

Question

강의의 요점과 사례를 이용하여, 식품보존방법과 냉동기술이 어떻게 미국인의 식생활을 바꾸었는지 설명하시오.

Sample Answer

The two main things that changed the diets of the American people in the mid-nineteenth century were food preservation methods and refrigeration. Up till then, no one could get fresh perishable fruits and vegetables out of season because there was no way to keep them fresh. But in the 1850's Gail Borden figured out how to condense and preserve milk. Also, inventors came up with a way of mass-producing tin cans. So with those two inventions, all kinds of food could be preserved and used at any time of year. Iceboxes in people's homes and refrigerated railroad cars also kept food fresh. People had ice delivered to their homes from commercial ice plants, so they had sort of a non-electric way to refrigerate food. So by the 1930's, food could be purchased out of season and enjoyed at any time of year.

Translation

19세기 중반 미국인들의 식생활을 바꾼 두 가지 주요 요소는 식품보존방법과 냉동기술의 혁신이다. 그 때까지는, 누구도 철이 지난 싱싱한 과일과 야채를 구할 수 없었다. 이 식품들을 싱싱하게 보존할 방법이 없었기 때문이다. 하지만 1850년대 Gail Borden이라는 사람이 우유를 농축하여 보존하는 방법을 개발해냈다. 또한 다른 발명가들은 양철깡통을 대량생산하는 방법을 개발하였다. 이러한 발명들로 인해, 모든 종류의 식품이 보존될 수 있었고, 사시사철 사용될 수 있었다. 사람들 집에 있는 아이스박스와 냉동시설이 설치된 기차들도 식품을 신선하게 유지했다. 사람들은 상업얼음공장으로부터 얼음을 주문하여, 전기를 사용하지 않고 식품을 냉동시켰다. 그래서 1930년대 경에는, 철이 지난 식품도 언제든지 살 수 있게 되었다.

Speaking 6-2

사회학
아동발달

Listening Script Translation

행동생물학은 적응행동이라고도 불리는 생존을 위한 행동, 즉 환경에 적응하기 위한 행동과 이러한 행동이 어떻게 발달해 왔는가를 연구하는 학문이다. 1960년대에, 연구가들은 아동연구를 위해 행동생물학 이론을 적용하기 시작했지만, 행동생물학은 그 때보다 오늘날 오히려 더 유용하게 사용되고 있다. 행동생물학의 유래를 알아 보기 위해 다윈의 작품… 그리고 두 명의 현대 동물학자 콘라드 로렌츠와 니코 틴버겐의 작품을 살펴보자.

로렌츠와 틴버겐은 여러 종의 동물들을 이들의 자연서식지에서 관찰하며, 생존을 위해 어떠한 행동을 하는지를 보았다. 그 중 가장 잘 알려진 것은 각인 – 즉, 새끼거위가 자신의 어머니를 인식하는 것 – 이다. 일례로, 새끼거위는 어미거위를 따라다니며 먹이를 받고 위험으로부터 보호받는다. 각인은 매우 어린 시기에 그리고 매우 짧은 기간 안에 일어난다. 이 시기에 어미거위가 새끼거위 주위에 없다면, 새끼거위는 자신 곁에 있는 물체를 자신의 어머니로 인식할 수 있다.

각인의 관찰을 통해 아동발달이론에 널리 사용되는 개념 하나가 탄생하였다. 바로 결정적 시기라는 개념이다. 결정적 시기란 아이가 생물학적으로 특정한 적응행동을 습득할 준비가 되어 있지만… 여전히 환경의 자극을 필요로 하는 기간을 말한다. 많은 연구가들은 아이들이… 새끼거위와 마찬가지로… 특정 기간에 복잡한 사고와 사회행동을 배워야 하는지를 알아내기 위해 연구하였다. 예를 들어, 만일 아이에게 적절한 음식이 주어지지 않거나… 유아기간 동안 충분한 신체적 혹은 사회적 자극을 받지 않는다면… 이 아이의 지능발달능력이 영구적으로 훼손되는 것인가? 영국의 정신분석학자인 존 보울비는 각인관찰로부터 영감을 받아 행동생물학의 이론을 아기와 부모의 관계에 적용하였다. 그는 방긋 웃거나 우는 등의 아기의 행동은 부모를 자극하여 아기를 보살피고 아기와 관계를 형성하게 하는 사회적 신호라고 주장했다. 부모를 가까이에 있게 하는 이 행동들은 아이가 제대로 먹고 위험으로부터 보호받을 수 있게 해 준다. 이 분야에 대한 연구가 지속적으로 진행된다면, 유아의 양육 및 지능발달에 대한 더욱더 가시적인 결과가 나올 것이다.

Question

강의의 요점과 사례를 이용하여, 새끼거위와 사람 아기들의 적응행동에 대해 설명하시오.

Sample Answer

The most well-known adaptive behavior is the imprinting that baby geese do. During a short and restricted period of time, the babies imprint on the mother goose. They develop an attachment to her and begin following her around so she can take care of them. If for some reason the mother goose is not there when they are in their imprinting period, they may imprint on whatever is nearby that resembles her. From observations on imprinting, the concept of the critical period was developed. Researchers tried to figure out whether human babies had the same kind of restricted period for learning thinking and social behaviors. The British psychoanalyst John Bowlby argued that babies' attachment behaviors like smiling and crying are to bring the parents near to care for it. This ensures that it will be fed and protected from danger. More studies should be conducted on the field to find out the importance of the critical period.

Translation

가장 잘 알려진 적응행동은 새끼거위들의 각인이다. 짧고 제한된 기간 동안, 새끼거위들은 어미거위를 인식하고 따라 다닌다. 새끼거위들은 어미거위에게 애착을 느끼고 따라 다니며 어미거위로부터 보살핌을 받는다. 만일 어미거위가 이 각인시기에 새끼거위 주위에 없게 된다면, 새끼거위는 자신 주위에 있는 다른 물체를 어미거위로 인식하게 된다. 각인에 관한 관찰 결과, 결정적 시기라는 개념이 생겼다. 연구가들은 인간의 아기들에게도 거위와 마찬가지로, 복잡한 사고와 사회행동을 습득하는 특정기간이 있는지를 알아 내려 했다. 영국의 정신분석학자 존 보울비는 미소 짓거나 우는 등 아기들이 보이는 애착행동은 부모에게 자기를 보살펴 달라고 하는 신호라고 주장했다. 그렇게 하여 제대로 먹고 위험으로부터 보호를 받게 되는 것이다. 결정적 시기의 중요성을 알아내기 위해서는 향후 더 많은 연구가 실시되어야 할 것이다.

Speaking 6-3

고생물학
사냥과 선사시대 동물들의 멸종

Listening Script Translation

자, 선사시대 사람들이 수렵과 채집으로 살았었다는 것에 대해서는 이미 얘기했다. 물론 수렵동물에는 아주 큰 동물들도 포함되어 있었으며, 이들이 당시의 식단을 주로 구성하였다. 근데 이 점에 대해 열띤 논쟁이 일고 있다. 홍적세 말경에 많은 대형동물들이 갑자기 모습을 감춘 것이다. 대부분의 고생물학자들은 급격한 기후변화가 이 같은 대규모 멸종을 불러일으켰다고 믿는다. 하지만 선사시대 사람들의 과도한 사냥으로 인해 이들 동물 종들이 멸종했다고 믿는 이들도 있다. 이것이 바로 "홍적세 과다사냥 가설"이라고 불리는 것이다. 이 가설을 지지하는 고생물학자들은 대단한 우연의 일치를 그 증거로 제시한다. 선사시대 사람들이 북미와 남미에 도착한 시기가 매머드, 들소 등 대형포유동물들이 멸종한 시기와 일치한다는 것이다. 이 과학자들은 인간들이 다른 동물 종을 유사(有史) 이전에 이미 멸종에 이르게 했다고 믿는다.

과다수렵 외에도, 선사시대의 수렵-채집인들은 다른 여러 방법으로 홍적세 동물멸종을 야기했을 수 있다. 그 중 하나가 직접경쟁이다. 수렵인들과 동물들이 같은 먹이를 놓고 서로 경쟁한 것이다. 이로 인해 검치호랑이와 같은 대형 육식동물이 멸종했을 가능성이 있다. 수렵인들은 또한 어느 특정 동물을 더 많이 사냥함으로써, 서로 경쟁관계에 있는 수렵동물들 사이에 불균형을 초래했을 수도 있다. 또는 특정 연령층의 동물을 훨씬 더 많이 사냥해, 다른 종류의 불균형을 야기했을 수도 있다. 자연에서는 그 어떠한 불균형이라도 커다란 결과를 낳을 수 있다. 혹은 갈수록 발달하는 홍적세 사람들의 수렵기술과 경쟁하는 것이 이들 동물들에게는 역부족이었을지도 모른다. 이렇듯 수렵인들은 어느 특정 동물을 더 많이 사냥함으로써, 홍적세 멸종에 간접적인 영향을 미쳤을 가능성이 있다.

Question

강의의 요점과 사례를 이용해, 선사시대의 수렵인들이 어떻게 홍적세 말경에 발생한 대형동물들의 멸종을 유발했는지 설명하시오.

Sample Answer

Prehistoric people lived on what they could hunt and gather. Some of the large species of animals they hunted could have been driven to extinction because of prehistoric hunting practices. For one thing, the hunters could have overkilled some of the species that they ate the most; this was called the "Pleistocene Overkill Hypothesis". Scientists suspect this because the arrival of prehistoric people in North and South America happened at about the same time that mammoths and other large mammals became extinct. Besides over-hunting, early man could also have driven the animals to extinction by competing with them for the same food. Man's choice of which animals to kill apparently had a big effect on the survival or extinction of various species during that time. Just hunting one species more than another was probably enough to cause the extinction of certain animals.

Translation

선사시대 사람들은 수렵과 채집으로 먹고 살았다. 이들이 사냥한 몇몇 대형동물들은 당시의 사냥 활동으로 인해 멸종되었을지도 모른다. 먼저, 수렵인들은 자신들이 가장 많이 먹는 동물들을 과도하게 사냥했을 가능성이 있다. 이를 "홍적세 과다사냥 가설"이라고 부른다. 과학자들이 이러한 가설을 믿는 이유는, 선사시대 사람들이 북미와 남미에 도착한 시기가 매머드 등 대형동물들이 멸종된 시기와 맞물리기 때문이다. 과다사냥 외에도, 선사시대 사람들은 같은 먹이를 두고 동물들과 경쟁함으로써, 이들 동물들을 멸종에 이르게 했을지도 모른다. 또한 인간의 수렵동물 선택도 여러 동물 종의 생존 혹은 멸종에 커다란 영향을 미친 것으로 보인다. 그저 어느 특정 동물을 더 많이 사냥함으로써, 그 동물들의 멸종을 야기할 수 있기 때문이다.

Speaking 6-4

미국역사
도시개발 로스앤젤레스

Listening Script Translation

미국의 도시개발은 실로 놀라웠다. 1900년, 미국에는 인구가 백만 명이 넘는 도시가 세 곳에 불과했다. 뉴욕, 시카고, 그리고 필라델피아였다. 1930년에 이르자, 대도시는 열 개로 늘어났다. 새롭게 대도시 반열에 오른 도시들은 엄청난 속도로 성장했는데, 이는 기본적으로 경제체제가 변화했음을 반증하는 것이었다.

1900년에 인구 114,000명으로 시작한 로스앤젤레스는 20세기 초에 엄청난 인구증가를 경험했다. 1930년대경, LA 인구는 1400퍼센트 증가해 1,596,000명에 달했다. 이 같은 인구 급증을 야기한 몇 가지 이유가 있었다. 첫째, LA의 창설자들은 오웬스 강물을 관개에 사용하기 위해 1913년 225마일에 이르는 수로를 건설하였다. 둘째, LA에는 근사한 천연항과 훌륭한 철도가 있었다. 셋째, 1년 내내 영화촬영이 가능한 기후 조건 덕에 할리우드가 영화산업의 중심지로 자리잡았다. 할리우드는 많은 사람을 고용했을 뿐만 아니라, 영화를 통해 남부 캘리포니아의 풍족한 삶을 전 국민에게 보여 주었다. 하지만 LA의 성장을 이끈 가장 중요한 산업은 자동차와 직접적으로 관련되어 있다. 가솔린엔진의 연료로서 석유가 필요해지자, 남부 캘리포니아 지역의 유전이 개발되었다. 바로 이 같은 유전개발로 인해 LA가 최대 정유도시가 된 것이다.

LA는 지리적 구조상 자동차시대의 산물이 되기도 했다. LA에는 중심지라고 할 만한 데가 없었고, 도시가 교외로 뻗어나가자 – 도시의 교외화라고 혹시 들어들 보았나? – 대부분의 사람들은 자동차가 있어야만 했다. 버스체제가 도시의 확장을 따라잡을 수 없게 되자, 버스가 아예 사라지게 되었다. LA는 400평방 마일에 이르는 사막지대를 가로질러 뻗어나갔다. 1930년에는 주민 2.7명당 한 대 꼴인 약 8십만 대의 자동차가 LA군에 등록되었다. 이러한 도시의 확장을 싫어하는 사람들도 있었지만, 많은 사람들은 자유롭고 움직이기 쉽다는 점에 이끌려 LA로 이주하였다.

Question

강의의 요점과 사례를 이용하여, 1900년대 초 로스앤젤레스의 인구가 급증한 이유를 설명하시오.

Sample Answer

One of the first things that helped Los Angeles grow larger was the aqueduct that the city founders had built to provide irrigation. It provided water from the Owens River. Then since the climate made it possible to shoot movies there year-round, Hollywood became a movie-making center. Hollywood provided a lot of jobs and kind of " advertised" the image of California's good life on movie screens all around the country. The need for gas to fuel cars led to California's oil fields opening up and made California a great refining center. Also, Los Angeles had a unique city design. It didn't have a real city center. So that made it necessary for its residents to own cars. Because of that, the auto industry in Los Angeles boomed so much that in 1930, one in every 2.7 residents owned a car.

Translation

LA가 빠르게 성장할 수 있었던 이유 중 하나는 도시 창설자들이 관개를 위해 건설한 수로이다. 이 수로는 오웬스 강물을 활용했다. 또한, LA의 기후조건상 1년 내내 영화촬영이 가능했기 때문에, 할리우드가 영화제작중심지가 되었다. 할리우드는 많은 일자리를 제공했고, 영화스크린을 통해 캘리포니아의 풍족한 삶을 전국에 '광고' 하였다. 자동차 연료로 쓰일 석유가 필요하게 되자, 캘리포니아의 유전이 개발되었고, 이로 인해 캘리포니아는 주요 정유중심지가 되었다. 이외에도 LA의 도시 설계는 매우 독특했다. 도시의 중심지라고 불릴 만한 곳이 없었다. 때문에 LA 주민들에게는 자동차가 필요했다. 그 결과, LA의 자동차산업은 빠르게 성장하여 급기야 1930년에는 주민 2.7명당 1명꼴로 자동차를 소유하게 되었다.

Speaking 6-5

심리학
목소리와 성격

Listening Script Translation

자, 먼저 사람의 성격을 나타내는 목소리의 특징에 대해 말하고 싶다. 첫째, 커뮤니케이션이라는 광범위한 분야가 있다. 여기에는… 음… 세 가지가 포함된다. 자, 받아 적어라: 정보전달을 위한 언어 사용, 그룹이나 한 사람과의 의사소통, 그리고 퍼포먼스를 통한 특수화된 커뮤니케이션.

사람이 자신의 생각과 의견을 전달하는 한 가지 방법은 단어의 선택을 통해서이다. 또 다른 방법은 어조를 통해서이다. 상냥하거나 불쾌한 어조 등을 예로 들 수 있겠다. 사람의 기분을 나타내는 음성의 특징들, 이를테면 억양이나… 이것은 부드럽고 규칙적일 수도 있고, 불규칙적이거나 머뭇거릴 수도 있고… 혹은 음조와 같은 특징들은 생각과 의견을 나타낼 수 있다. 많은 사람들 앞에서 말할 때, 말하는 사람의 어조는 불안감이나… 심지어 공포를 전달할 수 있다. 그리고 누군가와 1 대 1로 말을 할 때에는, 화자의 어조는 그가 선택한 단어 이상의 생각과 감정을 반영할 수 있다. 어떤 경우에는 화자의 어조가 선택된 단어와 정반대일 수도 있다. 물론 그런 경우에는, 단어보다는 어조를 믿어야 한다. 왜냐면 어조가 그 사람의 진짜 감정을 더 잘 나타내기 때문이다.

사람의 감성적 건강도 목소리를 통해 뚜렷하게 나타난다. 누군가가 말을 하면, 우리는 즐거운 사람의 자유롭고 선율적인 목소리를 듣거나, 화난 사람의 억제되고 격한 목소리를 듣게 된다. 만약 화자가 우울하다면, 그의 목소리는 지루하고 느릴 것이다.

Question

글의 요점과 사례를 사용하여, 사람의 목소리가 어떻게 그 사람의 성격을 나타낼 수 있는지 설명하시오.

Sample Answer

There are several ways that a person's voice can reveal his personality. When he talks to a group, his choice of words, tone of voice, and rhythm can show how he is feeling when he speaks — confident or unsure of himself. When he is talking to a person, his tone can indicate how he is responding to the listener — unconcerned or interested, bored or enthusiastic, tired or energetic, and so on. The person's self-image can be found in his tone of voice, too; he may sound confident, shy, or aggressive, for example. A person's tone of voice reveals his emotional health also. If he is happy, his voice will have a free and melodic sound, while if he is angry, it will sound constricted and harsh. If he is depressed, his voice will sound dull and lethargic. These are all ways that a person's voice can reveal his personality.

Translation

목소리가 사람의 성격을 나타낼 수 있는 방법이 여럿 있다. 많은 사람들 앞에서 말을 할 때에는, 그가 선택하는 단어, 어조, 그리고 말의 속도 등이 그의 감정을 보여 줄 수 있다. 자신감이 있는지 불안한지와 같은… 누군가와 단 둘이서 말을 할 때에는, 화자의 어조는 청자에 대해 어떠한 감정을 갖고 있는지를 나타낸다. 관심이 있는지 없는지, 지루해 하는지 열중해 있는지, 피곤한지 힘이 넘치는지 등등. 사람의 성격도 어조를 통해 알 수 있다. 이를테면 자신감이 있는 사람인지, 내성적인지, 혹은 폭력적인 사람인지 등을 어조를 통해 알 수 있다. 사람의 어조는 그의 감성적 건강상태도 나타낸다. 만약 기쁘면, 그의 목소리는 자유롭고 선율적으로 들릴 것이고, 반면 화가 났다면, 억제되고 격한 듯한 목소리가 나올 것이다. 그리고 우울할 경우, 그 사람의 목소리는 지루하고 느릴 것이다. 이러한 것들이 바로 목소리가 사람의 성격을 나타낼 수 있는 방법들이다.

Speaking 6-6

미국역사
미국의 산업화

Listening Script Translation

좀 많다고 들릴지 모르겠지만, 1800년대 초에는 미국 노동 인구의 80%가 농부들이었다. 그 당시에는 정교한 기술이나 기계가 사실상 전무했었다. 도시 거주자들은 – 무역에 직접 종사하지 않은 경우에는 – 수공예품을 만드는 소규모 공장을 소유했었다. 어떤 이들은 육류를 가공하거나 기타 다른 필수품을 생산했다. 대장장이나 양초생산자들과 같은 장인들은 집이나 헛간 등에서 일을 했고, 대체로 가족이나 수습생들이 이들을 도왔다.

아마 산업화만큼이나 미국사회에 광범위하고 … 지속적인 … 변화를 가져다 준 현상은 없을 것이다. 자, 산업성장이 가능했던 여러 요소들이 있었다. 첫째, 산업은 풍부한 자원 … 특히 다음 다섯 가지의 자원을 필요로 했다: 석탄, 철광석, 물, 석유, 그리고 목재이다. 북미에서는 이 자원들을 쉽게 구할 수 있었다. 둘째, 공장을 가동하기 위해서는 많은 인력이 필요했다. 1870년대와 제1차 세계대전 … 그러니까 1914년과 1918년 사이, 여러분도 기억하겠지만 … 약 2천3백만 명의 이민자들이 미국으로 유입되었다. 이들은 도시에 정착하여 공장과 광산 등에서 일했다. 이민자들은 또한 미대륙의 대규모 운하 및 철도시설을 구축하는 데도 일익을 담당했다. 이 운하들과 철도들은 산업성장에 필수적인 주요 무역도시들을 이어주었다.

이렇듯 공장들이 들어서면서 사람들은 농사에 수반되는 힘든 노동과 경제적 예측불허성으로부터 벗어날 수 있었다. 농업생활에 환멸을 느낀 빈곤자들은 안정적인 고용이 보장된 도시로 몰려들었다. 물론, 안정적인 고용 외에도, 꼬박꼬박 월급이 지급되고 재화 및 서비스를 더 쉽게 구입할 수 있고 … 더 많은 기회가 주어지는 등의 혜택도 있었다. 어떤 농민들은 철제 쟁기와 같은 새로운 기술로 인해 자신들의 노동력이 싸지거나 필요없게 되자 도시로 이주하기도 했다. 신기술 때문에 농부 한 명이 여러 명의 일을 할 수 있게 된 것이었다.

Question

강의의 요점과 사례를 이용하여 미국의 산업화 현상에 대해 설명하시오.

Sample Answer

Industrialization brought Americans from a world of cottage industries and local artisans to a world of factories and mass production. Industrialization was the one change that brought the greatest change to United States society. Industrial growth needed a number of things in order to succeed: coal, iron ore, water, petroleum, and timber. These resources were all available in North America. Then, factories needed a large work force to do the work. Since there were a lot of immigrants who had just come to the country, they were available to work in factories and mines. Part of their work was to build the canals and railroads that industrialization also depended on to link trade centers. Since factories seemed to promise a rest from the hard work and financial hardship of farming, people were drawn to the city to get steady employment and a regular paycheck. Others ended up there when new machines in the farm made their jobs obsolete.

Translation

산업화는 미국을 가내공업국가에서 공장과 대량생산의 국가로 변모시켰다. 산업화는 미국사회에 가장 큰 변화를 가져다 준 현상이었다. 산업성장에 성공하려면 여러 가지의 요소가 필요했다: 석탄, 철광석, 물, 석유, 그리고 목재이다. 이러한 자원들은 북미에서 쉽게 찾을 수 있는 것들이었다. 또한, 공장들은 일을 할 많은 인력을 필요로 했다. 당시에는 갓 이민 온 사람들이 많았기 때문에, 공장들과 광산들에서 일할 노동자들을 찾는 일은 어렵지 않았다. 이민자들은 무역도시들을 이어줄 운하와 철도를 지었다. 공장이 고된 농사일과 경제적 어려움으로부터의 탈출을 약속하는 듯 보이자, 사람들은 안정된 일자리와 규칙적인 월급을 찾아 도시로 몰려 들었다. 또 어떤 이들은 새 기계들의 도입으로 인해 자신들의 노동력이 필요없게 되어 도시로 이주하였다.

Speaking 6-7

교육
학교수업 대 교육

Listening Script Translation

미국에서는, 교육을 받으려면 학교에 가야 한다고 믿는 사람들이 대부분이다. 하지만, 요즈음 아이들은 학교에 가기 위해 교육을 중단한다고 지적한 사람도 있는데, 이는 올바른 지적이다. 이 말에 함축된 학교수업과 교육 간의 구별은 매우 중요하다.

학교수업과 교육 간에는 큰 차이가 있다. 교육은 학교수업에 비해 훨씬 더 광범위하고… 포괄적인 개념이다. 교육에는 그야말로 한계가 없다. 교육은 학교에서의 공식적 학습뿐만 아니라 그 외의 모든 비공식 학습경험도 포함하고 있다. 교육에서의 "교사"들은 존경하는 할아버지 할머니에서 정치를 논하는 라디오 진행자 및 게스트들에 이르기까지 … 아이에서부터 저명한 과학자에 이르기까지… 누구나가 될 수 있다. 학교수업은 어느 정도 예측 가능하지만, 교육은 종종 우리를 놀라게 한다. 모르는 사람과 우연히 대화하다가도 우리는 새롭거나 뜻밖의 것들을 발견할 수 있다. 사람들은 살아가는 내내 교육을 받는다고 해도 과언이 아니다. 이렇듯 교육이란 매우 광범위하고, 포괄적인 개념이다. 여기에는 우연한 대화, 혹은 토스트기의 사용방법 – 토스트기에 끼인 빵을 꺼내려고 할 때의 – 을 알게 되는 경험 등이 포함된다. 우리가 살아 가면서 배우거나 발견하는 모든 것이 교육에 포함된다. 또한 교육은 학교에 가기 훨씬 이전에 시작되어 일생 동안 이어지는 평생에 걸친 과정이다.

자, 한편 학교수업은 구체적이고 공식적인 과정이다. 학교수업의 전반적인 패턴은 환경에 따라 크게 변하지 않는다. 모든 학교생활의 공통점을 한번 살펴 보자. 전국 어디서나 아이들은 거의 비슷한 시간에 등교하고, 정해진 자리에 앉고, 어른에게서 배우고, 비슷한 교재를 사용하고, 숙제를 하고, 시험을 본다. 학생들은 알파벳에서 정부의 역할 등 현실의 작은 부분들만을 배울 뿐, 특정 과목에 해당하는 내용 이상은 배우지 못한다. 공식적 학교수업은 일정한 조건하에서 진행된다.

Question

강의의 요점과 사례를 사용하여, 학교수업과 교육의 차이점을 설명하시오.

Sample Answer

Education is much more open-ended and all-inclusive than schooling. It doesn't just include the formal learning that students get in school, but also everything they learn informally. Anyone can teach them something, from their grandparents to people they listen to on the radio. Schooling is very predictable, but education is often full of surprises. It can happen anywhere, even from a chance conversation with a stranger. So education is very broad, and it's a lifelong process. Schooling, on the other hand, is a specific, formal process that hardly varies at all from one setting to another. Children in school do everything the same way no matter where they are in the country. They have assigned seats, are always taught by an adult, use similar textbooks, take exams, and so on. So there are lots of limitations around the formal schooling process.

Translation

교육은 학교수업에 비해 훨씬 더 광범위하고 포괄적인 개념이다. 교육에는 단지 학생들이 학교에서 받는 공식적인 가르침만이 포함되는 것이 아니라, 비공식적으로 배우는 모든 것들이 포함된다. 할머니 할아버지에서 라디오 출연자들에 이르기까지 누구나 아이들에게 무언가를 가르쳐줄 수 있다. 학교수업은 예측 가능하지만, 교육은 종종 놀라운 점들로 가득 차있다. 교육은 모르는 사람과의 우연한 대화를 포함해 언제 어디서든 일어날 수 있다. 이렇듯 교육은 매우 광범위하며 평생에 걸친 과정이다. 한편 학교수업은 구체적이고 공식적인 과정으로써, 환경에 의해 거의 영향을 받지 않는다. 학교에 다니는 아이들은 전국 어느 학교에 다니든지 매일 똑같은 것을 한다. 각자 정해진 자리가 있고, 항상 어른에게서 배우며, 비슷한 교재를 사용하고, 시험을 본다. 이처럼 공식적인 학교수업에는 많은 한계가 있다.

Speaking 6-8

생물학
오른손잡이

Listening Script Translation

여러분은 아마도 대부분의 사람들이 오른손잡이라는 것을 알고 있을 것이다. 여러분 중 몇 명이나 오른손잡이인가? 한 번 손을 들어 봐라. 거의 모두군. 그것이 일반적인 것이다. 백사십만 년 전의 인류학적 증거를 보면, 원시인들 또한 오른손잡이였다는 것을 알 수 있다. 여러분의 표정을 보니 그걸 어떻게 알 수 있나 의아해 하는 것 같은데… 알 수 있는 방법이 있다. 인류학자들은 도구제작에 사용됐던 돌의 모양을 관찰함으로써 이러한 사실을 알아낼 수 있었다. 시계방향으로 조각된 당시의 도구들은 그 도구를 만든 사람이 오른손잡이였음을 말해 주며, 시계반대방향으로 조각된 도구들은 도구를 만든 사람이 왼손잡이였음을 말해 준다.

수천 년 전의 고고학적 기록을 봐도 마찬가지다. 당시의 혈거인들 대부분도 오른손잡이였다. 예를 들어, 2만7천 년 된 크로마뇽인들의 동굴 벽화에는 사람 손의 윤곽이 흔히 등장한다. 여러분들도 아마 어렸을 때 자신의 손 모양을 따라 그림을 그린 적이 있을 것이니, 손 윤곽을 어떻게 그리는지는 다들 알 것이다. 먼저 잘 사용하지 않는 손을 종이 위에 올려놓고, 그 손의 모양을 따라 항상 사용하는 다른 쪽 손으로 그려 나간다. 크로마뇽인들도 이와 똑같이 했었다. 그리고 몇몇 예외적인 경우를 제외하고는, 대부분은 크로마뇽인들의 왼손이 동굴 벽에 그려져 있었다. 이는 그 그림들이 오른손으로 그려진 것이라는 사실을 말해 준다.

심지어 사람의 이빨화석에 새겨진 자국들도 이 사실을 뒷받침한다. 고대인들은 고기를 이빨에 물고 잘랐는데, 칼이 손에서 미끄러지면서 이빨에 남긴 긁힌 자국 … 그러니까 칼이 스쳐 지나간 방향을 보면 그들이 오른손잡이였음을 알 수 있다.

자, 여러분. 어느 쪽 손으로 쓰던지 간에, 내일까지 오늘 강의에 대한 답을 써 오는 것을 잊지 말아라. 그럼 내일 보자.

Question

강의의 요점과 사례를 이용하여, 과학자들이 대부분의 고대인들이 오른손잡이였다는 사실을 어떻게 알 수 있었는지 설명하시오.

Sample Answer

There are a number of ways that scientists have been able to determine that ancient people were predominantly right-handed. One way was studying the patterns on stone used for tool-making. Tools flaked with a clockwise motion indicated a right-handed toolmaker, and those flaked with a counter-clockwise motion indicated a left-handed toolmaker. CroMagnon cave paintings were a second way scientists could determine the side of the hands. CroMagnons traced around their hands on the walls of caves, and most of the hand tracings found were outlines of left hands. This shows that they did the tracing with their right hands. Scratches on human teeth are the third way that scientists could tell which hand ancient people used. Ancient humans would hold meat in their teeth and cut it with stone knives. Sometimes the knife would slip and leave scratches on their teeth. The direction of the scratches shows that the most common handedness was right-handedness.

Translation

과학자들은 여러 가지 방법을 통해 대부분의 고대인들이 오른손잡이였다는 사실을 알 수 있었다. 그 중 하나는 도구제작에 사용됐던 돌에 새겨진 모양을 관찰하는 것이다. 시계방향으로 조각된 도구들은 그것을 만든 사람이 오른손잡이였음을 나타나고, 시계반대방향으로 파인 도구들은 그 도구를 만든 사람이 왼손잡이였음을 나타낸다. 크로마뇽인들의 동굴벽화들을 보아도 그 시대 사람들이 어느 쪽 손을 사용했었는지 알 수 있다. 크로마뇽인들은 동굴 벽에 자신들의 손을 대고 그 모양을 따라 그렸는데, 대부분은 왼쪽 손의 윤곽이었다. 이는 이들이 오른손을 이용해 그림을 그렸다는 것을 보여 준다. 사람이빨에 새겨진 긁힌 자국들은 고대인들이 어느 쪽 손을 사용했었는지 알 수 있는 세 번째 방법이다. 고대인들은 고기를 이빨에 문 다음, 돌칼로 고기를 잘라 먹었다. 때때로 칼이 손에서 미끄러져 이빨에 자국을 남기곤 했다. 이 긁힌 자국들의 방향을 보면, 당시의 사람들도 대부분이 오른손잡이였음을 알 수 있다.

Speaking Answers

Actual Test

Actual Test

Speaking 1

유용한 조언

Basic Expression

Warming up

Vocabulary Brainstorming

- 공부 관련 조언 study advice
- 조언하다 to advise / give advice to a person
- 조언을 받다 get advice
- 조언을 따르다 follow a person's advice
- 현명한 wise
- 공부 습관 study habits

Basic Expressions

❶ 나에게 지금까지 가장 도움이 된 공부에 관련된 조언은 한 학우로부터 받은 것이다.

연구 '지금까지' ever를 넣어 현재 완료로 표현하다.
e.g. The best friend I've ever had….
도움이 되는 helpful, useful
조언 advice 그리고 advise는 '조언하다'라는 동사라는 점도 함께 알아 두자!

❷ 그녀는 어떻게 패닉 상태에 빠지지 않고 중간 고사와 기말 고사에 대비할지 말해 주었다.

연구 어떻게 …하는 지를 B에게 말해주다 Tell B how + to 부정사
중간고사 midterms
기말고사 finals
~ 하지 않고 without ~ing
패닉 상태에 빠지다 get a panic attack

❸ 그녀의 조언은 결국 그러한 문제들을 처리하는 데 매우 도움이 되었다.

연구 결국 …하게 되다, …한 것으로 나타나다 turn out to be … *e.g.* He turned out to be very smart. 그는 결국 똑똑하다고 드러났다.
문제를 처리하다 cope with a problem 사용 빈도가 아주 높은 '문제' 단어인 problem, issue, trouble, situation 등을 확실히 갈무리 할 필요가 있다. 한편 '문제를 처리하다'도 solve, deal with, handle, straighten out, correct, cope with 등으로 다양하게 표현해 보자!

❹ 그녀의 조언 덕분에 나는 내 공부하는 시간을 훨씬 더 효율적으로 쓸 수 있었다.

연구 …덕분에 thanks to … / because of …
효율적으로 effectively

❺ 나도 내 친구들에게 그런 요긴한 조언을 줄 수 있기를 희망한다.

연구 조언을 주다 give someone a piece of advice

1. The most helpful study advice I've ever had came from a classmate.
2. She told me how to get ready for mid terms and finals without getting a panic attack.
3. Her advice turned out to be very helpful in coping with such problems.
4. Thanks to her advice, I could use my study time much more effectively.
5. I hope I can also give such useful advice to my friends.

Question

당신이 받은 학습관련 조언 중 한 개를 설명하시오. 그 조언이 당신에게 왜 도움이 되었는지를 구체적인 내용과 사례를 들어 설명하시오.

Answer

The most helpful study advice I've ever had came from a classmate. She was an outstanding student with straight As. I always thought that she could do so well just because she was born intelligent. One day, though, she told me that she could get such high grades not because she was intelligent, but because she was diligent. She said that she carefully made a study plan at least 10 days ahead of a test. That was quite a shock to me because I used to start studying for a test just one or two days earlier. I had never made a study plan, either. She told me that the study plan helps her manage her time and stress efficiently during mid-term and final periods. I realized how inefficient my study habits were. Since then, I have made careful study plans for any test. Thanks to that new habit, I could improve my grades significantly without having any panic attacks.

Translation

내가 그 동안 공부와 관련해서 받은 조언 중 가장 도움이 된 것은 학교 친구가 해 준 조언이다. 그 친구는 전과목 A를 받는 뛰어난 학생이었다. 나는 그녀가 원래 똑똑하기 때문에 그렇게 성적이 좋은 것이라고만 생각했다. 그러던 어느 날, 그녀는 자신이 똑똑해서가 아니라 열심히 공부하기 때문에 높은 성적이 나오는 거라고 말했다. 그녀는 적어도 시험 10일 전에는 꼼꼼하게 공부계획을 세운다고 말했다. 하루나 이틀 전에야 시험공부를 시작했던 나에게는 충격적인 얘기였다. 나는 공부계획을 세워본 적도 없다. 그녀는 공부계획을 세우면 중간고사와 기말고사 기간에 시간과 스트레스를 효율적으로 관리하는 데 도움이 된다고 말했다. 나는 내 공부습관이 얼마나 비효율적이었는지를 알게 되었다. 그때 이후로 나는 시험이 있을 때마다 사전에 철저한 공부계획을 세웠다. 이러한 새로운 공부습관 덕분에, 나의 성적은 상당히 좋아졌고 시험 공포에 떨지 않는다.

Speaking 2

컴퓨터의 영향에 대한 찬반

Basic Expression

Warming up

Key Ideas

An easier and more convenient life

(보다 쉽고 편리해 진 삶)

-우리 삶에 긍정적인 효과를 더 많이 주었다.

-멀리 떨어진 사람들과 연락하기가 쉽다.

-인터넷에서 필요한 정보를 편하게 찾을 수 있다.

A more complex and stressful life

(보다 복잡하고 골치 아픈 삶)

-삶의 속도를 가속시켜 더 분주해 졌다.

-컴퓨터 기술 덕에 늘어난 생산력 유지를 위해 더 힘들어 졌다.

-휴식 시간이 더 줄어들었다.

Vocabulary Brainstorming

- 컴퓨터 시대 computer era / age
- 컴퓨터 기술 computer technology
- 이메일 교류 exchange of e-mails
- 통신, 의사소통 communication
- 인터넷 the Internet
- 정보 information / data
- 늘어난 생산성 increased productivity
- 사이트 websites
- 정보 수집하기 information-gathering
- 기말 보고서 term paper

Basic Expressions

❶ 나는 개인적으로 컴퓨터가 우리 인생에 나쁜 결과보다는 좋은 결과를 더 많이 가져다 주었다고 믿는다.

연구 개인적으로는 personally
… 결과를 가져다 주다 bring about …
… 나쁜 결과보다 좋은 결과를 더 많이 … more good / positive than bad / negative results 이때 results를 한 번만 써도 된다.

❷ 컴퓨터를 통해서 메시지를 보내고 받는 것이 시간과 힘이 덜 든다.

연구 … 하는 데 시간이 든다 it takes time + to부정사

❸ 그냥 말하고 싶은 단어를 타이핑해 이 메일을 통해 친구들에게 보내면 된다.

연구 말하고 싶은 단어 the words you want to say
그냥 …하면 된다 just를 동사 앞에 넣는다.
…통해 via / through / by

❹ 인터넷에는 우리가 필요한 연구를 하는 데 도움을 줄 수 있는 많은 정보 사이트들이 있다.

연구 정보 사이트 informative websites
연구를 하다 do research
인터넷 the Internet

❺ 자유로운 정보 교류가 컴퓨터 기술의 중요한 혜택 중 하나이다.

연구 교류 exchange of …
…중 하나 one of 복수 명사

❻ 어떤 이들은 컴퓨터가 우리의 인생을 전보다 더 바쁘게 만들었다고 주장한다.

연구 주장하다 claim, argue, say
바쁜, 분주한 hectic, busy
A가 B를 C하게 만들다 A makes B C 이때 C는 형용사.

❼ 그들은 이 기술이 현대 삶의 속도를 가속시켰고 우리 인생을 더 혼란스럽게 만들었다고 말한다.

연구 가속시키다 accelerate, speed up
삶의 속도 the pace of life / living
혼란스러운 chaotic, hectic

1. I personally believe that computers have brought about more good than bad results to our lives.
2. It takes much less time and energy to send and get messages through computers.
3. You just type the words you want to say and send it to your friends by e-mail
4. There are many informative websites on the Internet that can help us do necessary research.
5. The free exchange of information is one of the most important benefits of computer technology.
6. Some claim that computers have made our lives more hectic than before.
7. They say that this technology has accelerated the pace of modern living and made our lives more chaotic.

Question

어떤 사람들은 컴퓨터 덕에 우리 생활이 더 쉽고 편리해졌다고 말한다. 반면 다른 이들은 컴퓨터 때문에 생활이 더 복잡해지고 스트레스가 가중되었다고 주장한다. 당신 생각은 어떠한가? 구체적인 내용과 사례를 포함해 그 이유를 설명하시오.

Sample Answer

I personally believe that computers have brought about more good than bad results to our lives. For example, communication among people living far away became much easier and more convenient. You do not have to actually go to the post office to send a letter to a friend. You just type the words you want to say and send it to the friend by e-mail. It takes much less time and energy to send and get messages. The Internet is another important benefit of computer technology. There are so many informative websites on the Internet that help us find all the necessary data to write a term paper, for example, without leaving our home. The free exchange of messages and information-gathering are some of the evidences that show how much easier and more convenient our lives became thanks to computers.

Translation

난 개인적으로 컴퓨터가 우리 생활에 부정적인 것보다는 긍정적인 것을 더 많이 가져다 주었다고 생각한다. 일례로, 멀리에 사는 사람들 간의 커뮤니케이션이 더 용이하고 편리해졌다. 이제는 누군가에게 편지를 보내기 위해 실제로 우체국에 갈 필요가 없다. 그저 하고 싶은 말을 타이핑해 이메일로 보내면 된다. 메시지를 주고 받는 데 훨씬 적은 시간과 에너지가 소요된다. 컴퓨터 기술의 또 다른 혜택은 인터넷이다. 인터넷에는 유용한 웹사이트가 너무 많아서, 예를 들면, 기말 리포트를 작성하는 데 필요한 모든 자료를 집밖에 나가지 않고도 모두 찾을 수 있다. 메시지의 자유로운 교환과 정보의 수집은 컴퓨터 덕분에 우리의 생활이 얼마나 쉽고 편리해졌는지를 입증해 주는 몇 가지 예에 불과하다.

Speaking 3

대학 문화 행사

Reading Translation

음악대학 학장의 발표

이번에 우리 대학이 중앙도서관의 제퍼슨 강당에서 주례 문화행사를 개최하게 되었다는 것을 여러분께 알리게 되어 기쁘다. 이번 행사에서는 연극뿐 아니라 현대 그리고 고전 음악 연주회가 펼쳐질 것이다. 이 같은 문화행사를 하기로 결정한 것은 학생들의 문화수준을 높이기 위한 것이다. 이 주례 문화행사는 매주 토요일 저녁에 열리며, 학생증만 가져오면 모든 학생들은 무료로 관람할 수 있다. 우리 대학에서는 이 지역 거주자들에게도 초대장을 보내 대학과 지역사회 간의 관계를 강화할 것이다.

Listening Script

Narrator

Now listen to two students as they discuss the announcement.

Woman

That's great! I'm so glad the university is going to have these events. They're just what the university needs. I'm glad admission will be free, too … students don't usually have much money for things like expensive concert tickets.

Man

I'm not too happy about this, really. I think there are other areas where the university could spend the money better.

Woman

Oh, do you think so?

Man

Well, cultural life is important, but since the university budget is so tight anyway, I'd like them to invest more in updating their academic-related facilities. Like the biology lab, for example … I'm a biology major, and the lab equipment is really outdated and worn out. When the students complained about the equipment, the university said the school doesn't have enough money to buy new pieces … now they're spending that money on this frivolous activity that does nothing to further anyone's education.

Woman

I've heard the response at other universities doing this has been positive, though.

Man

Well, that may be, but I don't even think their intentions are legitimate. I'll bet they just decided to hold the concerts to keep from looking like they're falling behind the other universities. I'd rather see new lab equipment.

Listening Script Translation

여자

정말 좋다! 우리 대학에서 이러한 행사를 한다니 정말 기뻐. 대학이 필요로 하는 것이 이런 거 아니겠어. 입장권도 무료라니 다행이다 … 학생들은 보통 비싼 연주회 입장권을 살 돈이 없잖아.

남자

사실 난 별로야. 대학의 돈이 좀더 효과적으로 사용될 수 있는 다른 분야들이 있는데

여자

그렇게 생각해?

남자

물론 문화생활도 중요하지. 하지만 대학예산이라는 게 원래

좀 빠듯하잖아. 그러니까 교육관련시설을 확충하는 데 투자했으면 하는 거지. 예를 들어, 생물학 실험실을 생각해 봐… 난 생물학 전공학생인데, 실험실 장비가 정말 오래되고 낡았거든. 장비에 대해 어떤 학생이 불평했을 때, 대학 측에서는 새로운 장비를 살 돈이 없다고 했었어… 근데 지금 그 돈을 교육과 전혀 상관이 없는 이런 사소한 활동에 쓰겠다는 거 아냐.

여자

그래도 이런 문화행사를 하는 다른 대학에서는 반응이 좋다고 하던데.

남자

뭐, 그럴 수도 있지. 하지만 난 대학의 의도가 합당한 것이라고도 생각하지 않아. 분명히 다른 대학들보다 못하다는 말을 듣고 싶지 않아서 연주회를 열기로 했을 것이다. 난 새로운 실험실 장비가 있었으면 더 좋겠는데.

Question

남자는 음악대학 학장의 발표에 대한 자신의 생각을 말한다. 그의 의견이 무엇이며, 그렇게 생각하는 이유가 무엇인지 말하시오.

Answer

The man is not happy about the new cultural events. He feels that although culture is important, the money would be better spent on academic-related things. He is a biology major and is disappointed in the old, outdated lab equipment he has to use. He says that the students complained about the equipment and were told that the university didn't have the money to buy new equipment. And he is upset to see that the university is spending its money on the so-called cultural events. He feels the university's reasons for holding the concerts are not even legitimate; they're probably just trying to copy the other universities. He's also worried that he will not be able to stay competitive in his field because of the lack of modern equipment. He would rather see the university take the money that's being spent on the cultural events and spend it on updating the old lab equipment. That's what he really needs.

Translation

남자는 새로운 문화행사에 대해 달갑게 생각하지 않는다. 그는 문화가 중요하긴 하지만, 교육관련 시설에 돈을 쓰는 것이 더 좋을 것이라고 생각한다. 그는 생물학을 전공하는 학생인데, 낡고 오래된 실험실 장비를 사용해야 한다는 점을 실망스러워 하고 있다. 그에 따르면, 학생들이 장비에 대해 불평했지만, 학교 측에서는 새로운 장비를 구입할 돈이 없다고 말했다고 한다. 그런데 대학에서 이번에 소위 문화행사에 돈을 사용한다 하여 기분이 상한 것이다. 그는 대학이 정당한 이유로 문화행사를 개최하는 것이라고도 생각하지 않는다. 아마도 다른 대학들을 따라 하려는 것 뿐이라고 생각한다. 그는 또한 현대식 장비의 미비로 생물학 분야에서 경쟁력을 유지하지 못할 것이라는 점에 대해 걱정하고 있다. 그는 대학이 문화행사에 사용하는 돈을 낙후된 실험실 장비를 확충하는 데 썼으면 한다. 그것이 정말로 필요한 것이기 때문이다.

Speaking 4

좋은 교사

Reading Translation

좋은 교사가 되기 위해 무엇이 필요한지에 대해서는 수많은 견해가 있다. 하지만 전공분야에 대한 지식과 일에 대한 헌신의 조화가 훌륭한 교사의 가장 중요한 요소라고 할 수 있다. 교사가 자신이 가르치는 과목에 대해 얼마나 알고 있느냐는 그 교사가 담당하는 수업의 질을 결정짓는다. 전공분야를 깊이 있게 이해하지 못한다면, 교사는 수업을 완벽하게 이끌거나 학생들의 존경을 받지 못한다.

한편 교직에 대한 헌신 또한 훌륭한 교사가 되는 데 있어 매우 중요한 역할을 한다. 완전한 헌신이 없다면, 가르치는 일은 힘들고 보람없는 직업이 되기 쉽다. 학생들이 알아듣기 쉽게 설명하고 지도하는 일은 지식만으로는 할 수 없는 것이다.

Listening Script

Narrator

Now listen to part of a lecture on this topic in an education class.

Professor

Well, as prospective teachers, you probably know how important it is to strike a balance between knowledge of the subject area and a dedication to teaching. That's the ideal combination. We often hear that not all experts are necessarily good teachers. Actually it is not so difficult to find cases where expert-turned professors are not considered as the best professors. They may have a deep understanding of the subject they are teaching, but uh … what they probably lack is their ability to adjust their explanation to the students' level. It's one thing to know something for yourself, but quite another thing to be able to explain what you know adjusting to the level and expectation of the audience. That is why some experts prefer staying in laboratories to standing in front of a class.

We also discussed that … dedication is another important pillar of teaching. I'm sure that most of you agree with it. Recently a survey was conducted on teachers' college students about … why they chose to be teachers. An overwhelming majority of the respondents said that they did because they liked the profession. I guess that, put differently, means they have dedication to the job. Those senior teachers who have been teaching for some time like me would surely tell you that a teacher without dedication is as poorly qualified for the job as the one without knowledge.

Listening Script Translation

자, 교사 지망생들인 여러분은 아마 전공분야에 대한 지식과 교직에 대한 헌신의 조화가 얼마나 중요한지 알 것이다. 이것이 가장 이상적인 컴비네이션이다. 우리는 모든 전문가가 반드시 좋은 교사는 아니라는 말을 종종 듣곤 한다. 실제로 전문가출신 교수들이 최고의 교수로 여겨지지 않는 경우를 찾기란 그다지 어렵지 않다. 이 사람들은 자신이 가르치는 과목을 깊이 있게 이해하고 있을지는 몰라도 … 음 … 아마 학생들의 눈높이에 맞게 설명하는 능력은 부족할 것이다. 무언가를 아는 것과 그 아는 것을 청중이 이해하기 쉽게 설명하는 것은 별개의 문제이다. 그렇기 때문에 어떤 전문가들은 학생들 앞에 서는 것보다 연구실에서 작업하는 것을 더 좋아하는 것이다.

그리고 … 교직에 있어 양대 축을 이루는 또 하나의 요소는 헌신이라는 사실도 이미 우리가 배웠다. 여러분 대부분도 이에 공감할 것이다. 최근 사범대학교 학생들을 상대로 … 왜 교사가 되려고 하는지에 대한 설문조사가 실시되었다. 압도적인 대다수의 응답자들은 교직이 좋아서 선택했다고 답변하였다. 이 대답은 … 교사라는 직업에 대한 헌신하는 자세라고 해석해도 될 것이다. 나를 포함해 오랜 기간 교직에 몸담고 있는 원로 교사들은 헌신이 없는 교사는 지식이 없는 교사만큼이나 교사가 될 자격이 없다고 말할 것이다.

Question

교수는 전문가 출신 교수의 사례와 최근 사범대에서 실시된 설문 조사 결과에 대해 말한다. 이 두 가지가 좋은 교사의 기본 자질과 어떻게 연관되는지 설명하시오.

Answer

Some professors were experts in the field they teach and had worked in laboratories before coming to teach at school. To my surprise, not all of them are regarded as good teachers despite the deep knowledge of the area they are teaching. That is because they do not have the other important element of a good teacher. That is dedication to the profession. It is true that knowledge of the subject area is a very important quality of a good instructor. However, without dedication, teaching could be a tiring job because one has to constantly adjust his explanation to the students' level. The result of the survey on prospective teachers about why they chose the profession clearly shows that dedication is an important factor. Since teaching is based on human interactions, knowledge alone is not enough to make you a successful teacher.

Translation

어떤 교수들은 한때 자신이 가르치는 분야의 전문가였고 교편을 잡기 전에는 연구실에서 일을 했었던 사람들이다. 하지만 놀라운 사실은 자신의 전공분야를 깊이 있게 이해하고 있음에도 불구하고 이들 모두가 훌륭한 교사로 평가 받지는 않는다는 것이다. 그 이유는 좋은 교사가 되는 데 필요한 또 하나의 요소가 결핍되었기 때문이다. 바로 교직에 대한 헌신이다. 전공분야에 대한 지식이 훌륭한 교사가 되는 데 있어 매우 중요한 조건이라는 것은 사실이다. 하지만 무언가를 가르친다는 것은 끊임없이 그 지식을 학생들의 눈높이에 맞추어 전달해야 하는 것을 의미하기 때문에 헌신이 없다면 매우 힘든 일이 될 수 있다. 교사 지망생들을 상대로 교직을 선택한 이유에 대해 설문조사를 실시한 결과, 헌신이 중요한 요소 중 하나라는 사실이 분명하게 드러났다. 가르치는 일은 학생과의 상호작용을 통해 이루어지기 때문에 지식만으로는 성공적인 교사가 될 수 없다.

Speaking 5

체육

Listening Script

Female Student

I'm glad I ran into you. I've been wanting to talk to you. I know you're a sports buff.

Male Student

(Smiling) Yes.

Female Student

I have to take a physical education course to meet part of my requirement for graduation, and I'm not good at phys ed.

Male Student

What do you mean "not good"?

Female Student

Last time I took bowling, and I had to drop out because I couldn't coordinate my steps before throwing the ball. I was totally overwhelmed.

Male Student

Whoa!

Female Student

Now that I'm a senior, I have to finish phys ed. I can't keep postponing the requirement that most students meet when they're freshmen. Can you give me any advice?

Male Student

Well, you could try swimming. It's a popular class, and — unlike other sports — it's very smooth because it's done in the water, where people can move more easily.

Female Student

Hmm, swimming. I don't know….

Male Student

You might find it somewhat complicated in the beginning, but I think you'll eventually like it.

Female Student

You do?

Male Student

Yes. And besides, you can fulfill the course requirement and learn an important survival skill at the same time.

Female Student

I''m not sure…

Male Student

The university has an excellent swimming pool. Besides, water is very relaxing, so you can reduce much of the stress you get from studying. And … the professors who teach swimming — especially Dr. Hadley — are famous for their methodical training.

Female Student

Well, maybe. I'll think about it. Do you have any other advice for me?

Male Student

You might also think about the aerobics class offered by the university.

Female Student

Gee, I liked the aerobics class I took in high school.

Male Student

That's good. Since they use music to coordinate the movements, you might find it more doable than bowling or swimming. Aerobics is really popular among the female students.

Female Student

Is it hard to keep up with the class?

Male Student

Well, it is very energy-consuming, that's true. But students feel the class is dynamic and enjoyable. The aerobics instructors are young and lively, and there are different levels of aerobics classes offered on campus, so you could choose the one that is most suited to your fitness level.

Female Student

Those sound like great options to me. Thanks for the advice!

Listening Script Translation

여학생

이렇게 만나게 돼서 다행이다. 너한테 할 말이 있었거든. 너 스포츠 잘 한다며?

남학생

(미소 지으며) 응.

여학생

졸업하려면 체육 과목을 들어야 하는데, 사실 난 체육을 잘 못하거든.

남학생

"잘 못한다"는 건 무슨 뜻이야?

여학생

지난번에는 볼링 수업을 들었는데, 중간에 포기해야 했어. 공을 던지기 전에 해야 하는 발의 기본동작이 잘 안 돼서. 완전 좌절했지.

남학생

와~

여학생

지금 난 졸업반이라서, 체육과목을 어떻게든 들어야 해. 대부분의 학생들은 1학년 때 마치는 것을 계속 미룰 수만은 없잖아. 나에게 조언 좀 해줄 수 있니?

남학생

글쎄, 수영을 해 보면 어떨까? 수영은 인기 많은 수업이고, 다른 스포츠와는 달리, 부드러운 운동이야. 몸을 쉽게 움직일 수 있는 물 속에서 하잖아.

여학생

음… 수영이라… 잘 모르겠다.

남학생

처음에는 좀 어려울 수도 있겠지만, 차차 좋아하게 될 거야.

여학생

그렇게 생각해?

남학생

응. 또 학점도 따고 동시에 중요한 생존기술도 배울 수 있잖아.

여학생

글쎄…

남학생

대학 수영장은 정말 근사해. 게다가 물 속에 들어가면 몸이 나른해져서, 공부하면서 받는 스트레스를 풀 수도 있어. 그리고 … 수영을 가르치는 교수님들은 특히 하들리 교수님은 체계적인 훈련으로 유명하셔.

여학생

생각 좀 해 봐야겠다. 혹시 또 다른 건 없을까?

남학생

대학에서 하는 에어로빅 수업도 한번 생각해봐.

여학생

고등학교 때 에어로빅 수업 정말 좋아했었는데.

남학생

잘 됐네. 에어로빅을 할 때에는 음악을 틀어놓기 때문에, 볼링이나 수영보다는 더 할만 할지도 몰라. 에어로빅은 여학생들 사이에서 정말 인기가 많아.

여학생

수업을 따라가기가 어렵니?

남학생

뭐 힘이 드는 건 사실이야. 하지만 학생들은 에어로빅 수업을 재미있어 해. 에어로빅 강사들은 젊고 활발해. 그리고 여러 단계의 에어로빅 수업이 있으니까, 너에게 맞는 단계를 선택해 들어도 되지.

여학생

정말 좋은 생각이야. 고마워!

Question

남학생은 여학생의 문제에 대해 두 가지 해결책을 제안한다. 문제가 무엇인지 설명하고, 그런 다음 두 가지 해결책 중 어떤 것이 더 마음에 드는지, 그리고 그 이유는 무엇인지를 말하시오.

Answer

The female student has not yet been able to meet her requirement for physical education. Her last physical education class was bowling, which she dropped out of because she couldn't coordinate her steps to throw the ball. She asked the male student for advice, and he suggested two options: a swimming class or an aerobics class. For the swimming class, he said that moving in the water is easier. He also reminded her that by learning swimming she would be learning an important survival skill. For the aerobics class, he said that the music might make it more doable in terms of coordinating her movements. I would prefer the aerobics class. For one thing, I enjoy working out to music. For another, aerobics is something I can practice at home. Since I have no swimming pool, I could not practice swimming at home. Aerobics is more convenient.

Translation

여학생은 아직 체육과목을 듣지 않았다. 그녀가 마지막으로 들은 체육과목은 볼링이었는데, 공을 던지기 전의 발 동작을 하지 못해 중간에 포기해야 했다. 그녀는 남학생에게 조언을 구했고, 그는 두 가지 해결책을 제안했다. 하나는 수영수업을 듣는 것이고 또 하나는 에어로빅 수업을 듣는 것이다. 수영수업에 대해, 그는 물 속에서는 움직이는 것이 더 쉽다고 말했다. 그는 또 수영을 배우면 아주 중요한 생존기술도 함께 배우게 된다고 말했다. 에어로빅 수업에 대해서는, 음악을 틀어 주기 때문에 몸동작을 익히는 데 도움이 될 것이라고 말했다. 나라면 에어로빅 수업을 선택하겠다. 먼저 나는 음악에 맞춰 운동하는 것을 좋아한다. 또한 에어로빅은 집에서도 연습할 수 있다. 우리 집에는 수영장이 없기 때문에, 수영은 집에서 연습할 수 없을 것이다. 그런 면에서, 에어로빅이 더욱 편리하다.

Speaking 6

과학
유기농 식품

Listening Script

There are a lot of foods available these days that are called “organically grown”. We need to ask: are organically grown foods the best food choices? The advantages being claimed for these foods over conventionally grown foods are now being debated. Advocates of organic food … sand by the way, that’s a term that means different things to different people … often say that such products are safer and more nutritious than others.

It’s really a good thing that consumers in North America have developed a growing interest in the safety and nutritional quality of their food. But they’ve been deceived by all the hype surrounding organically grown foods. Most of the claims for the superiority of organically grown foods are not supported by scientific evidence. But there’s so much information supporting the claims that it’s hard for the general public to separate fact from fiction on it. So what’s happened is that claims about eating a diet of organically grown foods … claims that this prevents or cures disease, or that it provides other health benefits … have become widely publicized. They practically form the basis for folklore on the subject.

The public is bombarded almost daily with claims for all kinds of health food benefits … everything from “no aging” diets to wonder foods. There are lots of reports … although, none that have been proven true … that natural vitamins are superior to synthetic ones. The organic food crowd says that fertilized eggs are nutritionally superior to unfertilized eggs and that untreated grains are better than fumigated grains.

The one thing that most organically grown foods seem to have in common is cost — they cost more than conventionally grown foods. But in many cases consumers are misled if they believe they’ll have better health and nutrition with organically grown foods than when they eat conventionally grown foods. So there’s a real cause for concern if consumers … especially those with limited incomes … distrust the regular food supply and buy only expensive organic foods instead because the short budget can cause an imbalanced diet.

Listening Script Translation

요즘에는 “유기농” 이라고 불리는 식품들이 많다. 우리는 과연 유기농 식품이 우리의 식생활을 위한 최선의 선택인지 자문해 봐야 한다. 이러한 식품들이 기존농업방식으로 재배한 식품에 비해 더 많은 장점을 가지고 있다는 주장이 현재 여러 논쟁의 대상이 되고 있다. 유기농 식품 옹호자들은 … 물론 이 용어의 의미는 사용하는 사람들에 따라 다르지만… 종종 유기농 식품이 다른 식품에 비해 더 안전하고 영양가도 더 많다고 주장한다.

미국 소비자들이 식품의 안전 및 영양성분에 대해 갈수록 많은 관심을 보이고 있다는 것은 긍정적인 일이다. 하지만 이들은 유기농 식품을 둘러싼 각종 과대광고에 의해 기만 당하고 있다. 유기농 식품의 우월성에 대한 주장은 대부분 과학적 증거가 없는 것들이다. 하지만 이 같은 주장을 지지하는 정보가 너무 많아 일반소비자들은 사실과 허구를 구분하는

데 애를 먹고 있다. 문제는 바로 유기농 식품을 먹어야 한다는 주장 … 그러니까 유기농 식품이 질병을 예방하거나 치료하고, 또는 기타 다른 건강혜택을 제공한다는 주장이 광범위하게 광고되고 있다는 것이다. 그리고 대부분의 사람들은 유기농 식품에 대해 이러한 인식을 갖고 있다.

소비자들은 각종 건강식품에 대한 주장들을 거의 매일같이 듣는다… "노화방지" 식품에서 기적을 일으키는 식품에 이르기까지 … 비록 입증된 것은 하나도 없지만 … 천연 비타민이 합성비타민보다 더 좋다는 보고서가 난무하고 있다. 유기농 식품 지지자들은 유정란이 수정되지 않은 일반 계란보다 영양소를 더 많이 함유하고 있으며, 약을 치지 않은 곡물이 약을 친 곡물보다 더 낫다고 말한다.

대부분의 유기농 식품에 한 가지 공통점이 있다면 … 그것은 바로 기존농업방식으로 재배된 식품보다 더 비싸다는 것이다. 하지만 유기농 식품을 먹으면 더 건강해지고 영양분도 더 많이 섭취하게 된다고 생각하는 것은 오산이다. 따라서 소비자들 … 특히 소득이 많지 않은 소비자들이 기존의 식생활을 바꾸어 유기농 식품만을 구입하게 된다면 … 그야말로 우려하지 않을 수 없는 문제이다. 빠듯한 가계가 불균형적인 식생활을 초래할 수 있기 때문이다.

Question

강의 내용과 사례를 이용하여 유기농 식품을 둘러싼 논란에 대해 설명하시오.

Answer

Some people think that organically grown foods are safer and more nutritious than foods that are conventionally grown. There is great interest in organic foods as having numerous benefits over other foods. For example, it is believed that they can prevent disease, cure it, or at least provide other health benefits. Most of these claims are not supported by scientific evidence, but there is so much information being distributed on it that it's hard for people to figure out what is true about it and what isn't. New claims about health foods appear almost every day — things like no-aging diets. Some even argue claims that natural vitamins are better than synthetic ones and that fertilized eggs are more nutritious than unfertilized eggs. But the main difference between organic food and regular food is just cost; the organic food costs more. The question is whether consumers are spending their extra dollars wisely.

Translation

어떤 사람들은 유기농 식품이 기존농업방식으로 재배된 식품보다 더 안전하고 영양분을 더 함유하고 있다고 생각한다. 유기농 식품이 다른 식품에 비해 장점이 더 많다 하여 이에 대한 관심이 나날이 커지고 있다. 예를 들어, 사람들은 유기농 식품이 질병을 예방하거나 치료하고, 아니면 적어도 건강에 좋다고 믿고 있다. 이 같은 주장의 대부분은 과학적 증거에 의해 뒷받침되고 있지 않다. 하지만 이러한 주장을 지지하는 정보가 너무 많아 사람들은 무엇이 사실이고 무엇이 거짓인지 구분하기 힘들다. 거의 매일같이 건강식품에 대한 새로운 주장이 나오고 있다. 노화방지 식품이 하나의 예이다. 천연비타민이 합성비타민보다 더 좋다는 주장과, 유정란이 그렇지 않은 계란보다 더 많은 영양분을 가지고 있다는 주장까지 하는 이들도 있다. 하지만 유기농 식품과 보통 식품의 중요 차이점은 가격이다. 즉, 유기농 식품이 더 비싸다는 점이다. 문제는 소비자들이 유기농 제품에 쓰는 웃돈을 현명하게 사용하고 있느냐 하는 것이다.